没落するキャリア官僚

エリート性の研究

中野雅至
Nakano Masashi

明石書店

はしがき　漂流する霞ヶ関

学校法人・森友学園との国有地売買をめぐる交渉・契約を担当した財務省近畿財務局の部署に所属していた男性職員が、神戸市内の自宅で死亡していたことが捜査関係者への取材でわかった。遺書があり、自殺とみられるという。

この報道がなされたのは２０１８年3月9日である。

どれだけ追い詰められていたのだろうか。どれだけ心の内側に葛藤を抱えていたのだろうか。そういう感慨を抱くと同時に、近畿財務局だけでなく、財務本省でも自殺者が出るのではないか。

ふと、そんな危惧を抱いた。

自殺と㊎とスジワル案件

公式の統計などが出ないだけで霞ヶ関は自殺が多いところだからだ。仕事に行き詰まってということもあるが、政治を巻き込んだ不祥事などが多いこともある。事件の渦中で悪事を働く者もいれば、真面目に仕事をしていただけなのに巻き込まれてしまう不幸もある。いずれにしろ、そういう状況の中で自分で自分を追い詰めてしまう。

大学教員という仕事柄、「公務員になりたいんです。親も身分が安定しているって言いますし、僕自身も安定した職場がいいんで」という相談を受けることが多い。確かに公務員は法律で身分が保障されている。これは民間企業と大きく違うところだが、官僚（公務員）はそんなに安定したリスクゼロの仕事か……これが筆者の率直な感想だ。

役所自らの不祥事や今回の森友問題など政治家を巻き込んだ仕事を処理することも多く、安定した仕事だとは思えないからだ。政治家が絡む案件をマルセイ案件という。マルセイ案件にはいろんなものがあるが、処理を間違うと罪に問われかねないようなものをスジワルという。

こういう仕事を処理させられることが多い。しかも、仕事を処理するのは定年間近の幹部ということでもない。近年は状況が変わってきたが、かつては30歳代の若手の課長補佐がこういう仕事を処理することも多かった。キャリア官僚の場合、30歳代でこういう仕事を経験することで後々の仕事に生かすという一種の職業訓練でもあったと思う。

実際、政治が絡む案件をどこまで上手にさばけるかどうかが大きな人事評価の項目になっている。もちろん、フォーマルな人事評価にそんな項目はないだろうが、組織全体の暗黙の合意だといってもいい。逆に言えば、そんな仕事を積極的にやりたい官僚や上手くこなせる官僚など少ないということだ。

筆者は中央官庁、都道府県庁、市町村の三つの公務員をすべて経験したが、身分保障がある真面目な公務員が政治が絡むやばい仕事に巻き込まれるという構図はどこでも同じだった（官僚の場合は自ら積極的に政治を巻き込むことも多い）。

筆者の知り合いの市役所職員は「早く仕事をやめて俗世間と関わりのない坊主になりたい」と真顔で語っていたのを思い出す。市役所の場合には世界が狭く、たちの悪い市議会議員などに巻き込まれれば逃げ場所がないからだ。これも世間の印象とは違って、市役所職員は地元から通うことができて、定時に帰宅できる楽勝の仕事という印象からはほど遠いものがある。地方議員には受験秀才が想像さえできないようなアウトロー的な人もいる。その分だけショックが大きい。

政官融合の行政文化に浸るブラックな職場

どうしてここまで政官の接触が多いのか。政治家の声に耳を傾けるのは口ききではなく、草の根民主主義の一種であるととらえられていることもあれば、そもそも、日本の行政文化は政官分離ではなく政官融合で、政治と官僚（公務員）が仕事で接触するのが文化レベルで浸透しきっているということもある。

ただ、こういう政官接触が行き過ぎたり、政官に業界を加えて政官業癒着が度を超したこともあって、90年代以降を振り返っても霞ヶ関ではたくさんの事件・不祥事が起こった。旧大蔵省のノーパンしゃぶしゃぶ事件、旧厚生省の岡光事件など。バブル経済崩壊後、中央官庁は不祥事に揺れ続けた。しかも、経済状況が悪化したことで官僚が怨嗟の的になり、バッシングまがいの激しい批判にさらされた。

筆者は平成2年に旧労働省に入省し、14年間勤務した後、公募で大学教員に転じたが、筆者自身の経験や思い出をさかのぼっても、バブル経済崩壊後の役所は暗かった。国会答弁の作成、予算待機、内閣法制局からの宿題などなど、仕事は朝から深夜まで切れ目なく続く。

切れ目なく続く仕事が一息ついてふと時計をみると午後4時になっているが、あと1時間か2時間すれば帰ることができるといった期待を抱いたことなどなかった。そこから延々と仕事が続いて役所を出る頃には深夜を過ぎているのが通常だったからだ。

しかも、自分の身になっている仕事とは思えなかった。次から次へとくる仕事をさばいているだけ。判断力や情報処理能力は鍛えられるのだろうが、どういう知識が身についているのか、はなはだ疑問だった。

疲れがピークに達するといつも窓の向こうが眺めたくなった。視線をそちらにやると、いつの間にか日比谷公園の緑は真っ黒に変わっていて、その向こうに輝く銀座や新橋の煌びやかなネオンがまるで別世界のように思えたものだ。

一体、いつになったらこの世界から抜け出せるんだろうか。そんな感慨に襲われたことも二度三度ではなかった。こんな仕事の先に何が待っているんだろうか。そんな虚無的な疑問ももたげてきた。おそらく、どれだけ仕事をやっても疲れないというごく一部の人間を除き、同じ感慨を抱いていた者が多いと思う。

それだけ緊張感の高い職場だ。それにもかかわらず、相変わらず、東大をはじめとした一流大卒者が霞ヶ関やキャリア官僚に惹かれる。職場や仕事の実態を知らないということもあるのだろうが、キャリア官僚という立場がそれだけ魅力的だからだ。

今現在の状況に照らしていうと、天下りは抑制された。希望に満ちた老後を悠然と送れる人間などそれほどいない。かつてのように規則正しい天下りなど存在しない。給料は悪くないが外資系企業やプロフェッショナルな職業には比べるべくもない。厳しい受験勉強に見合ったものかと言われればどうだろうか。ブラックな労働に見合っているのだろうか。ポピュリズムが吹き荒れる世の中では、官僚の給料を安いと断言しにくいという人が多いだけではないだろうか?

それにもかかわらず、霞ヶ関が人を惹き付けるのはキャリア官僚の社会的地位が高いからだ。世間からはエリートと見なされているし、彼等自身もどこかでそれを意識している。

ただ、今回の森友学園の問題や財務省の決裁文書の改ざんをみていて、果たしてキャリア官僚はそこまで社会的地位の高いエリートと見なすことが正しいのか、彼等自身にもエリートとしてそこまでの高いプライドがあるのかが疑問に思えてくる。

エリート財務官僚はなぜ大胆な決裁文書の改ざんにおよんだのか？

今回の森友学園に絡んだ財務省の不祥事についてはいくつも切り口がある。なぜ8億円もの値引きがなされたのか。そこに政治家の介在があったのかどうか。これが一つ目の大きな論点だとして、二つ目は国有地の取引に関する経緯を記録した文書などを破棄したなどと国会で答弁した上で、それと矛盾するような決裁文書が存在したために、その決裁文書を大きく改ざんしたこと。

決裁文書がどう改ざんされたのか。現物をみると露骨すぎる。霞ヶ関や官僚というものは良くも悪くも文章にこだわるものだ。細かな文章表現で政策形成過程を上手く泳ぎ、それによって政官業の厳しい戦いの中で生き残ってきた部分も多分にある。

「等」を駆使することで特定のものだけに限定されていないと言い訳したり、「努めることとする」と書くことで、義務は負っていないと逃げたりと、「霞ヶ関文学」と言われるくらいのレトリックが形成されている。

そこから考えると、今回の決裁文書の改ざんは杜撰極まりない。刑務所から脱走した受刑者が慌てふためいて民家に押し入り、冷蔵庫を探しまくって高級品をむしゃぶるといった犯罪。そこにはミステリー小説にあるようなトリックはかけらもない。

未だに全容が解明されていないため推測でしか言えないが、よほど慌てて犯行に及んだか、本省と近畿財務局で決裁文書の取り方に相当の意識の齟齬があったとしか思えない。本省から言えば「なんでここまで詳細に記録を残してるんだ……しかも、わざわざ公式の決裁文書で……」というのが本音だろう。

政治との接触が日常茶飯事な本省では、やばい話をわざわざ公式な決裁文書に残すことはあり得ない。公文書の在り方や民主主義の観点といった綺麗事はさておき、霞ヶ関の現実の仕事のやり方としてはあり得ない。記録に残すとしてもインフォーマルなメモが一般的であって、文書番号がつくような公式の決裁文書はあり得ないことだ。

その一方で、近畿財務局側から言えば、これは全く違った見え方をする。現場を預かる近畿財務局はノンキャリアが多数を占める。彼等にとって政治家の案件を上手くさばくことは何かにつながるわけでもない。枢要ポストはすべてキャリア官僚に押えられているため、出世につながるとは言っても限定的なものでしかない。

その一方で、国有地の取引には様々なものが絡んでくる。こうなると自分の身を守るために様々な仕掛けをしておこうという発想になるのは当然だ。自分達自身に落ち度はないが、様々な方面からの働きかけなどで仕方なくこうなった……といったことを記録に残しておくことが自分を守ることにつながるからだ。

話を森友学園問題の全体像に再び戻そう。仮にだが、今回の財務省の決裁文書の改ざんの源が総理大臣夫人への忖度だけから起こったものだとしたら、どれだけ調査したところで政権上層部への忖度だけしか犯行動機として見当たらなかったとしたら、どういうことになるだろうか。

「官邸の関与はなかった」「政治家の関与はやっぱりなかった」そう言って政権中枢部は喜ぶだろう。その一方で、霧は晴れないままで国民はすっきりしないだろう。政権中枢の政治家が直接関与することはなかったとしても、首相夫人の安倍昭恵氏が何らの影響を与えたり、安倍首相の「もし私や妻がこの件に関わっていたら、総理も国会議員も辞める」といった発言が事件の行方を大きく左右したと思っている人は多いだろうし、政治家自身ではないとしても、政治家に非常に近い官邸や財務省で関わった人間がいるんじゃないか……という疑惑は多くの人が共有していることだからだ。

その一方で財務省はどうだろうか。佐川元国税庁長官が証言拒否で野党の批判を浴びる一方で、判官贔屓の気質もあるのか、彼もまた被害者ではないのかという声もある。前任者からの仕事を引き継ぎ、それを上手く乗り切るために悪事に手を染めた。佐川氏だけではない。財務省は叩かれてはいるものの、彼等自身も被害者だという見方をしている者も多い。

これは以前と状況が全く異なる。これまではこの種の不祥事が起きると霞ヶ関が徹底的に叩かれたからだ。今回の不祥事に絡めて言えば、財務省が消費税延期をちらつかせる官邸を牽制するためにわざと不祥事をリークして内閣を揺さぶった。そんな見方をする人もいる。筆者自身、今回の問題の背景に様々なことが絡んでいる可能性はあると思っている。

しかし、今回はこんな陰謀論や官僚支配論といったものを世間が受け入れる気配が全くない。ポピュリズムが吹き荒れたバブル経済崩壊後は、この種の官僚支配論が流布されて官僚はバッシングされた。それだけ官僚は叩きがいのある存在でもあった。

それが今や官僚に対する見方が大きく変わっている。内閣人事局の存在が大きくクローズアップされたことからもわかるように、バブル経済崩壊後の20年で政官のパワーバランスは明らかに変化したのだ。

世間はもはや官僚をそんなに強い存在とは見ていない。そうだとすれば、総理夫人を含めて官邸への忖度だけで、財務官僚は巨大組織をフル動員して決裁文書の改ざんにまで及んでしまったという見方もそれほど間違っていないように思える。

ただ、これがこれで真実だとしたら、この国の行方に不安を感じざるを得ない。なぜなら、「省庁の中の省庁」と呼ばれ、「我ら富士山、他は並びの山」と豪語したエリート中のエリートが、有力な政治家へのゴマすりのために犯罪を犯すまでのレベルに落ちているということを意味するからだ。

否、有力な政治家への忖度ではない。有力な政治家の妻に忖度したのだとすると、もはやこういう集団をエリートと呼ぶことはできない。誇りなど微塵も感じられないからだ。ましてやこういう人間に公僕など期待できるわけもない。

一体、自分達の役割をどう考えているのだろうか。こんなことをしでかしておいて、税は国家百年の計と国民に説教をたれるのだろうか。予算やこの国の在り方を巡って堂々と意見を述べられるものだろうか。

官僚は依然としてエリートなのか?

話をここらでまとめることにしよう。森友問題が仮に有力な政治家への過剰すぎる忖度だけで引き起こされたものだとすれば、果たして、官僚をエリート集団と呼べるだろうか? あるいは、彼等はエリートとしての矜持を未だに保つことができていると見なせるだろうか。

筆者自身、元厚生労働省のキャリア官僚だっただけに、昨年の文部科学省の天下り問題から森友学園、加計学園、財務省の決裁文書の改ざんと続いた霞ヶ関が今現在、どういう状況なのかが非常に気にかかる。特に気になるのは官僚の内面だ。

本書は、こんな筆者の反芻を基礎にして書かれたものである。書き出した頃は官僚バッシングも下火になっていて、官僚の存在もそれほど注目されていなかった。完成原稿ができあがってからも、世間やマスコミは中国の海洋進出や北朝鮮の核ミサイルで騒がしく、官僚の存在がそれほど注目されることもなかった。ただ、霞ヶ関の内部から漏れ聞く声に耳を傾けていると、官僚がそれまでと違った環境に投げ込まれていることがよくわかった。

例えば、先輩から届く年賀状の類だ。まだまだ現役で働けるような年齢で、かつてであれば、天下りを超えて第二の就職先に「わたり」をしているような人に何の肩書きもない。悠々自適を装ってはいるが、どこか文面が寂しげだったりとかだ。

官僚がどう変化したかは官僚だけの問題ではない。それは国民生活にも大きな影響を与えるからだ。例えば、今回の一連の不祥事を少し違った角度から眺めれば、どれもこれも杜撰な事務処理という側面を持っている。例えば、厚生労働省の裁量労働に関するデータ改ざんなどは、果たして、これを公僕意識の欠如というふうに安易に捉えるだけでいいだろうか。

世論からはバッシングされ続け、政治家からは一方的な命令ばかりされるにもかかわらず、相変わらず、官僚が受け持っている仕事は多い。かつてのように官僚に敬意が払われているのであれば、多大な業務を徹夜仕事で完璧にこなすことに何のためらいもなかったかもしれないが、虐げられていれば、多大な業務にやる気をなくすだけかもしれない。あるいは、多大な業務にマンパワーが全く追いついていない可能性もある。

国民にもしっかりした官僚像はないし、彼等に何を期待しているのかはっきりしないところがあるが、こういう状態が進んでいけば、霞ヶ関や官僚の変容は国民生活や経済社会の変化を実感できるほどのレベルになるのかもしれない。

官僚は依然としてエリートなのか。彼等の変容は国民生活にどんな影響を与えることになるのか。本書がそんなことを考える一つのきっかけになれば幸いである。

なお、本書を執筆するにあたっては様々な人にお世話になった。有益な情報を教えてもらったり、貴重なヒントを与えてもらうことがなければ本書を書き上げることはできなかったと思う。

書籍を執筆するにあたっては資料を収集・分析したりすることは重要であり、そこに多大な労力が割かれることは言うまでもない。筆者も相応に年齢を重ねて学内行政などの重みを感じるにしたがって、資料をこまめに収集したり、細かな数字を読み解くことに苦痛を感じるようになったが、それでも何とかやっていけるのは研究者としての基礎を作ってくださった大学院時代の恩師である帝京大学経済学部の藤井隆至教授のおかげである。感謝したい。

その一方で、書籍の執筆のためにはアイデアや仮説を考えることが何よりも大切だが、それについては中央官庁や地方自治体に勤める様々な友人との会話が大きなヒントになっている。特に元財務官僚で明治大学公共政策大学院ガバナンス研究科教授でもある田中秀明氏にはお会いする度に刺激を得ており、ここに感謝の意を表したい。

また、優れた教育・研究環境を作っていただいている神戸学院大学現代社会学部の教職員の方々、特に、前学部長の中村恵教授に感謝するとともに、本書執筆のきっかけを作ってくださった元明石書店編集部長の森本直樹氏、その後、編集を引き継いでくださった明石書店取締役編集部長の安田伸氏、短時間にもかかわらずきめ細かな編集をしていただいた秋耕社代表取締役の小林一郎氏に感謝したい。

最後に、筆者は厚生労働省から大学に転職してから数々の書籍を出版する機会に恵まれた。執筆当初は小さかった二人の子供も今や大きくなり筆者の手を離れようとしている。やや感慨深いものがあるが、それ以来ずっと筆者の原稿を読みながら傍らで笑いつつ励ましてくれた妻に心から感謝の意を捧げたい。

目次

序章　エリートとは何か

2017年は年始から官僚の不祥事が久々に世間を賑わせた。文部科学省の高等教育局長の早稲田大学教授への転身が国家公務員法で禁じられている中央官庁の斡旋を通じて行われたものだという疑惑が浮上したからだ。[*1] この問題についてマスコミはいつものように様々な疑惑をかき立てたが、天下り問題を取り上げた次のNHKの「クローズアップ現代」の表題がある程度、この当時の日本社会の基本的な意識を示していたように思われる。

「いまなぜ? 官僚〝天下り〟問題ふたたび」

天下り問題については世間の厳しい反応やそれを意識した政治のイニシアティブもあって厳しい措置がとられ、中央官庁や官僚側もそれを意識した行動をとってきたことを考えると、上記の表題はそういう社会意識を反映したものになっていると思われる。

その一方で、この問題について社会がかつてのように厳しい反応を示したかというと、それほどでもなかった。実際、マスコミ各社が一斉に報道し、民進党など野党4党は安倍内閣への攻勢を強め、天下り問題に金田勝年法相（当時）の「共謀罪」関連法案を巡る文書の撤回問題や、「戦闘」の語句があった南スーダン国連平和維持活動（PKO）の陸上自衛隊の日報を合わせ、「説明責任を果たさない隠蔽《いんぺい》3点セット」として追求したにもかかわらず、天下り問題が勃発した直後の世論調査でも安倍内閣の支持率に大きな変化はなかったからである。それどころか、一部の世論調査では支持率が上がりさえしている。例えば、FNNが1月29日までの2日間実施した世論調査で、安倍内閣の支持率は、2016年12月より5・1ポイント上がり60・7%で、支持率が60%を超えるのは2013年9月以来となる。

もう一つ、かつての官僚不祥事と異なることがあった。それは中央官庁や官僚側の対応である。今回の天下り問題では文部科学事務次官が深く関与していることが問題となったが、それにしても事務次官の辞任が早かったことである。前川喜平事務次官が辞任することを決めたのはこの問題が騒がれてからそれほど時間が経過していない。

事務次官は官僚のトップであり、かつては事務次官等会議で日本の政治は決まっていると言われるほどの力を持った存在であり、かつてはこれほど簡単に辞めるという事例はなかった。不祥事が発生した場合、国会などでの説明責任を果たすのが大臣などの政治家である一方で、現場の不祥事に関する執行責任を果たすのは局長になるという構造もあって、事務次官は守られた存在だったということもあるが、権力の所在が明らかに変わりつつあることを示すわかりやすい現象でもあった。

その事務次官があっさりと辞任しただけでなく、２０１７年2月7日に開催された衆議院予算委員会の天下り問題に関する集中審議では「文科省、政府への信頼を損ねた。万死に値する」とまで述べた。違法な天下り斡旋を組織ぐるみで行っていたことや、自らも斡旋に関わっていたことなどを考慮するとしても「万死に値する」という言葉にはやや違和感を覚える。*2 官僚を取り巻く環境が激変する中で、その位置づけも大きく変わったと思わされるような出来事だったが、それを通じて一つの疑問がわき上がってくる。

官僚は依然としてエリートなのだろうか。*3

バブル経済崩壊後、長期不況の中で官僚を含めた公務員バッシングの渦中に投げ込まれて数々の特権や権限を剝奪され、長期間にわたる公務員制度改革に目処がついた今、２０１４年5月に発足した内閣人事局でキャリア官僚を中心とした幹部の人事権は首相官邸など政治家が強い影響力を及ぼすことができるようになった。かつてとは政官のパワーバランスは完全に違ったものになった。

ところで、「エリート」とは何だろうか。エリートを扱う代表的な先行研究はパレートからモスカまで数多いが、本書ではこれらの先行研究を幅広くフォローしたボットモア（1965）に基づき、政治権力に深く関わる少数集団のことと定義する。ただし、政治権力に深く関わるとは言っても、それは職業政治家のように日々政治に従事するということではなく、様々な形で政治に大きな影響力を与えるという意味である（以下、本書では「エリート」という言葉は断りがない限り政治エリートという意味で使用する）[*4]。

それではエリートはどういう特徴を持っているだろうか。ここも様々な見解が提示されているが、比較的簡潔にまとまっているのは麻生（2009）の整理である。それによると、エリートは威信、権力、優れた技能の三つを持ち、使命と理念を中核とする集合意識を持っている集団であるとして「全体社会のなかで、威信と権力と優れた技能とをもち、一定の領域と水準における意思決定の働きを通じて、一定方向をめざした社会的指導力を発揮する機能集団である」（同:17）と定義づけている。

これらを踏まえると、我が国におけるエリートとは誰になるだろうか。政治に大きな影響を及ぼすものとして考えられるのは、「政官財癒着」という言葉に代表されるように、政治家・官僚・財界の三つということになる。最近では「政官財学情」という言葉に代表されるように、大学教授などの学問に従事する人間、情報を扱うマスコミも大きな影響力を持っていると考えられる。

その一方で、明治時代以降に絞って考えても、誰がエリートなのかは浮き沈みがある。例えば、第二次世界大戦を境にして軍人の地位が劇的に変化したのは格好の例である。それとは対照的に、２００９年の民主党政権の誕生を契機にして、松下政経塾出身者の政治家が多く輩出されたことから、これを一種のエリート養成機関と見なす論調も当時は強まった。

エリートは支配階級と言われるものの、状況変化に応じて浮き沈みがあるものだが、比較的、我が国においてその流れから逃れているものもある。それが官僚である。明治時代以降、官僚が日本のエリートであることは首尾一貫している。戦前であれば軍人との関係、戦後であれば政治家や財界との関係から、圧倒的な力を持つエリートとして君臨しているかどうかは疑問があるにしても、エリートと見なされてきたことはコンセンサスだったと言っていいだろう。

しかし、バブル経済崩壊後はどうだろうか。依然として官僚はエリートとしての地位を維持できているだろうか。日本の官僚は今現在もかつてと同じようにエリートとしての地位を維持できているかどうか。

これが本書の一つ目の課題である。本書はそれを証明するために二つのアプローチを採用する。まず、これまで官僚は幾度か、エリートとしての地位を剝奪されかねない危機に直面しているが、それに対してどのように適応してきたのかという方向からの考察である。

明治時代以降の歴史を概観してみても、軍部の台頭、第二次世界大戦など大きな変動があり、そのような大きな変動がある毎に官僚機構は様々な危機に直面してきたが、今なおエリートとしての地位を保つことができているということは、これらの危機を巧みにすり抜けてきたと見なすことができる。

様々な改革を官僚がどうくぐり抜けてきたかを見ることで、官僚とそれに対抗するエリートとの関係を考察することもできる。エリートとしての官僚がどう変遷してきたのかを見るためには、官僚とライバル関係にあるエリート集団がどう動いているかを見ることが不可欠になってくる。

もう一つは、日本社会が官僚をどのように受け止めてきたかという方向からの考察である。具体的に言うと、官僚がエリートとしての地位を保つことができているのは、官僚自身が巧みに対応してきたというよりも、日本社会の特質が大きく影響しているのではないだろうか。天皇制との関連で「天皇の官吏」は威信を維持することができたし、バブル経済崩壊後、激しい官僚バッシングがあったものの、ここ数年は右傾化傾向の強まりとともに、官僚への風当たりは弱くなっている。日本社会は官僚に対してどのような思いを抱いてきたのかを分析する。

本書の課題はもう一つある。それは仮に官僚がエリートとしての地位を維持することに成功していたとして、その姿形は変化していないのかどうかである。戦前の官僚と戦後の官僚のどちらがより強い影響力を持っていたかについては議論があるだろうが、天皇の官吏ではなくなったことからも、官僚の姿形は戦前と戦後で一変している。

ただし、制度面などからわかるのはあくまで外見的な変化である。本書では外見的な変化を様々な側面から考察するとともに、官僚の内面に変化が起こっていないかを考察する。例えば、事務次官職や政府系金融機関の総裁ポストを依然として官僚が独占しているというだけで、官僚がエリートとしての誇りを持ち続けていると言えるだろうか？　本書では官僚をエリートとして遇してきた様々な制度が改革される中で、官僚のメンタリティーにどういう変化が生じたのかについても分析を加える。

まとめると、官僚は依然としてエリートとしての地位を保つことに成功しているか、成否に関係なく官僚の姿形はどのように変化しているのかを分析することが本書の目的である。

なお、本書は明治時代以降の官僚のエリート性を包括的に扱うことを目指したものではない。明治時代以降からの官僚史を詳細に分析することは筆者の力量を超える。明治時代以降の官僚制度の変遷などについては触れるものの、本書が主な考察対象として扱うのは１９９０年代のバブル経済崩壊後である。

明治時代以降、官僚は軍部の台頭、第二次世界大戦など様々な変動に直面してきたが、戦後日本の官僚制の威信が経済成長の実現にあったことを考えると、１９９０年代後半以降の長期不況は、行財政改革から最終的には大きな公務員制度改革に結びつくなど、明治時代からを見渡しても官僚に大きな影響を与えた変動としては特筆すべきものである。また、この時期は官僚バッシングが激しく、それに官僚がどう対応してきたのかを考察することで様々なものがみえてくる。実際、度重なる行財政改革の中で官僚は数々の特権をはぎ取られそうになるが、それに対して巧みに抵抗するなどによって危機をすり抜けようとしている。

最後に本書の構成を述べておく。

第一章では、官僚はなぜエリートと見なされてきたのかを、官僚や中央官庁が実際に持つ権限の強さなど様々な角度から分析する。

第二章では、バブル経済崩壊後に行われた様々な行財政改革を振り返る。長期不況に陥った日本は、不況を抜けるための打開策として景気対策とともに規制緩和を含めた様々な行財政改革を実施し、最終的には官僚自身の既得権の本質に触れるような公務員制度改革にまで行き当たることになるが、その中身を振り返ることで、エリートとしての官僚がいかに追い詰められたかの証左としたい。

第三章では、バブル経済崩壊後の官僚バッシングや行財政改革に対して、官僚や中央官庁がどのような対応を示したのかを分析する。官僚が大きな力を持つエリートであるならば、行財政改革に対しても様々な抵抗が試みられたことは容易に想像がつく。それを振り返ることで官僚の力の大きさを測ることとする。

第四章では、バブル経済崩壊後から今日に至るまでを考察した上で、官僚を取り巻く環境はどのように変化したのかを分析する。これまで官僚が持っていた特権が剝奪される一方で、依然として変化していないものもある。

第五章から第七章では、第四章の分析を踏まえた社会状況の変化について分析する。本書執筆現在の２０１７年度までを視野に入れると、官僚に対する社会の受け止め方は非常に複雑である。確かに、公務員制度改革に至るような官僚バッシングのような激しい動きがバブル経済崩壊後ずっとあった一方で、民主党政権を経て２０１２年に自民党が政権に復帰して第二次安倍内閣が誕生して以来、社会の官僚に対する反応は比較的穏やかなものに変化している。バブル経済崩壊後の90年代後半から今現在までの20年以上の間、日本社会の官僚に対する受け止め方はどう変化してきたのか、その背景には何があるのかを探ってみる。

終章では、これまでの分析を踏まえた上で、日本社会は官僚をどのように捉えるようになっているのかを総括する。日本社会は官僚を依然としてエリートとして捉えているのだろうか。

注

＊1　大学教員に他の職種から転じることは官僚以外にも多い。もちろん、官僚の場合には役所の斡旋が禁じられている（特に文科省の場合には所管業界になる）ため罪が深いことは言うまでもないが、これを批判するマスコミも退職者を大学に送り込むことに熱をあげていることは指摘しておく。『選択』（2013.2）は、「読売大学人会」という讀賣新聞出身者で大学教員になったOBの集まりについて、朝日や毎日に比べて讀賣新聞出身の大学教員が少ないことから渡邉恒雄会長がもっと増やせと号令をかけた際に作られた会だという読売OBの声を紹介しているし、ある広告代理店の人間が新興大学の教授として新聞出身者を送り込んでブローカーのようなことをしているとも報じている。

＊2　これは10年くらい前の事務次官の態度と比べると、その違いがよくわかる。小泉政権当時、規制緩和を含めた行財政改革が活発に行われる中で、中央官庁や官僚も改革の対象にされ、厚生労働省の元事務次官が雇用・能力開発機構の理事長を続投することに関して、小泉総理が自らストップをかけたことを、自ら参議院の決算委員会で明らかにした際、三日後に開かれた各省庁事務次官等会議で天下り制限に対する批判が一斉に出揃った他、大塚義治厚生労働省事務次官が「次官であるがゆえに制約を受けるのは論理的ではない」と強い調子で非難したという（『選択』2004.4）。

＊3　官僚とは具体的に誰のことを言うのだろうか。ここでは中央官庁で管理職以上の地位にある国家公務員という定義よりも、国家公務員上級職試験・国家公務員Ⅰ種試験といった名称で呼ばれてきた国家公務員試験を通過した人々の集団を官僚と定義する。上級職試験合格者以外のノンキャリアでも本省課長などの管理職ポストに就く者がいることは言うまでもないし、中央官庁の管理職ともなると政治に対する影響力も大きいと考えられるが、国家公務員上級職試験以外の場合には、それほど大きな影響力のある管理職ポストに就いていると考えられないこと、ノンキャリアから管理職に登用されている者は少ないことから試験区分による定義が適切だと考えられる。

　また、ボットモアが知識人・産業経営者・官僚のいずれもが統治エリートの地位を競う競争者であるとは考えられない理由として、あまりにも凝集度が低く、自律度が弱いと指摘している（同:108）ことを考えると、国家公務員上級職試験を通過した者と限定する定義の方が適切であると考えられる。

　国家を問わず、試験によって公務員になることは一定の意味があるものの、特に、我が国の場合には後発国家であること、身分・生まれなどにかかわらず国家公務員上級職試験を通過すれば出世の道が大きく広がる試験民主主義の傾向が強かったこと、採用から退職後まで国家公務員上級職試験合格者のみに当てはまる雇用慣行（同期入省者の同時昇進など）があることから考えても、試験制度を中心に論じた方がエリートについて論じる場合には適切であると考えられる。確かに管理職クラスだけの経験などによる一体化・凝縮性も考えられるが、それは局長クラスなど指定職以上に限定される可能性が高く、そうなると圧倒的に国家公務員上級職試験合格者が多いことを考えると、やはり試験制度によって区切るのが適切であると考えられる。

＊4　ボットモアは閣僚、高級官僚、軍事的指導者、貴族、巨大企業の指導者などをあげているのに対して、パレート・モスカなどの先行研究をまとめて、誰がエリートかをわかりやすく解説した橘木（2015）は、日本の具体的事例として軍人などをあげている。このように「誰がエリートなのか」についてはエリートの前にどういう呼称をつけるか、時代によって誰がエリートなのかが異なると思われるが、居安（2002）が指摘しているように、これまでのエリート論者達が20世紀末に始まる大衆民主主義の中で、民主主義と社会主義によって社会が錯乱させられているとして、社会的現実に合わせた少数支配の理論を展開したということがエリート理論の中核にあることを考えれば、これからも「誰がエリートなのか」については様々な変遷を辿るものだと考えられる。

第一章　官僚はなぜエリートなのか

前章でみたようにエリートは権力・優れた技能・威信・集合意識の四つの要素を持っているということを踏まえた上で、日本の官僚はこの四つの基準に照らしてエリートと見なすことができるのかどうかを検証してみる。

第一節　権力と優れた技能

第一節では権力と優れた技能という観点から日本の官僚を分析してみることにする。意外なことだが、権力を持ったエリートと見なされる官僚だが、法律を中心とした制度によって権限や権力を与えられているわけではない。その一方で、制度的な権限や権力のなさを補うかのように、優れた技能を幅広く発揮してきた。ここでは優れた技能がいかに幅広いものであるかを検証してみたい。また、権力や権限のなさを補う優れた技能はインフォーマルなもので、一般国民をはじめとした外部からは見えづらいものであるにもかかわらず、バブル経済崩壊後の政治状況の大きな変化の中で、官僚が持つ優れた技能が強く認識されつつあることを指摘したい。

1　制度上は大きな権限や権力を持たない日本の官僚

エリートとして大きな権力を持っていると思われているにもかかわらず、戦後の官僚は制度面からは必ずしもエリートとしての地位を保障されるような権限を与えられていない。それを最も端的に示すのは二つの事項である。

一つ目は官僚が属する行政に対抗する国会が「国権の最高機関」（日本国憲法41条）とされていることである。

これに関しては他の統治機関との関連で憲法解釈は諸説あるが、肥大化する行政に対する監視機能などを考えれば、国会に強大な権限が与えられていることは明白である。実際、いくら官僚が専門能力に優れているといっても、彼らが専門能力を駆使して作成した法律案をどう扱うか、あるいは、それを最終的に議決するかどうかは国会の権限に属することがらである。

もう一つは行政内部での官僚の位置づけが重くないことである。これは戦前の官僚と比較すればよくわかる。確かに、一般的な思い込みと異なって、戦前の官吏には身分保障が曖昧な部分があったり、政党との露骨な権力闘争でポストの争奪戦が激しかったということはあるが、貴族院議員や枢密顧問官など選挙を経なくても就ける有力ポストがあったし、選挙を経ることなく官僚から大臣にまで栄達できるチャンスがあるなど、権力中枢にアクセスする制度的保障ははるかに大きかった。明治憲法体制下では天皇にすべての権限が集中されていたことや、憲法に細かな規程がなかったことなどから現役官僚のまま権力中枢に到達することができたのである。確かに、明治維新から時間が経過するにつれて政党制度が発達してきたものの、官僚から政治家に転じた後に活躍する者の多さから考えても、官僚が権力中枢にアクセスしやすかったことがよくわかる。

それに対して、戦後は各省幹部に栄達できるだけに制限された。新しい憲法の下においては「内閣総理大臣は、国会議員の中から国会の議決で、これを指名する。この指名は、他のすべての案件に先だって、これを行う。」（憲法67条）となっているため、官僚から選挙を経ずに首相になることは不可能になった。各省大臣になれる余地は残ったものの、それが限界だった。また、このように制度的に政治家と官僚が区分けされることによって、かつてのように政治と行政を行き来するような官僚は少なくなる一方で、国会議員の世襲化が進み、官僚が政治の中枢へアクセスすることは時間の経過とともに制限されるようになっていった。実際、それは官僚から首相にまで上り詰める人間が少なくなっていることからも如実にわかることである。

他方で、戦後の官僚には必ずしも権限がないというわけでもない。例えば、一つ目は徴税や警察、検察権力といった権力の中枢を官僚が独占できたことである。戦後の政策形成過程において官僚は大きな力を発揮したと言われるが、それは政策分野によって大きく異なる。例えば、族議員と呼ばれるような議員が強い影響力を発揮する政策分野もあれば、日本医師会などの強い圧力団体が大きな力を発揮する政策分野もあるなど、実際にはすべての政策で官僚が大きな力を発揮できたというわけでもない。それにもかかわらず、総合的にみて官僚が大きな力を発揮できた要因として考えられるのは、主要官庁が政治との関係などにおいて強さを発揮したからである。政策形成過程に絡めていえば、政治や圧力団体のプレッシャーなどから超然とできたということである。

これが特に当てはまるのが財務省、法務省（検察）、警察の三つだと考えられる。主要官庁が政治からの圧力から自由だったことが、官僚全体の強さの一つの要因になっていたということである。

これらの官庁が超然としていることができたのは、自らの行う仕事に正義なり正当性なりがあったということが最大の要因である。例えば、財務省がどれだけマスコミで悪口や陰謀論のようなものを流布されても一定の影響力を保持し続けるのは、財政再建や健全財政という財務省が首尾一貫追求する政策目標に対する支持があり、そこに正義や正当性があると思われているからである。検察や警察も同様の理由である。政治家の汚職が根絶しないのであれば、検察を中心とした法務省が政治家に支配されることは望ましくないし、汚職や悪事に立ち向かうという姿勢を示す限り、検察や法務省に対する世間の支持がなくなることはない。これは警察も同様である。

警察・検察・国税のポストを官僚が押さえていたことに関連して言えば、政治任用の範囲が制限されていることも同様である。戦前は民主主義が未成熟である一方で、「天皇の官吏」として絶対的な支配を確立していたような印象があるが、政党と常に政治任用の範囲の拡大を巡って争いがあったり、立憲政友会と民政党の二大政党制の下で官僚に党派性が持ち込まれるなど、官僚の地位はそれほど安定したものでもなかった。

政治任用制の導入に関して簡単に流れを整理しておくと、明治31年に最初の政党内閣である第一次大隈内閣が成立すると、自由任用制をとっていた勅任官に多数の政党員が任用されたが、これに対抗するように[*1]、同年11月に大隈内閣に代わった第二次山縣内閣は政党員の猟官運動を封じ込めるため、翌32年3月、文官任用令を全文改正（勅令第61号）して、①勅任官の自由任用を禁止、②親任官以外の勅任官は原則として一定の有資格者に限る、③文官任用令の改正は枢密院の諮詢《しじゅん》を要することとした。

山縣内閣では試験任用の適用される官職が拡大したものの、政党内閣が大正期に入って勃興すると、自由任用の範囲が再び拡大していくことになる。大正2年には、政友会を与党とする第一次山本権兵衛内閣が文官任用令と関連法規を改正し、高等官への資格任用の条件緩和を行うとともに、各省次官、警視総監、内務省警保局長をはじめとして13の官職を自由任用とした。さらに本格的政党内閣と言われた原敬内閣においては、大正9年に自由任用を拡大する文官任用令の改正が行われた。これにより、内閣書記官長、法制局長官、拓務省長官のほか枢密院と意見が食い違った各省次官も自由任用の対象となった[*2]。その後昭和7年に政党政治が終焉すると昭和9年、斎藤内閣によって自由任用の範囲は再び縮小され、内務省警保局長、警視総監、貴族院書記官長、衆議院書記官長が自由任用の範囲から削除された。

他方で、戦時体制に突入すると、それまでとは異なった視点から自由任用の官職が増えることになる。昭和15年の第二次近衛内閣においては「文官任用令」（勅令第三号）の改正が行われ、勅任文官の任用について試験又は官歴によらずに、学識、技能及び経験を有する者を広く銓衡任用できるようにした。このような勅任文官の銓衡任用については、政党の試みに対して枢密院が反対してきたものの、戦時体制が強化されるにしたがって、軍需生産をはじめとする産業が官庁業務と密接に結びつくようになり、産業界、経済界から官庁内部に人を送り込む必要が生じたことから、枢密院も賛成せざるを得なくなった（日本公務員制度史研究会1990）。なお、この時同時に奏任文官についても銓衡任用の範囲を拡大した。

任用制度の変遷をみればわかるように、戦前の官僚の任用は戦後ほど安定したものとは言えない。自由任用の範囲は変動しており、政党との緊張関係が常にあった。また、戦前の官僚は戦後と違って政治活動を禁止されておらず党派化していたことも不安定化の大きな要因であったと言えよう。

これに対して、戦後は自由任用が著しく制限されてきた。各省大臣以外のポストは官僚に保障されてきたからである。２００９年の民主党政権の誕生時には各省事務次官を政治任用ポストにするなどと言われたことがあったが、政治主導体制が確立されたかに見える今においても、各省事務次官は試験任用ポストのままであるし、他国においては大物政治家などが任に当たることもある大使ポストも職業外交官を中心に占められている。

これらのことから何が言えるだろうか。制度上与えられた権力や権限から考えると、官僚は国会議員などに対抗できるだけの力は持っていないということである。ただし、戦後の官僚に関して言えば、制度的に権限を与えられていないからといって、権力が全くないというわけではない。むしろ、制度面からは見えないところで官僚は大きな権力を握っているという見方が一般的だったと考えられる。ただ、これもあくまで一般的な見方で、制度上は見えにくい形で官僚が権限や権力を持つことができたのは政治側の要因も大きい。

例えば、１９９０年代以降、官僚が力を持ちすぎることが批判された時にしばしば取り上げられた「官僚内閣制」をその典型としてあげることができるだろう。官僚内閣制とは何か。この言葉を世に知らしめた飯尾（2007b）などの書籍に基づきながら説明すると以下のようになる。

我が国では内閣の存立は国会の信任を必須要件としている（日本国憲法66・67・68条）。具体的に言えば、選挙で勝った多数党が首相を指名し、首相が内閣を組織する。それでは、内閣とは何かと言うと、極端に言えばこれこそが政府だということになる。憲法第65条は「行政権は、内閣に属する」とし、第66条では「内閣は首長たる内閣総理大臣及びその他の国務大臣でこれを組織する」とされているからである。

それに対して、財務省をはじめとする各省・そこに勤務する官僚は内閣・首相・各省の大臣を補佐することが役割であって、彼ら自身が行政権でもなければ政府の中核だというわけでもない。あくまでも内閣の補佐的な役割を果たすにすぎない。

民主主義の流れから言えば、国民→国民が選んだ政党・政治家→多数派の政党が選んだ首相→首相が選んだ国務大臣→各省（官僚）というのが自然の流れということになる。このような制度の自然の流れから考えると、官僚支配など起こりようがないわけだが、現実にはこれとは逆の流れで行政が運営されることが長らく問題となってきた。その制度的根源のように言われてきたのが、内閣法第3条の「各大臣は、別に法律の定めるところにより、主任の大臣として、行政事務を分担管理する」という定めである。いわゆる「分担管理原則」である。この分担管理原則を根拠にして、首相を含めて各省の大臣は、それぞれの官庁を分担して管理するのであって、首相だけが突出した存在ではないということにして、首相のリーダーシップを制限する一方で、総理から任命されている各大臣は各省の代理人・利益代表者として振る舞うようになったわけである。

ただし、内閣法第3条の分担管理原則だけで、官僚が主導権を握る体制が自動的にできるわけではない。一見もっともらしい説明に聞こえるが、分担管理原則が通用したのは、政治の側にこそ大きな問題があるからである。あえて言えば、これまで分担管理原則が過度に強調されすぎたのである。

いくら分担管理原則と言っても、首相が多数の政治家から支持され、各大臣も知識・経験が豊富で「自分は総理から選ばれている」という自覚があれば、各省の代理人として振る舞うようなことは起こらないからである。それに対して、自民党一党優位体制の下では、大臣ポストは当選回数を基準にして割り振られ、就任期間も短かいため、各大臣が各省や官僚のロボットとして代理人化するようになったということである。

逆に言えば、自民党一党優位構造が変化したり、首相がより力を発揮できるような環境が整った場合には官僚はそれほど大きな力を発揮できないということである。実際、小選挙区制度が導入されたり、官邸主導体制のための制度が作られたり、現実の政治に目を向けると民主党の政権交代や支持率が安定している第二次安倍内閣が登場することによって官僚の立場は大きく変化している。これをみてもわかるように、制度的には官僚に権限や権力がないということは明白である。

その一方で、制度面から権限や権力を与えられていないことがエリートとしての地位の維持に効果的だったことも確かである。具体的に言えば、何か大きな失敗が起こったとしても責任を回避できるからである。戦争責任を問われて軍人がパージされても官僚は生き残ったし、不祥事などで時の総理大臣や内閣が瓦解することがあっても官僚機構は瓦解することはない。バブル経済崩壊後も様々な行財政改革が行われ、官僚の責任のようなものが論じられる一方で、依然としてエリートの地位を維持している。官僚がエリートとしての地位を長期間維持することに成功している最大の要因は常に最高権力ではなく、最高権力に近いところに位置するというポジションゆえということもある。あるいは、マスコミなどで目立つことを嫌うという行動からもわかるように、最高権力の立場にいたとしても、そこにいないかのように振る舞うことに長けているということである。

また、制度的には権力を与えられていなかったからこそ、制度上は最も権力のある政治の動きに合わせて自分達の役割などを巧みに変えることができたとも考えられる。例えば、国士型官僚からリアリスト官僚への変化などはその一例としてあげることができるだろう。元水産庁長官の佐竹（1998）は、戦後日本の官僚を「国士型官僚」と「リアリスト官僚」に区分した。国士型官僚とは55年体制確立以前期までの官僚で「天下国家」を論じることが官僚の仕事であるという意識を強烈にもった官僚であるのに対して、55年体制が確立されるに従って政治の影響が強まり、天下国家を論ずるのではなく、政治家への根回しを中心に「波風を立てずに」仕事を進めるリアリスト型の官僚が出てくるようになったとしている。[*3]

なお、このような役割の変化は政治との関係において見られるだけではない。経済界との関係でも同様である。かつての旧通産省のように介入的な産業政策や業界保護にみられるように大きな権限を前面に出して振舞った時期がある一方で、１９９０年代以降、規制緩和の流れが強くなり、経済界への影響が薄れていくとその役割を変えている。例えば、バブル経済崩壊後は規制緩和が主な政策手段となったり、グローバル化やＩＴ化が進展することで中央官庁の経済界に対する影響が薄くなったと考えられる一方で、中央官庁が民間企業の自由競争を前提として市場の透明性を高めるために、それまでの護送船団行政のように民間企業を守るのではなく、積極的に罰を科すことで逆に民間企業への影響力を行使していると見なすこともできる。実際、金融庁、公正取引委員会、経産省などの動きにはそういう部分があるという指摘もある。[*4]

２　官僚が持つ優れた技能とは何か

戦後の官僚は制度的には権限や権力を持っていない。それにもかかわらず、なぜ官僚は大きな影響を及ぼすエリートと見なされるのだろうか。その最大の理由は、官僚が持つ幅広い優れた技能にある。民主主義社会においては政治が圧倒的に優位にあるが、それでも官僚が政治に対抗しうるような力を持つ最大の要因は、政治家や政党が依存せざるを得ないような優れた技能を官僚が持っているからである。大きな政府であれ、小さな政府であれ、現代社会において政府は大きな役割を果たす。その巨大な政府を運営するためには優れた技能が必要不可欠であり、それを持つ官僚を上手くコントロールできるかどうかは政治にとっても重要になってくる。

それでは、日本の官僚が持つ優れた技能とは具体的に何なんだろうか。それは専門知識と行動力の二つから成り立つとともに、二つの力によって政権のインフラ機能を果たすということである。これまで官僚が政策形成過程で果たす役割はインフラという土台的なものであることが一般的に認識されていなかったが、民主党政権が統治構造の改革によって不安定化したり、高い支持率を誇った第二次（以降）安倍内閣が森友学園や加計学園の問題で様々な文書が関連の官庁から漏れることで窮地に陥ったことから、一般国民レベルでも官僚機構が果たすインフラの役割については認識が深まっていると考えられる。

まず、専門知識から説明することにしよう。専門知識は具体的に三つある。まず、各政策分野に関するアカデミックなものも含めた知識である。日本の官僚機構は縦割りと呼ばれるように、各省ごとに官僚が採用され、特定の官庁でずっと勤め上げるシステムをとっている。そのため、個々の官僚は自分が採用された官庁の政策に関する専門知識については誰よりも詳しくなるのが一般的である。実際、社会保障であれ、金融分野であれ、退職後にアカデミックなポストに転職する官僚がいることをみれば、彼等のアカデミックな知識がいかに分厚いものであるかがよくわかる。

第二に、政策形成過程に関する特殊知識である。「法律を作るためには、内閣法制局で○の手続きをして……与党の部会に△月前に了承を得て……」というように、様々な手続や仕事の段取りと言い換えてもいいかもしれない。政策形成過程には政官だけでなく様々な圧力団体などのアクターが参加する。そこでは複雑な利害調整が必要とされることに加えて、マスコミが常に目を光らせていることもあって細々としたことにも神経を尖らせなければいけないが、それをそつなくこなすためには、政策形成過程に関する特殊知識が必要不可欠である。

第三に、法律に関する知識であるが、これは主に二つの知識から構成される。まず立法に関する知識である。日本の場合、法律案の多くは内閣提出法案であり、その下請作業を官僚が一手に引き受ける。そのため、立法に関する知識は必要不可欠なものになっている。もう一つは法律解釈に関する知識である。通常、法律というものは抽象的で漠然としたことしか記述されていないことや、わざわざ裁判に持ち込んで法解釈を争うといったことが少ないこともあって法律をどう解釈するかは重要である。実際、内閣法制局長官の憲法解釈が時の内閣を大きく縛るということは良い意味でも悪い意味でも話題になってきたし、民主党政権においても第二次（以降）安倍内閣においても内閣法制局長官の役割や人事を巡って争いがあったということは、いかに法律の解釈が重要であるかを示している。

官僚が政策形成過程において大きな力を持っているもう一つの大きな理由は、政策形成過程で積極的な役割を担うことができるほどの行動力を持っていることである。官僚が持つ様々な知識との対比でより具体的に言えば、官僚の持つ幅広い知識がどれだけ強固なものだとしても、明治時代のように外国からの知識を一部の支配階級だけが知り得たり、現実に官僚が持つ知識だけが国家形成に役立つという時代とは異なり、時代を経るにつれて有用性を低下させる専門知識を補うかのように、政治がやらない仕事を積極的にこなすなどの行動力によって自らの力を維持してきたのである。[*5]

政策形成過程については決まり切ったパターンがあるわけではない。ただ、政策分野によっても異なるが大まかなパターン化は可能である。宮川（1998）は、政策形成過程は政策問題の確認→アジェンダ設定→政策案生成→政策案採択→政策決定→政策実施→政策評価→フィードバックという流れになるとしているが、この流れは民主党政権においても官邸主導の第二次以降の安倍内閣においてもそれほど変化しているわけではない。ここでは主に２００９年の民主党政権前までを想定して政策形成過程を振り返ってみよう。

自民党は選挙公約というものを曖昧に扱う政党だということもあって、少なくとも１９９０年代前半くらいまではアジェンダ設定や政策案の策定という政策形成過程の上流工程を官僚機構が担ってきた。この背景には、自民党という政党の性格もあったが、右肩上がりの経済成長の下で社会が安定していたことや、キャッチアップ過程で政策目標が見えやすいこともあった。

ここではこの分類をさらに大きく三段階（政策目標の設定・具体的な政策案の提示・政策の執行）に分けてわかりやすく分析してみる。政策目標を設定する第一段階、目標の実現に向けて様々な利害調整を行い、具体的な政策案を提示する第二段階、実際に政策を実行する第三段階という三つの段階を踏んで政策は形成されていく。

例えば、総選挙で自民党が「社会保障の大幅拡充」を掲げて勝利し、これを受けた自民党の総裁＝総理が同じ目標を掲げる。これが政策形成過程の第一段階であるとすると、この目標設定を受けて、社会保障を所管する厚生労働省を中心とした中央官庁はそのための政策を考え、様々な利害関係者に説明して合意を得た上で政策案を作りだし、国会などを通じてオーソライズしていくのが第二段階であり、それを受けて、厚生労働省は政策を実行に移していくというのが第三段階である。

政策分野によって多少の違いはあるにしても、この三段階を通じて政策は形成されていく。他方で、政策形成過程の三段階でもそれぞれに重みは違う。通常、政策執行という政策形成過程の第三段階は決められたことを執行するだけということや、効率的に仕事を執行するという必要性はあるにしても、民主的統制という観点からそれほど重要度が高くはないと言われるのに対して、第一段階と第二段階は重みがある。特に「どういう目標を設定するか」によって国民生活は大きな影響を受けるため、目標設定が最も重要である。それにもかかわらず、戦後長らく政権政党を務めてきた自民党政権の選挙公約や２００９年に戦後初めての本格的政権交代を果たした民主党のマニフェストの扱いを見てもわかるように、わが国においては政策目標の設定は極めて曖昧かつ非民主的に行われていたという印象が強い。この背景には様々な理由が考えられるが、１９８０年代までに関して言えば、後発国として欧米の先進国を追いかける立場だったため、政策目標がある程度はっきりしていたことが大きい。

それに対して１９９０年代以降、行財政改革が主要課題となり政治主導体制の必要性が叫ばれるにしたがって、政策形成過程の第一段階である目標設定は政治自身が担うという傾向が強くなった。もちろん、「目標設定」という言葉は非常に幅広いものであり、どこまで詳細に政治が目標を設定するのが政治主導なのかについては議論があるものの[*6]、公務員制度改革などで官僚に政策案を作らせることは「まな板の鯉に包丁を握らせることだ」としばしば言われたように、政策目標の設定から官僚を遠ざけるということが追求されるようになった。その一方で、政策目標を内閣を中心とした与党の政治家自身が企画立案したり、小泉内閣時の経済財政諮問会議のように外部有識者を使うことで官僚に代替しようという傾向が強くなっていった[*7]。

このように政策目標の設定で政治がイニシアティブを発揮する傾向が強まる一方で、現実の政策をオーソライズしていく政策形成過程の第二段階において、政治は１９９０年代以降も相変わらずイニシアティブを握れなかった。通常、様々な利害関係者の同意を得ながら政策案をオーソライズしていく政策形成過程の第二段階では、まず、中央官庁の中で担当組織が決められた上で、そこが中心となって情報・データを収集するなどの基礎的作業を行う。担当組織は各官庁の担当セクションであることもあれば、首相直結のプロジェクトチームなど様々な形態が考えられるが、何れにしても、政策を考えるためには客観的な事実を調べることが最優先事項となる。その次に、政策に関連した利害関係者や学識経験者などからヒアリングを行うなどの下準備をする。その後、学識経験者や利害関係者を中心に研究会などを作るか、既存の審議会を利用するなどして議論をした上で、政策案を作り出す。関係者や有識者の合意が得られたことを公的に示すことで政策案の権威づけを行うのである。政策形成過程の第二段階はこれだけでは終わらない。政策案を実行に移すためには予算が必要であったり、国民に義務を課すなどの場合には立法化が必要となってくることが多いため、政策案を予算や法律という形にして国会に提出する必要がある。

政策形成過程の第二段階は非常に混沌としている。様々な利害関係者が様々な要望・苦情を述べるのが一般的であって、マスコミも様々な角度から報道するからである。また、これらの声をすべて聞いた上で、コンセンサスを図りながら物事を進めていかないと、政策案が途中で空中分解することもある。マスコミが否定的な報道を繰り返すことで頓挫した政策など枚挙にいとまがない。近年では、国民に不人気な年金や医療などの社会保障はその典型である。国民生活に直結するだけに、国民もマスコミ報道に敏感になるため、報道一つで世論の動向は大きく変化する。そのため、政策形成の第二段階には大きなエネルギーが求められることになる。多くの利害関係者を納得させ、マスコミには粘り強く説明して、多くの人間が納得するような政策案を作っていくことが求められるからである。

自民党政権時代をベースにして考えると、この第二段階のプロセスは非常に混沌としている。大物政治家の鶴の一声で決まるというわけでもなければ、マスコミの論調がすべてというわけでもないし、官僚が単独で決めることもない。日本医師会のような強力な圧力団体でさえ、自分達の政策を100%ごり押しできるわけでもない。政策形成過程の第二段階が混沌としている要因はいくつかある。

第一に、政策分野によって多少の違いはあるが、参加するアクターが多いからである。政治家・官僚（官庁）・経済団体・労働組合・利害関係組織・学者などの有識者・マスコミ・地方自治体などが考えられるが、政治家や官僚は必ずしも単一の主体とは限らない。例えば、政治家であれば、与野党、政府に入る首相・担当大臣、与党内族議員の三者が主なアクターということになるし、官僚であれば、政策を主に担当する官庁もあれば、その官庁に反対する官庁もあるし、予算の立場から財務省も関連するのが一般的である。利害関係組織にしても体制派組織もあれば左翼系の組織もある。マスコミにしても大手もあれば業界紙などの中小があるし、大手でも新聞とテレビは微妙にスタンスが異なることもある。さらに言えば、官庁内の記者クラブの記者と社会部の記者では全くスタンスが異なる。最近ではここにネット世論まで加わって状況はさらに複雑になっている。

第二に、これだけアクターが多数いることから連想できるように、拒否権プレイヤーが多いことも特徴である。族議員は政府内の利害調整では駄々をこねて自分の存在価値を高めようとするし、業界団体もあっさりと政府に従うわけではない。

第三に、日本の政策形成過程ではコンセンサスが重視されることである。与党が多数議席を利用して強行採決を繰り返し、批判を浴びることからわかるように、我が国では全員合意の政策決定が望まれる。もちろん、強行突破もできるのだろうが、いくら進めようとする政策が正しいものだとしても、強行突破をすると日本人の判官贔屓を刺激して、マスコミや世論から批判を浴びることになる。強行採決という言葉が即座に悪い印象に結びつくのがその典型である。そのため、どんな政権でもコンセンサスを重視する。

第四に、文書主義である。政策形成過程がコンセンサス重視であるにもかかわらず、拒否権プレイヤーが多いことの裏返しとも言えるが、「文書にして証拠を残す」ということを重視する。ただし、利害調整を決着させるために文書はどうしても玉虫色にならざるを得ないため、文書の書きぶりや解釈を巡って様々な争いが起こる。各省のセクショナリズムやセクショナリズムを解決するための「霞ヶ関文学」と呼ばれる曖昧な玉虫色の文章での解決がその典型例である。また、2017年に発覚した森友学園や加計学園の問題では真偽が不明の様々な（政府）文書が流出して第二次安倍内閣の支持率を急落させたことからもわかるように、文書の扱いは政策形成過程を大きく左右する。

第五に、政策がより細かなものになることである。利害関係者が多く、なおかつ、コンセンサスを重視しなければならないとなると、政策の中身は細かいものにならざるを得ない。全員に配慮すれば例外扱いが増えることも大きな原因である。その典型として税制をあげることができるだろう。税制は簡素なものが良いと言われるが、現実には、消費税にしても複雑な分だけ抜け道があるし、租税特別措置法などは納税の例外集の様相を呈するほどとなっている。

第六に、政府の役割が広いことである。様々な社会問題などの森羅万象は必ずどこかの官庁の課題となって解決を求められるというのがその典型である。しかも、そこには様々な利害団体が存在するため、それらをすべて足し上げると、政府が果たしている役割は幅広く複雑になってしまう。[*8] そのため、これらを利害調整しようとなると多大なエネルギーが求められることになり、官僚組織への依存が避けられなくなる。

政策形成過程の第二段階はこのように複雑な性格を持っているが、1990年代にバブル経済が崩壊し長期停滞に入る前までは、政策目標の設定が曖昧だったことに加えて、利害調整をどのように行うかが新たな政策目標の設定につながっていったという側面があり、政策形成過程の三段階のうちで最も重要なステージだった。自民党政権は政策目標を明示することはない一方で、政府として統一的な方針・計画・ヴィジョンなどを示しはしてきたが、各省間のセクショナリズムが強固な官僚機構の前では、各省が提示する政策目標を束ねただけと批判されることが多かった。

与党（あるいは内閣）が政策形成過程の第二段階を支配することができなかったのは、これらの政策形成の第二段階の性格が大きく影響している。利害関係者が多くて、コンセンサス重視であるために、文書主義と細かな規則が求められるというルールの下では、①コンセンサス重視を無視できるくらいの強権性を正当化するだけの国民の支持がある、②政策の細部に通じている、③政策の細部に通じている者・組織をコントロールできる、④粘り強く利害関係者間の調整ができる、⑤公平中立に利害関係者間の調整ができる、⑥複雑な利害調整を可能にするようなネットワーク力がある、などの資格が求められるからである。

ここから考えると、自民党が積極的にこの部分を担うことができたとは考えにくい。例えば、政権政党の組織としての完成度という視点から見てどうだろうか。党首＝首相の下で強くまとまっていない限り、一定の戦略に基づいて様々な利害関係者を説得することなど不可能だが、自民党のように族議員が跋扈して、自分達が選んだ首相が進めようとする政策にさえ反対しようとする体制では、政権与党の議員（場合によっては大臣）さえ、政策形成過程の第二段階では暴走する可能性がある拒否権プレイヤーの一人になりうる。マスコミで頻繁に指摘されてきたように、党内が派閥体制で、族議員が強くて党・内閣の一元化ができないような体制では、内閣が利害調整を一定の方向に向かってまとめることは難しくなる。このように1990年代以降、政策形成過程の第一段階で政治がイニシアティブを握ろうとする一方で、利害調整が中心となる第二段階において政治はイニシアティブを発揮できなかった。

なお、官僚が以下で説明するように強い行動力やネットワーク力を発揮できるようになる背景には、政策形成過程に深く組み込まれることで、個々の官僚の能力が様々な側面で強化されていったことも見逃してはならない。政治任用職が少ない政官融合したシステムの中で、政策形成過程で上手く立ち回るためには、難関試験を突破するだけの頭脳だけではなく、時には政治家並の寝技などが要求されることを考えると、様々な能力が蓄積された人材が輩出される下地となったことは間違いないと思われる。また、国家公務員I種試験の法律・経済・行政の三つを通過して中央官庁に入省する官僚はその数が少なく、長年かけて官庁内外の様々な人間の評価を受けながら昇進していくシステムであるため、わかりにくく混沌とした政策形成過程での役割を観察することも可能だったことから、どういう官僚が政策形成過程で上手く立ち回れるかを判定することができたことは大きい。

このような情勢の下で、官僚として栄達していくためには、俗世間的に言えば「清濁併せのむ」ということが官僚に求められるようになったということである。例えば、農林水産省では旧畜産局が出世の登竜門として避けて通れない部署と言われたが、その理由は農水省ＯＢによると、旧畜産局の柱が食肉や卵を担当する食肉鶏卵課とＪＲＡを監督する競馬監督課で、食肉の分野は同和業者の権益が絡むだけに複雑な利害を調整する能力と胆力が要求されることに加えて、ＪＲＡは大きな黒字を生み出す団体であり重要な天下り先となっているからだと言われる（『選択』2002.5）。

3　インフラ機能を果たす官僚の行動力

官僚は政策形成過程で活発な行動力を発揮してきた。その行動力がいかにすさまじいものであるかについては政権中枢などにいる政治家なら理解できていたはずである。実際、マスコミから厳しい追及を受けても官僚や中央官庁をかばう政権与党の政治家はかつてたくさんいた。その一方で、一般国民レベルではそのような認識を持っている者は少なかった。官僚は舞台裏の黒子であり、国民が見る政治の表舞台の上では見えにくいからである。

しかし、小泉内閣以降の自民党末期の政権が政権運営に行き詰まる一方で、２００９年に民主党が政権奪取に成功して世論の支持を集めたかと思うと、不安定な政権運営で国民から強い批判を浴びる過程で、官僚が政権のインフラ機能としてどれだけ重要かということが知らしめられることになった。以下ではそのプロセスをみてみることにする。

政治が官公庁や官僚を完全にコントロールできないという自民党の弱点をつく形で出てきたのが、２００９年の総選挙で政権交代を果たした民主党政権である。民主党政権がマニフェストで掲げて、実際に実行に移した様々な統治機構改革をみればわかるように、政治主導を実現しようとした民主党政権が最終的に目指したのは政策形成過程（目標設定や利害調整を中心に政策決定の中枢）で主導権を握ることであり、官僚を政策形成過程から排除すること＝「脱官僚」であった。民主党政権が「脱官僚」「官僚の抵抗」というものを相当意識していたと考えられる主な理由としては三つあげられる。

第一に、民主党は２００９年の総選挙で提示したマニフェストにおいて「政権構想の５原則と５策」を示しているが、その多くは統治機構に関するものであることからわかるように、政治主導を実現することに重点を置いていることである。逆に言えば、官僚主導体制の打破を主な目標に据えていたということである。

５原則と５策を見てみると、５原則の３つを統治機構に費やしており、①官僚丸投げの政治から、政権党が責任を持つ政治家主導の政治へ、②政府と与党を使い分ける二元体制から、内閣の下の政策決定に一元化へ、③各省の縦割りの省益から、官邸主導の国益へを掲げている。

そしてこれら三つの原則を具体的に述べたものとして、①政府に大臣、副大臣、政務官などの国会議員約１００人を配置し、政務三役を中心に政治主導で政策を立案、調整、決定する、②閣僚委員会の活用により、閣僚を先頭に政治家自ら困難な課題を調整する。事務次官等会議は廃止し、意思決定は政治家が行う、③官邸機能を強化し、総理直属の「国家戦略局」を設置し、政治主導で予算の骨格を策定する、④事務次官・局長などの幹部人事は、政治主導の下で業績の評価に基づく新たな幹部人事制度を確立する。政府の幹部職員の行動規範を定める、⑤国民的な観点から、行政全般を見直す「行政刷新会議」を設置し、全ての予算や制度の精査を行い、無駄や不正を排除する。官・民、中央・地方の役割分担の見直し、整理を行う。国家行政組織法を改正し、省庁編成を機動的に行える体制を構築するの５つをあげている。

これらの統治機構改革は実行に移されなかったものがある一方で、事務次官等会議の廃止などのように実現されたものもあるが、いずれにしろ、民主党が政権交代後に実際に実行に移したことを見てみると、官僚機構のネットワーク力を削ぐという点を重視していたように思われる。官僚機構はそれ単独で力を発揮するには限界があり、地方自治体・業界団体・マスコミ・有識者・審議会などに結びつきネットワークを築くことで大きな力を発揮する。[*9] 民主党はこのことを承知しており、ネットワーク力を削ぎ落とすことによって、官僚パワーの最大の源泉である利害調整機能（抵抗力を含む）を奪おうと考えていたと思われる。

具体的にみてみよう。まず、民主党政権の場合、党と内閣が一元化されているため、官僚は与党政治家に働きかけるという行動が制限される。また、与党政治家の政策に関する要望は副大臣主催の各省政策会議というオープンの場で吸い上げるというスタイルに変更された。そのため、自民党政権時代のように内閣の方針と官庁・官僚の方針が食い違う場合、官僚が族議員に働きかけて内閣を揺さぶるということは不可能になった。

次に、業界団体や地方自治体などへの働きかけも制限されている。小沢幹事長（当時）の権限の強さを象徴する事例として何度もテレビで流されていたように、利害関係者の陳情は党に一元化された。その結果、地方自治体や業界団体からの陳情は従来のように霞ヶ関の中央官庁に向かうのではなく、民主党本部に集めて、党幹事長と副幹事長が陳情の中身を検討した上で、政府に持って行くというスタイルに変わった。様々な日常での陳情や仕事の相談が全く官庁に行かなくなったというレベルではないにしても、決定権限は与党を中心とした内閣にあるという考えが浸透するようになれば、官僚機構から（へ）の働きかけは無意味だということになり、官僚機構を中心とした利害調整はやがて力をなくしてしまうことになる。

次はマスコミである。民主党は事務次官など官庁幹部の記者会見を廃止し、政治家が責任をもって対外的な説明を行うことを明確にする姿勢を打ち出した。野党時代から民主党は、大臣の発言を事務次官や局長が記者会見で修正するというような事例を問題視してきたことから考えても、当然の措置であったと考えられる。また、１９９０年代以降、官僚がマスコミを使って様々な情報操作をしているると指摘されるようになったこともあり、官僚による情報操作を相当警戒したこともあると思われる。

最後は審議会である。中央官庁は政策決定に際して必ずと言っていいほど審議会を利用する。自民党政権の場合、マニフェストなどの政策目標は明確にされていないため、中央官庁が時々の社会問題に対応して政策を作っていくことが常態化していたが、国会へ提出する法案となる前に必ず審議会に諮って、その方針に権威付けを行うというのが一般的であった。他方で、審議会はその委員の人選に中央官庁が大きな影響力を持っていることもあって、中央官庁が最初からシナリオと答えを持っていて、それにそって会議を進めていくため異論は出ない（いわゆる「審議会隠れ蓑説」）ということがしばしば指摘されてきた。こんな現状に対して、鳩山由紀夫首相（当時）は２００９年10月30日午後の参院代表質問で、「（審議会）は官僚にとって都合のよい（委員の）人選が行われ、官僚主導型の政策決定が行われることを助長した」「政治主導で人選を実施する」と述べ、政権交代を機に、必要性の有無や委員の人選、運営方法などを見直していく方針を表明した。また、産経新聞（2010.2.26）が報じているところによると、国土交通省でも同様の動きがみられた。

民主党政権下における政官関係の変化を考察するに当たって注視しなければいけないことがもう一つある。それは民主党がマニフェストを重視した政党だという点である。自民党と異なり、政権獲得後に行う公約をあらかじめ有権者に示した上で、それを実行に移すことを前提にして選挙を戦ったということである。政策目標を政治が設定するということにこだわったのである。自民党は選挙公約というものを曖昧に扱う政党だということもあって、これまではアジェンダ設定や政策案の策定という政策形成過程の上流工程を官僚制が担ってきた。この背景には、自民党という政党の性格もあったが、右肩上がりの経済成長の下で社会が安定していたことや、キャッチアップ過程で政策目標が見えやすいこともあった。官僚機構はこの政策形成過程の上流工程から実施に至る下流工程までを引き受けることで、様々なネットワークを築き上げ力を蓄えてきたが、民主党政権のマニフェスト選挙はこの官僚機構が支配する政策形成過程に大きな変動を与えることになった。マニフェストで掲げた政策目標を4年間で達成することを大前提にして法案を策定するなどの過程が確立されると、これまでのように各省をベースにして官僚機構がそれぞれ政策目標を設定して、自分達に有利な政策案を策定して実行に移すという、ボトムアップの積み上げ型の政策形成プロセスが崩壊するからである。もちろん、マニフェストが想定していないような事態が生じた場合には、マニフェスト基点の政策形成過程は崩壊してしまうことになるが、政策分野をある程度網羅したマニフェストを策定しておけば状況変化にも対応はできる。

このような視点から民主党政権は脱官僚体制によって、政策目標の設定と政策案を巡る利害調整に影響力を発揮し、官僚の力を押さえ込もうとしたが、政官の役割分担が上手く機能しなかったことを含めて、民主党の脱官僚路線は鳩山政権で早くも躓いてしまう。[*10] その躓きを取り戻すために、民主党政権は官僚との関係を改善させる方向に大きく舵を切ったどころか、官僚依存と批判していたかつての自民党政権以上に官僚に依存するようになる。それが逆に官僚の権力の強さや能力の高さを改めて実証するという皮肉な結果を招くことになるのである。

官僚機構が政策形成に関する専門知識を持ち、政策形成過程の第二段階で重要な役割を果たしているというのは一般的にはわかりにくい。そのため、マスコミや世論は「官僚の能力など大したことはない」「民間主体の世の中で官僚の果たす役割など大きくない」と批判するが、この種の批判には真理もあれば間違いもあることは、皮肉にも官僚批判がピークに達して脱官僚を掲げた民主党政権が誕生し、政官関係が悪化したり、激しい官僚批判に官僚がサボタージュを始めたりすることでわかりだしたということである。実際、民主党政権の躓きをきっかけにして冷静に官僚の働きを分析することで再評価するという動きがでている。

例えば、官僚がいかに大きな力を持っていたかについては、民主党政権が不安定化した時に如実に現れた。時の政権が自分達に都合の悪いことを進めようとしている時、時の政権が支持率や国会状況（首相を支える派閥などの情勢や与党の議席数など）で基盤が弱いとわかった時、官僚機構が機能しないことがある。[*11] そういう状況に至ってはじめて、官僚機構がいかに大きな役割を果たしていたのかがわかるということである。*12

結論から言えば、政権として仕事を前に進めるという現実に直面して、民主党政権は徐々にシステムを変化させ、結局は自民党システムへ原点復帰したということである。ここでは、その象徴的なものとして二つの事例をあげておくことにする。

一つ目は、事実上の事務次官等会議の復活である。鳩山政権は事務次官等会議を廃止して政治主導ののろしをあげたが、菅内閣の下で事実上、事務次官等会議が復活する。震災後に設置されるようになった「被災者生活支援各府省連絡会議」がそれである。この会議の出席者は事務次官であり、事実上の事務次官等会議の復活に等しいと言われたが、野田政権ではこれが強化されるような形になった。

二つ目は、野田内閣で行われた統治機構の抜本的な変革であり、自民党時代のシステムへの逆戻りである。自民党時代、政府が提出する法案などは事前に自民党の了承を得る必要があった。そのため、党と内閣の二元政治であると批判されたが、その反面、党が了承している法案などは国会で反対されることもなく、スムースに成立するというメリットもあった。

野田内閣では特に財務省への依存度が強くなったことも大きな話題となったが、その際には、財務省が持つ様々な機能がないと政権運営がままならないことが話題となった。その一つとして頻繁に取り上げられたのが財務省の持つ情報網の強さだった。財務省の持つ情報網に民主党政権や総理・財務大臣などが依存してしまうところに、財務省のパワーの源泉があるというわけである。

財務省は各省の予算査定を通じて、様々な情報を得ることに加えて、各省が持っているそれぞれの所管業界の情報を吸い上げている。そのため、それらすべてを集約すると、財務省の情報量は圧倒的に多くなる。それに加えて、政財界にも様々なネットワークが張り巡らされている。

実際、官僚嫌いで有名だった菅直人元総理は財務省のこの情報収集能力と情報量に魅惑され、すっかり財務省の味方になってしまったという証言もある。『週刊ポスト』（2011.10.7）は、財務官僚を嫌っていた菅直人元総理がなぜ財務省との関係を修復したのかについて、菅氏側近の発言として「とにかく財務省の情報能力はすごい。『普天間問題は鳩山政権の命取りになるから、大臣は決して関わってはいけない。待っていれば海路の日和がある』と菅さんに忠告し、日米交渉はその通りになっていった。現実主義者の菅さんは、財務省を敵にするより頼りにした方がいいと判断した」という発言を紹介している。

このように脱官僚を目指した民主党は皮肉にも官僚に依存しないと政権運営さえ難しい状況に追い込まれた。民主党政権を取り巻く内外の厳しい情勢（東日本大震災など）があったとしても、脱官僚を掲げた民主党政権の経験は皮肉にも官僚が政権運営で果たすインフラ機能の重要性を国民に示すことになった。

第二節　強い威信と集合意識

第二節では、官僚をエリートたらしめる残り二つの要素である強い威信と集合意識を取り上げることにする。

1　官僚の威信

まず、官僚の威信からである。バブル経済崩壊後、官僚は社会から強いバッシングを受けたが、少なくともそれ以前までは社会から敬意を受けてきた。つまり、威信を保ってきたということである。ここでは官僚に威信があることをいくつかの事象から示した上で、威信の背景にあるものを分析してみることにする。

官僚に威信があることを示す一つ目の事象は、官僚が強引に権力を維持してきた部分があるにしても、エリートとしての立場を長期間、継続していることである。社会や国民が何らかの敬意なりを抱くとか、それを基盤にした威信が醸成されるとかがなければ、これだけの長期間にわたってエリートとしての地位を維持することは難しい。

実際、長期間にわたってエリートとしての位置を継続しているのは官僚だけである。例えば、エリートという言葉を流布させたパレートは「特定のエリートが存続しつづけることはできない。それゆえ、人類の歴史は、絶え間ないエリートの交替の歴史である」（パレート 1975:20）と述べているように、過去から未来永劫にエリートであることを維持することはそれほど容易ではない。

我が国で言えば、軍人はその典型と言えるだろう。戦前はあれだけ力を持ったが、敗戦によってすべてを失った。ここ最近でいくつか事例をあげると、経済界ではマッキンゼーやリクルートといった会社の出身者をエリートとして扱う事例はそうである。確かに、特定の会社出身者が活躍している事例は多いが、これも数十年間以上にわたる長期間ということではない。同様のことは政治の世界についてもいえる。２００９年に民主党政権が誕生した際、松下政経塾出身者が多かったため、これを政界のエリート集団とみなすかのような報道がなされたが、民主党政権が下野してからはこの種の報道を見聞きすることは少ないし、実際に、同塾出身者で大活躍している事例などを見聞することはまずない。

これらの事例に対して官僚は、状況変化に巧みに適応して長期間エリートとしての立場を維持することに成功している。戦前は「天皇の官吏」として強い影響力を持っていたが、やがて政治や軍が台頭する中で、政治に積極的に参加する官僚が増えるなどして、自らの役割を巧みに変えていったし、戦後はＧＨＱの間接統治の下で内務省が解体されるなどしたが、いつの間にかGHQの間接統治を担うようになり、やがて高度経済成長の主役となって、政財官の中心を占めるようになった。[*13] 時代が高度成長から安定成長に移っていくと、政界では長期政権によって自民党がより力を持ち出し、経済界は規制や保護に頼らなくなる中で、官僚の力はかつてほどではなくなっていったが、先述したように巧みに状況変化に対応することで依然として大きな影響力を保持している。

二つ目は、政財官のエリートサークルの中心に位置することである。日本では誰が権力を握っているのか。権力の所在に関する先行研究は無数にある。一般的には権力を実体的に捉える「実体的権力論」と、関係的に捉える「関係的権力論」（機能論）があるが、ここでは誰が権力を握っているかを中心に据える実体的権力論を中心に考えてみる。

実体的権力論は、権力の本質を物理的強制力（武力）、社会的力（富・知的能力・情報力など）などに求める。代表的なものにK・マルクス（経済権力を持つ者が政治力や文化を支配する）、ミルズ（1969）の「パワーエリート」（大企業・軍隊・官僚などのエリート）があるが、我が国では首相の権限・地位がそれほど高くなく、戦後は常に総理のリーダーシップが問題となってきたし、経済権力にしても財閥解体などによってサラリーマン社長が主体になったし、官僚主導の経済政策に引っ張られることも多かった。その一方で、政官業癒着に代表されるように政治・官僚・業界（経済界）の三者が癒着しながら権力を行使するように言われてきた。つまり、特定の単一者に権力があるのではなく、様々な権力が相互に関連し合いながら権力が行使されていると捉えられてきたわけだが、その中心に位置したのが官僚である。もちろん、戦後首尾一貫して官僚が圧倒的な中心にいたわけではないが、官僚出身の総理大臣が多数出ていること、天下りという批判はあるものの大企業の社長に就任する官僚出身者が多い一方で、政治家出身の大物官僚（例えば、他の先進国では大物政治家の全権大使などが存在する）や財界出身の大物官僚など存在しないことを考えると、三者の中心が官僚であったといってもいい。

仮に中心であったという表現が過剰であるとすると、官僚は政財官のどの世界でも活躍できる万能性をもっていたということである。現役時代は行政組織の一員として大きな影響力を行使するが、官僚を辞めた後も様々な形で権力に影響を及ぼすということである。元大蔵省の宮澤喜一以来、官僚出身の総理大臣は輩出されていないものの、国会議員の主なリクルート源が官僚出身であるのは相変わらずだし、退官後に民間企業に転じてから活躍する者も多い。さらに言えば、ここ最近は学術界やマスコミ界に転じて世論に大きな影響を与える者もいる。

実際、エリートを扱う際に、その言葉の前に「統治」「政治」「経済」「学歴」など様々な名称を付けることがあるが、どの言葉をつけたとしても通用するほど、日本の官僚は様々な世界に進出しており、単純に統治の世界だけでエリートと見なされたわけではない。ここは政治という世界でしかエリートとして扱われない政治家などとの最大の違いである。国会議員が活躍するのは国会議員としてだけというのが一般的だし、経済界出身者も経済界で活躍するだけというのと対比すると、官僚の活動範囲の広さが際立っていることがよくわかる。

官僚に威信があることの事例を二つ示してきたが、それではなぜこんなに長期間にわたって官僚は威信を維持できているのだろうか。制度的に与えられた権限、少なくとも安定成長期までは経済成長の実現と関わっていたことなどが大きな要因だが、威信の源になったのはやはり学歴だと考えられる。もちろん、東京大学出身者が多く、国家公務員上級職試験を突破したということだけで官僚の威信が確立され、それが長期間にわたるエリートの座を保証してきたというほど単純なことではないだろう。例えば、官僚の世界に限らず、経済界や政界、学術界やマスコミ界においても東京大学出身者が大きな影響力を及ぼしているため、彼等が一体となってネットワークを作って大きな影響を及ぼしてきたという複雑な要素もある。

例えば、自民党元幹事長の中川秀直は、日本の病根を「官僚対反官僚」という対立軸で見ると本質を見誤るとして、学歴に基づく自らの身分に誇りを共有する官僚機構、日本銀行、経済界、学会、マスコミなどあらゆるところにネットワークをはる複合体の人脈を指摘するとともに、「それは学歴による優越意識に基づく大学同窓などの見えざるネットワークであり、たとえば、東京大学法学部出身者を核とするエリート人脈で、彼らはあるときは意識的に、またあるときは無意識的に、巨大なネットワークをつくり上げている。この大学同窓を原点とする同質的人脈が「空気」をつくり、政策の「相場感」をつくっていく。彼らの醸し出す空気と相場感に反するものは「異端」扱いされるか無視され、あらゆるエリート層に、予定調和的な言動を強いて、同質化圧力を加えていく」（中川 2008:23）として、政官財＋学・情が固まって日本を支配するという見方をしている。[*14]

彼等は時には反目しあっているようにみえながらも、実際には東京大学出身ということで互いを認め合っているため、結局はエリート支配につながっているという見方である。実際、主要マスコミの中には官僚批判を展開している一方で、会社内では東大閥が根強いところもある。[*15] ちなみに、ネットワークの形成という点でいえば、閨閥もその一つにあげることができる。政財官の有力者などが婚姻関係を通じて結びつきを強める事例は数多いからである。[*16]

このようなネットワーク力が官僚、あるいは、東京大学出身者が社会に大きな影響を及ぼす源になってきたとして、そこからさらに一歩分析を進めると、それだけ東京大学出身者が重きをもって見なされてきた、その中でも官僚は世間からの敬意を集めてきたということにいきつくが、日本社会がなぜ東京大学出身者や官僚に敬意を抱いたかといえば、それは我が国が学歴社会だからである。東大などの一流大学を卒業することが大企業や中央官庁に入ること、その後の安定した人生につながりやすいことを考えても容易にそれはわかる。

もちろん、他の先進国も多少の違いはあれ、学歴や学校歴が大きな影響を与えるため、学歴社会は我が国に特有というわけではない。また、欧米と違って新規一括採用・終身雇用システムが大企業を中心に定着したこともあって、初任給などが出身大学・学部によって変わることがないこと、年功序列賃金制度の下では生涯賃金も出身大学・大卒・中高卒で大きく変わらないため、むしろ学歴や学校歴によって大きな差がつかない民主的な社会という見方もある。

その一方で、所得などの見えやすい差異以外の様々な側面（例えば、周囲からの敬意など）から考えて、日本は東大をはじめとした一流大学を卒業することが何かにつけて有利な社会であることもまた確かだろう。ここまで学歴（学校歴）が大きな影響を与えるのは、麻生（2009:265）が我が国の学歴社会の特徴の一つとして指摘しているように、我が国の学歴社会は、教授や学生の質、研究・教育の施設などの教育資源の配分に格差があってピラミッド型になっていることも大きく影響している。米国では全米トップテンの大学は変動するし、学部などによって全米トップテンに入る大学も異なるが、日本の大学のランキングは受験予備校の偏差値の変動といったものがあるにしても、文科系は東大法学部、理科系は東大医学部を頂点とした完全なピラミッドになっており、上位が大きく変動することがない。このように大学の序列が完全に固定化されているため、東京大学を卒業したことは大きな価値を持つようになるし、東京大学卒業者が圧倒的に多い官僚は学歴という点で世間からの敬意を得やすい。

また、我が国の場合には、学校で何を学んだかではなく、どんな学校を出たかを重視する学歴社会であるということも大きい。この場合、学歴とは専門的能力を表しているのではなく、入学が学力的に難しいか易しいかという観点（偏差値）からの評価であるとともに、そのような人間達が集うところで培われる人間関係が評価されているのである。

さらに、試験にさえ合格すれば出身階層などに関わりなく上昇することができるという点で、学歴が出世民主主義の一翼を担ってきたことも大きな要因である。試験は平等に開かれたペーパーテストであり、階層に関係ないがゆえに民主主義的なものであるという理解がベースにあるため、学歴社会に対する信頼度が高いということである。これは官僚を含めた公務員についてもいえる。市町村などでときおりコネで公務員になったことが判明してマスコミが大きく報道するという事例がそうである。これは事件への強い批判を示しているだけでなく、通常の公務員の選抜はペーパーテストを経て中立公平に行われているという考えが深く浸透しているからこその報道である。特に国家公務員試験の場合には不正採用やコネ採用が報じられるケースは非常に少なく、社会や国民からの信頼度は高いと考えられる。特に、キャリア官僚を選ぶ試験に関しては、戦前の高等文官試験から戦後も国家公務員上級職試験、Ⅰ種試験、総合職試験と名称を変えてきたものの、これが高倍率の難関試験であることは広く知られている。

以上のことを改めてまとめると、官僚が長期間にわたって威信を維持できている最大要因は東大卒が多く、難関な国家公務員試験を突破していることに対する社会の敬意である。その一方で、必ずしも長期間にわたって威信を保ってきた要因とはなっていないが、一時的には官僚の威信を高めたものとしては以下のものが考えられる。

まず、社会の官僚に対する敬意の奥底には、時間の経過とともに薄まっているとはいえ、「天皇の官吏」ということがどこかにあると考えられる。例えば、70級に区分された天皇を頂点とする序列である宮中席次を見てみると、戦前の官僚の地位が高いことは一目瞭然である。事務次官は貴族院・衆議院の両院副議長と並びであり、本省の課長は貴族院・衆議院両院議員と並びである。このような戦前の天皇の官吏という伝統は戦後なくなったとはいえ、官僚の権威を際立たせるのに確実に影響している。

二つ目は、少なくともバブル経済崩壊前までは、経済発展の主役は民間企業の活動を中心とした市場か介入的政策を中心とする政府かという議論があるにしても、旧通産省を中心とした経済官庁が経済発展の一翼を担ったといわれるくらいに、経済成長との関連で敬意を集めたことである。

そのため、バブル経済崩壊後の経済不振は「日本最大のシンクタンク」と言われる官僚の威信を大きく下げたと考えられる。加えて、多すぎる規制や硬直的な予算配分、官庁間のセクショナリズムが民間企業の自由な活動を妨げているとまで言われる程、官庁の介入は邪魔だと評されるようになった。かつて日本株式会社の中心で「Notrious MITI」と言われた通産省は「盲腸」と呼ばれるようになった後に、自己のテリトリーだけでは経済成長に十分にコミットできないことを自覚するようになった。

2　官僚の持つ集団性の強さ

次に集団性の強さについて取り上げる。その他のエリートと比較した時、集団性という観点からみた官僚のエリート性は卓越している。実際問題として、官僚が政策形成過程を支配できたのは集団性に優れていたからである。政策目標の達成に向けて根回しや資料作成などといったことを系統立てて行うためには、集団としての規律が求められるからである。例えば、官僚のように能力が高く、政治の中心にいることから政治的野心を抱きやすい場合、集団性を意識させるような何らかの仕組みがなければ個々人が自らの利益を求める可能性が高くなる。これは政治家と比較するとよくわかる。政治家は各自が首相の地位を目指して権力闘争を行うのが常であり、当選回数などを基盤にしたとしても集団性が強固であるといったことはあり得ない。

官僚の集団性の強さはいくつかのレベルに分けて分析することができる。まず、どこの官庁に所属しているかに関わりなく、官僚であることだけで強い集団意識が生まれていることである。官僚は東京大学を中心にした難関大学を卒業した上で国家公務員上級職（I種）試験を経て採用されるが、どこの官庁であれ、この難関を突破したことが集団意識を育んでいることは間違いない。財務省が一流で文部科学省が三流であるとか、若くして副知事になれる旧自治省などはエリート官庁である一方、司法試験に合格した検事がポストを独占している法務省のキャリア官僚は三流であるとか、各省間で官僚を差別化することはあるものの、類似した学歴と共通の試験を基盤にしていることの意味は大きい。また、エリート官僚として天下国家を動かしているとか、社会に大きな影響を与える仕事ができるといった意識は程度差こそあれ、どの官僚にも根強い。

確かに、同じ官僚でもどこの官庁に所属するかでステイタスは異なる。各省セクショナリズムが激しいとはいえ、一般的には、財務省を頂点とするのが霞ヶ関の序列ではある。ただ、不祥事で旧大蔵省から金融機能が分離されたり、予算編成権を官邸に移す議論が出たり、必ずしも財務省が盤石でなければ、財務省に代わって自らが最も影響を与える存在になろうという官庁が出てくることは避けられない。実際、民主党政権が誕生し脱官僚を掲げたにもかかわらず、財務省が他の官庁より一層優位に立ったかと思うと、第二次安倍内閣になってからは財務省が遠ざけられる一方で経産省が中心的な役割を果たすようになったと言われる。あるいは、多くの中央官庁が腐敗にまみれる中で検察庁が様々なポストを得るようになったことも一例としてあげられるだろう。その意趣返しということもあるのか、司法制度審議会が裁判官や検事の大幅増員を提示したことに対して、財務省は裁判官や検事の給料の高さを理由に反対しているが、この背景には「財務省は検察が大蔵省接待汚職でキャリアを逮捕したことをいまも根に持っている。接待汚職までは検察と『運命共同体』だった国税当局が、検事らが再就職する公証人の税務調査までしている」（司法記者の発言）があるという（『選択』2001.7）[*17]。

このような官僚としてのエリート意識はいくつかの要因によって支えられている。

まず、長くエリートとしての地位を維持してきたという伝統に支えられていることである。学力の優れた者を官僚として選別するシステムは明治時代以降、長期間にわたって続いてきた伝統である。伝統は集団意識を強める上で重要な役割を果たす。例えば、天下りという人事雇用慣行に関していえば戦前から存在しているものであり、それが戦後も連綿と続いている。連綿と続いているものを受け継いでいる意識は集団の一体感を高める上で大きな役割を果たす。逆に言えば、その長い伝統が破壊されていくことで特別な集団に属しているという意識が薄れていくのは避けられない。

次に制度面に目を移すと試験制度である。多様化しつつあるものの大学入試制度はペーパーテストを中心にした公正中立なもので能力の優劣をつけやすいものであるため、東京大学入学・卒業の価値に変化がないことに加えて、公務員も試験任用制度になっているため、既述したように学力という観点からの公務員の信頼性は高いと考えられる。なお、昨今は地方自治体において面接中心の人物重視の試験を行ったり、公務員試験の負担を減らして魅力的な人材を集めようとしているところはあるものの、国家公務員においてはペーパーテスト中心の試験任用制度であることに変わりはない。

三つ目は、政治任用が限定されていることである。事務次官以下が試験任用者で占められていることによって、個々の官僚には栄達すれば国家や社会に大きな影響を与えることのできるポジションにつけるという意識が芽生える。

四つ目は、国家公務員法やそれを受けた人事院規則で身分を守られていることである。身分が守られていれば長期間にわたって権力の中心にいることができるため、長期的視点から物事を考えるようになり、天下国家とか国家百年の計といった思考を促しやすい。これは政治家と比較すればわかりやすい。政治家は常に選挙に勝つことを考えたり、世間からの支持を考えなければならないため短期的に物事を考えがちである。[*18]

このような四つの要因によって官僚はどこの省庁に所属しているかにかかわりなく、官僚としてのプライドという強い集団意識を保持するに至ったと考えられるが、その集団意識がより強く、時には政治家などの権力にも対峙するだけの強固さを持ったのは各省ベースを基盤にしたものである。

官僚は国家公務員Ⅰ種試験に合格したということ以上に、財務官僚、経産官僚など個々の官庁に所属する官僚として強い集団意識を持っている。このような各省ベースを基盤にした強い集団意識ができあがった背景には、人事雇用慣行と各省セクショナリズムを基盤にした各省の利権化があるが、以下ではその仕組みを説明していくことにする。

まず、官僚の任用は各省を基盤にしていたことである。採用から退職までが各省ベースになるため、よく言われるように国益全体を考えるというよりは省益を考えると言われるほど、各省への帰属意識が強い官僚ができあがることである。

しかも、バブル経済崩壊後に政治主導が強く叫ばれるまでは、制度上は大臣や総理などに人事権はあるものの、実質的には官僚の人事は自律的だったことの影響は大きい。誰が出世するかはＯＢを含めた先輩や上司、同僚、後輩など官僚の世界の中で決まるため、政治家を向いて仕事をするよりも官僚同士の内輪を向いて仕事をすることになり、集団意識はより強固になった。

ただ、この程度であれば各省ベースの強い集団意識は生み出されない。なぜなら、仲間内とはいえ人事で争いがあれば近親憎悪的な感情が芽生えるし、集団意識が生まれたとしても同じ組織に属しているといった程度の仲間意識にとどまるからである。各省ベースの集合意識が政治に対峙するくらいに強固になったのは、この二つの要素を基盤にして官僚個々人が具体的な形で平等に利益を得ることができたからである。具体的に述べれば、組織内の競争を弱めることなく官僚個々人がある程度は納得できる巧みな人事慣行とそれを可能にする各省セクショナリズムを基盤にした利権システムの存在である。以下ではその仕組みを説明する。

官僚個々人が「ある程度納得できる」と述べたが、戦後の官僚は基本的に競争促進的な人事の中にいたことはまず指摘しておかなければいけない。その象徴として真っ先にあげることができるのは早期退職勧奨である。天下り問題と関連して何かと問題視されてきた早期退職勧奨であるが、[*19] 組織編成や人員構成を公的にコントロールされているだけでなく、雇用が保障されている公的部門にあっては、早期退職勧奨によって年長者を引退させポストを空けない限り、キャリア官僚といえども早期に昇進させるという人事運用はできない。その意味では、早期退職勧奨こそ組織活性化や競争促進の源であった。また、目立たないが指定職俸給表制度の導入も競争促進の大きな要素といっていいだろう。指定職に移れば給与が大幅に上昇するだけでなく、退職金や天下り先まで大きな差が生じることを考えれば、目に見える形での差別化であったといえる。

この二つの人事慣行はできる官僚とできない官僚を容赦なく選別する機能を持っていたが、それ以上に大きな影響力を持ったのは入省年次を中心とした人事である。具体的には二つある。一つは同期横並び昇進と言われるように一定レベルのポストまでは同期が横並びで昇進するものであり、もう一つは「後輩は先輩を追い抜かない」というものである。

まず、同期横並びの人事から考えてみる。これについては、中央官庁の人事はキャリアとノンキャリアに分けて行われた上で、キャリアの場合には40歳まで同一年次同時昇進が続くという「長期にわたる競争」が行われているると指摘した稲継（1999）の先行研究が有名であるが、実際には最初につくポストによって勝敗が早期に決するという見方がある。また、長期にわたる競争といいながら、「公務員制度改革大綱」（平成13年閣議決定）においても「採用年次等を過度に重視した硬直的な任用や年功的な給与処遇が見られること」が現行人事制度の問題点の一つとして指摘されており、入省年次を基盤にした同期横並びの昇進が、逆に停滞をもたらしたという見方もある。

「同期横並び昇進」が競争促進的な要素かどうかを巡っては、民間企業の分析をしている高橋（2004）の議論がそのまま中央官庁のケースにも当てはまる可能性は相当高いと考えられる。入省当初に配属されたポスト、その後に配属されるポストから、同じ係長や課長補佐でも違いや差が生じていることは本人も含めて組織構成員の間では認知されており、必ずしも競争状況が確保されているとは言い難いということである。他方で、元国土庁事務次官の久保田（2002）は、「仕事がよくできる」という評価は上司・同僚・部下という役人仲間では一致しやすく「どの年次の次官候補は誰それということが長い年月の間に醸成されていくのである」と述べており、ある程度の長期間を経て事務次官候補者が絞られていくという議論を展開している。

これらの議論を総合すれば、同期横並び昇進といっても、課長になるまで全く差がなく「誰が事務次官になるかわからない」というような競争が展開されているとは考えられず、各府省に応じて程度は異なるものの、長期間にわたる競争が行われているとはいっても、競争期間と競争者数という二つの点で制限されたものになっているのが実態だと考えられる。すなわち、40歳・課長レベルまでの長期間にわたるような競争を維持しているような中央官庁は少なく、大半の省では係長や課長補佐レベルの時点で競争の行方が見えるし、競争の参加者についても同期入省者の一部に絞り込まれるということである。例えば、課長補佐などの早期の段階において幾人かの事務次官候補を決めた上で、企画官相当職以上のポストからある程度の期間をかけて競争させながら絞り込んでいくということである。

その意味では、同期横並び人事は必ずしも競争促進的な要素を持っているとは言い難い。しかも、公的部門での競争というものにどこまで逆転可能性のあるダイナミックさがあったのかを考慮すると、益々、長期間にわたる競争という説には疑問符がつく。例えば、公務部門においては入省時の学歴・試験の順位などが重要であるという指摘が根強い一方で、[20] 学歴や職歴で優位にあり、将来を嘱望されるキャリア官僚は大きな制度改正を伴う部署（典型的には新法の制定、大きな法律改正）に配属される傾向があるが、彼らがそのような部署において仕事に失敗するリスクが非常に低いこと（内閣提出法案の成立率の高さからもそれは窺い知ることができる）、[21] そのような部署に配属された者が３６０度評価やそれに基づく評判という点では圧倒的に有利であることを考えると、競争に参加している当事者の視点からみれば、年次主義が競争促進的な制度であるとは考えられないだろう。

むしろ、同期横並び昇進は「長期間にわたる競争」を促したのではなく、「長期間にわたる表面的な競争」に敗れた場合の保険として、競争者のモラルハザードを防いだという点で重要だったと考えるべきである。すなわち、同期横並びで処遇するということであれば、一定レベルまでのポストが保証されるということを意味し、たとえ競争に敗れたとしても一定レベルの処遇が保証されるため、モラルハザードに陥ることなく競争に参加し続けるということである。例えば、キャリア官僚の場合、バブル経済崩壊前までは本省課長レベルまでは最低限でも到達できると言われるが、本省課長の社会的地位を考えると、出世競争に敗れた者が同期入省者や職場の周りの人間、あるいは、所属する省の人事に大きな不満は抱かなかったと考えられる。むしろ、そこまで出世できるのであれば、自分よりも優れた同期入省者が事務次官になれるように一体感をより強めると考えた方が自然であるし、官僚経験者などによるそのような発言はあちらこちらで見られる。

入省年次による一体感を基盤にした各省官僚としての強い集団意識をさらに高めたのが、入省年次を基盤にした人事のもう一つの特徴である「後輩は先輩を追い抜かない」という慣行である。難関な試験を突破したことながら官僚は高いプライドを持っていると言われるが、これは、官僚のプライドを傷つけないという点で同期横並び昇進以上に集合意識を高めたと考えられる。

このようにエリートと言われる官僚も完璧に保護されてきたわけではなく、争いを避けるような一体感が必ずしも醸成されるような環境にはなかった反面、同期入省者を中心とした人事が行われ、キャリア官僚であれば一定レベルまでの栄達が保証されていたことが集団意識をより強固なものにしたと考えられる。それに加えて、昇進レースに敗れたとしても、天下りという形で退職後も相当期間にわたって生活を保障された。しかも、天下りが可能になったのは各省の権限を基盤にしたセクショナリズムによって営利法人や非営利法人に大きな影響を及ぼすことができたからであることから、官僚は自らの処遇の背後に所属する省庁の権限や利権を意識せざるを得なかった。そのため、自分は○省に属している、○年次入省であるという集団意識は生活意識を包含するくらいに強固なものになったと考えられる。例えば、昇進競争に敗れたからといって、自分が所属する官庁の悪口を言い募ったり、敵対する政治家と組んで所属する官庁の利権をマスコミにリークして問題化させることは、自らの生活基盤を掘り崩すだけでなく、長年一緒に仕事をしてきた同僚の生活基盤さえ掘り崩しかねないことになるため、安易に組織を敵に回すような行動は取らないということである。

これまでのことをまとめるとどうなるだろうか。官僚の集団性の強さにはいくつかの裏付けがあるということである。一つ目は国家公務員法や同期横並び昇進など慣行を含めた制度面での裏付けである。次に、天皇の官吏の時代から長期間にわたってエリートとしての地位を維持しているという伝統である。最後は、強いプライドを生み出すと同時に利害を共有しているという意識をもたらす各省ベースの権限・人事システムである。天下りや同期横並び昇進といった雇用慣行など、民間企業では見られない雇用・人事慣行は霞ヶ関が特別な職場であることを示すとともに、個々の官僚に霞ヶ関の一員であることのプライドを与えると同時に、このシステムによって天下りなどの利害を共有していた。

これらによって強い集団意識がもたらされ、昇進レースで不必要な争いを抑えることが可能になった。昇進レースに敗れたとしても、保証されるものがあり、官僚であったということがプライドをもたらすのであれば、昇進レースに政治や党派的なものを持ち込むという行動が抑止される。これがどれだけ大きな力を発揮したかを考える場合に最もわかりやすいのは政治などの外部の勢力からの影響を防げることである。集団意識が低い場合、政治家が人事に介入するようになると、官僚同士の争いが生じて最終的に官僚の力が落ちてしまうが、集団意識が高ければこれを防ぐことができる。また、一体として扱うことはすべての官僚に同じような経験を積ませることになるので、厚みのあるエリート集団を作り上げることにもなる。例えば、同期の昇進レースでトップを走っている官僚が何らかの形で頓挫したとしても、それに代わりうるような人材がいれば仕事に支障が生じることはない。[*22]

注

＊1　官僚と政党を対立関係というよりも、官僚がいかに政党化していくかという視点から、戦前の政党政治を分析している清水（2007）によると、隈板内閣期においては55の官職（大臣8、長官・次官9、勅任参事官5、局長8等）に57名の政党人が就官したとしている。各省別にみると、外務・司法省では全てが政党人によって占められた他、内務省でも純然たる官僚は神社・衛生といった専門性の高い分野に限定された。他省も同様の傾向であり、軍部以外の例外としては予算通過の目的を明確化して省を挙げて政党内閣に対した大蔵省が唯一である。

＊2　清水（前掲）が分析しているように、本格的政党内閣である原敬内閣においても、政党員が政府のポストを独占するという形で政党の支配力が強化されたのではなく、大臣や次官に政友会系官僚が就任しているのをみてもわかるように、むしろ、進んだのは官僚の政党化である。原敬の人事は「藩閥打破」的な側面が強く、言われるほどに党派的立場からの更迭が少ないという指摘もある（山本 1991, 黒澤 1999）。

＊3　どの時期まで国士型官僚が主流で、どの時期から調整型官僚が主流になったかについて具体的な線引きをすることは難しいが、様々な証言などから考えると１９６０年代は少なくとも国士型官僚が主流だったのではないかと思われる。例えば、元副総理の後藤田正晴氏は自治庁税務局長時代の述懐の中で、自民党政権の有力者と一歩も引かずにやりあったことを詳しく述べている（後藤田 2006）。

＊4　『選択』（2006.9）では、２００６年、損保各社の保険金不払い、ゼネコン談合、トヨタ自動車のかつてない大規模リコールなどの企業不祥事が勃発した際、中央官庁が厳格な取り締まりに動いたことを「霞ヶ関復権のための新ビジネスモデル」と

表現しつつ、中堅官僚の「不祥事などでここ数年官僚バッシングが続いた。民間優位の中で傲慢な企業も出てきた。叩けばぼろも出る。不祥事に対する役所の厳格な対応は世論も後押ししてくれるし、先細りする権限の拡大につながる。天下り先の確保に繋がればこれに越したことはない」という解説を掲載している。

*5 明治初期は、法制に関する知は社会を形成する力などとして大きな影響力をもった時代であるとしつつ、法制官僚を扱った山室（2005）は、これまでの日本官僚制の研究が社会学的役割認知などを進めてきた意義は認めるとしても、官僚個人とその集団の力の源泉となっている知とはいかなるものかを問うことは重要であるとした上で「知は政治そのものであるから」と論じているが、現在の官僚制が持つ知識は明治時代のようなわかりやすいものでもなければ、官僚だけが独占しているものでもないことに加えて、官僚が持つ知がそもそも社会に役立つものかどうかさえ疑わしい状況にある一方で、官僚が今なお大きな力を持つ一つの要素が知にあることを考えると、より具体的で細分化された官僚知の分析は必要であると考えられる。

*6 政治がイニシアティブを握る政策目標の設定がどのような形態であるかは千差万別である。政官関係の態様が曖昧なように「政治が明確に目標設定している」という形態にも様々な形があるだろう。数値も含めた細かな政策目標の設定を政治主導の現れというものもあれば、大まかな方向性だけでも充分だという考え方も根強い。少なくとも、自民党政権の場合には政治主導を掲げた議員達でさえ、その多くは大まかな目標設定と責任を負うことが政治の役割であると考えていたと推測される。例えば、小池百合子元防衛大臣は「ちなみに、私の描く「脱官僚」とは、政治家が大きな方向性を決めて、細かいところは官僚に委ねるというやり方です。確かに細かいところを委ねると官僚は自分たちの言葉とルールで決め、法律には書き込まれていない「政令」で、役所の権限の確保や拡大に血道を上げるケースも多々あります……」（小池 2009:22）と述べているし、与謝野馨元官房長官は「「政治主導」という言葉は「政治家が何から何まで決めます」「細かいことまでやります」という意味ではない。政治主導とは、物事の行く末の方向を指し示すという意味だ。だから、政治家は方向性を間違えてはいけない。それこそが政治家の仕事である」（与謝野 2008:141）と述べている。

*7 政策目標の設定のために外部有識者を使うのは小泉内閣など1990年代以降の政権に限ったことではない。大平内閣や中曽根内閣でのブレーンの活躍は有名だし、各省や官僚自身も「審議会隠れ蓑説」とは言われながらも、自らの判断で政策案を立案できない問題などでは学識者などに依存してきた。ただ、外部有識者の活用はあくまで部分的であったし、外部有識

者の議論が政策決定プロセスをそのままリードしたり、各省の行動を大きく制約するということなどなく、あくまで主流は「審議会隠れ蓑説」で説明できるものであった。その一方で、小泉内閣での政策形成過程では経済財政諮問会議が政策案を企画立案し、それを基準にして政策形成過程のプロセスが決定されていくというように政策形成過程自体が大きく変容した部分があり、外部有識者の活用のレベルが全く異なった。

＊8 行政の管轄が広いにもかかわらず、公務員数が少ないことなどから、官公庁はその持てるリソースを十分に活用することを求められた。村松はこのような日本の行政の特徴をとらえて「最大動員システム」と名付けている。それは人的リソース、資金、制度のあらゆるものを目的に向かって能率的に動員するシステムであるという（村松 1994）。これに対して、本当に少人数の公務員で日本の行政は効率的に機能しているのかを疑問視する見解もある。例えば、前田（2014）は、日本の公務員数が欧米先進国に比べて少ないのは経済発展の早い段階で行財政改革を実施して、その増加に歯止めをかけた結果であるとして、日本の公務員数が少ないのは人員を増やす必要がなかったからではなく、むしろ必要な人員を増やさなかったからであるという可能性もあると指摘している。

＊9 この点について真渕（2010）は、専門知識と様々な団体とネットワークを作って影響を及ぼすことが官僚の強さであると指摘している。

＊10 民主党政権の政官関係の躓きについては民主党政権の研究が進むにつれて、さらに蓄積していくものと考えられるが、民主党政権を地道にフォローしている様々なドキュメントなどにおいて、民主党政権は本来官僚に任せるべきものまで政治自らが行うことで、様々な業務に停滞が生じたことは繰り返し指摘されていることである。また、官僚を極端に排除してしまった結果、基礎的な国会質問にさえ答えられないという愚を犯した（例えば、財務大臣が経済学の基礎である乗数効果や消費性向という用語を知らなかったという指摘については林・津村（2011:202-05））。もちろん、朝日新聞政権取材センター（2010:282-83）が指摘しているように、政治家自ら深夜まで役所に残って仕事をする姿などが新鮮な驚きを与えたことは確かだが、各省で数人の政治家が官僚にすべてとってかわることなど元々無理な話だったのである。

＊11 一例として、森内閣の時に亀井静香自民党政調会長が緊急経済対策を考えるように霞ヶ関にはっぱをかけても霞ヶ関は動かなかったが、それは森政権の先行きが見えていたため、ありきたりのメニューしか出さなかったという（『選択』2001.5）。

＊12 例えば、地方分権は素晴らしいという意見は多いが、実際に地方自治体の現場を取材している記者の場合には、地方自治

体と霞ヶ関を比べて改めて霞ヶ関のすごさを再確認するということが多い。「「東京に出て、中央官庁の取材をして地元に戻ると、県庁職員のレベルの低さに愕然とする」ある県の地元紙記者はこう語る。単純に能力という点で比較した場合、ノンキャリアも含めた霞ヶ関の官僚の統制された仕事ぶりは、県職員と比べ物にならないと思い知った」という（『選択』2012.7）。

＊13 敗戦による官僚制への影響については内務省の解体が取り上げられることが多いが、個々の官僚に対する影響も大きかった。主権を失った敗戦国の場合、外交権を失うことになるため外交官への影響も大きく、本来の仕事がなく惨めな境遇に陥ったという。ある外交官はアメリカ軍の将校用に住宅からゴルフバッグまで用意し、慰安所や酒場でのトラブル処理に立ち会ったという（井上 2015:29-30）。

＊14 この種の見方のように巨大な権力が背後に隠れているというもので、ここ最近、大きな影響力を持っているのは米国や米国と結託した一部の日本の権力が日本を支配しているという見方である。例えば、元外務省国際情報局長の孫崎（2012:365-72）は、対米追随型の吉田茂・池田勇人・中曽根康弘・小泉純一郎が長期政権となっている一方で、対米自主派の多くは短期政権に終わっていると指摘し、自主派を追い落として対米追随派に置き換えるための装置として、検察とマスコミ報道があり、両者とも米国とのつながりが深いという。その上で「このように米国は、好ましくないと思う日本の首相を、いくつかのシステムを駆使して排除することができます。……たとえば米国の大統領が日本の首相となかなか会ってくれず、そのことを大手メディアが問題にすれば、それだけで政権はもちません。それが日本の現実なのです」と述べている。

＊15 東京大学法学部が公共政策大学院を作るに際して、ジャーナリスト養成も掲げて、朝日新聞と共同研究のための寄附講座を開設したことについて、高級官僚や政治家といった権力中枢を養成する大学院がジャーナリストという権力の監視人を養成することは矛盾しているのではないかとして、学内からも批判の声が上がったという（『選択』2005.1）。

＊16 官僚の中でも閨閥に組み込まれることが多いのがエリート中のエリートと呼ばれる財務省である。例えば、財務省秘書課長は同期入省者の中でもトップ指定席と言われてきたが、彼は人事を束ねるだけでなく、財務省と政財官界を血脈によって結ぶ「種馬牧場の管理人」の役割があると言われる。「秘書課長のデスクの引き出しには、常時、見合い写真の束が収められている」と囁かれるほど、若手キャリアに政財官界の有力者の娘を紹介することが重要な職務とされているという（『選択』2007.2）。

＊17
財務省を頂点とする秩序がバブル経済崩壊後、激しく変動している。民主党政権の誕生で厚労省や国交省が攻撃される一方で、財務省の力がより強まったと言われたが、第二次安倍内閣の登場でその状況が一変する。例えば、経産省の影響が強くなったと言われる中で、重用されるようになった経産省の産業政策局長のもとに、財務省幹部らが日参して官邸などの意向を聞くという風景は権力構造の変化を示しているという報道（『選択』2013.12）があるが、少し異なった角度からこれをみると、「外交敗北」を掲げて政権を奪還した自民党の第二次安倍内閣の誕生以来、内政よりも外交を司る外務省や防衛省の比重がより高くなっているが、日本版ＮＳＣの創設を巡っては外務省・防衛省・警察庁が三つどもえで主導権を争いをしていることが頻繁に報道されている（『選択』2013.6）。

＊18
ここで、戦後の官僚の方が「天皇の官吏」と言われて絶大な権力を持った戦前の官僚に比べても、身分が守られていることを以下でみてみることにする。戦前の制度では当初、官吏の身分保障について厳格には定められておらず、本格的に官吏の身分保障を定めた文官分限令（勅令第62号）（第二次山縣内閣時に制定）では、その第二条において「官吏ハ刑法ノ宣告、懲戒ノ処分又ハ本令ニ依ルニ非サレハ其ノ官ヲ免セラルルコトナシ」とされ、身分が保障されることとなった。そして、第三条において免職事由を①身体若しくは精神の衰弱により職務執行に耐えられなくなった場合、②疾病によって職務執行が難しくなった場合（自己都合を含む）、③官制又は定員の改正により過員が生じた場合の三つに限定した。これによって、官吏の身分は安定したものとなった。

他方で、戦前の官吏の身分が不安定だった要因として指摘されるのが、文官分限令に定められた休職事由を利用した免職である。文官分限令の第11条において四つの休職事由と休職期間が定められている。一つ目は懲戒委員会の審査に付された場合で休職期間は委員会の係属中の場合、二つ目は刑事事件で告訴もしくは告発された場合で休職期間は裁判所に係属中の場合、三つ目は官制又は定員の改正により過員が生じた場合で休職期間は満3年、四つ目は官庁事務の都合により必要なる時で休職期間は同じく満3年である。そして、文官分限令の第五条において「第十一条第一項第三号及第四号ニ依リ休職ヲ命セラレ満期ニ至リタルトキハ当然退官者トス」とされているため、休職処分となった者は満期になれば退官せざるを得ない状況に追い込まれた。この規定を利用して、時の政権が反対勢力の官吏を罷免するという事例が目立ったため、官吏の身分は文官分限令の身分保障規定にもかかわらず、それほど安定したものではなかった。しかも、3号と4号の休職期間は明治36年、桂内閣時代に勅令第１５６号により改正され、「高等官ニ付テハ満二年、判任官ニ付テハ満一年」に改められたため、休職して2年間を経過した官吏は自動的に免職となった。

それに対して戦後の官僚（公務員）は戦前のこのような欠点を踏まえた身分保障になっている。具体的に述べると、国家公務員法第75条では「職員は、法律又は人事院規則に定める事由による場合でなければ、その意に反して、降任され、休職され、又は免職されることはない。」と定められており、公務員は法律に基づく理由以外では解雇されないことになっている。これは解雇規制のない民間労働者との大きな違いである。今日、民間企業でリストラが横行する一方で、公務員の手厚い身分保障が批判されるが、その根拠が国家公務員法第75条である。

なお、法律に定める事由は同法第78条に定められているが、それは①勤務実績がよくない場合、②心身の故障のため、職務の遂行に支障があり、又はこれに堪えない場合、③その他その官職に必要な適格性を欠く場合、④官制若しくは定員の改廃又は予算の減少により廃職又は過員を生じた場合の四つである。

＊19 人事院職員局長の金井八郎氏は、営利企業への就職禁止は服務規程とされているが、公務員が在職中に特定の企業と情実関係を結び、それを手段にして企業に移るということは、集団的に組織で仕事をする日本の公務員の場合には起こりにくい一方で、天下りはピラミッド型の人事管理が原因となって構造的に起こっていると述べている（「公務員倫理と〝天下り〟問題をめぐって」『人事院月報』1982.6）。

＊20 元財務省国際金融局長の榊原英資氏は、学生時代に父親の友人の大蔵出身の日銀政策委員を通じて当時の秘書課長である高木文雄と面接した際、大蔵省に入らないかといきなり言われ、優の数を大幅に増やし、公務員試験は50番以内に入ることという条件をつけられたが、公務員試験の席次は経済職で14番、大学最後の1年間の成績が全優で採用されたという話を明かしている（榊原 1977）。

＊21 「○法の大改正に○年のエース○氏が課長として投入された」といった報道はしばしば目にするところであるが、大きな法律を成立させるということは「政治家にとっても評価されること」であったことを考えると、法案担当部署に配属されることがいかに同期横並びの昇進レースで重要な位置づけだったかがわかる。ただし、自民党一党優位体制の下においては法案を通すことだけが主な役割ということではなく、この点について自民党の元幹事長であった加藤紘一は「我々与党議員はそれに基づいて、政府から出された法案をできるだけ早く国会で通すというのが主な任務だった。しかも党内の評価という目で見れば、預かった法案をいかに修正させずに通すか、ということが出世の道だった。野党から法案の不備、法案の基本理

念の瑕疵のようなことを言われても、それは論争のための論争であって修正するなんてとんでもないという認識が一般的だった」（加藤 2005:39）と語っている。

＊22 人材が豊富だと言われる官庁には様々な人材が集まっている。例えば、財務省の場合には「花の四十一年組」と呼ばれるくらいに昭和41年入省者には逸材が揃ったと言われ、「バランスの武藤、行動の中島、知略の長野」と評される3人がいた（『選択』2003.4）というし、元国税庁長官の竹島一彦氏が公正取引委員会委員長に内定した際に、『選択』（2002.7）は「唯我独尊、官尊民卑、頑迷固……芳しい評判が少ない「典型的な大蔵官僚だ」。そんな男が二番手以下に控えていたことに旧大蔵省の底力が見える」と述べているが、この非難めいた言葉を肯定的に捉えれば、それだけ集団としての官僚の質は非常に厚いということである。

第二章　官僚を襲った最大の危機——バブル経済崩壊後の行財政改革

第二章では、エリートとしての官僚の地位を揺るがすバブル経済崩壊後の行財政改革を取り上げる。ボットモアはモスカ・シュンペーターなどの研究をまとめて、経済的変動・文化的変動の結果、新たな社会集団が形成され、大きな影響を及ぼすと指摘して（1965:71）、旧いエリートの没落と新しいエリートの興隆の要因として大きな社会変動の存在を指摘しているが、この考え方を踏まえた上で官僚に影響を与えた大きな社会変動を見渡してみるとバブル経済崩壊後の長期不況にいきあたる。

長期不況は官僚の威信を大きく低下させた。威信が高かっただけに官僚に対する不信感がより一層強くなり、それまでも見過ごされてきた不祥事や特権的な扱いに対する不満が社会全体に蔓延するようになった。バブル経済崩壊後、日本社会が官僚にどのような反応をするようになったかは後述するとして、官僚にとってバブル経済崩壊がいかに大きな社会変動となったかを具体的に現わしているのが公務員制度改革にまで行き着く行財政改革である。

バブル経済崩壊後に行われた行財政改革は１９８０年代のものとは明らかに異なる。行財政改革は常に政策課題だが、この時期のものには背後に大きな変化があったからである。具体的に言うと二つである。

一つ目は、長期不況を切り抜けるためには中央官庁や官僚の在り方を変えなければならないというように、行財政改革が不況と結びつけて捉えられたことである。

二つ目は、エリートとしての地位を巡る争いに絡んだ政官関係の大きな変化である。政治と官僚はお互いに権力の主導権を争ってきた。長期不況期にはこの不況が誰の責任かを巡って責任転嫁をし合うようになったが、それが最も露骨に現われたのが行財政改革を巡る様々な動きである。

この章では、まずバブル経済崩壊後に行われた行財政改革を振り返ってみる。２０１７年度現在までを視野に入れると実に様々な行財政改革が行われていることがわかる。その上で、行財政改革の背後にあった要因としての政官関係の変化について詳細に分析することとする。なお、不況が官僚や中央官庁と結びつけられて捉えられたことについては本書後半で詳述することにする。

第一節　行財政改革と公務員制度改革の流れ

行財政改革は古くからの政策課題であり、バブル経済崩壊前後を問わず、政府にとってはたえず手をつけざるを得ない政策分野だが、改革のメニューや改革を巡るスピード感はバブル経済崩壊前後で大きく異なる。行財政改革の流れや個別具体的な分野については総務省の実務関係者も名を連ねる田中一昭（2006）が詳しいので、詳細はそれらの研究に譲るとして、その代表的なものが1998年に法律が成立した中央省庁の再編である。

中央官庁の組織再編がそれまでほとんどなかったことを考えると、それまでの行財政改革とはレベルの異なる大きな改革だったと言える。実際、中央省庁再編によって局の数が128から96へ、課の数が1170から1000へそれぞれ減少しており、現実に局長あるいは課長というポストが減少している。また、これを手がけた橋本内閣は1996年の総選挙において、中央省庁の再編を含めた行財政改革を主な選挙争点として戦ったというくらいに行財政改革が注目点となった。それと同時に、橋本内閣が打ち出した中央省庁の再編を中心とした行財政改革は、六大改革として打ち出されたその他の改革（財政構造改革・経済構造改革・社会保障構造改革・教育改革・金融システム改革）と密接に関連しており、内閣機能の強化を含めて単純に行政組織を組み替えるものではなく、経済社会全体を変革するためのツールとして位置づけられていた。

これ以降も99年1月には自自連立政権が成立し、国家公務員の25％削減で合意するとともに、同年3月には自自両党が国会の政府委員制度の廃止と副大臣・大臣政務官制の導入で合意、5月には情報公開法、7月には地方分権推進一括法、8月には国家公務員倫理法が成立する。さらに、2000年に森内閣の下で策定された行政改革大綱では特殊法人改革・公務員制度改革・公会計の見直しなどの広範囲にわたる改革が示されたし、小泉内閣の下では「改革なくして成長なし」「官から民へ、国から地方へ」をスローガンに様々な行財政改革が実行に移されたことは記憶に新しい。その後、第一次安倍内閣以降の自民党政権、民主党の鳩山政権・菅政権では公務員制度改革が常に大きな話題となり、政権に復帰した第二次安倍内閣では内閣人事局が発足した。

個別各分野の行財政改革を詳細に取り上げることは紙幅の関係から省くが、1990年代以降の行財政改革の流れから言えることは、特殊法人などの非営利法人の縮小・規制緩和・地方分権という代表的な行財政改革をみればわかるように、中央政府の範囲・権限が縮小すると同時に、中央政府を構成する官僚機構の、政治家、民間企業、地方自治体などに対する権限の縮小である。

1990年代以降、しばしば行財政改革に対する官僚の抵抗・骨抜きということが叫ばれたが、こういう言葉が頻繁に語られること自体、行財政改革が活発に行われた何よりの証拠であるし、現実に実行に移された改革の数々を見れば官僚が1980年代までと同じ権限・権威を維持できていると主張することは難しく、行財政改革によって明らかにその権限・権威は落ちたということである。そのピークがこれまで聖域のように扱われ、改革の対象となってこなかった公務員制度が改革の遡上に乗ったことである。

公務員制度改革が行財政改革の対象として重視されるようになったことが、なぜ、それほどの重要性を持つのか。公務員制度改革の背景には中央官庁や官僚が持つ様々な利権や変えたくない慣行などがあるというのがその主な理由ということになるが、実際、これが聖域視されてきたことは、政府関係者の発言などにもあるように、1990年代に入るまで根本的な改正が長くされてこなかったことからもわかる。[*1]

図表２　公務員制度改革のこれまでの経緯

1997年	「公務員制度調査会」の設置、行財政改革会議「最終報告」
1999年	「公務員制度改革の基本方向に関する答申」
2000年	「行政改革大綱」
2001年	行政改革推進本部及び内閣官房行政改革推進事務局設置、「公務員制度改革の大枠」「公務員制度改革の基本設計」「公務員制度改革大綱」
2003年	自民党行政改革推進本部公務員制度改革委員会発足
2004年	「今後の行政改革の方針」、連合「公務員制度改革に関する提言」（中間報告）
2005年	「行政改革の重要方針」、日本経団連「さらなる行政改革の推進に向けて」、経済同友会「開かれた公務員制度の構築を」
2006年	「行政改革推進法」の成立
2007年	「国家公務員法等の一部を改正する法律」（官民人材交流センターの設置等）の成立
2008年	「公務員制度の総合的な改革に関する懇談会」報告書、「国家公務員制度改革基本法」の成立、「国家公務員制度改革推進本部」の設置
2009年	「国家公務員法等の一部を改正する法律案」が衆議院解散に伴い審議未了・廃案、鳩山内閣発足
2014年	「国家公務員法等の一部を改正する法」が成立 内閣官房に内閣人事局設置

資料出所：政府発表資料・報道などに基づき筆者作成

そんな状況を考えれば尚更はっきりするのだが、公務員に対する批判が高まる90年代以降の公務員制度改革の動きは非常に活発である。次の図表2は最近の公務員制度改革の動きをまとめたものであるが、１９９７年以降、公務員制度に関する動きが活発化していることがわかる。この動きは言うまでもなく、公務員バッシングが吹き荒れ出す１９９０年代後半以降の動きと符合する。

１９９０年代後半以降の公務員制度改革にかかわる動きについては、まず、１９９７年の「公務員制度調査会」の設置をあげなければいけない。また、同年には行財政改革会議が「最終報告」を出しており、省庁再編に対応した人事管理制度の構築、退職管理の適正化及び中央人事行政機関の在り方などを提言している。

１９９９年には公務員制度調査会が「公務員制度改革の基本方向に関する答申」を提出し、能力・実績に応じた昇進・給与、人事行政の在り方などを示した他、中央省庁等改革推進本部が「中央省庁等改革の推進に関する方針」を決定し、国家公務員制度改革の方針として、能力・実績に応じた処遇、高齢化への対応と退職管理の適正化などを示した。

２０００年に入ると「行政改革大綱」が閣議決定され、公務員制度改革の方針として信賞必罰の人事や再就職に関する合理的かつ厳格な規制などが示されるとともに、その後、行政改革大綱を実現するための組織として行政改革推進本部が２０００年末に設置された。

２００１年には、まず同年2月に内閣官房行政改革推進室事務局が「各府省の若手職員等に対するヒアリング調査結果」を発表して、現行の公務員制度の問題点を浮き彫りにした。このヒアリング結果を受ける形で、同年3月に「公務員制度改革の大枠」、同年6月に「公務員制度改革の基本設計」が策定された。そして、公務員制度改革の中身を最も詳しく記述したものとして同年12月に「公務員制度改革大綱」が閣議決定された。この大綱の中では国家公務員法の改正案を平成15年（２００３）中を目標に国会に提出することとされ、改革に向けた具体的な時期まで明示されることとなった。

その後、この公務員制度改革大綱を巡る様々な軋轢が政府内外で起こり、最終的には公務員制度改革大綱に明記された改革は実現されないこととなるのだが、これで公務員制度改革に向けた動きは沈静化することはなく、２００４年には「今後の行政改革の方針」が閣議決定され、その中で公務員制度改革については①制度設計の具体化と関係者間の調整を進め、改めて改革関連法案の提出を検討、②現行制度の枠内で実施可能なもの（早期退職慣行の是正、非営利法人への再就職の際の報告、評価の試行、人材の確保・交流・能力開発の推進）について早期に実行、③地域における国家公務員給与の在り方の見直しが決定された。また、２００５年には「行政改革の重要方針」が閣議決定されたが、ここでも公務員制度改革についてできる限り早期に具体化すること等が決定された。

２００６年は「簡素で効率的な政府を実現するための行政改革の推進に関する法律」が成立・施行され、公務員制度改革については①政府は、能力及び実績に基づく人事管理、退職管理の適正化並びにこれらに関連する事項について、できるだけ早期にその具体化のため必要な措置を講ずるものとする、②政府は、公務員の労働基本権及び人事院制度、給与制度、職員の能力及び実績に応じた処遇並びに幹部職員の選抜及び育成に係る制度その他の公務員に係る制度の在り方について、第51条に規定する措置の進捗状況その他の状況を踏まえつつ、国民の意見に十分配慮して、幅広く検討を行うものとする、③政府は、国と民間企業との間の人事交流を促進するため必要な措置を講ずること等を行うものとする（第63条関係）が法定された。また、「新たな公務員人事の方向性について」（いわゆる中馬プラン）が公表され、新たな公務員人事の方向性として、①官民間の人材の活発な移動、②定年まで勤務することも可能な人事の構築（複線的人事管理を行うため、本府省幹部の厳選と専門行政分野のスペシャリストについてスタッフ職を創設）、③再就職規制の抜本的見直しの三つを打ち出した。

２００７年以降は自民党から民主党政権への政権交代を含めて公務員制度改革がかつてないほどに激しい動きを見せることになるが、その最初の動きとしてあげるべきなのは、第一次安倍内閣で同年4月に閣議決定された「公務員制度改革について」である。ここでは「公務員制度改革は、能力・実績主義や再就職規制にとどまるものではなく、行政組織の職員の採用、能力開発、昇進、退職等の相互に関連した人事管理制度全体に変革をもたらしていくものであり、パッケージとして改革を進めていくことが必要である。このため、以下のとおり、国家公務員法等改正法案を速やかに国会に提出するとともに、引き続き公務員制度の総合的な改革を推進するため、基本方針を盛り込んだ法案を次期通常国会に向けて、立案し提出する」とされ、給与・任用等と断片的に扱いがちな公務員制度改革のメニューをパッケージとして包括的に扱うことが打ち出された。

これを受ける形で成立したのが「国家公務員法等の一部を改正する法律」である。この法律の柱は二つである。一つは能力・実績主義の導入で具体的には、①職員の採用試験や年次にとらわれずに、人事評価を行うことを明記、②人事評価制度の構築、③人事評価と分限処分をリンクさせることを明記等である。二つ目は、再就職に関する規制の改正で具体的には①各省による再就職斡旋を禁止し、「官民人材交流センター」による一元化を実施、②退職職員の働きかけ規制（事後規制制度の導入）、③人事院による再就職の事前承認制度を廃止等である。

この法律が成立した後、行政改革推進本部専門調査会が戦後常に公務員制度改革では懸案となってきた公務員の労働基本権について報告（「公務員の労働基本権のあり方について」）を行うとともに、国家公務員法等の一部を改正する法律で明記された再就職斡旋機関である「官民人材交流センター」について、官民人材交流センターの制度設計に関する懇談会が報告書を提出し、センターの目的と設置方針、再就職支援の対象となる職員の範囲などについて提言を行った。

翌2008年も公務員制度改革を巡る動きは止まらなかった。まず、同年2月に公務員制度の総合的な改革に関する懇談会が報告書を発表し、議院内閣制にふさわしい公務員の役割、働きに応じた処遇などを提言したことを受けて、福田康夫内閣は「国家公務員制度改革基本法案」を国会に提出し、衆議院で修正を受けた上で成立した。法案は多様な中身になっているが、大きく四つの分野から構成されている。

第一に内閣主導体制の確立（内閣総理大臣を補佐する「国家戦略スタッフ」を新設、内閣人事局を創設し、各省幹部職員の人事を一元化する、幹部職員の府省横断的な配置換え）である。第二に、多様な人材の登用（現行の試験区分を見直し、「総合職試験」「一般職試験」「専門職試験」に分ける、管理職員の職責を担うにふさわしい者を計画的に育成するための仕組み（幹部候補育成課程）を整備する、公募にする幹部職員の目標数値を定める、高度の専門性を求められる職に充てる人材を内外から登用するため、兼業及び給与の在り方を見直す）である。第三に、官民の人材交流の推進等（官民の人事交流の手続を簡素化するとともに、対象を拡大する、民間企業その他の法人の勤務機会を付与するように努める）である。最後に、能力及び実績に応じた処遇の徹底（業務簡素化計画を策定するとともに、職員の超過勤務の状況を管理者の人事評価に反映させるための措置を講じる、優秀な人材を確保するため、初任給の引上げ、職員の能力及び実績に応じた処遇の徹底を目的とした給与及び退職手当の見直しを行う）である。

続く麻生内閣では、国家公務員制度改革基本法に基づき設置されることに決まった国家公務員制度改革推進本部で議論が重ねられていき、まず、２００９年に「公務員制度改革に係る工程表」が策定された。その後、この工程表に基づき国家公務員法改正案が閣議決定され国会に提出されることになるが、この改正案は言うまでもなく福田内閣の基本法が示した改革を具体化するものであり、そういう点で言えば、基本法の延長線上というよりも基本法の枠内にあるものであることは言うまでもない。その中身は基本法で決められた内閣主導体制を具体化する幹部公務員の人事の内閣一元化と内閣人事局の組織や権限についてである。例えば、幹部公務員の人事については、内閣総理大臣が適格性審査を行い、その審査に合格した者を集めて幹部候補者名簿を作成し、その名簿の中から、内閣総理大臣又は官房長官が任命権者（各省大臣など）に対して幹部公務員の任免の協議を求めることができるなどである。しかし、この法案は提出から相当時間があったにもかかわらず、審議が深まらないままに衆議院が解散され廃案となってしまった。

この動き自体は２００９年に政権交代を果たした民主党政権下でも同じである。２００９年８月の総選挙で政権交代を果たした民主党の鳩山内閣は当初、それまで批判の多かった天下り問題に力を入れた印象が強く、９月には「独立行政法人等の役員人事に関する当面の対応方針について」を閣議決定し、批判の強かった独立行政法人等の役員人事について公募による選考などを行うこととした。その一方で、鳩山内閣が公務員制度改革を具体的な形にした国家公務員法等改正法案を閣議決定するのは２０１０年2月19日で、同日に国会に改正案を提出している。具体的な中身については、麻生内閣が提出した法案とそれほど異なるわけではなく、法案の柱の一つは福田内閣以降の懸案となっている内閣人事局の体制についてである。他方で、民主党政権が掲げた天下りの根絶を目指して、自民党時代に設置された官民人材交流センター及び再就職等監視委員会を廃止して、天下りの監視を行う新たな組織として民間人材登用・再就職適正化センター及び再就職等監視・適正化委員会を設置することとしたことである。

鳩山内閣で取り組まれた法案は内閣委員会に付託された後、4月から審議が開始され、衆議院では審議に加えて参考人質疑、公聴会なども行われたが、鳩山首相が辞任したことから国会が空転して閉会をむかえたため、結局廃案となった。[*2] これ以降、菅内閣・野田内閣と民主党政権は続くが行財政改革に本腰を入れるというよりは、自らの政権運営で四苦八苦することになり、遂には官僚主導打破を掲げた民主党政権が財務省にコントロールされているとまで批判されるようになる。この間、行財政改革についてみると、2012年1月に行政改革実行本部が設置されるなどの動きはあったものの、特筆すべきようなことはない。ただ、小泉内閣以降の自民党政権と民主党政権がやろうとした公務員制度改革は完全に地を下ろした観もあり、2013年1月に政権に返り咲いた自民党の第二次安倍内閣の下でかつてのような軋轢が発生することもなく、国家公務員法の一部改正法案が成立し、2014年5月に内閣官房に内閣人事局が設置されることになる。発足した内閣人事局は総務省の行政管理局と人事院の中核的な業務の一部（級別定数）を引き受けるとともに、幹部職員人事の一元管理を担う強大な組織となった。具体的にいうと、幹部職（事務次官・局長・部長級）に係る適格性審査の実施、幹部候補者名簿の作成、首相・官房長官と各省大臣との協議に基づく任用などである。

官僚の人事の自律性を巡っては政治の信用度が低いことからそれほど否定的に捉えられてこなかったこと、それまでは各省大臣が任用者で人事権は大臣にあったものの、自民党一党優位システムの下で大臣が短期間で入れ替わる中、実質的には官僚が自ら人事を決めてきたことを考えると、内閣人事局の創設は非常に大きな出来事だったと考えられる。また、官僚の人事を政治主導とすることについても、各省割拠主義を克服して、首相や内閣の下にセクショナリズムのない統一的な政策を展開するといった観点から肯定的に捉えられる一方で、官僚の人事に自律性を持たせるべきだという意見は聞かれないようになっていった。

２０１７年に入って森友学園の土地取得問題や加計学園の獣医学部新設を巡る様々な疑惑から官邸が官僚の人事に主導権を持つことについて疑問が発せられるようになっているが、少なくとも内閣人事局が発足するまで、あるいは、発足直後などは否定的な論調で伝えられることはなかったし、官房長官や首相といった特定の人物が人事を通じて行政を歪める可能性についても活発に論じられたという形跡はあまりない。政治主導の人事で行政が歪められる懸念があるという批判に対して政治が反論したとしても、その反論をマスコミが取り上げて、これを逆に批判するという流れもほとんどなかったと思われる。[*3]

第二節　政官関係の大きな変化

第一節でみたようにバブル経済崩壊後の行財政改革は長期間にわたって続いており、ついには天下りの斡旋廃止や内閣人事局の発足などの改革にまで行き着いている。これまで聖域とされてきたものにまで手を加えられているわけだが、なぜ、ここまでの改革が成し遂げられたのだろうか。あるいは、どうしてここまで長期間にわたって行財政改革が続いたのだろうか。その最大の要因は、バブル経済崩壊後の長期不況である。戦後日本の経済成長は優秀な中央官庁と官僚がいたからだという神話が崩壊するどころか、役割が大きすぎたこともあるのか、不況の原因が中央官庁や官僚そのものにあったという見方さえ強まった。

長期不況を作り出したものは何か。様々な議論が行われてきたが、１９７０年代の石油危機を上手く切り抜けた数少ない先進国が日本だったこと、１９８０年代にバブル経済を迎える頃には「Japan As No.1」と言われるくらいの経済大国になっていたこと、長期不況のきっかけとなったのがバブル経済・不良債権の後処理に絡んでいたことからもわかるように、日本国内にあると捉えられた。

国内要因としては数多くのものが取り上げられたが、度重なる景気対策にもかかわらず、それまでのような短期間の不況と違って容易に経済が復調しない状況が続く中で、構造改革といったことが叫ばれるようになり、その矛先はいつしか官僚や中央官庁に向かうようになった。

このような大きな経済社会変動の中でエリート間の激しい闘争が展開された。具体的に言えば、政治家と官僚の闘争であり、その主戦場が行財政改革だったと考えられる。政治家はもちろん新しく勃興してきたエリートではない。ただ、バブル経済崩壊後はそれまでの政治家とは異なり、政策新人類と呼ばれる政治家なども登場するようになり、それまでのようなもたれ合いの政官関係から大きく変化することになったことは間違いない。また、政治家がこれまでと異なり官僚を押し切るようになったのは、不況を乗り越えるための処方箋として新自由主義が唱えられるようになったこと、新自由主義が世間に受け入れられていくことと日本の内部労働市場の性格が関連していることなどが大きく影響していたと考えられる。これについては第五章以降で詳述することにして、第二節では政官関係の変化について論じることにする。

以下では行財政改革が主戦場となった背景に政官関係の大きな変化があったことを分析した上で、行財政改革を進めるための体制を巡って政官関係がより敵対的なものへと拍車がかかったことを説明することにする。

1　長期不況で変質せざるを得なくなった政官関係

政官関係とは何か。様々な先行研究で論じられていることともあって詳述を避けることとして、少なくとも高度経済成長から安定成長にいたる１９８０年代までは政と官どちらが優位かを論じたとしても、政官業癒着という言葉に代表されるように、それほど深い対立関係に陥ってはいなかったし、どちらが優位かについても実際には曖昧で複雑なものだった。

その対立関係が明らかにになりどちらが優位かが明確になるきっかけとなったのは、政治行政を含めて日本そのものを取り巻く環境が大きく変化したことである。この状況変化を冷戦崩壊による日米関係の変化に求めることもできるだろうが、より直接的な影響を与えたのはバブル経済崩壊後の長期不況である。

「失われた10年」「失われた20年」と評されるような長期不況を迎えて、政官を含めて政府は追いつめられていったからである。長期不況の中で日本の特徴とも言われた低い失業率は高止まりして、金融機関を含めてこれまで「潰れない」と言われてきた大企業も倒産するようになった。不況が長引くにつれて社会も不安定化するようになり体感治安の悪化なども声高に叫ばれるようになった。当然のことながら、これまで日本の強みと言われてきた様々な制度・慣行なども見直す気運が高まるようになった。

それと同時に少子高齢化も進展した。長期不況と少子高齢化が重なると、税収が落ち込むだけでなく、どれだけ抑制したとしても社会保障費が自然に増えていく。こうなると財政に依存する割合が高まることになるのは言うまでもないが、今現在の累積する財政赤字額をみればわかるように、借金を重ねれば重ねるほど経済へのリスクを含めて様々なリスクを抱えることになる。

このような状況の中で、政府に求められたことは基本的に二つだったように思われる。一つ目は言うまでもなく経済の復活と社会の安定である。政府の基本的な役割といってもいいが、バブル経済崩壊後のどの政権も経済を活性化させようと様々な策を打ったということは共通している。もう一つは歳入歳出を含めた資源配分を思い切って変更することである。かつてのように国際比較から歪だと言われる公共事業費を削減して社会保障費に振り向けるなり、社会保障を聖域として扱うことなく予算そのものを削減していく方向性もあれば、度重なる補正予算の実施に見られるように財政を拡大していく方向性もあり、１９９０年代以降の日本政府は方向性を定められずに右往左往した。

バブル経済崩壊後、日本を取り巻く環境が大きく変化し、これら二つの解決が求められる中で、これまでのように右肩上がりの経済成長下で政官が連携したり、時には影響力の優位を争うような状況は大きく変化したのである。社会保障経費の自然増や累次にわたる景気対策の実施によって財政赤字が年々膨らんでいく一方で、長期不況で税収が落ち込んでいるにもかかわらず、国民の嫌悪感や時々の経済情勢などから容易に歳入を増やす増税がタブー視される中で、政府がとれる選択肢の幅はどんどんと狭くなっていったことが、政官の軋轢に拍車をかけた。

高瀬（2006）は、小泉政治が明示した構造的変化の一つとして利益分配政治から「不利益分配」の政治への移行があるとし、不利益分配の中身として、既得権保有者に対する現行の利益分配をストップするかどうかを巡る政治闘争である「不・利益分配政治」と、国民全体への負担増を決断するかどうかを巡る政治闘争である「不利益・分配政治」の二つを指摘しているが、先述したように、増税への国民の嫌悪感、様々な不祥事を起因とする政府への信頼性の低下などから国民全体への負担増を求めるのが厳しい状況で、政府が経済社会の活性化をも含めて主に進めたのが「小さな政府路線」であり、その中核的な政策となったのが行財政改革だった。[*4]

経済社会の活性化や安定化を図ると同時に、歳入歳出構造の変換を行うために求められたことはもう一つある。それは政策を実行するための体制整備である。不利益配分政治を行うためには族議員を中心とした自民党の政治優位でも、専門知識を持つとは言ってもセクショナリズムに陥り効果的な政策を打ち出せない官僚優位でもなく、メリハリのついた効果的な政策を実行に移す強い体制が必要となる。そういう状況の中で、「政治主導体制」「首相主導体制」「官邸主導体制」が叫ばれるようになり、その障害として族議員の存在とともに、官僚制が強く批判されるようになった。

この二つを軸にして政官関係は曖昧で複雑なものから、より明確なものへと変換していったのである。政官関係が曖昧で複雑であったのは、①一般的には各省ボトムアップの政策立案が主流だが、自民党も法案の事前審査を中心に大きな影響力を及ぼし得たこと、②政官が入り乱れて政策形成過程に参加していること等から、政官どちらが政策形成過程の主導権や影響力を持っているかが判然としなかったからだが、その一方で、政官癒着・政官業癒着というように政官ともに自らの利害は確保してきた。もちろん、すべての政策分野で政官（政官業）癒着が起こっていたわけではないにしても、例えば、「業界は規制や補助金による保護を受ける→官公庁は規制や補助金を通じて天下り先などの利権を得る→政治家は官公庁の政策にお墨付きを与えることで政治資金や票などの利権を得る」という構造が当てはまる政策分野は多かった。そのため、政官関係は影響力を競い合うという側面での争いがあったとしても、どちらかがマイナスを被るために相手を攻撃するという関係にはなかった。[*5]

１９９０年代までの政官どちらが優位かという議論の大前提は、お互いに痛みのない状況での優位性の競い合いだったというと言い過ぎになるだろうか。政策形成過程でどちらがイニシアティブを取るのか、制度的に優位にある政治側のモニタリングが本当に機能しているのかどうかなど、これまでの政官関係はどちらが優位かを競い合うにしても、その主戦場はどの政策分野であれ、右肩上がりの経済成長と利益配分という大前提の下で、政官ともに痛みのない優位争いであった。しかし、経済成長の鈍化・少子高齢化の進展・社会保障費の増加・財政制約・安易な増税ができないといった大きな状況変化の中で、行財政改革を主戦場とする政策で政治主導体制を確立しながら経済成長や社会の安定を達成しなければならないとなると、政官関係はこれまでと異なりマイナスを押しつけ合う対立関係に変化することになる。それを具体的に述べれば次の二つとなる。

まず、政策形成過程のイニシアティブをどちらが握るかを巡る争いである。官公庁や公務員の利害が露骨に絡む公務員制度改革は言うまでもなく、政府規模の縮小を伴うオーソドックスな行財政改革に加えて、個別の政策分野においてもこれまでのように法律で新しい制度を作り予算を付けるという手法ではなく、規制緩和のように官公庁の権限を奪う一方で市場の力を引き出す政策が求められだすと、これまでのように各省ボトムアップの政策では「まな板の上の鯉」に包丁を持たせるということになるため、政治が主導権を握る必要が出てくるが、これはかつての影響力を競い合う政官関係とは異なり、イニシアティブを取り損なうと政官どちらにも大きなマイナスをもたらす（例えば、官公庁や公務員の方はもっともわかりやすいが、給料の削減や天下り先の減少という実害をもたらす）ため、政官の軋轢を不可避にした。

次に、行財政改革や政治主導体制の構築が求められだした背景を考えればわかるように、国民やマスコミに対して「何が理由で停滞しているのか」「どこを改善すれば日本経済や社会は良くなるのか」を説明することが求められるようになったため、これまでのように政治が官僚をかばうというような関係は難しくなったことである。責任の所在を明確にすることを求められると、政官はどちらかに責任を帰するという行動を取らざるを得なくなるからである。

2　政治主導と官僚内閣制

政官関係をより敵対的なものへと拍車をかけたのは、行財政改革をはじめとする様々な政策を進める政治体制を巡ってである。例えば、これまでは「政治優位」「政治主導」という場合の「政」とは具体的に何を指しているのかについては必ずしも統一されたものがなかったが、長期不況に突入して行財政改革が大きな課題となり、これまでの政官業癒着のしがらみを打破して資源配分を大きく変更する必要に迫られるようになると、権限と責任の明確化という観点が強く主張されることもあって、政治主導も曖昧なままに打ち出されるのではなく、ある程度具体的な姿を想定して主張されるようになり、その中で政治主導とは「首相主導」であるという見方が強く打ち出されるようになる。

このように「政治主導＝首相主導」という考え方が流布されるにしたがって、政官関係にも少し違った見方が入ることになる。癒着にしろ対立にしろ、これまでのように政官を対等な協力関係と見るのではなく、官僚は政治の障害であり抵抗勢力であるという印象が強まっていくのである。

その要因はいくつかあるが、第一に考えられるのは政治主導がより厳密に定義され様々な制度が導入されるようになると、政官関係は「政治優位」「官僚優位」「党高政低」「政高党低」といったように、政治が優位か官僚が優位かを考察・分析するというような傍観者的な視点ではなく、これが「体制論」として語られ出したことである。そのため、政治主導体制を妨げる障害物としての官僚が一層強調されるようになったことである。[*6]

第二に、１９９０年代以降、「政治主導」＝「首相主導」という意味で使う論者が増えるようになる中で、首相主導体制は単に政治システムの問題というだけでなく、経済社会を大きく変えるための最大の手段であるという考え方が強調されるようになったことである。中央省庁再編の基盤となり首相・内閣機能の強化を打ち出した行政改革会議の最終報告書（１９９７年）では、行財政改革の理念と目標の一つの柱として「「この国のかたち」の再構築を図るため、まず何よりも、肥大化し硬直化した政府組織を改革し、重要な国家機能を有効に遂行するにふさわしく、簡素・効率的・透明な政府を実現する」と掲げる中で、「次に、従来の行政の組織・活動原理についても抜本的な見直しを行う必要がある。物資の窮乏や貧困を克服するための生産力の拡大や、欧米先進国へのキャッチアップという単純な価値の追求が行政の大きな命題であった時期に形作られた、実施機能を基軸とする省庁編成と、行政事務の各省庁による分担管理原則は、国家目標が単純で、社会全体の資源が拡大し続ける局面においては、確かに効率的な行政システムであった。しかしながら、限られた資源のなかで、国家として多様な価値を追求せざるを得ない状況下においては、もはや、価値選択のない「理念なき配分」や行政各部への包括的な政策委任では、内外環境に即応した政策展開は期待し得ず、旧来型行政は、縦割りの弊害や官僚組織の自己増殖・肥大化のなかで深刻な機能障害を来しているといっても過言ではない。本来国民の利益を守るべき施策や規制が自己目的化し、一部の人びとの既得権益のみを擁護する結果を招いたり、異なる価値観や政策目的間の対立や矛盾を不透明な形で内部処理し、あるいはその解決を先送りしてきた結果が、最近における不祥事の数々や政策の失敗に帰結している実情をわれわれは真摯に受けとめなければならない」と述べた上で、21世紀型行政システムとして①総合性・戦略性の確保、②機動性の重視、③透明性の確保、④効率性、簡素性の追求をあげ、「まず、総合性、戦略性の確保という観点から、基本的な政策の企画・立案や重要政策についての総合調整力の向上などを目指して官邸・内閣機能の思い切った強化を図ることである。このことは、行政の機動性の確保にも大きく寄与するものとなろう」として、首相・内閣機能の強化を打ち出している。

これと同様に、首相主導体制を打ち出した「新しい日本をつくる国民会議（21世紀臨調）」が平成13年に公表した「首相主導を支える政治構造改革のありかた」においても「今日、日本は危機的状況にある。政治、経済、社会の国際的な変化にたいし日本型といわれてきたシステムは明らかに機能不全を起こしている。この危機的状況を乗り切るには抜本的な構造改革が必要なことは誰の目にも明らかであり、それに対する処方箋もすでに数多く提示されている。しかし、問題が表面化して以来、長い歳月を経たにもかかわらず、必要な改革は遅々として進んでいない」として、首相主導体制の導入を掲げている（新しい日本をつくる国民会議 2002）。

このように日本の窮状を打破して新しい体制を築くために政治主導＝首相主導を築く必要があるという考え方が強まれば強まるほど、それを妨げる存在として官僚が大きくクローズアップされるようになる。しかも、政官関係という狭い視点からの問題ではなく、経済社会を含めて国全体の行方を大きく左右する首相主導体制に大きな影響を与えるものとして捉えられるようになるだけではなく、日本の経済社会の破綻は官僚支配・官僚主導の結果であるとされ、政治主導によってこれらの再発が防止されるという認識（日本の改革を考える会 2000）も示されるようになる。

第三に、「首相主導体制」が強調されればされるほど、抵抗勢力としての官僚が大きくクローズアップされ、「官僚内閣制」の弊害が語られるようになったことである。「官僚内閣制」は「首相主導体制」と同様に、政官どちらが優位かという考察のための傍観者的概念ではなく、内閣法や国家行政組織法などを基盤にすえた体制論で語られ、首相主導体制に対抗する体制として敵視されるようになったということである。

「官僚内閣制」とは、各省・各省官僚が各省大臣をコントロールするとともに、権限の弱い内閣や首相をコントロールする体制のことを言うが、現実の政官関係はそれほど単純なものではなく、各省官僚・大臣・首相という内閣内での関係、大臣・首相と党の政治家という与党内の関係、各省官僚と与党議員の関係、与野党の関係、各省官僚と国会の関係など複数者間を含めた複雑な関係が生じているのが一般的であって、内閣法や国家行政組織法の規程という表面的なことで捉えられるものではない。特に、これまでの政官関係を振り返ってもわかるように官僚が大臣をコントロールできた大きな要因の一つは自民党の大臣選定システムが大きく影響していることは言うまでもないし、与党政治家と官僚機構の相互依存関係が官僚内閣制の基盤になっている。このように「官僚内閣制」が含意するものは本来幅広いにもかかわらず、官僚が内閣と国会の両方をコントロールしている（例えば、高橋（2008b:96））という考え方や印象が強まったのである。実際、このような官僚機構を基盤にすえた支配体制という概念は、与野党を問わず多くの政治家が共有しているものであり、２００９年に政権交代を果たした民主党政権のマニフェストにも官僚が内閣を支配しているという考え方が色濃く出ている。

しかし、「首相主導体制」の対立概念（体制）として「官僚内閣制」を批判することは大きなバイアスを孕んだものだった。元来、官僚内閣制は議院内閣制と併行で論じられるのが第一義であって、首相主導体制と並列で論じられるべきものではない。首相主導体制はあくまで議院内閣制の一部にすぎないからである。官僚内閣制という用語を広く広めるきっかけとなった菅（1998）によれば、現行憲法では内閣の構成員である国務大臣の過半数は国会議員から選ばれるため「国会内閣制」であり、国家行政組織法である各省庁（官僚）は「内閣の統括の下に」置かれているものであって、法律の順序で言えば、内閣法→国家行政組織法→各省設置法という順番になるにもかかわらず、補佐役あるいは最も下位の法律に位置づけられる各省官僚が内閣をコントロールするのが「官僚内閣制」である。

同様に「官僚内閣制」を広く世に広めた飯尾（2007b）の説明によると、有権者から国会議員・首相・大臣・官僚と権限委任の連鎖が生じるところに議院内閣制が一元代表制となり、民主制の一形態であることが理解できるにもかかわらず、自民党政権下では、各大臣は首相の任命が権限の源泉であることが曖昧となり、「政権の主体として補助者たる官僚を使いこなす大臣ではなく、官僚のお膳立てに乗っていわれるままに行動する大臣が出現するのも不思議ではない」（同:24）という状態になり、大臣は省庁の代理人となってしまった。また、日本国憲法の条文を見る限りにおいては内閣総理大臣は強大な権力を持っているにもかかわらず、下位法である内閣法第三条において「各大臣は、別に法律に定めるところにより、主任の大臣として、行政事務を分担管理する」というように、内閣総理大臣も分担管理の大臣とするなど憲法上の内閣総理大臣の権能は大きく制約されている。さらに、戦前の体制は各省設置法にも色濃く残っていて、法律の制定の順番も国家行政組織法の前に各省設置法が制定されたことを指摘している（同:26–28）。

両者の見解には首相の任命をどう捉えるのかなどで相違があるように思われるが、両者ともに内閣法・国家行政組織法・各省設置法などの法制度面での政治・官僚の位置づけなどを強く意識した議論であることは共通している。また、官僚内閣制を批判するとは言っても、一方的に官僚が強権的にコントロールするというのではなく、これが自民党システムと関連していたことも当然視野に入っている。菅直人元総理大臣も大臣の任期が短いこと、当選回数に応じて大臣になれるシステムの存在を指摘している。また、飯尾の書籍は『日本の統治構造』となっていることからわかるように、政府与党二元体制も含めて統治機構の在り方を論じたものであり、その射程は広い。さらに、これらの二説以外にも、多くの論者によって指摘されてきたのは、大臣一人で官庁を変えることは難しく、その他の政治任用者を含めてチームで官庁に乗り込まなければ官僚機構にコントロールされてしまうというものである。

この両者の見解だけでなく、先程の21世紀臨調の提言も、首相主導体制を妨げるものは官僚内閣制ではなく与党自民党であるという考えが強く主張されていた。例えば、先程の「首相主導を支える政治構造改革のありかた」においても、「『本来的な首相権限の行使』を標榜する小泉内閣が直面しているのが、『政府・与党二元体制』の存在であり、戦後の一時期から制度化されるに至った内閣提出法案に対する与党による事前審査・承認慣行にほかならない」（同:72）と述べるとともに、「われわれは、かねてより、いま日本政治に求められている政治主導とは「首相を中心とする内閣主導」のことであり、政治家個人が個々の行政決定に介入する「政治家主導」でも、政権入りしていない与党議員や与党機関が内閣や省庁の政策を左右しようとする「与党主導」でもないことを繰り返し主張してきた」（同:73）と述べている。

それにもかかわらず、首相主導体制を妨げるものとして官僚内閣制が取り上げられたのは、官僚内閣制が「党と内閣の二元体制」を含意したものであると認識されていたことに加えて、マスコミが与党や族議員の強さを指摘することがあったとしても、「政府・与党の二元体制」「与党主導体制」を政策を進める政治体制としては認識されていなかったからである。首相主導のコインの裏側は官僚内閣制であり、決して与党主導体制でも族議員主導体制でもなかったのである。実際、「政治主導」をキーワードに発表されている数々の論文を精査してみると、「政治主導」という言葉が様々な定義を付されたり、様々な文脈で使われているにもかかわらず、これを与党主導と考える論考は非常に少なく、与党主導を政治主導の一形態と捉えている気配は全くない。

これと関連するが、小泉内閣によって抵抗勢力と名指しされた国会議員が２００７年のいわゆる郵政選挙で落選するなど、首相主導体制を邪魔する者として目立たなくなったことも大きい。自民党政権下での党・内閣の二元政治の弊害は多くの論者の指摘するところであるが、この体制の中心は先程も述べたように官僚だったというわけではない。与党族議員・内閣（首相）・官僚という三者の中では常に内閣（首相）が弱い立場にいる一方で、族議員が中心にいたのか、それとも各省官僚が中心にいたのかということがわかりにくかった。その背景には、飯尾（2007b:102–04）が指摘しているように、与党政治家と官僚の役割が交錯する中で、一見すると政治優位に見える状況でも実際には官僚が意図をもって行っていることもあったり、与党議員の知識・経験が増えるにしたがって官僚を凌駕するような知識を持っていたりというように、両者の区別がつきにくかったということもある。

しかし、族議員と官僚のどちらが政権を支配しているのかという問題も、2005年に小泉内閣の下で行われた総選挙（いわゆる郵政選挙）によって、小泉首相が推進しようとする郵政民営化に反対する自民党族議員が、守旧派・抵抗勢力とレッテルを貼られた挙げ句に、刺客と呼ばれる対立候補を立てられ大量に落選し、選挙後は多くの与党議員が郵政民営化に賛成したという事実からもわかるように、族議員・抵抗勢力・守旧派と言われる与党議員の力が落ちたことで、抵抗勢力としての官僚が一層印象強くなったように思われる。この点で、小泉内閣とその後を次いだ安倍内閣では「抵抗勢力としての官僚」の印象は大きく変わったといえる。[*7]

これまでのことを今一度まとめるとこうなる。90年代以降の行財政改革の背景には長期不況で行き詰まった日本をどう打開するかを巡る政官の争いがあった。これまでのように、政官が右肩上がりの経済成長の下で政策形成過程での影響力の行使について優位を競い合うという状況から、長期不況と少子高齢化で政策の選択肢が狭まるとともに、主戦場が行財政改革に移り、政治主導体制の実現から官僚内閣制が批判的に語られるようになる中で、政官関係は大きく変化していったのである。

真渕（1997）は自民党元政務調査会長加藤紘一の「自民党と官僚機構の関係は今までは親子だと思ってきたが、本当は遠い親戚である」旨の発言を引用しながら、93年以前の自民党政権とそれ以後の自民党政権の最大の違いは、短期間とはいえ政権離脱することによって自民党が官僚機構との距離を意識するようになったことであると指摘している。また、大蔵省からの財政と金融の分離を考察した上で、大蔵省と自民党の関係について時期別に一党優位形成期は「ライバル」、一党優位体制成熟期は「パートナー」、1993年以降は「ネイバー」であったという分類をしているが、多くの官庁にとって程度差があるとしても、これと同様に時間をおって政官関係はより冷却されたものに変化していったと思われる。

もちろん、政官の利益が一致する政策分野も存在するわけであり、すべてがネイバーと言われる程に冷めた関係に変質していったわけではない。しかし、総合的に見れば１９９０年代以降の政官関係はネイバー以上により敵対的なものに変質していったことは間違いない。その関係を関係者などの言葉から要約すれば「敵対的関係」ということになる。例えば、元内閣官房副長官の古川貞二郎は政治家の一部に公務員を敵と見なすような風潮があることは問題であると思うとし、政と官は上下の関係でも敵対する関係でもなく、役割分担の関係にあるとしている（古川 2007, 2008）。官房副長官は政官関係の要にいて、政官関係の実態を最もわかっている人間であることを考えると、この発言は重いものがある。ただし、実際の政官関係は敵対関係という対等なものではなく、政治家が官僚を公に叩く、場合によっては政策のミスを押しつけるというような一方的な関係に発展するケースも多かったと思われる。例えば、元文部科学省官僚の寺脇（2008）は「身から出た錆といってしまえばそれまでだが、度重なる不祥事や官僚不信の世論に対応するため、小泉・安倍内閣では官僚叩き的政策が次々と打ち出された。公務員制度改革だけでなく、規制緩和、地方分権、特区制度など中央官庁の役人の活動を制約する方向の改革が相次いだ。官僚たちは、それに対する抵抗勢力扱いされ、ますます悪役呼ばわりされた」（同:49-50）と述べており、「官僚叩き」という表現を使用している。なお、寺脇（2010:25）は「官僚は敵だ」という錯覚を作ったのは自民党末期の政権（特に、小泉・安倍内閣）だと指摘している。

このような敵対関係は二つの側面で明確に見られるようになった。一つ目は通常の政策形成過程である。元来、政策形成過程では政官クロスオーバーで入り乱れるのが一般的であるだけでなく、１９８０年代までは政官双方に利益が配分されるとともに、時には政官癒着・政官業癒着と呼ばれるように利益共同体のような状態であったため、政官どちらが優位かはわかりにくかったが、１９９０年代以降は配分できる利益が少なくなる一方で、不利益をどちらに押しつけるかという状況になったため、通常の政策形成過程でもどちらがイニシアティブを握るのかといった側面からの敵対関係が顕著になった。それがどのようなものであったかは第一章でみた通りであり、典型的には民主党政権が政策形成過程の細部にわたって官僚の影響力を排除しようとしたことに現われている。二つ目はマスコミなどを通じた政官関係の敵対である。１９８０年代までは与党の政治家がテレビや新聞で公然と官僚や官公庁を批判することは少なかったが、１９９０年代以降、与党の政治家が官僚を批判することは一般的になるだけでなく、官僚を批判することが人気につながるということさえ起こりだした。

注

＊1　行政改革推進本部事務局次長の株丹達也氏は、有識者との公務員制度に関する座談会の中で「国家公務員法は、不磨の大典と思われていたのか、根本的な改正が長くなされてこなかったのではないかという気がしております。公務員制度改革の必要性がずいぶん以前から言われながらも、具体的な法改正にはなかなか至らなかったのが、昨年以降かなり大きな改革が進み、今回さらに公務員制度改革基本法の立案を、まさに今やろうとしているわけです。そういう意味では広く関心を持っていただけるのは大変ありがたいと思っております」と述べている（「座談会　公務員制度改革の現状と課題」『ジュリスト』(1355):2008.4.15)。

また、労働基本権回復の問題と人事行政機関の在り方を基本に据えて、戦後の公務員制度改革を振り返った川村（2001）は、１９７０年代は公務員制度改革に大きな動きが見られない「相対的安定期」だったと述懐するとともに、80年代の第二臨調の議論も効率化、民営化の観点からの改革であり、公務員制度自体の基本理念に変更をもたらすものではなかったこと、93年の第三次行革審最終答申も99年の公務員制度調査会の基本答申も改革案を提示できなかったと指摘している。実際、この指摘を裏付けるように、第二臨調の第一次答申が出された直後の『季刊労働法』（(121):1981.9）は、「行財政改革と公務員労使関係」と題した特集を組み、様々な有識者の論文を掲載している。それらの中では、第二臨調の答申で「行政の合理化・効率化の推進」「公務員等の定数の縮減、給与等の合理化により、総人件費の抑制を図る」ことなどが掲げられていることもあり、公務員労使関係の今後を警戒するような論文が掲載されているが、90年代以降の公務員制度そのものを改革対象のメインにした改革と異なることもあってか、それほど厳しい中身とはなっていない。

＊2　第一次安倍内閣以降の公務員制度改革の動きについては、国家公務員制度改革推進本部事務局次長を務めた岡本（2010）の論文がコンパクトにまとまっており、本書も参照していることを付言しておく。また、衆議院調査局内閣調査室の「国家公務員法等の一部を改正する法律案（内閣提出第32号）に関する資料」もこれまでの公務員制度改革の流れをうまくまとめており、1990年代以降の公務員制度改革を整理する際に参照資料として活用したことを付言しておく。

＊3　例えば、初代内閣人事局長の加藤勝信官房副長官（当時　衆議院議員）は「600人ともいわれる人たちの人事を内閣人事局で本当にきちんとコントロールできるのかどうか」という質問に対して「内閣人事局で幹部人事の全部を決めているという誤解が一部にありますが、そうではありません。基本は各大臣が任命権者です。各人の人事評価は各大臣の下で行われます。それを前提に、統一した視点で能力などを判断します。各省での評価を踏まえながら、各府省庁から出された名簿を、まずわれわれの視点で審議官級、局長級、次官級として能力を持っているかどうかを見る。それをクリアした名簿を、また各省に戻す。各省はそれを見ながら、その人を次官、局長というふうに具体的に配置案を決める。そして、各省の案でいいかどうかという判断を最終的に総理、官房長官の下で行い、確定します。そういうふうに役割分担しながらやっていきます。……」と述べている。

また、「長い間、各府省は伝統的に縦割り構造の下で官僚自身による自己完結的な人事を行ってきた感があります。そういう体質に風穴を開けようという決意ですか」という質問に対しては、「役所は役所で人事を考えていますが、例えば次官人事などで3代先とか5代先まで見通せるようなことをやっていると、他の人たちの意欲が薄れていく。今回、そのときに頑張った人を、次官なら次官にしていくという仕組みを取り入れた。その意味では、誰でもチャンスがあり、働く人たちの意欲にプラスになる制度だと私は思いますね」と答えている。

さらに、「官僚の人事に政権の側の思惑が強く反映され、官僚組織の中立性が損なわれるのでは、と懸念する声もあります」という質問に対しては、「幹部職員の任用で、人事評価、適格性審査、幹部候補者名簿の作成、任用候補者の選抜、任免協議を経て任命という段取りをきちんとつくっていますので、今回の仕組みは、むしろそういう懸念を薄くする仕組みではないかと思いますが」と答えている。

「塩田潮のキーマンに聞く　内閣人事局が官僚を弾力的、戦略的に動かす――加藤勝信（内閣官房副長官）」（プレジデン

＊4　トオンライン2014.8.25)

これまでの行政改革の歴史をまとめた田中（2006）は、行政改革の理念として、「総合性の確保された行政」「変化への対応がとれた行政」「効率性・簡素性の追求」「信頼性の確保」の四つからはじまり、石油ショックなどを経験して１９７９年に「行政の守備範囲論」が出てきて、「自立自助」「官から民」「国から地方へ」という考え方が主流になる一方で、１９９９年の第三次行革審以降は「国際化への対応」という理念が出る中で、１９９３年以降は政治改革の時代に入り、政治主導体制と行政の中立性を考える必要性があるとしているが、総務省の実務関係者が執筆者としてつらなる当該書においては、言うまでもなく行政改革は中央官庁の組織再編といった狭い範囲で捉えられているのではなく、もっと広範囲で捉えられている。

具体的には、①中央省庁の再編、②独立行政法人制度、③特殊法人等の合理化・民営化、④公益法人の改革、⑤政策評価制度、⑥規制改革と官業の民間開放、⑦財政再建、⑧国・地方関係の見直し、⑨国家公務員制度の改革、⑩定員管理、⑪電子政府の推進、⑫行政手続・苦情救済、⑬情報公開、⑭行政機関等の個人情報保護法制の14項目を取り上げている。特に、これらの中でも行財政改革の主な中身の一つである規制緩和（公的規制の改革）の意義として①国民生活の質的向上、②経済の活性化、③国際的調和、④国民負担の軽減に加えて、近年では規制改革を通じた社会・経済システムの変革という側面も重視されるようになり、規制改革は「官製市場」の民間開放の取組などに見られる官民の役割分担の見直し、構造改革の推進のための有効な手段と認識されているとしている。行政改革を狭く行政組織や公務員のスリム化と捉えるのではなく、規制緩和や省庁再編を含めて経済社会システムの改革や経済社会の活性化の一手段として捉えだしたところに、近年の行政改革の本質があるように思われる。

また、行政改革の意義自体、行政に関連したものだけでなく、社会経済システム全体を変えようとという理念に基づいている。それを最もよく表すものとして、橋本内閣時の中央省庁再編（中央省庁改革基本法）の土台ともなった行政改革会議が１９９７年12月に示した最終報告があげられるだろう。この文書では、行政文書とは思えないような文学的な表現を織り交ぜながら、「この国のかたち」の再構築を図ることが行財政改革の目的であることなどが謳われている。

さらに、このような行財政改革という言葉の意味の変化について、笠原（1998）は、行政改革という用語は１９６４年の第一次臨時行政調査会の答申以降に頻繁に使用され定着した観があるとし、戦前及び戦後まもなくは「行政整理」という用語が多用されており、この場合、行政改革と比較してその重点は明らかに人員や組織の整理に置かれ、より限定的な含みをもって使用されていると指摘している。

＊5 もちろん、政官業癒着を中心に政官がマイナスを押しつけ合うことがなかったという見方についても、すべての政策分野に当てはまらない以上、政官関係の分析に対する批判につきものだが、曖昧な議論であるという批判は逃れられない。ただ、取締行政などのように業界から依頼を受けた政治家が官公庁に圧力をかける、その圧力に簡単に屈すれば取締行政の威信がなくなるために官公庁は政治的圧力に抵抗するといったケースを除いては、政策形成過程全体を見渡した場合には１９８０年代までの経済成長期においては、政官は癒着の関係であってマイナスを押しつけ合うという環境になかったと言っても間違いではないだろう。

＊6 実際、１９９０年代以降橋本内閣での内閣機能強化などの改革にもかかわらず、官僚の方が力が強いという考え方が国民の間にも浸透しているのである。讀賣新聞の全国世論調査によると「日本の政治で強い力をもっているもの」をたずねる質問に対して、１９７０年には48％の回答者が自民党をあげ、官僚と答えた者は６％にすぎなかったのに対して、２００５年４月24日の同新聞の世論調査では官僚が第一位に躍り出て40％前後を確保しており、官僚主導を日本政治の欠陥とみなす認識が国民にも浸透してきた証拠だろうと、大山（2009）は指摘している。

＊7 小泉総理の秘書官として大きな影響力を発揮した飯島勲氏は「総理が構造改革を進めていくに当たっての最大の「抵抗勢力」は、実は自民党それ自体であった。もちろん「官僚組織」も抵抗勢力ではあったのだが、これまで述べてきたように、トップを押さえ、優秀な人材を引き抜き、実力のある行動派を官邸や内閣官房に揃えるなど、言ってみれば「組織ごと協力勢力として使いこなす」ための仕掛けを次々と用意していった。実際この後、医療保険制度改革や道路公団改革、特殊法人改革、農政改革など、個別の改革に一つ一つ取り組み、改革が実行に移されていく中で、官僚機構は役回り・ポジションを変えていくことになる。まあ簡単に言えば「小泉の言うことを聞く」ようになっていったのである。その意味でも最大にして最強の抵抗勢力は、身内である与党だったのである」（飯島 2006:64）と述べているが、実際問題として、マスコミ報道等からの印象でも、黒子に徹して影で動く官僚の抵抗に比べて、抵抗勢力と呼ばれる自民党の動きは目立ったものであった。また、飯島が述べているように人事権の有無は大きく影響したと考えられる。実際、首相が選挙での公認に大きな影響を与えることができる郵政選挙ではっきりするなど、各議員に対して首相が強い人事権を持つことがわかるようになると、抵抗勢力の抵抗が弱まった。

第三章　行財政改革に対する官僚の抵抗

第三章では、行財政改革などに対して官僚がどのように対応したかを検証してみる。エリートが強大な権限を持っている存在であることを考えると、いくら社会的な大変動が起こったとしても、官僚が自らの権限が剥奪されることを黙って受け入れるとは考えにくく、権限剥奪に対して抵抗すると想定するのが普通である。

ここでは官僚がどのような抵抗を試みようとしたのか、その試みはどこまで効果的だったのかを検証してみることにするが、あらかじめ結論を述べれば、官僚の抵抗はマスコミが過剰に流布するのと異なってほとんど効果がなかった。

2017年度現在、内閣人事局が出来上がったにもかかわらず、未だに官僚が大きな力を持っているとか、財務省が政権の足を引っ張ろうとしているといった言質が時折見られるが、実際問題として様々な行財政改革が不十分なものもあるにしろ実行に移されたこと、天下り斡旋の禁止といった官僚にとっては死活的な改革や内閣人事局の発足などが実現されていることを考えると、官僚の抵抗がとてもではないが有効だったとは考えられない。少なくとも、政官関係などを通じたエリート間の競争で官僚が勝利したと考えることは難しいというのが本章の結論である。以下では、第一節で官僚がどのような手段で抵抗したのかを詳細に検証した上で、第二節では政官の争いがかつてのような水面下のものからマスコミの場を通じたものに変化する中で、官僚の抵抗が無意味なものになっていったことをみてみる。

第一節　官僚の抵抗

官僚を批判する言葉としては「官僚主導」などと並んで「官僚の抵抗」という言葉がしばしば聞かれたことか

らわかるように、行財政改革の渦中ではしばしば改革に抵抗する官僚がマスコミで取り上げられたが、マスコミが過剰に取り上げるほど官僚の抵抗はすさまじいものだったのだろうか。もちろん、官僚が行財政改革に対してまな板の上の鯉のように沈黙を貫いたわけではない。政治が積極的に行財政改革を仕掛けるのに対して、官僚機構が唯々諾々とそれを受け入れるのであれば、政官関係は敵対的とは表現されない。

行財政改革の中には公務員制度改革など官僚機構が最も神経を尖らせる人事に関連する改革もあり、少なくとも政治が提示する改革案を黙って受け入れるということはなかったことは言うまでもなく、様々な政策分野で政官関係は軋轢のあるものに変質するようになった。実際、１９９０年代以降、マスメディアの場で「官僚の抵抗」「官僚による骨抜き」「官僚の焼け太り」といった言葉が繰り返し叫ばれたことからわかるように、潤沢な予算のもとで政官どちらが強い影響力を与えることができるかといった曖昧なものではなく、行財政改革や公務員制度改革に典型的だが、政治が厳しい改革案を示すのに対して官僚がそれを受け入れないというように、より露骨な敵対関係に変化していった。

ここでは、官僚による様々な抵抗というものが現実にどのようなものであったのかを明らかにするため、「脱藩官僚」と呼ばれる元官僚などによる著作などを参照しながら少し整理して示してみることにしよう（江田・高橋 2008, 長谷川 2008·2009, 原 2010, 中川 2008, 中野 2010, 高橋 2008 a,b, 高橋・須田 2010, 竹中平蔵 2006, 渡辺 2010）。

彼らの著作などから判断すると、官僚の政治家に対する抵抗は主に官庁内部・外部の二つの側面から観察される。まず、官庁内部での抵抗は、情報操作・時間操作・状況操作の三つの操作と、「逆丸投げ」「法令違反（逆賊）のレッテル貼り」など大臣等の心理面に圧力を加える方法、不祥事をすべて大臣等のトップに押し付ける「自爆テロ」の三つに分けられる。それに対して、官庁の外部を巻き込んだ抵抗は、マスコミへのリークなどの情報提供による世論操作、業界団体や地方自治体を煽って政治家に圧力をかける方法、キーパーソンや主要政治家への根回しによる分断工作の三つが主な手段となっている。

情報操作とは、大臣等に必要な情報を提示しなかったり、逆に、大臣等の仕事への意思を削ぐほどの情報を提供したりというように、官僚が持っている情報源を基盤にして大臣等を揺さぶろうというものである。具体的には、官僚は情報量・質（例えば、法令用語がちりばめられた複雑な資料）を操作することで、これを実現しようとする。高橋（2008 b:100）によると、国土交通省で扇千景氏が大臣の時には、大臣説明ペーパーは絵が多く、文章が少ない二、三枚の紙（これを「ポンチ絵」という）で、これによって大臣にわかった気にさせて、細かいところで官僚の自由裁量を増やすための手段にされたという。このように必要な情報を上にあげないというのは官僚の常套手段である（渡辺・江田 2009:89–90）。

情報操作には様々なものがあるが、その中でも、専門知識を基盤にして難しい法令用語などを駆使しながら、言葉を使って物事の骨抜きを図ったりする「霞ヶ関文学」というものも頻繁に流布されてきた。いくつか霞ヶ関文学の事例を見てみると、まず、江田・高橋（2008）が指摘しているのは、言葉の使い方によってあるものを生かそうとする手法である。例えば、天下りの斡旋に関して、「斡旋を禁止する」ではなく「営利法人に対する斡旋を禁止する」と書けば、「独立行政法人に対する斡旋は禁止しない」ということになる。これを霞ヶ関用語で「真空切り」と呼ぶという。

同様のことだが、霞ヶ関文学では「Aをやる」と言った時には「Aだけをやる」ということで、反対解釈で「A以外はやらない」という意味になるという（原 2010:81）。原（2010）は、霞ヶ関文学を様々な「修辞」という観点から分析しているが、これ以外にも「A制度を変えろ」と言われた時、「A制度を変えるためには、B制度も、C制度も、D制度も変えなければ……全体像を考えなければならない」といってA制度を変えたくないために、これを先送りしようとすることを「先送りの修辞」と呼んでいる（原 2010:96）。このように霞ヶ関文学は様々な文章の修辞をほどこすことによって官僚や官庁の利益を保持しようとする試みであると言えるが、やや強引なものとしては、誰にも見えないところで国会答弁に自分達に有利な言葉を潜り込ませるという手段も披露されている（長谷川 2008:156–60）。

次に、時間操作とは、官僚が政策形成過程のタイムスケジュールの主導権を握ることによって、大臣等の判断に大きな影響を与えて主導権を握ろうというものである。これも常套手段で、審議会の事務局などを官僚が引き受ける際に使われる。会議などの事務局を引き受ければ、資料作成などの雑務は増えるが、自分達で主体的に会議日程を決めたり、会議の成果を示す時期を決めたりすることができるなど、タイムスケジュールを支配することの効果は大きいと言われる。なお、自民党政権時代は、仕事のタイムスケジュールの主導権は官僚にあったため、どれだけ優れた大臣といえども、国会業務などに忙殺されていることが多く、個々の仕事のタイムスケジュールを押さえることはできないため、官僚主導の政策決定過程が不可避となっていたと考えられる。

状況操作も時間操作と類似している。例えば、大臣等と官僚の判断が食い違うことが予想されるような場合、政治主導で物事が進行する事態を回避するため、「大臣、この案件は関係者すべてが同意しています」等の意思表示をすることによって、大臣等以外の利害関係者の調整をすべてすませた上で、大臣等に報告するというものである。このように状況が固まっている場合、強い信念のある大臣等といった例外的なケースを除いては、担当大臣の多くが官僚と妥協してしまうため、官僚主導で政策形成過程が進むということになる。[*1]

なお、官僚は政治家に対して抵抗することで状況を操作するだけではない。政治家に対して様々なサービスを手厚く提供することによってこれを籠絡することも手段としている。言わば、大臣が妥協しやすくなる状況を作り出すための操作である。元厚生労働大臣の長妻昭は大臣就任後に民主党のマニフェストを踏まえて作られた大臣記者会見用の資料が用意されていたことや、大臣用の黒塗りの専用車にＳＰがついていたことから「こうやって、いつのまにか、官僚主導が出来上がっていく。気がついたら、役人におんぶにだっこになり、取り込まれてしまう。大臣になるとはこういうことなのか。こんな調子では、初日から籠絡されてしまう」（長妻 2011：61-64）と述べている。

この三つの操作を結晶させたものとしては「ヘトヘト作戦」がある。相手を肉体的に疲労困憊させた上で議論の主導権を握ることで、財務省が得意としているという（長谷川 2011：14-18）。簡単に言えば、マンパワーを中心に組織力で上回る官僚機構がそれを生かして政治家などを説得することである。例えば、疲れやすい夜間に仕事を入れることによって、政治家や学者を疲れさせてコントロールしようとする手段などがそうである。官庁という組織力を生かした抵抗手段はまだまだある。例えば、国平（2007）は、安倍内閣時に国家公務員法の改正案が成立した後、改革を主導した渡辺喜美行財政改革担当大臣のスタッフである財務省と経産省の課長補佐クラス2人の人事に関して、両省が後任の補充に応じなかったという。ちなみに、霞ヶ関の隠語で他省庁に出す出向者の定員枠と予算枠は「ざぶとん」と言われる。

このような情報操作・状況操作・時間操作の三つがいかんなく発揮されるのが、審議会の事務局権限を官僚が握った場合である。このような審議会の事務局権限を握ることを霞ヶ関では「庶務権」と呼ぶそうで、これについて高橋（2008a：93-97）は上手く説明している。それによると、審議会の議論の方向性は最初に作られたドラフトでほぼ決定されるが、このドラフトのフレーム作りは事務局が担うため、官庁に都合の悪い問題点をわざと落としたり、主張したい論点を強調してドラフトを作り審議会の結論を誘導しようとする。時間操作という点でいうと、審議会の日程を組むのが事務局である。当日予定されている議題に反対意見を持つ委員が来られない日を調べて、わざとその日に審議会を設定することで議題をすんなり通そうとするのも役人の常套手段である。審議会の委員の人数を増やすのも常套手段で、委員を増やすことで審議時間を少なくするというのであるが、こうなると議論はまとまらなくて、最後は「座長一任」ということになるが、座長は報告書を書く時間などないので、事務局が結局、取りまとめることになる。情報操作について言えば、玉石混淆の議題を数多く用意して議論をかき回すという手口もある。[*2]

次に、「逆丸投げ」についてであるが、これについて説明する前に、90年代後半以降に頻繁に現れるようになった改革派政治家の中には、官僚の目から見れば、パフォーマンスに著しく偏っているなどのケースもあり、そのような改革派政治家が官庁の既得権に切り込むような改革をしようとする時、官僚は上記三つの操作とともに、緊急避難的には粘り強く大臣等を説得しようとするのが一般的である。[*3]

それにもかかわらず、大臣等が改革を実行に移そうとする場合、官僚は非協力的な態度をとることが多いと言われる。頻繁に見聞される具体的事例としては「その政策は○○という部分で実現困難だと考えられます」等の理由を掲げて、何とか仕事を引き延ばそうとするのが一般的である。渡辺（2010:66-71）は、自身が行財政改革担当大臣だった頃の経験として、官僚は自分に都合の悪いことであれば大臣の指示など適当に受け流すという。その一方で、改革案があまりにも官僚の予想を上回る場合、官僚の抵抗はさらに加速度を増すことも多い。サボタージュから一歩進んで「どうぞご自由におやり下さい」という態度に出ることもあると言われる。この種の態度を「逆丸投げ」と表現する官庁関係者及びマスコミ関係者がいる。もちろん、これはすべての官庁・官僚に当てはまることではなく、個々人の資質に大きく依存する部分があることは言うまでもない。

次に、「法令違反（逆賊）のレッテル貼り」とは、大臣等が自らの主張を強硬に続ける場合、「大臣の進めようとしている政策は、○法に抵触する可能性があります」「現行法の枠内では○という大きな問題があります」「どうも憲法違反の恐れがあります[*4]」など、現在の法秩序と矛盾するという説明をするような事例をいう。これは立法知識を中心とした法知識に詳しいという官僚の数少ない目に見える優位を前提にしたものであることもあって、法律に詳しくない大臣等、確固とした信念のない大臣等の場合に有効であると言われる。

法令違反のレッテルを貼るような手段よりもさらに有効なのが恫喝や脅しである。渡辺（2010:66–68）は、政権交代したにもかかわらず、鳩山内閣が公務員制度改革を先送りしたことについて、鳩山首相の政治資金問題は政治資金規正法だけでなく税金に関する問題であるが、これを摘発するかどうかは当局のさじ加減一つであるとし、「一般的に〝スネに傷のある〟政治家は、役人にとっては扱いやすい存在です。キズ口を広げるか、糊塗する（一時しのぎにごまかすこと）かは、当局の判断ひとつ。鳩山政権がこんなことで操られないことを祈ります」と述べている。*5

最後に、マスコミ報道等で「自爆テロ」*6と呼称される抵抗手段についてであるが、マスコミ報道等からは「自爆テロ」は官僚自身が確信犯的にやっているものかどうか不明である。「自爆テロ」を広く捉えれば、意図的に不祥事をマスコミに流して、大臣等の責任問題に発展させようという戦略であると定義できる。例えば、厚生労働大臣に反感を持つ厚生労働省の官僚が年金不祥事をわざとマスコミにリークすれば、自分達も責任追及される一方で、最終責任者である大臣等にはさらなる責任追及が及ぶことになるため、大臣を追い落とすきっかけを作ることができるような事例である。この自爆テロが有効であると考えられるのは、先程のケースで言えば、年金に関わっている官僚が多数おり、官僚個々人の責任追求は難しいため、官庁全体は傷ついても個々の官僚は傷つかずにすむということがある。

次に、官庁の外まで巻き込んだ官僚の抵抗についてである。外部の主な対象はマスコミ関係者、著名な有識者、業界団体、地方自治体、国会議員の五つが一般的である。

マスコミ関係者、特に、記者クラブの記者と官僚は日常的につきあいがある。幹部と記者は頻繁に接触することが多く、記者に様々な情報が流れていくことは不可避であり、官僚が操作しようと意図すれば、自分達に都合の悪い大臣等について何らかのネガティブな情報を流すことは可能ではある。

いわゆる脱藩官僚など官僚出身者や政官関係に詳しいマスコミ関係者などが増えるに従って、官僚はマスコミに情報を流すことで世論操作をしているという指摘が増えるようになっている（脱藩官僚の会 2008：67–68，江田・高橋 2008：177–78）。この背後には、マスコミは日々情報を必要としているという産業としての構造に加えて、①大新聞・テレビといった既存のエリートマスコミに対する小規模週刊誌・ネット・フリージャーナリストなどの反乱、②大新聞・テレビの労働条件の良さに対する世間の反感、③大新聞・テレビの無責任さに対する政治家の苛立ちのようなものがあると考えられるが、「政財官情学」という言葉に象徴されるように、エリートマスコミと官僚は学歴や文化が近くて一体化しており、霞ヶ関のスポークスマンに成り下がっているという見方が強まっているのが最大の要因だと考えられる。

学識者への対応も同様である。大学教員をはじめとして専門家は世論に大きな影響を与える。彼らの持つ権威・オピニオン支配力などは大きなものがあるからである。そのため、官僚は学識者へも様々な働きかけを行うが、最もよく使われる手段は審議会の委員などへの就任の打診だと言われる。中央官庁は様々な審議会や研究会を主催しているが、それらの委員に就任すればマスコミの注目を浴びるだけでなく、様々な情報・専門知識を得る機会ともなるので、学識者に対するそのようなインセンティブを上手く利用することで、彼らをコントロールしようとするわけである。

第三に、業界団体や地方自治体への働きかけについてであるが、中央官庁に都合の悪い政策が推進されようとする場合、官僚は業界団体や地方自治体に働きかけて、彼らから地元の政治家や有力政治家に圧力を加えるように仕向けたりすることがある。現実問題として、地元選出の国会議員にとって、地元の自治体の役人は有権者でもあるため、丁重に扱うのが一般的である。

第四に、政治家である。特に、政治家同士の分断工作である。民主党は党と内閣の一元化などを掲げているが、政治家は事業主のような側面があり、個々人が独立している。また、個人の属性としても、政治家という職業を目指す人間に必要不可欠なこともあるのだろうか、上昇意欲や強烈な野心があり、プライドも半端ではない。何よりも権力闘争の中で生きているため、表面的にはどれだけ仲良く見えても、何とか他の政治家を蹴落として自分が大臣、総理に近づきたいという思考で行動するのが一般的である。そのため、他の政治家に対する嫉妬心はものすごいものがあると言われる。

ここが官僚にとっては狙い目となる。嫉妬心が強い政治家は相互に連帯することが苦手なため、これほど分断工作に適したものはないからである。高橋（2008b：98）は、「政策を巡って首相官邸と与党議員が対立する場面がしばしばあるが、これは官僚が双方に情報を流して分断するためだ。大臣の指示に従わず、勝手な「ご説明」を族議員にして回る。国益ではなく省益を優先する。そして失敗の責任は大臣にとらせるのである。こんな「官僚内閣制」が続いているかぎり、スムーズな政策決定などできない」と指摘している。

第二節　マスコミの場を通じた政官関係の敵対

官僚が行財政改革など自らの権益に関わる問題に対して様々な抵抗をしてきたこと、その際には様々な手段を持っていたことをみたが、果たしてこれらの抵抗はどこまで効果的だったのだろうか。一部の論者は未だにこれらの官僚の抵抗が大きな力を持っているかのように流布するが、既述したように行財政改革の多くが実現されているのをみてもわかるように官僚の抵抗はそれほど効果的だったと思えない。

それどころか、官僚はむしろ政治や世論に押され続けて権益を奪われていったという印象が強い。それではなぜ、官僚は抵抗するどころか政治に押される始末になったのだろうか。それは政官関係の敵対化が通常の政策形成過程といった水面下ではなく、マスコミという公の場に持ち込まれたからである。

１９８０年代までは政治家がテレビや新聞で公然と官僚や中央官庁を批判するというケースはそれほどなかったが、90年代に入ると新聞だけでなくテレビでも政治や行政の情報を積極的に扱いだしたことや、ワイドショー政治と言われるようにテレビを通じて政治が身近なものになり、政治家が頻繁にテレビ番組に出演するようになったこと、あるいは、無党派層が増えて世論に訴えかけることが何よりも重要になってきたことなどの変化を通じて、政治家は政官関係を積極的にマスコミの場に持ち出すようになった。

そのような中で、政官関係は敵対化していったが、敵対の中身は幹部官僚を中心とする官僚だけでなく、地方公務員を含めて広く公務員全般を対象とするものとなっていった。具体的に言えば、政治家がテレビに出演して官僚や官公庁を批判する場合、公務員は働かない、贅沢な宿舎に住んでいるから始まって、改革の妨げになっているという部分まで広範囲にわたったということである。テーマが厳格に絞られた報道番組は言うまでもなく、バラエティ番組や情報番組にまで政治家が出演するようになれば、官僚や公務員に関わる話題も広くなるし、それにつれて公務員に対する批判も広範囲にわたることが必然になるからである。

官僚・公務員バッシングの対象は労働実態から人事制度、官公庁の動向まで広範囲にわたること、政官関係の敵対化の背後には公務員制度改革と政治主導体制の構築があることから、公務員制度がどこまで機能不全になっているのかが議論になることに加えて、①官僚の抵抗によって行革を実行できない、政治主導体制を確立できないのか、それとも政治家に指導力がないのか、②長引く経済不況を克服できない、社会の閉塞感を打破できないのは官僚の抵抗が原因か、政治家にヴィジョンや能力がないのか、③今後の未来は政官どちらが担うべきなのかといった責任の押し付け合いが含まれていたことである。例えば、政治家が明治維新をはじめとした過去の事例を持ち出し、これまでの官僚主導システムでは上手くいかないと述べる姿は一般的だが、この言葉には官僚に責任を押しつけ、政治家が新たな責任を負うのだという考えがにじみ出ている。

このようなマスコミを主舞台とする政官の批判・責任の押し付け合いがいかに激しくなっていった（政官協調で仕事に当たるのはどこの国でも常識であることから考えると異常とも思える）かは、政治家が「官僚は敵ではない」と述べたり、官僚と協調して仕事をやろうとすると、「官僚に取り込まれている」と批判されたことからわかる。官僚に好意的な政治家が批判されるようになったことは言うまでもなく、官僚出身議員は「過去官僚」と呼ばれて、官僚利権を頑なに守ろうとする存在としてマスコミで頻繁に取り上げられた。実際、各省官僚の座談会において、外務省の官僚は「僕らと仲良くしていると報道されると、国民に「官僚に取り込まれた」と思われ、人気が下がることを心配している政治家ばかりなので、わざと記者から見えるように官僚を罵倒する副大臣もいます。表と裏の顔を使い分けているんです」と述べている（横田 2010）。

このような状況が進展すると、政官関係は対等な敵対関係から官僚叩きなどのような一方的な関係にまで発展する様相が強くなり、テレビなどのマスコミで官僚を叩けば叩くほど政治家としての人気が増すというような状況さえ現出するようになった。そのような異常な状況の裏返しとも言えるが、２００８年の第１７０回臨時国会で麻生内閣総理大臣は所信表明演説において「わたしは、その実現のため、現場も含め、公務員諸君に粉骨砕身、働いてもらいます。国家、国民のために働くことを喜びとしてほしい。官僚とは、わたしとわたしの内閣にとって、敵ではありません。しかし、信賞必罰で臨みます。わたしが先頭に立って、彼らを率います。彼らは、国民に奉仕する政府の経営資源であります。その活用をできぬものは、およそ政府経営の任に耐えぬのであります」と述べている。現職総理が所信表明演説においてこのようなことを述べること自体、政官関係がどれだけ異常な状態にあったのかをよく示している。政治と官僚が役割分担をしながら連携して政策に当たることはどこの国でも変わらない。もちろん、どこの国においてもその関係は複雑であることは事実だが、「官僚は敵ではない」という発言を所信表明演説で行うようなトップリーダーが他の先進国にどれだけ存在するだろうか。管見の及ぶ限りという限定をつけざるを得ないが、それほど見聞するようなことではないだろう。*7

官僚・公務員バッシングの関連でいえば、マスコミを主舞台とした責任の擦り付け合いという枠組みの中で、政治は官僚に対して圧倒的に有利な立場に立つことになった。その結果、政治が意図的に官僚を攻撃することで官僚バッシングに拍車をかけたと考えられるのだが、その根拠としては次の三つ（①テレビを通じた政治家による官僚バッシング、②様々な報道を通じて作られた「強い官僚」という虚像、③官僚に責任を押し付ける一方で、政治自身が政治主導体制を構築するという努力をしていなかったこと）が考えられる。つまり、政治は自らの責任に帰する部分があることを誤魔化して、意図的に官僚バッシングを煽り、これで自らの責任を誤魔化すという構図が出来上がっていたということである。もちろん、個々の政治家がそのような認識を明確に持って官僚バッシングを行っていたわけではないだろうが、政官関係を中心とした政治状況全般を見回せば、政治が官僚に責任を押し付けるという構造が明らかにあったし、一部の政治家は間違いなくそれを認識していたと考えられる。*8

まず、マスコミを舞台とした政官の責任の擦り付け合いという点で言えば、主要メディアの中でも多くの人に影響を与えることのできるテレビで政治家が圧倒的に有利な位置にいたことである。官僚は情報操作に優れており、記者クラブなどを通じて新聞報道の行方を大きく左右しているという指摘があるが、たとえこの主張が真実にかなり近いものだとしても、年々発行部数を下げ活字離れが指摘される中では新聞を支配することがどこまで官僚に有利に働いたのか疑問であるのに対して、テレビを支配することは影響力の観点から全く違ったものがある。例えば、小林（2002）は、田中眞紀子氏が外務省を批判する一方で、実際には自らの様々な不祥事が暴露されていったにもかかわらず、朝日新聞の世論調査では「大いに評価」「ある程度評価」を加えると73％にも上ることを踏まえて、「ワイドショー政治」の効果の残存の可能性を指摘している。

テレビという舞台で政治家が圧倒的に有利な理由はいくつか考えられる。まず、政治家はテレビをはじめとして表立って堂々と官僚批判を展開できるのに対して、官僚がテレビで表だって反論することは難しいからである。実際、官僚がいない場で政治家や評論家が官僚の悪口を言い続ける欠席裁判のようなテレビ番組が一般的であるのに対して、官僚が政治家に反論している番組は皆無だと言わないが、ごく少数である。官僚がテレビ番組に出演しない（もちろん、政府広報番組などの場合は例外である）理由としては、①通常、与党政治家は閣内にいるいないにかかわらず、自らの人事を含めて大きな影響を与えること、②中立性の維持など服務規程の観点から問題視される可能性があること、③官僚特有のメンタリティとして目立ちたくないことなどが考えられる。

ちなみに、政治家がテレビで欠席裁判のように官僚を批判しだしたのはいつからだろうか。例えば、大嶽(1997:154)は、中曽根内閣時代に政治家は大きな政府に対する国民の反発や官僚が特権層であるという国民の嫌悪感をシンボル的に利用して行財政改革を進めたこと、官僚は一般国民に対して表立った反発はできないため、政治家にとっても官僚に対する悪口はいいやすいことを指摘しているが、より本格化するようになったのは1990年代以降であろう。[*9]

第二に、官僚や官庁は公的な存在であるがゆえにマスコミから批判を受けたとしても表だった抗議などはしない一方で、政治家の場合には何かにつけて抗議をするためにマスコミとしてもバッシングしにくいということがある。例えば、産経新聞記者の阿比留(2011:25)は、元民主党代表の小沢一郎への批判について「ちなみに、今では小沢への批判記事は当たり前だが、当時は実は珍しかった。小沢は気にくわない記事が新聞に載ると、たとえ事実関係が間違っていなくても抗議する。取り巻きの議員らを引き連れてその社に自ら乗り込み、社長ら役員・幹部との面会を求めることもあった。これでは現場記者は面倒くさくなり、中間管理職は慎重になる」と述べているが、批判する相手が直接苦情を言ってくるか、訴訟を起こす可能性があるかどうかはマスコミ報道の在り方に大きな影響を及ぼしていることがわかる。

第三に、政治家に加えて、マスコミ全体も官僚を擁護するような論調が少なくなったことである。少なくとも、テレビ番組においては官僚を強くバッシングする番組はあっても、官僚を擁護するようなテレビ番組・キャスターは少なくなったと思われる。例えば、評論家の秋元秀雄氏は人事院職員局長との対談において「私は一般的にマスコミが公務員を取り上げるときは重箱の隅を突っつくような取り上げ方をすることに、現役のときから疑問を持っていまして、別に日本の公務員の質が他の国と比べて非常に高いとは思っていませんが、かなり質は良いと思っています。ですから、あまり重箱の隅を掘り返すような取り上げ方に対しては、疑問を持っており、私としては事あるごとに、天下りの問題とか談合の問題が起きるたびごとに、今自分で持っているテレビの番組で「独断と偏見」と言われながらもそうした疑問を投げかけているんですが……」(「対談　公務員倫理と〝天下り〟問題をめぐって」『人事院月報』1982.6)と述べているが、このようなスタンスで公務員問題を扱うようなテレビ番組はワイドショー政治と呼ばれる状況が強まり、公務員を批判することが視聴率につながるという傾向が強くなるにつれて、少なくなっていったと考えられる。逆に言えば、テレビに出ることで人気を得ようとする政治家・評論家・タレントは公務員を叩くことで人気を得ようとする傾向が強くなる。例えば、自らも数多くのテレビ番組に出演している和田(2010)は、テレビの様々な悪影響を指摘する中で、政治家がテレビ時代に入って派閥の領袖のような有力者よりもテレビ的な人気を目指すようになったこと、その方向性が正しいことはテレビタレントが続々と知事に就任していること、テレビで人気のある政治家の方が選挙に強く、大臣に就任しやすくなっていることを見ても明らかだと指摘している。

その一方で、テレビでは政治家が官僚（公務員）よりも有利な位置にいたということだけで、政治家に対する印象が良くなって官僚の印象が悪くなるということになるだろうか。政治家がテレビを支配したことが政治優位の状況を作り出したことは間違いないとしても、判官贔屓という言葉に表されているように一方的に政治家が官僚をバッシングする構図が長期間、国民に受け入れられ続けるというわけでもない。逆に、「政治家も悪いんじゃないか」「官僚にすべてを押しつけすぎるんじゃないか」といったように、官僚に対する同情が出てくる余地も大きいと思われる。それにもかかわらず、官僚に対する同情が出ず、政治家によるテレビを通じた官僚バッシングが有効だったのは「官僚主導」「官僚支配」という言葉に代表されるような官僚＝強大な権力という虚像があったからである。*10

確かに、戦後日本においてさえ制度的基盤を持たない官僚機構が何かにつけて権力を持ち、政策決定過程に大きな影響力を及ぼしてきたことは間違いない。また、戦後民主主義がこれだけ根付いたにもかかわらず、官僚が保持する権力の中には「これこそ官僚の力の源泉だ」と具体的に提示できるものもある（例えば、徴税権・予算編成権・検察権力・警察権力・内閣法制局による法律の解釈権など）が、戦後時を経るにつれて官僚機構の権力は制度的にも実態的にも削がれてきたことは、冷静な事実の積み上げから見ても間違いないと思われる。もちろん、行財政改革が進んでも「いや、財務省は焼け太っている」「官僚は虎視眈々と復権を狙っている」という反論はあるだろうが、橋本政権時代に行われた官邸機能の強化、小泉内閣時代の小さな政府路線、安倍内閣で行われた公務員制度改革、鳩山内閣での脱官僚路線をはじめとして、1990年代以降に行われた様々な行財政改革の動きからみて、制度的にも実態的にも政治優位へと大きく変化していることは誰も否定しないだろう。

その象徴が政治家の官僚に対する人事権の把握であったと考えられる。内閣人事局が発足する前から、自律性や独立性が高いと言われる人事についても、公務員制度改革が現実に行われていることをみてもわかるように、必ずしも政治から完全に独立性を維持できているような状態ではなかった。それにもかかわらず、官僚の人事の独立性が過度に強調されているような印象が強い。植村（2007）は、平成19年8月の防衛事務次官人事を巡る小池大臣と守屋事務次官との衝突、平成14年1月の外務事務次官を巡る田中大臣と野上事務次官との間の混乱、平成6年12月の村山内閣における田中科学技術庁長官による新官房長の更迭など、過去に大臣が公務員の人事権を行使しようとしてマスコミを賑わせたケース（他にも著名なところでは平成6年に当時の熊谷通産大臣が内藤産業政策局長に辞職を迫るという事件も起きている）を取り上げながら、「成績主義と身分保障の観点と大臣の人事権の行使のあり方に関する議論があっても良かったのではないかと思われる」「平成6年の田中長官による更迭の理由とされた新官房長の発言（「霞ヶ関（の官僚機構）は公器であり、大臣の私物ではない」）は、当時、官僚の思い上がった発言と酷評されたが、全体の奉仕者である公務員の基本的性格とその任命権者である大臣の人事裁量権との関係を論ずる材料でもあった」と指摘しているが、官僚の人事の独立性は強いという一方的な印象の下に、政治と官僚の人事の独立性の曖昧な部分を残したまま処理されてきたことは否めない。

このように政官の力関係が制度的にも実質的にも大きく変化しているにもかかわらず、官僚優位論や官僚抵抗勢力論が流布されることについては官僚自身にも相当のとまどいがあったと思われる。例えば、公務員研修所で行われた行政研修受講者１３４人（本省庁の課長補佐級職員１０２人と民間企業からの参加者32人）に対するアンケートをみると、「政治と行政との関係についてどう思うか」という質問に対して、77％の公務員が「現状には問題があり、変えていくべきだ」としている。また、「問題がある」とした者に「どういう点に問題があると思うか」（複数回答）を聞いたところ「行政に対する政治のリーダーシップが弱い」（49％）、「政治が担うべき部分まで行政がやりすぎている」（49％）、「行政の細かい点にまで政治が口出しする」（26％）、「行政に対して政治からの圧力が強い」（18％）としている。なお、民間企業からの参加者でも約8割が「問題あり」としており同様の傾向を示している（『人事院月報』1994.6）。また、２００９年に「脱官僚」を標榜する民主党政権が誕生した際、財務省の元事務次官の武藤敏郎氏は「（新政権は）政治と官僚の関係をぜひ正常な姿にしてほしい。内閣全体が機能すれば、官僚もそれを支える立場に徹して政官関係もうまく回るだろう。従来、政治のほうで円滑な意思の集約ができず、例えば内閣と与党が割れた時に動いたりして、結果として批判を招いた側面もある。それがなくなれば、各省官僚は大臣にのみ仕え、大臣にのみ責任を負えばよくなる。そのうえでの政治主導は当然だ」（「政治主導の成否　予算編成を機に復権を狙う財務省」『ＥＬＮＥＯＳ』15(11)2009.11）と語っているが、これらをみてもわかるように、官僚自身が政治主導体制を肯定しているだけでなく、言外に「政治主導体制が機能しないのは官僚が抵抗しているというよりも、自民党と内閣の二元体制に問題がある」という認識を強く持っていたと思われる。

それにもかかわらず、「官僚主導」「官僚支配」あるいは「財務省支配」という言葉は流され続けた。１９６０年代までのようなわかりやすい官僚主導ではなく、制度面だけ見れば誰がみても政治優位の状況であるにもかかわらず、なぜ官僚主導・官僚優位ということが言われ続けたのだろうか。どれだけ権限を与えても政治が機能しなかったという根本的な要因の他に考えられることとして、官僚の力の源泉として指摘されるものの中で１９９０年代前後で大きく変わったことに注目すると、官僚が影に隠れて権謀術数・情報操作などを行っていることが幾度となく繰り返し宣伝されたことが、その実態の不透明さと相まって虚像を形作っていった一因だと考えられる。

この点について、厚生省の事務次官経験者が刺殺された事件を引き合いに出して保坂（2009）が指摘していることが興味深い。それによると、戦前にテロの対象となったのは首相や大臣や財閥の長であり「官僚テロ」はないという。それにもかかわらず、戦前と比較して権力・権限・権威ともに劣る戦後の官僚がテロの対象となったことについて保坂は「今回の事件にもっとも衝撃を受けているのは、ほかならぬ官僚たちであろう。現代の日本社会において、実際には世の中を動かしているのは政治家でも財界人でもなく、官僚だと見なされたわけである。それは犯人の意図を超えて、いわば日本社会の集団的無意識によって、そのように認知されたのである」と述べている（同：126-27）。政治家や財界の長という誰の目にもわかりやすい個人ではなく、実態のわからない官僚、中央官庁という見えない組織が世の中を動かしているという懸念に拍車をかけたのが、先程から述べているような数々の権謀術数・情報操作によって世の中を支配しているという官僚の虚像である。[*11]

しかも、公務員制度改革など行財政改革が公務員の利害の中心にさしかかってくるにつれて、漠然とした官僚による権謀術数・情報操作の疑い（例えば、誰が情報操作をしているのかなどは当然ながら匿名で行われる）があるという表現ではなく、個別の官僚の名前まで示された上で権謀術数や情報操作が展開されているという指摘まで出てくるようになった。例えば、屋山（2008）は、公務員制度改革を巡って、改革案の骨組みを作るために安倍首相が私的諮問機関として設けた「公務員制度の総合的な改革に関する懇談会」が革新的な改革案を提示しようとして様々な軋轢を生み出したことに触れる中で、行財政改革推進本部の株丹達也氏について「株丹氏は自分の使命を報告書の骨抜き、ないし、潰すことと自覚して暗躍した。本来なら報告書の趣旨を各省事務局に伝達するのが役割だが、あからさまに潰しにかかったのだ」と名指しするとともに、株丹氏が公然と反逆できたことについても「二橋官房副長官が自治省出身でお墨付きを与えているからではないか。町村官房長官が反対を貫いているのも、役人意識において二橋官房副長官と共通しているからだろう」（同：163-66）と述べている。なお、安倍内閣以降の公務員制度改革を巡っては時の事務の官房副長官を中心に特定者が名指しで抵抗していると指摘されることは多い（例えば、長谷川 2008：155-56，168-70，174-76，高橋 2008b：55-57）。なお、民主党政権に入ってからは、自民党政権時代には考えられなかったが首相自身が官僚による権謀術数・情報操作を指摘するようになった。[*12]

テレビという最も効率的・効果的にマスに働きかけることのできる媒体を支配していたのが政治家であることなどから考えて、たとえ記者クラブや新聞紙面の見出しを上手くコントロールできたとしても、捜査情報などを圧倒的に支配している警察・検察を除いては、その他の官庁・官僚が巧みに情報操作できるとは思えない。また、上記で見たように、「官僚が情報操作をしている」という記事が出ること自体、いかに官僚がマスコミを通じた情報操作ができていないかを示している。さらに、官僚が本当に情報操作に秀でているのであれば、官僚が様々なジャーナリストの取材に応じて改革の骨抜き手段を蕩々と語ったり、週刊誌が主催する覆面官僚座談会で喜々と情報操作手段を語るものだろうか。職業スパイが手の内を明かさないのと同様に、官僚が本当に情報操作のプロであるならば、わざわざ手の内を明かしはしないだろう。あるいは、そのような情報操作が省ぐるみ、あるいは霞ヶ関全体の暗黙の了解のように行われているとして、週刊誌やジャーナリストにここまで情報が漏れるものなのだろうか。

最後に、マスコミ操作を通じて官僚が守ろうとしているものが一体何かということも見えてこないし、仮に守りたいものがあって巧みな情報操作をしているとして、1990年代以降に行われてきた様々な行財政改革の動きを見ると、情報操作によって官僚が自分達の利権の温存に成功しているとも思えない。

もちろん、政治が仕掛ける行財政改革の中には官僚の抵抗によって頓挫したものもあるし、行財政改革のスピードが遅いという論評もあるだろうが、情報操作によって官僚が利権を保持することに成功しているというレベルにないと考えられる。ここで個別に事例を引き合いに出すことはないが、官僚による情報操作を論じるものの中には、誰が何の目的でそうするのか、情報操作は組織的に行われているのかどうか、当該行為は本当に情報操作と呼ぶに値する行為かが曖昧なことが多い。例えば、上杉（2009）は、首相官邸での情報操作について元首相補佐官の証言として、首相にわたる新聞・雑誌などの情報操作、政治家同士の分断工作を取り上げながら、「首相官邸ではこうしたことが万事である。とくに〝官邸官僚〟はその道のプロだ。政治家同士を分断し、情報をコントロールし、いつのまにか骨抜きにし、結果、霞ヶ関全体の利権を守ろうとしている」と述べているが、新聞・雑誌の情報操作とはどういうものを指すのだろうか。それが仮に記事の切り貼り程度であれば情報操作と呼べるのか（もちろん、首相に都合の悪い情報が目に入らないということはあるだろうが、首相が通常の人間関係を形成していれば、世間の情報などどこからでも入ることを考えると、こんなことが情報操作の一つに入るのだろうか）、あるいは、「霞ヶ関全体の利権」とは具体的に何を意味しているのだろうか。これが天下り利権だとすると、根絶できていないものの天下りは規制に継ぐ規制で抑制されていることは間違いなく、利権を死守しているというレベルにはない。何れにしても、これまで指摘されてきた数々の官僚による情報操作はそれほど有効なものだとは考えにくい。

次に、少し視点を変えて、マスコミを通じた政治による官僚バッシングがいかに場当たり的なものだったかを示すことにする。それは政治が官僚の過去の責任をなじり、彼らの抵抗が未来への障壁になっていると批判する一方で、自らは政治主導体制を構築するような努力をしなかったことに何よりも現れている。確かに、橋本内閣時の省庁再編などで首相主導システムが築かれたが、それ以降の与党・首相・内閣・大臣などが政治主導システムを日本に根付かせるために力を注いだとも思えないということである。政治家の官僚バッシングが政治家の良心や危機感から出たものであるならば、彼らは政治主導システムを定着させることにこそ意を砕いたはずだが、相変わらず、仲間内のいざこざを含めて政治主導システムが確立されなかった（少なくとも第二次安倍内閣までは）。

もちろん、これについては明確な反論も考えられる。例えば、首相のリーダーシップを抜きん出て発揮した小泉内閣がそうだ。ただし、小泉首相のリーダーシップは政治主導体制というシステムとして確立されていたのかどうかという点が疑問であることと、小泉以降の首相を視野に入れるとシステムとして政治主導体制が確立されていたとは思えないことを考えると、やはり、政治側が官僚の責任を論じる一方で、自らも責任のとれるシステムを確立するための努力をしてきたとは思えないのである。

例えば、小泉首相が郵政選挙で大勝した後、これを「2005年体制」として即座に打ち出したもの（田中2005）もあるが、「体制」という言葉を使いながらも、持続性については政治リーダーと有権者の双方にかかっているとしている（ちなみに「2005年体制」とは「政治リーダーに争点形成能力を求めるとともに、有権者の政治的想像力に直接的に、また間接的に訴えかけられるや否やというテーマを課す政治空間の成立ととらえることができる」（同:19）ことである）。その一方で、長期的スパンから政治体制として位置づけるものもある。竹中（2006）は1994年の政治改革から2005年に郵政民営化法案が成立した時までの政治過程を振り返り、①政党の間で競争が行われる枠組みが定まったこと、②首相の地位を獲得・維持する条件が変わったこと、③首相が保持する権力が強まったこと、④行政機構の姿が一変したこと、⑤参議院議員が保持する影響力が増したことという五つの変化が起きているとして、これを「2001年体制」という新しい政治体制であるとした。その上で、2001年体制の最大の特徴は、55年体制に比べて首相がはるかに強い権力を行使できるからであるとし、その首相の強い権限の要因として政治改革によって自民党総裁として保持する権限の重みが増す一方で、行財政改革のため首相に与えられている権限が拡大されたからであると述べている。

ただし、考察対象を小泉後までに拡大すれば、2001年体制と呼ばれるようなものがどこまで政治体制として継続性を持っていたのか疑問に思えてくる。確かに、一端形作られた制度や慣習の中には容易に崩れないものもあるのだろうが、安倍内閣・福田内閣・麻生内閣の自民党政権と民主党の鳩山内閣を視野に入れただけでも、

「2001年体制」と呼べるようなものが確立されていたとは考えられない。むしろ、首相の強い権限を担保する制度を「制度通りに運用しない」という以前の状況に戻っているのではないかとさえ思えてくる。

このような小泉内閣を新しい政治体制と見る見方に対して、清水（2005:381-404）は、1990年代半ばからの10年の政策決定メカニズムの変遷を考察して、ミクロの視点から検証すれば多様な思惑がぶつかりながら動いているとしながらも「見方によっては「首相官邸主導」というベクトルに沿って歴史は展開してきたようにも見える」とした上で、このようなベクトルが出来上がった要因を記している。ここで示されている認識は、選挙制度改革（小選挙区制度の導入）を突破口にして、党執行部に権限が集中する一方で派閥機能が衰える中で、最終的には小泉政権に至って「首相主導体制」「官邸主導体制」が完成したという見解だが、清水の見方は竹中のような政治体制の構築ということではなく、「小泉という「内閣総理大臣の権力」に極めて自覚的な強烈な個性が、政治改革が淵源となって積み重ねてきた首相官邸主導を志向する舞台装置や道具を最大限に活用し、「強い首相」を生み出した。それは個性と政治システムの巧まざるコラボレーションである。言い換えれば、誰が「ポスト小泉」を襲うにせよ、「宰相の権力」への小泉に劣らぬ冷徹な自覚と、政治改革十年の歴史を知り抜いたうえで整備されてきたシステムや舞台装置を使いこなさなければ「強い首相」にはなりえない。「強い首相」なかりせば、政策決定メカニズムもまた漂流を始めかねない。「政治の構造改革」は賽の河原の石積みにも似て、時間がかかる迂遠な取り組みである。その道のりに終点はないのかもしれない」（同:404）というように、小泉個人の力量に大きく依存していることを指摘している。つまり、選挙制度改革から官邸機能の強化などを通じて首相主導体制を整える体制にはなったものの、依然として首相主導体制を築けるかどうかは首相個人の資質に大きく依存するという見方を示しているのである。

これと同様の見解は安倍・福田内閣で経済財政政策担当大臣を務めた大田（2010）も示している。それによると、郵政選挙後、経済財政担当大臣が竹中平蔵氏から与謝野馨氏に変わった時点で、自民党との関係で経済財政諮問会議のプロセスには大きな変化が起こったという。竹中大臣時代には会議の前に自民党と調整することはなかったが、与謝野大臣になると党と一体で議論が進む局面が多くなったとしている。この背景について「小泉内閣の最後の時期に、自民党と調整しながら政策決定するプロセスに戻ったのは、「自民党をぶっ壊す」と言ってきた小泉首相の意向もあったかもしれない。ぶっ壊された後、改革政党に変わった自民党となら、与党と内閣の一致という本来の姿に戻ることができるはずだ、と。たしかに、郵政選挙で圧勝した後の小泉内閣時代は、自民党と内閣の二元体制が克服されていたかもしれない。だから、前に述べたような5年間の歳出削減計画をつくることもできた。しかし、それは一時的なことだと私は思っていた。残念ながら、自民党において改革マインドが共有されているわけではなく、さまざまな既得権を擁護する仕組みは変わっていない。その状態で、諮問会議の議論について党と事前調整していては、前に進まない」（同:55）としているが、本書全体が細かな記述を含めて抑制されたトーンで書かれていることから考えると、小泉内閣の全盛期と、小泉内閣末期から安倍・福田内閣では首相主導政治が相当後退していると推測される（その他にも同様の見解は多いが、例えば、内山（2007:220-223）も同様である）。

このように官僚内閣制の実態がわかりにくいこと、政治主導の定義はどうあれ官邸機能の強化などの改革が行われてきたこと、その一方で、政治主導が何を意味するのかを巡って未だに日本政治は揺れ動いていることを考えると、いかに官僚主導体制の呪縛が強いかがわかる。同時に、このような体制のまま官僚主導体制を持ち出して政官関係を敵対的なものに見せかけるというのは、マスコミの支持を受けるために官僚をスケープゴートに選んでいる側面があり、対等な敵対的関係であるとも思えない。実際、ある事務次官経験者は「官僚主導といわれるが、議院内閣制では絶対に政治主導。政治家の示す範囲でしか官僚は動けない。自分たちがいい仕事をするための道具をいたぶるのは許せない」と言って憤慨していているという（「WEDGE Special Reportその「脱官僚」はうまくいかない」『ウェッジ』21(10):2009.10)。

これらのことをもう一度まとめれば、制度上の変化から圧倒的に政治優位の状況が作られていること、それにもかかわらず政治はその制度を十分生かしきれないことが依然として多い反面、マスコミを通じて官僚を抵抗勢力と見なしたり、これを叩くことで支持を得ようとする行動をとり続けたということであるが、このような官僚叩きが長期間にわたって続いたのはなぜなのだろうか。

官僚の不祥事が後を絶たなかったこともあるが、官僚を叩いて支持を得ようとする政治の側にも批判されるべき点は多々あったことから考えると、マスコミ操作の力で圧倒的に官僚側が劣っており、どれだけ官僚を叩いても、その力を制度的にも実質的にも削いだとしても、官僚パワーは健在であるという奇妙な虚像がマスコミを通じて流れ続けたのが最大の理由ではないかと考えられる。そのような官僚の虚像が一般国民を支配し続けたのである。その理由は言うまでもない。官僚側が得意だと言われてきたマスコミ操作を官僚ができない一方で、政治はマスコミを操作して官僚にすべてを押しつけようとしたからであるし、マスコミが相も変わらず官僚を巨大な権力として描き続けたからである。

あえて言えば、２０１２年に自民党が政権に返り咲き、その後、安倍内閣が高い支持率を保ちながら安倍一強と言われる強い政治体制が築かれる中で、森友学園や加計学園の問題が勃発してはじめて、官僚には権力などすでになく、独走する官邸を抑止するためには官僚の在り方を見直すべきではないかとまで論調を変えるに及んではじめて、マスコミは官僚の虚像に白々しくも気付いたというと言い過ぎだろうか。

注

＊1　元厚生労働大臣の長妻昭氏は厚生労働白書の原案が出来上がった時、「「与党議員にも意見を聞こう」というと職員が、「与党議員にはいつ見せましょうか」と言う。意味が分からなかったので問い返すと、これまでは、与党に見せるにしても印刷間際の直しがきかなくなってから見せていた、と言う。それでは、単なるガス抜きではないか」（長妻 2011:97）と述べている。

＊2　いわゆる庶務権を使った事例は安倍内閣・福田内閣・麻生内閣の自民党最後の三つの内閣で行われた公務員制度改革を巡って頻繁に見られたと考えられる。野口陽（2008）は、国家公務員制度改革基本法が２００６年に成立・施行され、国家公務員制度改革推進本部が設置された際に置かれた顧問会議を巡って、この会議の議事録を見せたくないために意図的に削除したこと、会議の録画がカットされたこと、公務員制度改革担当大臣が海外出張中に改革のメインテーマの具体的な話が新聞に掲載されたこと、会議を異例の休日に設定したりしたこと、会議の時間を短めに設定していることなどを詳細に報告している。

＊3　元厚生労働大臣の長妻昭によると、国会答弁を変える時に、答弁レクにやってきた課長に対して「答弁を変えるぞ」と述べた際、課長は「上司の了解がないと答弁は変えられません」と答えたため、「上司って誰だ?」と聞いたところ、「局長です」とその課長は答えたという（長妻 2011:92-93）。また、ノンキャリアの地域福祉課長を社会・援護局の総務課長に抜擢した人事について、「ノンキャリアの総務課長は前例がない」「前例がある一番上のポストでどうか」と激しく抵抗したという。結局、「私は何度も理解を求め、一連の人事を断行したが、省内の空気は変わったように思う。やはり、人事がものを言う。求心力が確実に高まったのを感じたものだ」（同:136）としている。ここからわかることは、官僚は激しく抵抗するものの、大臣が人事権を行使すれば、その抵抗はある程度押さえられるということであり、官僚の抵抗力はそれほど具体的なものでもないということである。

＊4　「憲法違反のおそれがあるかもしれない」と言って相手を威嚇するのも霞ヶ関修辞学の一種で、現実の可能性はほとんどないのに重大問題に発展する「おそれ」があると言い立てて、不都合な相手を退散させる論法であると、原（2010:123-24）は指摘している。

＊5　同様に、渡辺・江田（2009：127-28）では、財務省支配の手段として「予算査定権」を通じて、政治家には「箇所付け」でアメを与える一方で、裏側では国税庁の税務調査や査察があり、決して露骨な形ではやらないが、課税権で内々の脅しをかけることはできるという。そうした表と裏の合わせ技が財務省による政界支配の真骨頂であるという。これよりも露骨な脅しとしては警察権力を背景にしたものもある。上杉（2007）は、安倍内閣で天下り規制を行おうとした際、これに警察庁長官の漆間巌が反対する中で「そして4月、突然、渡辺と塩崎に関する噂が駆け巡る。漆間が部下に対して、渡辺の身辺を洗わせている、という情報が飛び交ったのだ。過去の献金、さらには政治活動までを徹底的に調べ上げているというのである。双日総合研究所副所長の吉崎達彦が渡辺のブレーンだと突き止めると、今後は彼の行動も確認対象としたという話だった」（同：149）という。これがどこまでが真実なのかわからないが、ここまで堂々と実名で書かれている以上、信憑性は相当高いと判断していいだろう。

＊6　社会保険庁が自らの年金不祥事に関する責任を誤魔化すために、自民党と民主党に流す情報を操作することによって自民党を窮地に追い込む作戦を展開したことを長谷川（2008：201）は、自爆テロ作戦と名付けた上で、「社保庁職員は次から次へと内部情報を提供し、不祥事を明るみに出すことで『もっと議論を』と唱えて、社保庁解体を阻止しようとしている。すなわち、組織温存のための自爆テロだ」という中川秀直元自民党幹事長の指摘を引用している。

＊7　同様のことは人事権や任期の長さから考えて、職業公務員の抵抗に遭うことがそれほど多くなかったと思われる地方の首長にも当てはまる。確かに、首長の中には激しい行財政改革で自己の存在を浮かび上がらせようとする者がいる一方で、職業公務員を敵対視することなくその能力を上手く活用しようとした者もいる。例えば、テレビタレントから宮崎県知事になり、終始高い支持率を維持した東国原はその著書（2008：128）の中で、「あらためて役所ってすごいところだな、役人って優秀だなと思う。だから方向性をきちんと示し、手綱さばきを間違えなければ、ものすごく働いてくれるのだ」と述べており、世間で吹き荒れる公務員バッシングと異なって役人の優秀さを褒めている。

＊8　様々な問題の責任をすべて官僚に押し付け、官僚を叩いていることは政治家自身、十分認識していたと思われる。官僚に対して厳しい態度をとり、「脱官僚」を訴えて政権交代を果たした民主党が何よりも官僚叩きの不合理さを認識していたのがその現れである。例えば、2009年に民主党が政権交代を果たした際に出された「国民のさらなる勝利に向けて」（2009.8.30）では「「官僚たたき」「役人たたき」、そういった誰かを悪者にして、政治家が自らの人気をとるような風潮を

戒め、政治家自らが率先垂範して汗をかき、官僚職員の意識をかえる、新たな国民主権の政治を実現していきます」と述べている。同様の表現は「基本方針」（平成21年9月16日）でも使われている（松井・平田（2011）所収の資料）。なお、公務員バッシングについては、これに政治家も加担していると見なすことで、公務員制度改革よりも政治改革が先ではないのかという視点も交えて公務員バッシングに疑義を呈したものとして「WEDGE Special Report　官僚叩きはやめよう　公務員制度改革が国を滅ぼす」（『ウェッジ』21(4):2009.4）がある。

＊9　元大蔵省財務官の榊原英資氏は1997年の橋本内閣で金融危機が勃発すると自民党はその失政への批判の矛先を官僚に振り向けるようになったが、「その作業の中心となったのが次の小渕内閣で官房長官、さらに森内閣で自民党幹事長となった野中広務です。京都の高校出身で青年団活動を長く務めた野中広務はエリート官僚を嫌う気持ちが強く、土台が揺らぎかけていた自民党政権を守るために、メディアを使って意図的に政治批判を官僚批判にすりかえ、世論と一緒になって政治家たちに官僚バッシングを始めさせたのです」（榊原 2007：150-51）と相当露骨に特定の政治家を批判しながら、テレビを活用した政治家による官僚バッシングを指摘している。

＊10　1990年代以降、あれほど金権と批判されたり、「経済一流・政治三流」「日本には官僚がいるから大丈夫」と評されるなど無力な存在と見なされてきた政治であるにもかかわらず、彼らが官僚の人事権を握って改革すべきだということに対する異論は聞かれなくなっていった。かつては官僚の人事の自律性は肯定的に捉えられる一方で、政治家が人事に介入することは政治介入であると批判されたのとは対照的である。1990年代以降と明確に線引きできるかどうかは疑問があるにしても、「政治主導」という言葉が肯定的に使われるようになる中で、政治的多数派による政策が国民の利益に反することは枚挙にいとまがないため、国民の権利が侵害されようとしている時には、公務員は全体の奉仕者として告発していくのは日本国憲法が定めた憲法擁護義務でもあるという意見（晴山他 2010）などは聞かれなくなり、政治と金の問題を指摘される政治家が官僚をリードすることに対する異論は少なくなっていった。

＊11　官僚がマスコミ操作をして自分達に有利な環境を作り出しているという考え方がどれだけ深く浸透していたかについて、東京新聞の金井（2010）は「野党時代の民主党内には「新聞の報道は、官僚のリークでつくられていく」という誤解があった。ある意味で、民主党は、官僚の力を過大評価していたともいえる」と指摘しているが、官僚の虚像の大きさは一般国民だけでなく、官僚の身近なところにいる政治家にも及んでいるということである。

＊12　鳩山元総理は2010年5月28日の普天間基地関連の記者会見において朝日新聞記者から「今回の移設先を巡る一連の経緯を振り返られまして、政治主導での政策決定、こういったものについて、あるいは官庁との関係について何か反省すべき点があるでしょうか。あるとすればどういった点だと思われますでしょうか」と聞かれたのに対して、「秘密を守る義務が必ずしも十分に果たされてこなかった」と答えており、リークを含めて官僚の情報操作の網にひっかかったかのような発言をしている。「確かに政治主導というものを政治家が中心となって行ってまいるように、官僚の皆様方にはさまざまな知恵、知識というものを提供していただきながら、最終的な判断ということで、今日まで、これは普天間の問題だけではありませんが、さまざまなテーマにおいてそのような方向で努力をしてまいりました。必ずしもそのことがまだ8か月の中で、よちよち歩きだという思いも皆さん方は思っておられると思いますが、必ずしも試行錯誤の中で十分に機能してこなかった部分があろうかと思います。ある意味で、政治家たち片意地張り過ぎて、全部自分たちが考えるんだ、という発想の中で、必ずしも十分優秀な官僚たちの知識、知恵というものを提供せずに行動してきたきらいがあるいはあるかもしれません。ただ、普天間の問題に関しては、私は必ずしもそのことがすべて当たっているとは思っておりませんで、防衛省、外務省の官僚の皆さん方のお知恵もいただいてまいったところでございます。ただ、そこの中で、私が1点申し上げることができるとすれば、やはり、このような大人数で、しかもある意味で、必ずしもすぐに公表することができないような、さまざまな情報というものが、かなりその途中の段階で漏れてしまうということがございました。その原因は必ずしも定かではありませんが、そのことによって報道がされ、さまざま国民の皆さんに御迷惑をおかけしたということも現実にありました。いわゆる保秘というか、秘密を守るという義務が必ずしも十分に果たされてこなかったということは、ある意味で政治主導の中で難しい官僚の皆さん方の知識をいただきながら歩ませていくという中での難しさかな、とそのように考えております。」と答えている（官邸ＨＰ）。

第四章　官僚はどう変化したのか

バブル経済崩壊後の行財政改革とそれに対する官僚の抵抗を見てきたが、それを経た上で、今現在（2017年度）の官僚はエリートとしての立場を維持していると言えるのだろうか。これまでの考察を振り返ると、行財政改革を通じた権限・特権剥奪過程で官僚が様々な抵抗を試みたことは確かだが、結果的には内閣人事局の発足や天下りの抑制策の実施に見られるように、官僚の姿がこの20年間以上にわたる改革の結果、大きく変動したことは事実であり、その意味では、エリートとしての官僚は弱体化したように思われる。その一方で、あれだけ政治任用などが叫ばれたにもかかわらず、政府の幹部ポストは依然として官僚が独占している。視点を広げるとそれほど単純でもないことがわかる。

この章では、バブル経済崩壊後から現在に至るまで官僚がどう変わったか、もっと具体的に言えば、まだエリートとしての立場を維持できているのかどうかを、第一章で掲げた権力・能力・威信・集団性の四つの視点から分析することとする。

第一節　権力・能力という側面からの考察

第一節では権力と能力という側面から官僚はどう変化したのかを分析する。ここではまず、官邸主導と呼ばれる体制が出来上がりつつある中で、官僚の権力と能力を巡る状況が大きく変化していることを考察した上で、2014年に発足した内閣人事局が官僚にどのような影響を及ぼしているのかを考察する。

1　官邸主導体制と官僚の権力

まず、権力という側面から考えると官僚はいまもエリートとしての立場を維持しているだろうか。既述したように官僚は制度的に権限や権力を与えられているわけではなく、実際には、専門知識と行動力という優れた技能によって政策形成過程で大きな役割を果たすことによって制度上与えられていない権力を維持してきたということだが、バブル経済崩壊後、小泉内閣から民主党政権、そして第二次安倍内閣を経た今、その権力や優れた技能の姿はどのように変化しているだろうか。

立法知識などの専門知識や政策形成過程でインフラ的機能を担うなどの優れた技能については本質的に大きな変化はないと考えられる。その一方で、政官の役割分担が年月の経過とともに明確になる中で、官僚が専門知識や行動力を使う目的には大きな変化が出つつある。

その前に制度上与えられている権力に大きな変化がないことをいくつかの主要事実から再確認しておく。まず、戦後の政治制度の下では制限されている官僚の権力をさらに制限しようと考えると、政治任用職を拡大することが近道だが、事務次官や局長などが政治任用ポストになっていないのは言うまでもなく、１９９０年代以降に新たに設けられた政治任用職も首相補佐官、大臣補佐官などに限定されていることである。

また、官僚支配の象徴のように言われてきた事務次官の地位にも表面上は大きな変化が生じているようには思えない。例えば、首相や大臣が集まる閣議はあくまで形式的に開かれるものにすぎない一方で、政府の真の意思決定の集約の場であるかのように言われてきた事務次官等会議は民主党政権の誕生によって廃止されたものの、結局は、形を変えて連絡会議として復活している。もちろん、事務次官等会議にかつてのような力はないのだとしても（あるいは、元々そのような力はなかった）、復活を遂げていることは事実である。*1

その一方で、政策形成過程での活動を中心に優れた技能で官僚がその地位を維持できているのかと言われれば、必ずしもそうとは言い切れない。それに際しては、次の飯尾（2007a）の見解が参考になる。飯尾は1993年に自民党が下野してから1997年の橋本内閣による省庁再編、2001年の小泉政権の誕生などを経て日本の内閣制は大きな変容を経験しつつあるとして、①首相主導政府の形成と積み上げ式意思決定の変化（首相の直接的な指示、経済財政諮問会議による方針決定、内閣官房の活用など積み上げ式ではない意思決定方式の実例が現れはじめたこと）、②省庁における大臣を中心とする執政部の強化（小泉首相が「一内閣一閣僚」といったフレーズで重要閣僚については留任を認める方針を打ち出し、実際に大臣の任期が長期化して大臣が独自の意向で指示を出す、政府委員制度の廃止によって官僚による答弁を前提にした仕組みは崩壊する、副大臣・政務官の導入によって省庁の置かれた状況によって有効に機能する事例が出ていること）、③政府―与党関係の変容（「小泉対抵抗勢力」の図式は郵政民営化解散と総選挙によって小泉首相の全面的勝利に終わり、2005年秋には首相の絶対的な権威が確立し、与党はそれに従って反発しないという状況になり、それによって与党政治家の独立性が後退するとともに、官僚側の抵抗基盤が失われることによって首相主導による政府内勢力図の塗り替えが進行したこと、経済財政諮問会議の活性化によって族議員と官僚の政策決定過程に及ぼす影響が減じたこと、族議員の存立基盤が小泉内閣のもとで縮小傾向にあること）、④官僚制の規律維持装置の揺らぎ（官僚の自立的な人事慣行が大きく揺らいでいること、内閣官房や内閣府における職務の重要性が増すにつれて、内閣官房等への抜擢を望む官僚が増えていること、勇退年齢の引き上げによって官僚の意識が変化していること、全体としての官僚の威信喪失が継続したこと）という四つの観点から分析を加えている。

この相反する二つのことから導かれるのは、かつてとは権力構造が大きく変動しているため、表面的な観察からは官僚の権力の実態は見えてこないということである。それを具体的に言うと、次の二つの疑問に集約されるのではないかと考えられる。

一つは政治任用が少ないのは官僚が何らかの形で権力を守ったからなのか、それとも官僚の力ではなくその他の要因が大きく働いたのかどうかということである。もう一つは官僚は優れた技能の使用目的を変えていないか、あるいは、変えることを余儀なくされていないかということである。この二つは密接に絡んでいるため、個々に論じるよりも二つを一体として分析する方が効果的だと思われる。ここではまず、官僚の優れた技能の使用目的から考えてみることにする。

例えば、平成11年度の人事院白書は官僚主導の背景や問題点を分析する中で、以下の四つの事例を官僚主導の問題事例としてあげている（①政治の了解を得て処理されるべき重要な案件が、大臣に報告されることなく幹部公務員間の協議と覚書によって処理されたと報じられた事例、②幹部公務員が、行政府内でも与党内でも十分な調整を行わずに、国民の負担を強いる新しい重要政策を推進しようとしていたと報じられた事例、③国民の生命・身体にかかわる事項について、その判断の及ぼす重大な影響を十分に検討することなく、公務員限りで処理されたと報じられた事例、④審議会や私的諮問機関を設け、専門家の知識・経験を活用する形を採るものの、事務方を務める公務員が自己の意図する方向に政策を導こうとしていると報じられた事例）が、これらの事例から浮かび上がってくるのは、各省の利益を念頭に動く官僚の姿であるが、バブル経済崩壊後の様々な改革を経た後も官僚の行動原理は同じなのだろうか。既述したように官僚は依然として政策形成過程において積極的な役割を果たしてはいるが、それは各省の利益のためなのだろうか。

この二つの疑問を解く鍵になるのは首相主導あるいは官邸主導と呼ばれる政治体制にある。あらかじめ結論を述べれば、小選挙区制度の導入に始まる一連の長い改革の結果、首相個人とその近い周辺（官邸など）に権限や権力が集まるようになり、そこを基点にした政策決定過程が確立されつつある中で、官僚はもはや省益を中心とした官僚の利益のために動くことが難しくなっているということである。もちろん、個々の官僚がこれまで省益だけを目当てにして政策決定過程で多大な役割を果たしてきたわけではないだろう。国家や社会のためと考えた者もいれば個人の出世と考えた者もいるだろうが、それらよりも省益の比重は高かっただろうし、国家や社会、個人の出世のためという動機を包摂する形で省益のために動いてきたと考えられる。

この構造が首相主導体制が構築される中で大きく変動しているのである。変動を促している大きな理由をいくつかあげてみよう。

まず、大臣の任期が長期化したことである。かつての官僚主導の条件は大臣の任期が短いことだった。大臣の任期が短くて政策を熟知できないからこそ官僚は大臣をコントロールできた。二つ目は族議員の力が弱くなったことである。小選挙区制度の導入によって与党トップや執行部の力が強まり、自民党の場合には派閥の力が弱くなっていった結果、かつてのように官僚が族議員を振り付けるといったことが難しくなったことである。[*2]

その一方で、首相主導体制を支える土台が着実に整備されていったことには注目しなければならない。ここでは二つの事例をみてみよう。まず、政策案作りの中心が官邸に移りつつあることである。これについて、野中・青木（2016）は官僚主導体制時代に活用された各省に置かれた審議会に代わって、主として首相や官房長官などが会議設置・運営のイニシアティブをとる政策会議に注目して分析を行っている。次に、首相主導の政策形成を体制整備という観点から現実に進んでいることを端的に表しているのは内閣官房の強化である。五十嵐（2013）が指摘しているように内閣官房の定員は平成12年度に３７７人だったのに対して平成25年度には８０８人に倍増以上しているだけでなく、各省庁との併任者も４４５人から１６４５人へと4倍近い増加になっているし、内閣官房に常駐しているのがそのうちの約半数にも上る８０４人となっている。

この数字からは多くのことが読み取れる。首相主導を支えるための事務局機能がマンパワーの点で形式的に整備されているだけでなく、各省からの出向者が増えているということは権力の中心が官邸に移っていることを如実に示している。総定員法などの縛りもあって各省とも業務量の増加にもかかわらず、マンパワーが十分ではないという状況を考えると、内閣官房に人員を割きたくはない。特に常駐となるとマイナス面が大きいにもかかわらず、これだけ内閣官房の併任者が増えているということは、官邸や首相の意向を探るといった情報収集などの観点から積極的に行っている側面があったとしても、明らかに官邸側を向いて仕事をせざるを得ないことの現われである。[*3]

これは別の側面からも裏付けることができる。待鳥（2015）は37年間にわたる首相動静データ（首相が誰と面会したか）を分析した上で、首相が与党一般議員と面会する比率が政権与党の違いにかかわらず減少する一方で、執政中核部（官房長官、官房副長官、内閣府特命大臣、特命事項担当大臣など）、執政外延部（各省大臣、副大臣、政務官など）、執政補佐部（官房副長官（事務）、内閣情報官、内閣官房職員など）との面会比率は政権与党の違いにかかわらず確実に上昇しているとした上で、執政中枢部に高い比重が置かれた狭いネットワークが意思決定の中心にあるとし、「これは明らかに不可逆的な性格を帯びており、個々の首相のパーソナリティを超えた「官邸主導」の制度的定着として、当面同じ基調が続くと理解すべきであろう」と指摘している。[*4]

この官邸主導体制の中に官僚がどれだけ組み込まれているのか。曽我（2016）は待鳥の分析を基にして各省官僚と首相の接触に絞って分析している。その結果、各省官僚との接触が最も多いのは第二次安倍内閣であることをデータから導き出している。官邸主導の様相が強い第二次安倍内閣がどうして各省の官僚と接触しているのか。これについて首相ないしは特命事項担当大臣が併任のかかった各省の職員を内閣官房を通じて直接利用するという新たな政官関係が成立しつつあるのではないかと指摘している。

様々な視点から考えて官邸主導体制が築かれつつあることは明白だが、それに決定的な影響を与えたのが内閣人事局の創設である。これまで官僚の人事は自律性が高いと言われてきた。制度上は大臣などの政治家に人事権はあるものの、実質的には官僚が作った人事案を追認することが多かったからである。もちろん、自民党一党優位体制が確立されるにしたがって、官房長官ら首相官邸メンバーからなる人事検討会議が決めるというように政治家の関与が強くなっていったことは確かだが、政治任用職が少なく人事が各省ごとに行われていたこと等から総合的に考えて、人事の自律性は高かったと考えられる[*5]。

官僚が何よりも人事に重きを置いて仕事をする傾向が強いことを考えると、政治が圧倒的な人事権を握った意味は非常に大きいと言わざるを得ない。実際、2017年に問題となった森友学園や加計学園の問題では人事権を持つ総理や官房長官を中心とする官邸に気遣ったのではないかということが話題となり「忖度」という言葉が世間を騒がせたことは記憶に新しい[*6]。

2014年に発足した内閣人事局は、加藤勝信官房副長官（当時）が局長を兼務し、人事政策統括官（局長級）2人を含む161人体制でスタートした。内閣人事局の発足によって官僚の人事の仕組みは大きく変化した。従来のように各省ベースで行われる人事ではなく、同局が各省庁の部長・審議官級以上の職員約600人について適格性を審査した上で幹部候補者名簿を作成する。その後、各大臣が名簿を基に人事案を作成し、首相・官房長官との協議を経て、最終的な人事が決まる仕組みとなった。端的に言えば、官邸の関与がより強くなったということである。その狙いは人事権を通じて政治主導を強化するということだった。官僚の人事が自律性を持つ限り、政治主導は実現できないというのが背景にあるということだが、当初からこの制度には懸念もあった[*7]。

2　内閣人事局の影響力

内閣人事局に象徴されるように官邸主導は官僚の行動原理を大きく変えた。特に、官邸主導体制は官僚が優れた技能を発揮する目的を大きく変えた。これまでは省益のために優れた技能を活用していたのが、時の政権のために優れた技能を使う、もっと露骨に言えば、自らの出世のために優れた技能を使うというように変化しつつあるのである。個々の官僚が省益のために優れた技能を使うのは、官僚の人事に自律性があり、そこには族議員や有力ＯＢや上司や部下を含めた現役の官僚が大きな影響を与えるからだが、事務次官の権力や権限が大きく落ちて総理や官房長官を中心とした官邸が人事に大きな影響を及ぼすとなると、そちらに目を向けて仕事をすることになりやすいし、そちらを向くことが昇進につながることになる。内閣人事局が発足し官邸主導の人事が本格化し、これまでのような自律性のある人事がなくなるにつれてそういう傾向は一層強くなる。実際、財務省では２０１４年夏の人事で財務省では史上初、同期から三人の事務次官が誕生するという人事が行われたが、何かと規則的な人事を行うことで有名な財務省においてさえ、このようなことが行われたということは政治の影響がいかに強くなっているかを示していると言えるだろう。*8

今後も時の政権が人事権を有効に使おうとさえすれば、内閣人事局は官僚に大きな影響を与えることは間違いないと思われるが、その行き着く先は官僚の分断だと考えられる。既述したように他のエリートと比較した時の官僚の最大の強味は集団性の強さだが、内閣人事局は時の政権を基点として官僚個々人の競争を煽る。そのため、官僚個々人が昇進を目指して互いに競い合うことになる結果、官僚全体あるいは霞ヶ関全体としては力が落ちるということである。２０１７年の森友学園や加計学園の問題ではすでにその萌芽が見られるが、皮肉にもこの分断を加速させるのは政治任用職の少なさである。外部から登用される政治任用職が多ければ、官僚はポストを死守するために一致団結して時の政権に反抗するなども考えられるが、政治任用が少ないとなれば、ポストはすべて仲間内での取り合いとなるため、より一層内部闘争が活発化する分だけ官僚内部の分断が進むのである。例えば、内閣人事局が発足する前までは、厚労省で政治と官僚の間で対立が起こったとしても、他の官庁には無関係だったが、厚労省の幹部ポストがすべて召し上げられて他省庁に配分されるかもしれないとなると、厚労省に加勢するということはなくなる。内部で競わせると、官僚相互に不信感や疑心暗鬼が生み出されるため政治が官僚をコントロールするのはそれだけ容易になるということである。

ここに政治（官邸）が目をつければ、内部で競わせる人事をやることで官僚をコントロールしようと考えるのは当然である。実際、第二次安倍内閣は日銀総裁や内閣法制局長官や最高裁長官やＮＨＫ会長など大きな影響力を与えるポストに自分達の意に沿った人物を送り込んでいるところなどから人事に大きな変動が起こっているように見えるが、事務次官や局長クラスの幹部人事では抜擢人事などはあるものの、外部登用や省庁間を異動するような人事はほとんどない。例えば、局長クラスから全員辞表を提出させるとか民間人を積極的に登用するなどを打ち出した民主党に比べると、それほど大きな人事の変動が起こっているとは思えない。[*9] それにもかかわらず人事で大きな影響力を及ぼすことができているのは、内部で競わせているからである。

しかも、政治任用職が少ないのは官僚の抵抗が強いからだけとは考えられない。国家公務員法を改正さえすればいつでも政治任用職を増やせるにもかかわらず、それをやらないのは官僚の抵抗というよりはその他の要因がはるかに大きいからである。なお、「政治任用制」という用語の定義を含めて、その構造と限界については出雲（2014）が詳しい。そこでは政治任用について議員登用と、公務員・民間登用を分けて論じているが、ここでは政治任用職についてそのような区分けを行っていない。

まず日本の労働市場の性格である。日本の労働市場の特徴は終身雇用を前提としており、変化はしているものの解雇が少なく、転職市場が発達していない。これはエリート層も同様で、一部では確かにプロ経営者のような人材が存在するものの、総じて少ない。このような状況では、民間を辞めて政府に入ったり、政府を辞めて民間に入り直すという行動は起こりにくいのは当然である。そのため、政府がいくらポストを開放したとしても、結果としては民間出身者が入ってこない。

二つ目は、労働条件である。官僚は天下り、特権とマスコミから批判されることが多いが、一流企業の役員などと比べると必ずしも恵まれたものではないため、労働条件面からわざわざ転職するモチベーションが沸かないということである。[*10]

三つ目は、労働条件が良くない一方で、仕事が簡単かと言えば、実際にはそれほど単純ではないからである。官僚の仕事は常に政治と絡むため、国会で激しい追求にあうこともあれば、マスコミの厳しい追及に直面することもあり、あえて官僚という職業を選ぶ民間人や政治任用のポストをこなそうという政治家が多数いるとは考えにくいことである。[*11]

四つ目は、必ずしも民間人や政治家が人材として優れているわけではないということである。官僚は出身官庁の利益しか考えないとか、民間企業のように合理的に仕事ができないとか批判してみたものの、実際に民間人を登用するとそれほど使える人材ではなかったということである。[*12]

五つ目は、首相など権力中枢が官僚の優秀さを再認識したことである。行財政改革で官僚と敵対した経験の後、官僚からポストを奪ったとしても、官僚と同じ働きをできる人材は実際には少ないことに加えて、民主党政権で政官の関係が劣悪になり官僚のサボタージュを経験したことなどから[*13]「官僚を使いこなす」という発想がより強くなったと考えられる。例えば、それが最も顕著に見られるのが第二次（以降）安倍内閣だと考えられる。

内閣人事局が発足したことによって幹部官僚の人事に首相官邸が大きな影響力を持つことができるようになっているにもかかわらず、現政権はかつてのように外部から人材を入れて官僚のポストを脅かそうという人事は行わない一方で、慣例にしたがったような人事も行っていないと言われるが、官僚同士を競わせながら首相や官邸への忠誠度合いを見極めるという意味では中立かどうかはさておくとしても「使いこなす」という発想に立っていることは間違いないと言えるだろう。

内閣人事局によって官邸主導の人事を行うということが定着すれば、権力を持つ官僚と普通の官僚などの差が大きくなることは間違いない。政権中枢に絡む官僚とそうでない官僚という区分けがよりはっきりするのかもしれない。これは政治側からの要請でもある。官邸主導体制を実現するためには、少数の人間に強い権限を集める必要があり、その少数集団の中には一定割合の官僚が必要だということである。少数の政官チームで政権運営をするのが望ましいという考え方が確立されつつあるということである。逆に言えば、以前から認識されていたかどうかはわからないとしても、政府の主要ポストをすべて政治家で固めても上手く政権運営できないことが再確認されたということでもある。実際問題として、いくら強い権限や権威を持つ首相であったとしても、同じ身分の国会議員を使いにくいし、与党の国家議員が大臣になりたがることからわかるように首相から命令されてスタッフとして働くことを望むものではない。また、国会議員としての能力と政府の幹部としてどういうことができるかの能力は別物である。

官僚側についても同様のことが言える。官僚は必ずしも官僚と組んで仕事をすることに意義を見いだすわけではなく、責任を取ってくれる政治家や自分を高く評価してくれる政治家と組みたいと望むだろうし、[*14]思想信条や政策理念が同じ政治家と組む方に大きな意義を見いだすだろう。[*15]これは官僚と政治家の力関係が変化すればするほど当てはまるようになると考えられる。例えば、官庁内部よりも政治家からの評価を気にする上司は自分を守るために部下に責任を押しつけようとする傾向が強まるし、官僚の力が弱まれば弱まるほど、思想信条や政策理念が正面に出る大きな仕事は政治家を巻き込まざるを得なくなるからである。

そんなこともあって、首相を中心とした一部の政治家と有力な官僚が政官融合チームとして権力中枢を構成するというスタイルが確立される可能性が高いということである。[*16]

第二節　能力という観点からの官僚の評価

次に、能力という観点からみた場合はどうだろうか。能力という観点からエリートとしての立場を維持できているかどうかを計ることは難しいが、世論の反応などから官僚の能力がどのように見られているかを計ることは可能である。例えば、天下りを国民がどう受け止めるかは状況に応じて異なっている。これを否定的に捉える時期もあれば、意外なことに肯定的に捉える時期もあるからである。実際、バブル経済崩壊前までは「政治がダメでも官僚がいれば大丈夫」「世界に冠たる日本の官僚」と官僚を賞賛していた時期がある。

世論がなぜ官僚を評価したのかには様々な理由がある。それらをすべてここで細かく取り上げて検証していく余裕はない。端的に言えば、経済が上手く回っていたからということについては専門家を含めて多くの人の同意が得られるだろう。また、経済がうまくいっていたことに関して、そこに官僚の大きな役割があったことを考えると、世論はその能力を評価していたからこそ官僚を賞賛したと考えられる。欧州のような階級社会で貴族出身者が官僚になるから、長年の伝統でそれを支持してきたといった理由が主なものではない。実績を上げるだけの能力があり、その能力を担保するだけの学歴があるからである。

その意味では、能力を評価するからこそ官僚を特別扱いしてきたわけだが、バブル経済崩壊後は官僚に対する特別扱いをなくすという動きが強くなったということを考えると、能力という観点から官僚は高く評価されなくなったことは明らかである。

それでは、具体的にどのような特権が剝奪されたのだろうか。官僚を含めた公務員全体を視野に入れると、まずは官民の労働条件を平等に近づけるということであり、採用・給与（特に給与水準）・人事評価（公務員には勤務評定という人事評価はあったものの、それは実施されているかどうかさえわからないものだった）・労働時間・休暇制度・能力開発・身分保障・退職管理（退職金の水準と天下り）・福利厚生など幅広い側面からの批判に応じて制度が変えられていった。その中でも、官僚に特有だったいくつかの特権がどのように変化したのかについて詳述することにする。

一つ目は、天下り斡旋の禁止である。天下りとは何かについては拙著（2009）を参照してもらうとして、これが官僚（国家公務員全体にもある程度当てはまる）の特権であることや民間企業が厳しい状況に置かれていたこともあって世論から激しい批判を浴びたが、天下りの禁止は官僚に大きな影響を与えた。最も露骨でわかりやすいのは労働条件の悪化である。一般に官僚は現役時代の安い給料を天下り後の好待遇で取り戻すといわれていただけに、天下りの禁止は生涯所得に大きな影響を与えるが、より大きな問題は天下り斡旋の禁止によって、官僚特有の様々な雇用人事慣行にも大きな影響が及ぶことである。*17

まずは、昇進するスピードが格段に落ちることである。天下りの背景には同期横並び昇進と早期退職勧奨という二つの人事制度が絡んでいる。ポストが限定されている中で人事を活性化させようと思うと、年配者を強制的に辞めさせて再就職先を斡旋する。これが天下りが発生する主要要因の一つだが、それが禁止されるということは、早期退職勧奨が難しくなる（再就職先が保証されないにもかかわらず50歳近くで辞める者などいない）ため、退

図表4-1　退職年齢の引き上げについて（総務省発表資料）（平成21年4月28日）

各府省個別計画の取組状況

	取組開始時点		取組終了時点		(b)－(a)
	(a) 平均勧奨退職年齢	対象期間	(b) 平均勧奨退職年齢	対象期間	
人事院	54.3	H13.8.16～14.8.15	57.8	H19.8.16～20.8.15	3.5
内閣府	53.7	H9～13年度平均	57.8	H20年度	4.1
公正取引委員会	51.0	H13.8.16～14.8.15	55.5	H19.8.16～20.8.15	4.5
警察庁	55.1	H13.8.16～14.8.15	57.4	H19.8.16～20.8.15	2.3
金融庁	53.0	H13年度	58.0	H19年度（H20年度は該当者なし）	5.0
総務省	53.2	H13年度	55.6	H20年度	2.4
文部科学省	55.3	H13.8.16～14.8.15	57.7	H19.8.16～20.8.15	2.4
財務省	53.9	H13年度	56.9	H20年度	3.0
厚生労働省	53.4	H13.8.16～14.8.15	56.4	H20.1.1～20.12.31	3.0
農林水産省	53.4	H12～14年度平均	56.5	H20年度	3.1
経済産業省	53.2	H13年度	55.5	H20年度	2.3
国土交通省	52.4	H9～13年度平均	55.7	H20年度	3.3
環境省	54.0	H13.8.16～14.8.15	58.0	H19.8.16～20.8.15	4.0
防衛省	56.8	H13.8.16～14.8.15	58.8	H19.8.16～20.8.15	2.0
会計検査院	53.0	H13.8.16～14.8.15	56.0	H19.8.16～20.8.15	3.0

注）平均勧奨退職年齢については、定年に到達した者の退職年齢を含む。

職年齢は必然的に引き上がり、昇進するスピードが大幅に遅れることになる。若くして有力ポストに昇進できることがエリートの一つの特徴だとすると、そういうものが明らかになくなっていくということである。次の図表4―1をみていただきたい。小泉内閣で閣議決定されたことをうけて退職年齢を引き上げた結果、各省の幹部の退職年齢が明らかに上がっていることがわかる。

二つ目は、同期横並び人事が崩壊することである。具体的には二つある。まずは昇進する最低限のポストが引き下がることである。早期退職勧奨ができなくなり人事が停滞すれば、ポストが限られているがゆえに、同期のすべてを課長レベルまで引き上げることは難しくなる。

例えば、40歳程度まで横一線で本省課長クラスまで横並び昇進できるという保証があれば、競争への参加者に大きなモラルハザード

図表 4-2　どこまで同時昇進させるか（人事院調査）

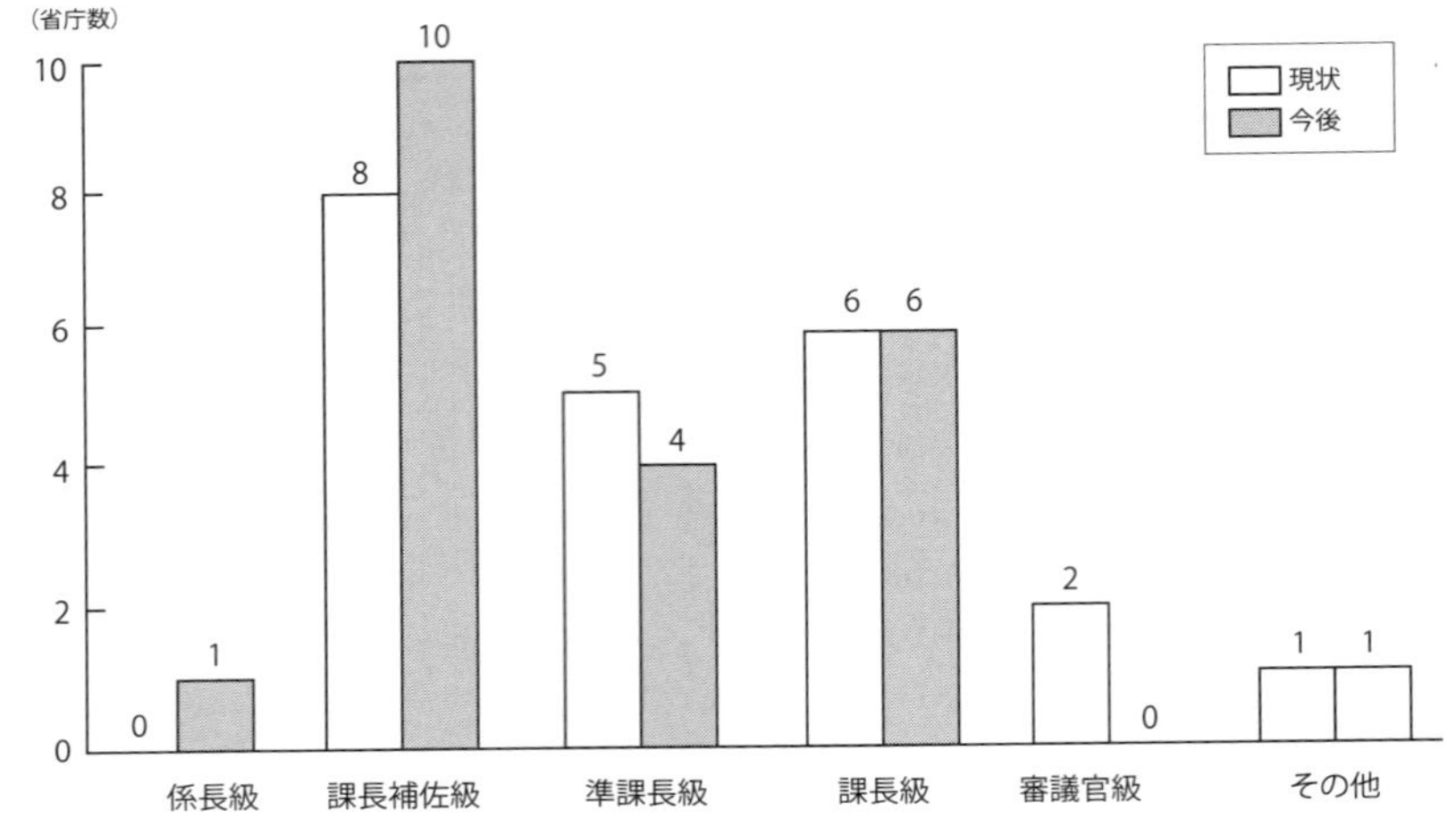

注）調査対象は22省庁（本省及び大臣庁）調査時期平成９年４月（人事院調べ）

資料出所：人事院編「新たな時代の公務員人事管理を考える研究会報告書」（平成９年）

が生じないが、そのレベルが下がっていけば、当然ながらモラルハザードが起きやすくなる。公務部門が民間の労働市場から遮断されていることを考慮すると、どのレベルまで昇進を保障するかは一層重要となる。

次の二つの統計は、まさにそれを裏付けるようなものになっている。まず、図表４―２は「Ⅰ種試験採用者をどこまで横並びで昇進させるか」を各省にヒアリングしたものだが、これまで課長レベルまで横並びで昇進できるという不文律のようなものがあったが、キャリア官僚でも必ずしも課長クラスまで横並び昇進できず、むしろ、課長補佐クラスまでの横並び昇進と答えている省が多数派となっている。[*18] 次に、図表４―３はⅠ種採用職員の若年退職者を対象にして公務員からの転職理由をヒアリングしたものだが、若年退職者の中には「将来への展望」「昇進の遅さ」などを理由にして退職する者が相応数存在しているということがわかる。仕事そのものへの不満というどの組織でも当てはまりそうな理由に加えて、昇進の遅さという具体的な項目が上げられていることは注目すべきであろ

図表 4-3　公務員から転職した理由

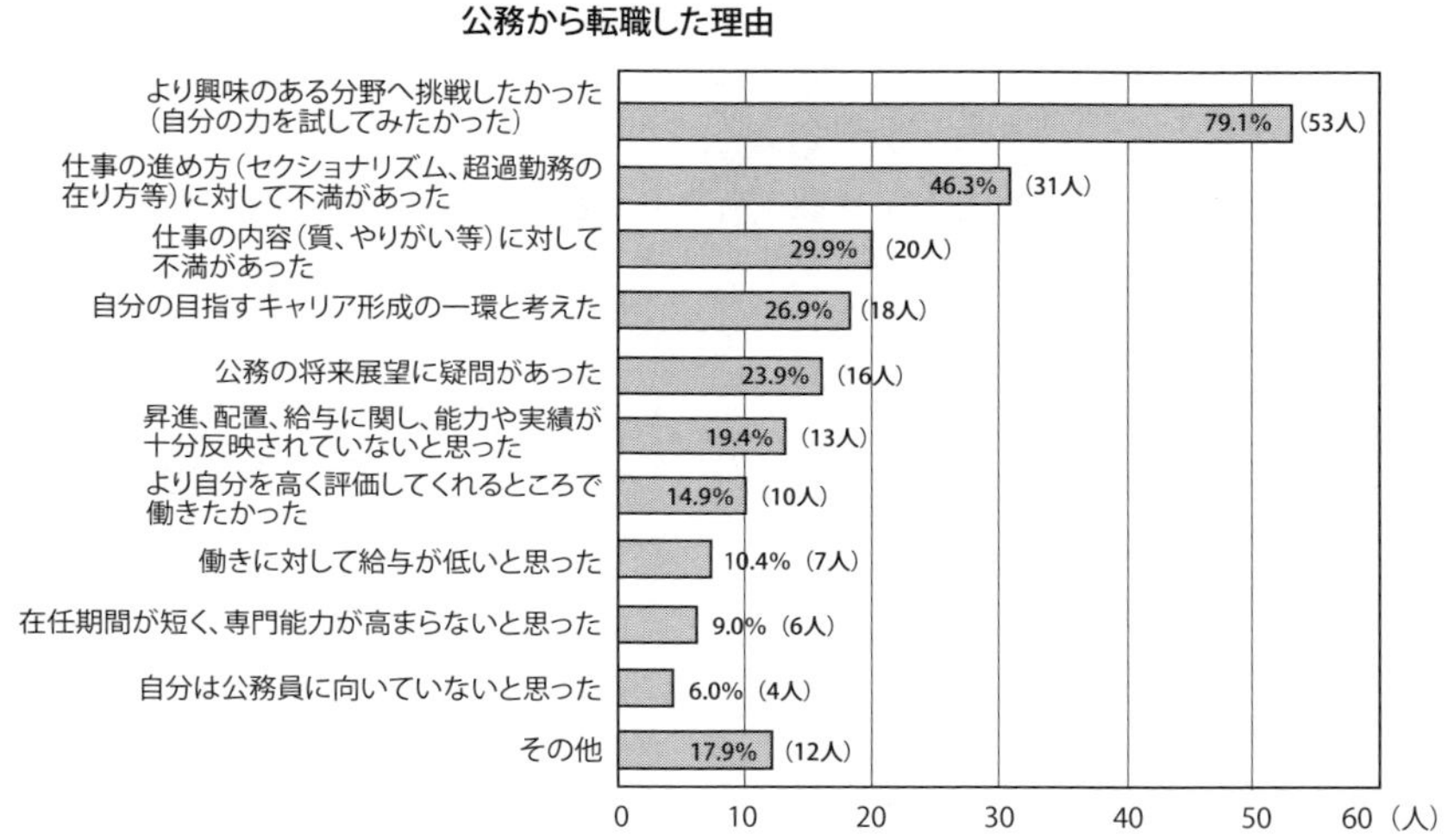

注）平成13年２月から３月にかけて実施。若年退職者に対するアンケート結果（回答者数67人）

資料出所：人事院「Ｉ種等採用職員若年退職状況調査」（人事院『年次報告書』（平成13年）より転載）

う。[*19] この二つの統計から総合的に判断すれば、既述したように、同期入省者の横並び昇進は長期間にわたる競争を促進させるという機能を果たしたのではなく、横並びで昇進できる最低ラインの高さによってモラルハザードを防いでいた側面の方が強いということが改めてよくわかる。

もう一つは「後輩が先輩を追い抜くことはない」といった年次を基準にした人事ができなくなることである。人事が停滞する中でも何とか活性化させようと思うと、特定の少数者を昇進させる必要があるし、天下り先がないために組織に居続ける者のために有能な若手の芽を摘むことはできないため、後輩が先輩を追い抜く逆転人事は不可避のものとなる。その結果、昇進し続ける官僚がいる一方で、天下り先がないため昇進が頭打ちとなったまま、組織に居続ける官僚も出現するようになるなど昇進に大きな差が生じるようになり、同期十数人という少人数でさえもはやエリート集団として扱うことが難しくなる。[*20]

三つ目は、若くして異例の昇進を果たすことや年功序列の日本社会に似つかわしくない若年時の特別な扱いの見直しである。これで有名なのは財務省の若手キャリア官僚の事例である。財務省の場合、若手キャリア官僚は全員、入省六年目に地方の税務署長に出向していたが、不祥事を機に厳しい批判に晒されることになり、今やごく少数のキャリアが出向するにすぎなくなっている。このことについて元財務官僚の榊原英資は自身が豊岡税務署長に赴任したことに触れ「……税の現場を見るという点でも重要な経験でした。人間を家柄や学歴によって差別することは問題ですが、「エリート」を意識的に育てるということは、国のマネジメントを考えれば必要なことなのではないでしょうか」（榊原 2012:33）と述べている。[*21]

若年時の特別待遇という観点を中心に特権の見直しについていくつか事例をあげておくと、まずは、国家公務員試験制度の名称変更である。戦前に高等文官試験と呼ばれたキャリア官僚を選別するための試験は国家上級→国家Ⅰ種と名称を変えてきたが、福田内閣で行われた国家公務員制度改革基本法によって試験の名称が変更され、総合職試験となった。たかだか試験の名称変更という見方もできるし、イギリスのファーストストリーム制度のように公的にエリート公務員制度をとっておらず、人事院規則などに基づきながらも運用でキャリア官僚の昇進を早めてきた戦後の公務員制度の経緯を考えれば、試験名称が変更になったとしても、運用でキャリア官僚を選別していくだけにすぎないのだろうが、名称がエリート性をより薄めたものに変更されていっていることには象徴的な意味があること、受験者が言葉のニュアンスの微妙な変化に心を動かされることも否定できないだろう。

二つ目は官費留学費用の償還制度の創設である。具体的にいうと、人事院が所管している長期在外研究員制度についてである。この制度は「各府省の職員を海外の大学院に派遣し、国際化する行政に対応するために必要な分野の研究に従事させることにより、国際活動に必要な行政官を育成する」ということを目的とした制度だが、欧米の大学院に二年間留学した若手官僚が帰国後短期間のうちに辞めるという事例が相次いだために、辞職した官僚には留学費用を償還させるべきだという批判が起こり、帰国後短期間で辞職する者は留学費用を償還するという制度まで作られた。[*22]

三つ目は公務員宿舎である。管見の及ぶ限りでは、地方公務員の宿舎は絶対数の少なさもあって取り上げられることはないのに対して、[*23]国家公務員宿舎については単なる批判だけでなく、批判の中身も細かく詳細なものになっているのが大きな特徴である。例えば、近隣の民間マンションに比較してものすごく安い賃貸料金であることなどであるが、キャリア官僚が住む幹部用宿舎は特に批判に晒されることが多くなった。豪華マンション顔負けのものであることに加えて、都心の超一等地にあるという批判などである。

なお、国家公務員宿舎については後述するが、相当詳細な批判報道が展開された。例えば、マスコミや国民からの「安すぎる」という声は届かず、国家公務員宿舎法という法律によって安い賃貸料金を定められており、「法律に則って決めているから問題ない」というのが役人の常識になっていること、財務省の公務員宿舎賃貸料金の計算方法が全国一律であり、地域によって地価が異なる現実に目をつむり採算度外視になっていたことなどを批判する記事（「怒りの追求第1弾　〝バカ安〟公務員住宅　都内で3Kで1万1000円」『週刊現代』46(22):2004.6.5）もあれば、公務員宿舎を建設するための財源の適切さを批判するものもある。一般会計から国会の審議を受けて透明性の高い制度の下で捻出されているのではなく、様々な特別会計などから出されているという指摘である。例えば、厚生年金や国民年金積立金が社会保険庁職員が使用する公務員宿舎に使われていたという批判（「あなたの年金積立金は公務員宿舎に化けていた」『週刊現代』45(8):2003.2.22）はそうである。[*24]

この他にも統計やマスコミ報道では明らかになっていないものの、キャリア官僚ということで大目に見られてきた職場での様々な慣行なども見直されている。例えば、国会答弁や法案作成業務のために深夜になることからルーズになりがちになる朝の出勤時間や昼休み時間の見直しなどである。*25

第三節　威信という観点からのエリート性の後退

次に威信という観点から考察してみることにする。官僚の威信が低下したかどうか。それは先に扱った官僚の能力に対する評価と深く関連する。威信があるかどうかは官僚自身の気持ちの持ち方だけで決まるものではないからである。個々の官僚が職業としての官僚に威信を持っていたとしても、特権を奪われる改革が積み重ねられ、時には官僚バッシングと呼ばれるような激しい批判が渦巻くと、どれだけプライドの高い官僚でも威信を持てなくなる。これは官僚の志望動機からもよくわかる。入省して間もない新規採用職員を対象にして人事院が昭和56年から行っている「I種試験等からの新規採用職員に対するアンケート調査」をみると、志望動機は調査開始以来変わっておらず、「仕事にやりがいがある」「公共のために仕事ができる」「スケールの大きい仕事ができる」の三つの回答が大半を占める一方で、「給与等の勤務条件がよい」「昇進等に将来性がある」などの処遇面に期待する者が少ない。つまり、給料などの処遇よりもやりがいということだが、それをより露骨に言えば、社会からの敬意があって威信が高いことがやりがいにつながっていて、それが結局は官僚という職業を選ぶ動機になっているということである。

様々なアンケートやヒアリングからバブル経済崩壊後、官僚が自らの職業に威信を持てなくなっていることは明らかであるが、ここではそれを端的に示す現象をいくつか提示してみることにしよう。

まず、辞職する官僚が増えていることである。具体的にどれくらいの官僚が辞職しているのかについては正確な統計は存在しない。国家公務員全体の辞職者数自体はわかるものの、Ⅰ種合格者に絞って、なおかつ、「やりがいを感じない」とか「プライドを傷つけられた」といった理由で辞める者がどれくらいの割合かなどについては正確な数字がわからないからである。

ただ、優秀な官僚が若手を中心に中央官庁を辞しているという報道はバブル経済崩壊後、頻繁に見られるようになった。また、キャリア官僚から民間企業へと転身する者が増えたことから橋本行革担当大臣（当時）が辞職者からヒアリングを行うまでの事態に至っていることを考えると、正確な統計がないというだけで辞職する者が続出したことは間違いないし、[*26]辞職している官僚の出身官庁も幅広く、特定の省庁に偏っているわけではないことにも注目しなければならない。例えば、官僚と同様に威信の高い日銀でも辞める者が増えている（『アエラ』1998.9.14）。また、内部での競争に敗れた者が辞めるというわけではなく、将来を嘱望されているトップクラスの若手が辞めてしまうのも大きな特徴になっている。[*27]

優秀な人材が辞めるということに関しては、人事院長期在外研究員制度などによって欧米の大学院に長期留学をした者の辞職が世間的にも大きな話題となり、『アエラ』（2002.4.8）は「人事院の調べでは、99年度から00年度にかけて留学から帰国した中央官庁の職員２２９人のうち、１割以上に当たる24人が昨年9月末までに早期退職した。そのほとんどが、若手のキャリア官僚だ。昨年10月末にも、95年に入省した経産省のキャリアが、帰国後わずか半年でソニーへと転職した」という記事を掲載している。留学経験者の辞職がいかに深刻な問題となったかについては、既述したように、留学から帰国後七年以内に辞職した者は留学費用を償還するという制度まで創設されるようになったということにも現われている。[*28]

官僚の威信が落ちているのは辞職者数以外にもはかれる指標がある。まず、優秀な学生が中央官庁に入らなくなるという事例が続出していることである。この事例としては農水省で初めて東大卒の入省者がいなくなったことが大きな話題となったが、財務省などの人気省庁でも同じような事態が生じるようになっている。優秀な学生は財務省をけって外資系企業に流れるといった事例も続出しており（『アエラ』2007.7.30）、マスコミで大きく取り扱われることが増えた。

さらに深刻なのは、威信が低下しているにもかかわらず官僚の世界を抜け出すことができない一方で、政官関係の変化、世間からの強いバッシング、増え続ける仕事といった厳しい状況に巻き込まれる中で自殺する官僚が増えていることである。これについてもマクロの状況を正確に示すデータは存在しないものの、マスコミが定期的に取り上げることから考えて急激に増えたとみて間違いないだろう。例えば、『アエラ』（1997.10.20）によると、課長や課長補佐クラスのキャリア官僚の自殺が目立つとした記事を掲載しているが、記事中、官僚が自殺してしまう要因として大蔵省診療所（当時）の栗原所長は「バーチャルリアリティー（仮想現実）に慣れているため、ボタンを押して答がない世界に対応できない。また、これまでいい子できたから、仕事ができず劣等生になるのが耐えられない。行財政改革に絡んで無用の仕事が増え、右往左往させられてアイデンティティーを崩されたという気分がある」と発言している。

これほど威信が低下していることから当然の結果といえば当然の結果だが、官僚は政財官の中心に位置するということはなくなっている。政治の世界について言えば、世襲議員の増加によって官僚が国会議員から閣僚になれるケースは少なくなっており、かつての吉田茂や佐藤栄作のように官僚から首相になるというケースは今日みない。また、政策形成過程における力も落ちていると考えられる。これも正確にデータで計測することはできないが、政治主導体制の下で政権与党の政治家が大きな影響力を与えるようになっているほか、規制緩和と地方分権で産業界や地方への影響力も格段に落ちている。確かに、実現できていない行財政改革はあるだろうが、そうだとしても、それまでの中央官庁の権限を弱めたことは間違いない。例えば、財界や業界との力関係が落ちたことは、官僚の天下り先の変化から露骨に読み取ることができる。規制緩和などで民間企業への影響力をなくしていったこともあるのか、昭和から平成への境目を中心に天下り先も大きく変化しているからである（天下り先（営利法人と非営利法人）、天下り先のポストなどの変化については拙著（2009）を参照）。

その一方で、官僚の威信の基盤中の基盤とも言うべき学歴について世間の敬意が薄れているかと言うと、必ずしもそうとは言い切れない。確かに、バブル経済崩壊後、官僚の不祥事が続出した時には「東大卒は悪いことをする」といったことも囁かれたことがあったが、[*29]長期不況がより深刻化するとともに格差社会が大きな課題となって貧困の連鎖で学歴などで大きな差がつくようになっているといったことが話題になるにつれて、東大卒が悪いことであるといった余裕のある話は聞かなくなった。実際、新聞や雑誌などのデータベースで「東大卒　悪い」といった言葉で検索しても、東大卒を揶揄するような記事は年々少なくなっている。

第四節　集団性という観点からのエリート性の後退について

最後に集団性という観点からの考察を行うことにする。既述したように官僚を他のエリートと比較した時、際立つのは集団性の強さである。政治家と違って組織の一員であるということはあるにしても、退職後も中央官庁での人間関係や文化をひきずるところから考えても、「自分は官僚の一員である」という帰属意識が非常に強い。まず、どこの官庁に所属しているかに関わりなく、キャリア官僚の一員としての誇りを通じた集団性が強いことだが、これはバブル経済崩壊後の様々な改革の中で変化したのだろうか。既述したように、官僚であることを誇りに思える背景には、制度面での様々な裏付けがあることを指摘したが、バブル経済崩壊後でさえ、政治任用が制限されていることや身分保障が守られていることなど制度面では大きな状況変化がない反面、内閣人事局の発足などによって官僚の人事の自律性が大きく制約されるようになったという変化がある。また、官僚バッシングが引き起こされるような不祥事が続出したことや官僚や中央官庁が原因で不況に陥っているという批判があったなど、制度を取り巻く状況も大きく変化した。その結果、官僚であること自体を誇りにした集団意識は弱まっていると考えられる。

それは若手官僚などからのヒアリング結果からよくわかる。彼等は政治経済社会状況が大きく変化する中で様々なことに不満を持つようになっているが、その不満は大きく分けると、①政治への不満②世間（官僚バッシング）への不満③中央官庁や官僚の在り方についての不満④職場環境（残業時間の多さや不合理な仕事など）への不満に分類することができる。ここで問題となるのは不満の多様性である。不満の種類が対政治家だけだということになれば、政治家に対して一体化して抵抗するということにもなるが、バブル経済崩壊後の行財政改革の引き金は旧大蔵省の不祥事など中央官庁や官僚自身にもあることから、不満が多様化しているため、官僚の行動は必ずしも同じベクトルに向かないからである。

例えば、政治が政策を主導するという流れが強まることに不合理なものを感じるだけであれば、政治に対抗して霞ヶ関の正義を主張するということに多くの官僚が意義を感じるはずだが、現実に官僚が主導する政策が成果をあげておらず、そこに不祥事が重なるということになれば、自らが政治家となって霞ヶ関を改革するという発想を持つ官僚が出現するようになったり、政治や行政に理不尽さや不合理さを感じる者は辞職して経済界に転じようとする。

これらのことをまとめるとどういうことが言えるだろうか。難関な試験を突破した優秀な人材＝官僚ということにアイデンティティを感じる一方で、一体、自分達が果たす役割は何か、自分達に正義はあるのか、政治とどう向き合うべきなのかなどで「あるべき官僚像」が相当大きく揺れ動いているということである。

次に、官僚の集団性を低下させるという意味でさらに強い影響を与えたのは、各省ベースの集団意識の弱体化である。既述したように各省ベースの集団意識の強さが保たれた背景には官僚の人事が自律的だったこと、個々の官僚のプライドと利害を満たすような人事システムという二つがあったが、この二つの条件がバブル経済崩壊後、様々な改革を経て崩壊しつつあるからである。

まず、内閣人事局の発足に代表されるように官邸主導体制が構築されたことである。首相や官邸が人事を含めて政策形成過程の中心に位置するようになると、個々の官僚のキャリアも多様化するようになるし、誰が競争の勝者になるかも見えにくくなる。財務省の事例が最もわかりやすいが、かつてのように主計局で純粋培養された者が事務次官になるというルートが不安定化し、官邸に出向した人間がより出世しやすいとなると、誰が事務次官になるかを巡ってより一層の軋轢が生じるようになることは避けられない。[*30] 特に内閣人事局の発足は官僚同士を競わせるという点で言えば、集団性を破壊する方向に働くことは間違いないと思われる。もちろん、時の総理や官房長官が官僚の中立性や意欲などを考慮に入れて人事権を慎重に行使したりするなどすれば集団性を破壊することは避けられるだろうが、第二次安倍内閣をみているとそのような可能性がどれだけあるのか疑問に思えてくる。[*31] また、数百人にも上る幹部人事を時の総理と官房長官の二人で行うことは不可能であることを考えると、官邸に近いところにいる官僚が自らの出世のために政治の権威を笠にきて気に入らない官僚を更迭するといったことが頻発する可能性は極めて高く、こうなると官僚同士の争いは憎悪を含んだ激しいものになるため集団性を保つのは難しくなると考えられる。[*32]

集団としての一体性を低下させるということでより深刻なことという点で言えば、同期横並び昇進などの雇用人事慣行の激変はさらに大きな影響を及ぼしている。具体的にいうと、本省課長レベルまでの同期横並びでの昇進、後輩が先輩を追い抜くことはない・ある程度の規則性を持っている昇進レース、降格などの不利益処分はなされない、それから最後に斡旋によって天下りを保証されるという五つが変化を余儀なくされているということである。

これらの五つは特定の省庁を基盤に同期入省者を中心とした結束の強いエリート集団＝官僚を生み出してきた。[*33] 実際、同期入省者の結束は非常に強いと言われ、頻繁に同期会などが開かれると言われるが、官邸主導人事で昇進レースに激しい競争が持ち込まれる一方で、これまでのように最低でも本省課長まで昇進できたり、退職後は天下りによって再就職先が確保されるということがなくなることで、（つまり、これまでの雇用人事慣行の変化と官邸主導人事という2つの大きな変化が相まって）各省ベースの官僚の集団性の強さは徐々に弱体化しつつあるのが現状であるが、それはいくつかの側面から観察することができる。

一つ目は、処遇に不満を持つ者が現われることである。天下り斡旋の禁止は中高年期以降の生活設計に大きな影響を与えるだけに官庁への不信感が強くなるし、同期横並びで課長まで昇進することができなかったり、降格まがいの人事異動などが起こったりすれば、それに対する不服申し立てのようなことも起こるようになる。

処遇に対する不満は現役の官僚だけに生じるのではない。これは退職した官僚ＯＢについても同様である。通常、年金の支給開始年齢と早期退職勧奨される年齢差を考えると、天下り斡旋は一つの組織に止まらない。いわゆる「わたり」と言われるように、複数の天下り先を斡旋されるのが慣例だったとして、天下り斡旋の禁止などはこの慣行に大きな影響を及ぼすため、現役官僚と官僚ＯＢとの間にも大きな軋轢を生じさせることになる。[*34]

二つ目は、職場環境に対する不満が生じていることである。中央官庁の長時間残業（国会・予算・立法業務）は元々有名だったが、プライドや利害で満たされていれば、これも悪しき伝統程度で済んだが、伝統や利害がなくなれば、職場への不満が増大することは避けられない。その結果、普通の職場を求める官僚の不満が強くなり、その不満が高まれば官庁や官僚を批判する声が強くなったりする可能性さえある。[*35]

この職場環境に対する不満は女性官僚が増えることでより一層強くなっており、今後も霞ヶ関では相当大きな課題になると考えられる。第二次安倍内閣になってから目立つのが女性の積極的な登用だが、採用人数をみると平成27年度に総合職に占める女性の割合は34・3％となり前年度から大幅に増えている。その一方で、女性官僚には仕事と家庭の両立を求める声も強く、女性官僚有志が内閣人事局長に対して「持続可能な霞ヶ関に向けて――子育てと向き合う女性職員の目線から」と題された提言を提出している。ここでは10個の提言があげられているが、長時間残業の改善とそれを生み出す法案・予算・国会待機の業務改善を求めており、働き方が抜本的に変わる可能性がある。

三つ目は、官邸主導人事によって政治を巻き込んだ昇進争いのようなものが生じるようになっており、官僚の党派性が強まっていることである。民間企業の場合、激しい昇進レースは組織に活力をもたらすかもしれないが、政治からの統制を受ける公務員の世界は必ずしも昇進レースに競争が持ち込まれることはプラスばかりではない。具体的に言えば、政治を巻き込んだより激しい昇進レースが展開されるようになれば、人事に大きな影響力を持つ有力な政治家に近づき出世しようと考える官僚が増加するということである。もう少し具体的に考察してみることにしよう。

これまでの官僚の人事は自律性が高かったため規則性が強かった。事務次官になる者は○局長を経験するとか、○局長になるためには東大法学部卒業が必須の条件であるとか、第三者からみても何らかの規則性を発見できたが、バブル経済崩壊後は必ずしも規則通りになっていないことが多い。政治家は必ずしも慣例を重視して人事を決定するわけではないし、官僚をコントロールするために人事権を使おうとするので、官僚の意に反した人事を意図的に行うこともある。[*36]

一例として、かつてのように東京大学（特に法学部）が圧倒的に強くて、相当程度に高い割合で事務次官になるというルートが不安定化していることもその現れといえるだろう。実際、東京大学法学部出身者が圧倒的な存在感を放ってきた外務省などの官庁でさえ非東大の事務次官が誕生している。*37

このように人事から規則性がなくなる一方で、政治が人事に大きな影響を及ぼす傾向が強くなると、政治に働きかけたり、逆に政治が働きかけをするなど人事に党派性が持ち込まれることになる。その結果、集団性が低下するとともにいくつかの病理的な現象が生じることは避けられなくなる。

まず、どこの官庁かにかかわらず、政治家に追従する官僚が増加することである。*38 例えば、良くも悪くも中立性を盾にして抵抗する官僚が少なくなっている。かつては中立性の名の下に、正義を装いながら省益ばかりを追求する官僚主導が批判されたが、今や中央官庁の中立性や政策の継続性というものにこだわる官僚は少なくなっている。

二つ目は、政治家の力が圧倒的に強くなった結果、特定の政治家と個人的にも蜜月な関係を築き上げ、一蓮托生の行動を取るケースが増えることである。官庁から派遣されて政治家を見張る秘書官ではなく、大臣や首相と運命をともにするような秘書官がその典型と言えるだろう。ここ最近では第二次安倍内閣の首相政務秘書官である今井尚哉氏がそれで官庁からの出向ではなく片道切符である。*39

これと関連して、党派性を意識するか政治への追従をよしとするかどうかを含めて、人事が見えにくくなり競争が激しくなれば、個人として積極的に動こうとする官僚も現れるようになる。清水（2015:230）は第二次安倍内閣のことを「経産官僚内閣だ」と評したという慶大教授の竹中平蔵氏の言葉を紹介しながら、「経産省内閣」と呼ばないのは組織を挙げて安倍に接近したというよりも、官僚の個人プレーの色彩が濃いと見たからだと述べているが、先行きが不透明になれば個人で動く官僚が続出することは避けられない。

三つ目は人事の振り幅が大きくなることである。民主党政権から自民党政権に変われば、民主党政権時代に重用されていた官僚は遠ざけられたりする。あるいは、特定の内閣や政治家と蜜月の関係にある者も同様である。[*40]これは官僚の職を辞してから選挙に出ようとする者をみてもわかる。自民党一党優位で政治家の世襲化が進む中で、官僚から政治家への転身は妨げられてきたが、小選挙区制度の導入や公募制度が普及するようになって、官僚の政治家への転身のチャンスは増えていることもあって、かつてのように官庁の権限やコネクションを基盤にして自民党から出馬するというものではなくなっており、官庁での実力や地位が政治の世界でそのまま通用しないようになっている。[*41]

四つ目は、まだ本格化していないが、人事に政治や党派性が持ち込まれることで、組織内での争いが激化することである。例えば、元々生え抜きのキャリア官僚が少なく東大閥が確立されていない防衛省などで、人事を巡る争いが激しさを増しているという報道が目立つ。[*42]

これまでみてきたように所属する官庁に関係なく官僚であること自体に対する誇り、各省を基盤としたエリート意識の両方ともに脆弱化する中で、官僚の集団意識は低下しつつあると考えられる。その結果、辞職する官僚が増えているだけでなく、辞職した官僚でさえ多様化しているという現象が見られる。これまで辞職した官僚はそれぞれの省庁の斡旋で天下りするのが一般的だったが、今や辞職する官僚の退職後も多様化している。

例えば、様々な特権が剝奪されたり威信が低下したりしたことで、これまで辞めることのなかった官僚が早期に辞職して転身を図ったり、退職後の身の振り方についても天下りに対する世間の目が厳しくなったこともあって、必ずしも官庁が決めたレールに乗らずに自らの道を進むなどである。多様性を単純に分析することは難しいが、霞ヶ関との関わりを持とうとする（良い意味でも悪い意味でも）者と、霞ヶ関から離れた世界で生きようとする者、最後に学者やジャーナリストなど中立的な観点から政治や社会に関わろうとする者である。

まず、霞ヶ関と関わりを持とうとする者については、従来通りの政治家への転身に加えて、①脱藩官僚と呼ばれるような霞ヶ関の在り方に異議を唱える官僚の出現、②官庁のしがらみとは関係なくなったこともあって、退職後に官庁に関する暴露本を出版するという事例も見られるようになった。それも若手官僚ではなく相応のポストまで務めた人物というケースもある。③政治家のブレーンとなる官僚の三つをあげることができる。

二つ目の事例としては、ベンチャーを含めて経済界へ転出した者をあげることができる。人事院長期在外研究員制度を使って欧米の大学院に留学して学位を取得した後に外資に転じるケースもあれば、経産官僚の村上世彰氏のように自らファンドを立ち上げた人間まで出現している。ちなみに、村上ファンドの場合には村上世彰氏ばかりが目立つが、警察官僚からボストンコンサルティングに転身してから米国大使館の政治顧問をしていた共同創設者の滝沢健也氏の存在が非常に大きかったと言われる（『選択』2005.11）。

三つ目は、マスコミ・シンクタンク・アカデミックな世界で活躍する官僚の増加である。元来、様々なデータや資料を集めて政策を企画立案する官僚の仕事と親和性が高いことや、特定分野に関する幅広い知識を有するという点で、官僚は学者に転身しやすいこともあって、幹部官僚から若手まで学界に転身する者は多いが、自らシンクタンクを設立するという珍しいケースまで生じている。[*43]

なお、「多様性」は官僚によって良いことばかりではない。特権を剝奪され人事評価や政治主導を含めて競争という要素が持ち込まれ、集団としての立場を維持できなくなる中で、横一線で処遇されてきた同期入省者の中でも出世していく官僚と天下り先がないために官庁にとどまり続けるような官僚が出てくるといった「厳しい多様化」が起こっているからである。また、経済界への影響力などから天下り先を開拓するのに有利な官庁にいるかといった従来ベースの話だけでなく、様々な機会を通じて人脈を構築できる者とそうでない者などの差が生じるようになっている。[*44] こういう状態になると自分の出身官庁に不満を持つ者も当然出てくることになる。実際、退職後に様々な形で官庁時代のことを暴露するという事例は増えている。[*45]

もはや「集団」という一括りでエリートかどうかを論じることは難しいということである。元々、日本の官僚はフランスの官僚などと比べるとそれほどの特権を付与されていないし、イギリスの「ファーストストリーム」のようなエリート公務員制度をフォーマルにはとっていないこと、それに加えて、そもそも人数から考えても特権を与える人数が多すぎるのではないかという疑問があったが、曽我（2013:173）が指摘しているように、国家公務員Ⅰ・Ⅱ・Ⅲ種採用者数は８４９人・２１６５人・1万１９３９人（１９８７年度）から６０４人・２６１９人・２４８７人（２０１０年度）へと人数が変化していて、組織下部はやせ細っていることを考えると、そもそもキャリア官僚のすべてをエリートとして扱うべきかどうかという疑問も生じてくるが、今後、キャリア官僚をすべてエリートとして扱えないという傾向は一層強まるだろう。

注

＊1　事務次官等会議の扱いに見られるように統治機構の改革を民主党政権がどこまで真剣に検討していたのかには疑問も多い。実際問題として事務次官等会議の廃止にしても「中途半端に残しても仕方ない。必要があったら事務次官が集まって連絡すればいいんだ」という小沢の鶴の一声で決まったもので、廃止に伴う影響を十分吟味しないまま、全体として見切り発車の様相だったという（日本再建イニシアティブ 2013）。

＊2　中北（2017）は、55年体制の崩壊後、自民党が一強状態と呼ばれる現状を派閥、総裁選挙とポスト配分、政策決定プロセスなどから包括的に分析しているが、その中で選挙制度改革などによって派閥の力が大きく落ちる一方で、首相の人事権行使が自由になり抜擢人事が増えていることなどを指摘しながら、族議員に関しては中選挙区から小選挙区に変わる中で選挙区内のあらゆる要望に応えなければならないため、特定の政策分野に強いという族議員としての底が浅くなったり、族議員の

応援団体である友好団体などの力が落ちたりするなどで影響力が低下していると指摘している。同様の指摘は竹中（2017）でもなされており、2009年の政権交代以降は首相やその周辺の政治家・官僚の役割が増大する一方で、政府外の与党議員の地位が低下しているとして、農水族と電力族の事例をあげている。

＊3 実際、マンパワー不足によって各省でミスが起こりやすくなっており、少ない人員を内閣官房に配置することには抵抗感が強いと考えられる。このような各省の本音を上手くすくいあげていると思われるのが、「厚労省　相次ぐミス　業務量に人員見合わず」と題した小野崎耕平氏の「讀賣新聞」（2014.8.14）への寄稿である。この中で小野崎氏は厚労省がとりまとめた再発防止策（チェックリストをつくる、職員の意識改革を徹底するなど）ではミスを防げないとし、その理由として「厚労省の業務量に組織体制が追い付いていないことにある」と指摘しながら、「そもそも日本の公務員数は先進諸国と比べ多くない。人口1000人当たりの国家公務員数は日本が2・7人に対し、米国は4・5人、英国は5・8人、フランスは25・0人である。中央省庁の中でも厚労省はひときわ忙しい。世界最速で高齢化が進む日本で社会保障は一般歳出のほぼ半分を占める。「危険ドラッグ」や臨床研究データ改ざん問題など、次々と起こる新たな問題にも迅速な対応を求められている。数字がそれをもの語る。先の通常国会における厚労省職員1人当たりの法案数は全省庁平均の約1・4倍、大臣答弁は2200回を超えた。

企業経営の常識に照らせば、1人当たりのアウトプット（成果物）が多いことは、「生産性が高い」ことを意味し、人事評価やボーナス査定で高く評価される。逆に過度に人員を削減したり、生産性を追求しすぎると、多くの場合、エラー・ミスの発生という形でブーメランのように跳ね返り経営にダメージを与える。だからこそ、経営者は人員数と業務量のバランスなどを徹底的に分析して戦略を練る。それがマネジメントだ。しかし、今回の厚労省の改善策を見てもそのような発想でつくられたとは到底思えない。単に「気が緩んでいる」「たるんでいる」などと批判するだけでは解決策にはならない。職員のやる気を削（そ）ぎ、採用や人材のつなぎとめにも悪影響を与え、やがて政策立案能力や業務遂行能力の低下につながる可能性もある。そのツケを負うのは結局のところ国民である」としているが、同じような感想を持っている官僚は非常に多いのではないかと考えられる。

＊4 これまで整備した制度などから考えると、首相主導体制が今後も継続すると考えられる反面、2017年の森友学園問題や加計学園問題で第二次安倍内閣の支持率の落下が止まらなくなるのと符合して、加計学園問題の当事者の一員である文部科

学省から官邸に反旗を翻すかのように様々な文書が流出したことを考えると、今後も一筋縄で首相主導体制が根付いていくとは考えにくい部分もある。この点について、例えば、内閣官房の実態を明らかにすべく内閣官房副長官補室を分析している高橋（2010）は、総理が官房副長官補室を活用する意思を持つことが重要であると指摘しながら、国民からの支持率が低かったり、国会を掌握できない状況では、省庁は内閣官房の権威に服さなくなり、内閣官僚の士気も下がり、副長官補室の活躍の余地は小さくなると指摘している。

*5　官僚の人事の自律性は自動的に出来上がったとは考えられない。本書で何度も指摘しているように閣僚の任期が短かったことや、人事に深く介入することを政治が避けてきたことが大きな要因ではないかと考えられる。また、曽我（2016）が指摘しているように人事異動を制度化することで政治の介入を阻んできたという側面もあるのかもしれない。政治家が人事に介入するとすれば組織上層部であるという仮定で、事務次官人事の異動間隔の規則性などを長期のデータから導き出した上で、人事の制度化は状況に応じたコストを持つが、官僚制はそのコストを支払って政治介入を防いできたと指摘している。長期のデータから幹部官僚の人事異動の規則性を導き出し、それを政治介入と絡めているという点で非常に興味深い指摘である。

　その一方で、人事には様々な思惑があり政治という側面からだけの分析には注意を要する必要もある。政治学や行政学はデータを用いた計量分析という手法を導入することに関して遅れており、公開されているデータから分析を行うという研究手法が今後さらに発展することは望ましいが、データを一面的に解釈した上で仮説を立てることには注意を要する。例えば、官邸主導の政策形成が進むにつれて内閣官房や内閣府の二つの組織が重視され組織面・人員面で充実が図られつつあることを実証する論考は多いが、小林（2016）は、内閣府の政策統括官へ就任する年次を２００３年〜２０１３年にわたって分析した上で、入省してからの経過年次が30・9年〜33・6年へと約3年遅れていることから、従来よりも人的資本を蓄積した官僚が内閣府に出向していることを意味するとし、政策統括官の省庁内部の地位が上昇していると指摘しているが、官僚全体が高齢化していることや天下りの抑制で退職年齢が引き上がっていることを考えると、この仮説の信憑性はどうだろうか。どこの省庁でも就任する年次が上がっている傾向はないのだろうか。確かに、筆者の私的経験から言っても「〇県庁の〇課長に就任するキャリアの年次が昭和63年入省から格上げされて昭和60年入省になった」という話はかつてよく聞いたが、バブル経済崩壊後は地方の労働局長に就任する者の年次が上がったのは引退年齢が延びたことや天下りの抑制で全体的に管理職の年次が上がったためであると聞くことの方が多い。このようなことを考えると、人事データなどを用いて客観的な研究を行うことは重要だと思う反面、データから導く仮説や結論には注意が必要だと考えられる。

＊6 「朝日新聞」（2017.6.9）は、忖度という言葉が各局の情報・報道番組でも盛んに取り上げられる中、共通して指摘されるのは2014年の内閣人事局の設置が「官僚の忖度」を強めたという点だとして、「「ひるおび！」（5月30日、TBS系）で、元文科省官僚の寺脇研氏が「結果として〝忖度の行政〟を生んでいる」と指摘し、元財務省官僚の山口真由氏も「官僚は常に官邸の顔色をうかがうようになった」と解説しただけでなく、前日の「羽鳥慎一モーニングショー」（朝日系）でも、山口氏は「官僚にとって「出世・人事は何よりも大事なことと話した」という官僚出身者の発言を紹介している。

＊7 「讀賣新聞」（2015.5.30）の記事は内閣人事局の功罪について端的に記していると思われる。それによると「……菅官房長官は29日の記者会見で「内閣の重要政策に応じて戦略的な人材配置を実現することが出来た。スピード感を持って課題に取り組み、成果を上げてきた」と内閣人事局を評価した。局の発足後、局長級以上の女性幹部は、斎木尚子・外務省経済局長や岡村和美・法務省人権擁護局長ら15人に上り、発足前の8人からほぼ倍増した。審議官級以上の省庁間交流では、財務省理財局総務課長を厚生労働省大臣官房審議官（社会・援護担当）に送り込んだ。厚労省の抵抗が強い社会保障費の切り込みに向けた布石とみられている。従来の幹部人事は、各省庁の原案を、官房長官ら首相官邸メンバーからなる人事検討会議が追認するのが通例だった。旧省庁単位でポストを持ち回りにする「たすきがけ」人事や、年功序列の「順送り」人事が優先されることも多かった。一方、内閣人事局は事前に各省庁から提出させた幹部候補者名簿に基づき、各人の適性や実力を早い段階から見極める仕組みを導入しており、「懸命に仕事をすれば、高い評価につながる」（菅氏）としている。ただ、人事の決定に当たっては菅氏と内閣人事局長の加藤氏の意向が強く働いているとされ、霞が関からは「官邸に嫌われたら、出世できない」（中堅）との嘆きも漏れる。安倍首相が進める農業・医療などの規制を緩和する「岩盤規制改革」でも、人事権を握る官邸の反応を気にして、規制権限を持つ関係省庁の腰が引けているとの声もある」ということである。

＊8 これについて事務次官経験者は「安倍首相は、自分の総理時代の秘書官から次官を出したい、という強い希望を前から言われていた。まあ、現役の総理から『田中を』と言われたら、役所としては断れませんよ。……」と答えている（岸 2015:34）。その一方で、同期から複数の事務次官経験者が出ることについては政治介入を招くという危険性が当然つきまとうことになる。財務省の事例でも大物ＯＢの中には強硬な反対論を言う人もいて「本来、次官になれないのが分かっている

人間が、あいつがなれるのならオレもと思い込む可能性が出てくる。その本来なれないはずの人間は、わずかな可能性にかけて猟官運動に走る危険があり、結果として組織上、禍根を残すリスクがゼロではない」（同：41）と述べている。政治介入を防ぐ手段は様々な役所で無意識のうちに行われてきた可能性があるが、そのような小手先の手段が通用しなりつつあるということである。

＊9　例えば、内閣法制局長官の人事では慣例を破って、集団的自衛権行使に積極的な外務省の国際法局長である小松一郎氏を起用したが、これについて親安倍ということばかりが強調された反面、この小松氏が融通のきかない人物で麻生財務大臣が首相時代に「法匪」と呼んで遠ざけたなどといったこと（『選択』2013.9）はあまり報じられていない。また、小松氏が病気で退任せざるを得なくなり、その後任として外務省の条約局出身者を選ぶのではないかと言われたが、最終的には第一次安倍内閣で集団的自衛権を強引に推し進めれば辞表を出すと迫った横畠氏を法制局長官に任命している（横畠氏の人物なりについては『選択』2012.8、また、最終的に横畠氏を起用するようになった経緯については『選択』2014.6）。ただ、これらの人事は騒がれはしたものの民主党政権のように外部から全く異質の人材を登用するというのに比べると従来の人事の枠内といえなくもない。民主党政権の場合には局長クラス以上に辞表を提出させる方針だったため、警察庁では長官以下が辞表提出を拒否する構えだとか（『選択』2009.6）、大阪地検特捜部による証拠改ざん事件を巡って検事総長が辞任した背景にも民主党の検事総長外部登用論や国会同意人事構想などがあったという（『選択』2011.1）。

＊10　官僚は天下りで利権を得るという文脈の中で年収が二千万円近いと批判されることが多いが、批判する当事者の大手マスコミの給与が批判される官僚を超えることはよく知られたことだし、年収二千万円程度では民間で活躍する人間には魅力的に映らないことは間違いないだろう。実際、昨今は役員報酬が一億円を超えるところが増えている。「日本経済新聞」（2017.7.1）によると、上場企業の役員で「1億円プレーヤー」が増えているという。２０１７年3月期に1億円以上の役員報酬（賞与などを含む）を受け取ったのは４５７人と前の期より43人増え過去最多で、報酬1億円以上の役員がいる企業数も２２１社と過去最多だったという。会社別に見ると、三菱電機（22人）が最も多く、伊藤忠商事（11人）、ファナック（10人）、パナソニック（10人）などが続いた。官民の労働条件の格差が言われるが、エリートレベルでは逆に格差が生じており、わざわざ民間から官僚に転身するような状況にはないということである。

＊11　道路公団が改革の渦中にあり、国土交通省出身の大物官僚である藤井治芳総裁の更迭と民間人の抜擢が注目された時、当時

の小泉総理が望む民間人総裁が実現すれば、族議員や国交省を敵に回すことになることから、火中の栗を拾う気概のある民間人を探すのは容易ではない（『選択』2001.10）と言われたが、この事例に限らず、政治的に困難な仕事を引き受ける民間人が多いとは考えにくい。また、厳しい競争をしている民間の方が能力が高いといった「民尊官卑」についても真偽が疑わしい。例えば、民営化された高速道路会社六社の社長人事に関して、国土交通省の天下り先になっているとして民主党政権下で民間人を任命したものの、結局、六社のうち五社の社長を一気にすげ替える人事が同じ民主党政権下で行われたことに関し、民主党関係者は「民間出身社長の手腕や実績が伴わないという前原氏らしいお粗末な結果になった」という声をあげているという（『選択』2012.7）。

＊12 政治任用者を含めて政府に入る人材は様々な規制や軋轢を前提にして仕事をせざるを得ないという意味では、中央官庁とのコネクションや折衝能力を中心に優秀かどうか、使える人材かどうかを判断せざるを得ない部分もあり、その意味では役所とのコネクションがどこまで強いかは一つの判断基準にならざるを得ないため、民間人はやはり不利だったと言わざるを得ず、それは官僚のポスト独占を批判する側も認識していたと考えられる。実際問題として、例えば、電源開発で初の生え抜き社長が実現した時にも「電力自由化の荒波を渡って行くには、今まで通り国の庇護の下にいた方が得策……」という発言も少なくなかったという（『選択』2001.7）。その意味では、政治任用を進めようとするのであれば、特別なサポートをしていく必要があったのだが、果たして政治側にそのような自覚がどこまであったのかは疑わしいところがある。民主党政権が駐中国大使として丹羽宇一郎・伊藤忠商事会長を抜擢したが、抜擢して1年半以上経過したにもかかわらず、目立った成果が上がっていないことについて、「「政権の強力な後押しがなければ現場で能力を発揮できない」という民間人大使の弱点を深く考えず、ただ「官僚が独占してきたポストに風穴を開ける」という狙いだけで、外交の素人である丹羽氏を北京に送り込んでしまったという実情がある」という批判がある（『選択』2012.3）。

＊13 すべてを政治家が行おうとして官僚を極端に排除した民主党政権が「サボタージュする官僚」を生み出したと言われるが、それが表面にわかる形で現れたのが東日本大震災での震災対応だった。『選択』（2011.8）は、被災地の復旧の遅れの原因のかなりの部分は官僚の怠慢にあるとして、菅政権の現状に絶望し、仕事をしないことに何の痛痒も感じなくなっているとした上で、官僚の我慢が絶望に変わったきっかけは、国家公務員給与を引下げる臨時特例法案の提出だったと指摘している。ただ、給与だけがサボタージュの決定打になったとは思えない。民主党政権だけでなく自民党末期の政権で官僚バッシング

を受け続けてきたことが大きな要因だと考えられる。

＊14　麻生総理大臣秘書官だった総務省の岡本全勝氏は総務省官房審議官から首相秘書官に抜擢されたが、彼は麻生総務相の時に官房総務課長に抜擢された一方で、前任の片山虎之助には徹底的に厳しくされたという。そんなこともあって岡本は「麻生を総理にして一緒にガラス張りの建物（首相官邸）に乗り込む」というのが口癖になったという。ちなみに麻生は党人であるのに対して片山虎之助は総務省（旧自治省）出身であり、岡本にとって先輩になる（『選択』2008.11）。官僚にとって先輩の官僚議員は必ずしも扱いやすいとは限らず、役所の内実を知っているだけにやりにくいということもあるし、役所や官僚の弱点を知っているだけに威張り散らされて嫌悪感を催すということもある。例えば、イラク復興業務支援隊長を経て自民党の参議院議員となった佐藤正久氏について、「威張り散らす」「上から目線の命令ばかり」と評判が悪く、自衛隊幹部ほど毛嫌いするという（『選択』2014.11）。ここはたまたま佐藤氏の事例を出したが、どこの役所にも転がっている話である。

官僚同士だから上手くいくという単純な話ではないということであり、今後はこういう傾向がさらに強まる可能性が高いということである。以下では、その一つの事例として、官邸主導が強くなることの影響について考えてみる。「朝日新聞」(2017.3.1）は以下のような元首相秘書官の三人の意見を掲載している。「警察官僚として小泉官邸にいた小野次郎氏は「力のある官僚は、役所のルートを通すより、強い政治家に提言したほうがいいというマインドが生まれた」とみる。衆院の小選挙区制導入で、「強い政治家」とは、解散権を持つ首相に他ならない。麻生官邸で首相の日程調整を切り盛りした総務省出身の岡本全勝氏は、各省庁の発信と報道機関の取り上げ方に注目。「役所が発信しなくなった。新聞の1面に個別の省庁が発表した記事が載ることは、統計資料を除いてほとんどない」と分析する。旧大蔵省出身の宮澤洋一氏は、宮沢政権で首相秘書官、安倍内閣で経済産業相を務めた。各省の政策決定は「官僚が事前に官房長官なり総理に説明して、感触を確かめながら進めることが多くなった」と認める。官邸は空洞どころか、今やあらゆる政策決定の中心にいるというのだ」。この三人の見解からわかるように、今後は官邸を中心に力のある政治家と組んで仕事を進めようとする官僚がさらに増えていき、官僚同士で組んで何かを仕掛けていくということが少なくなっていくと考えられる。

＊15　第二次安倍内閣になってから影の外務大臣と言われるほど重用されている谷内正太郎氏は外務省時代から積極的な外交戦略を練っていて、この外交戦略が安倍総理大臣や麻生財務大臣の考え方とピタリと符号したことが何よりも今の活躍の背景にあると考えられる。谷内氏は民主主義や市場経済、法の支配といった価値観を共有する国々との連携を深める「自由と繁栄

の弧」構想を練ったと言われるが、その本質は中国包囲網だったからだ（『選択』2013.2）。

*16 小泉政権において、竹中大臣の秘書官であった岸博幸（経済産業省官僚）の意思がなぜ政権中枢まで届くのかについて、竹中―岸で政策のアイデアを出して官邸に持ち込み、それを首相が了承する構図が出来上がっており、それを政治面で政調会長の中川秀直、幹事長の武部勤というラインが支えたが、そのコアメンバーは10人にも満たないという（『選択』2006.3）。同様のことは郵政民営化法案の事例でもみられており、法案が成立した時「八人で四十万人に勝った」という言葉が官邸サイドからあったという。八人とは小泉首相、飯島秘書官、財務省出身の丹呉秘書官、竹中大臣、竹中大臣秘書官の岸博幸と井上裕之、高木郵政民営化準備室長、準備室の参事官である高橋洋一の八人である（『選択』2005.7）。第二次安倍内閣でも同様に安倍首相・官房長官・官房副長官・首席秘書官が集まって協議して方針を決めて、それが政府全体に伝わるという構造になっている（田崎 2014:33-38）。

*17 もちろん、天下りが完全に根絶されたかについては異論もある。ここでは全省に当てはまるものとして「現役出向」をまず取り上げてみたい。「朝日新聞」（2017.8.23）は、天下りをすり抜けるため政府系法人の常勤役員ポストに現役の官僚が出向する「現役出向」が増えていることをデータで実証している。退職した公務員による政府系法人への再就職（天下り）は、規制が本格化した２０１０年度からの６年間で53％減ったが、現役出向は逆に44％増えており、常勤役員の４人に１人が国家公務員経験者という構図は変わらず、現役出向が天下り規制の「抜け道」になっていると指摘している。

同紙によると、内閣人事局などの公表資料を分析すると、天下りで政府系法人の常勤役員に就任した国家公務員ＯＢは、規制後の10年度（２７０法人）が１９６人だったのに対し、16年度（２５９法人）は93人へと半減した。これに対し、現役出向で常勤役員に就いた国家公務員は10年度の１９３人から16年度は２７７人へと増えており、役員ポストに占める国家公務員経験者の比率は10年度27％、16年度26％とほぼ横ばいであるという。

次は全省に共通する天下りの抜け道を模索した事例であるが、その中でも経済産業省が突出していることを示したものである。現役出向という抜け道があったとしても、天下りが全体的に厳しく抑制されたことは疑いない一方で、人事院による規制がなくなったこともあるのか、経済界と結びつきの強い経済産業省の天下り事例が報道されることが多い。

「朝日新聞」（2015.8.3）は、経済産業省が所管する独立行政法人の理事長などに人材を出した企業グループに、同省ＯＢが役員や顧問として再就職するケースが相次いでおり、12府省庁が所管する98の独法のうちこうしたケースは経産省で目立つと指摘している。かつて独法の理事長は大半を省庁ＯＢが占めていたが、天下り批判の高まりをきっかけに民間からの登用が増え、２０１５年5月現在で30独法が民間出身者だったという。同紙の調べによると、２００９年以降、経産省が所管する4独法の理事長に、民間企業5社の出身者5人が就いていた。その後、これらの企業やグループ会社に経産省の事務次官、経産審議官、局長経験者ら5人が役員や顧問として再就職していた。５社のうち4社は経産省が所管する業界の大手電機メーカーで、残る1社は大手銀行で経産省と業務上のつながりがある。官民で再就職ポストを交換した形になっている点について、各企業は「独法理事長などへの元役員の就任と、その後の経産省ＯＢの受け入れは無関係」と説明しているという。偶然とは考えられないことから天下りは民間企業を巻き込んだ非常に複雑なものになりつつあるのがよくわかる事例である。

＊18　中島（1984）は、昭和56年の人事院の調査によって国家公務員上級職甲種試験合格者の昇進に、どのポストで差がつくのかをしめしているが、それによると、92％の省庁が課長級（平均年齢40歳）と答えている。平成9年の調査と比べて相当の開きがあることがわかる。

＊19　人事院が上記の結果について、「給与や処遇よりも仕事の進め方や内容への不満が退職につながっている」という認識を示しているのに対して、総務省（2005）は「将来展望への疑問」「昇進・配置等に能力や実績が十分反映されていない」ことがあげられていることも気になると指摘している。

＊20　天下り斡旋が禁止されたため、これまでのように一定年齢で退職できないだけでなく、役所に残っても出世できない官僚が続出していることに関して、元経済産業省の官僚だった古賀茂明氏は送別会での微妙な空気について「一昔前なら、見送るほうが〝勝ち組〟という図式がありましたが、最近はちょっと様相が変わってきています。役所に残る側の人のなかに、次官を目指してバリバリ戦っている人だけではなく、天下り先がなくてしょうがなく残っている人が存在するようになってきたからです」と語っている（古賀 2011:79）。

＊21　若い官僚を税務署長に出す制度がいつから始まったかについては、古くは若槻礼次郎が入省二年目で県の税官吏に赴任したところから明治時代にまでさかのぼることができる。それほど伝統のある制度だが、その一方でこの制度に賛否両論あることに関して、元事務次官の高木文雄氏は「署長だけでなく調査員にしたり、いろいろやってはみたんだよ。でも仕事が大変すぎてうまくいかないんだな。署長ならメリットは多く実害は少ないから、今まで続いてきた。僕らが入った頃、官僚は

『天皇の官吏』だった。戦後、国民の奉仕者へと位置付けは大きく変わったが、省内で先輩から後輩へ受け継がれるものは変わらなかったんだ」と述べている（『アエラ』1996.4）。

＊22 留学後に辞職した官僚に対する批判が根強い背景にも、不況と税金が関連していることは言うまでもない。「失われた10年」と言われる長期不況で、失業率が上がり、税収が減る中で、税金で留学した官僚が費やされた税金に見合う仕事をしないうちにやめることに対する批判が高まるのは当然だったと考えられる。ちなみに、日本がまだ経済成長の途上にあった頃は、長期在外研究員制度自体どこまで世間に知られていたのか疑問であるとともに、留学する官僚も税金で留学するという意識などほとんどなかったと思われる。例えば、この制度で留学した若手官僚の座談会においては環境庁の官僚が「私の場合は留学した2年目の夏休みに45日間位ヨーロッパを一人で旅行しました。バック・パッキングといって、ザックを背負って回ったわけですが、もうそういう経験は二度とできないと思います。アメリカに1年間いて、それでヨーロッパをあたかもアメリカ人が見るような見方と、なおかつ日本人の眼で見る見方と両方できたような気がします」と発言している。おそらく、同様の経験をしている者は多いと思われるが、２０００年以降、同種の発言をした場合にどのような批判がなされるかと想像すると、当時の状況が牧歌的であったことがわかる（「世界にはばたく行政官――在外研究を終えて」『人事院月報』30(11):1977.11)。

＊23 ただし、地方自治体が東京に所有している東京の官舎については批判がある。これらの官舎が批判されるのは、①都心の一等地にあること、②家賃が相場から格安であること、③豪華な官舎に住んでいる各地方自治体の東京事務所職員の仕事について、国会議員や中央官庁の公務員の接待など重要な中身がないこと、④各地方自治体ともに財政赤字に陥っていることが理由である（「地方公務員が税金で「東京ゴージャス生活」」『週刊ポスト』38(10):2006.3.10)。

＊24 公務員宿舎が必ずしも福利厚生を主な目的としたものでないこと、財務省が公務員宿舎を統一的に扱うようになった経緯については、大蔵省国有財産局総務課課長補佐（当時）の松田（1965）の論考が簡潔にまとまっている。それによると、公務員宿舎は福利厚生の側面は持っているものの、民間の給与住宅施設と同様に、第一義的な目的は「国家公務員の職務の能率的な遂行を確保し、もつて国の事務及び事業の円滑な運営に資すること」にあり、国家公務員の福利厚生を図ることを直接の目的としていない。しかし、皮肉なことに戦後日本が復興・成長するとともに、公務員宿舎の政策が財務省により一本化され確立されていくにしたがって、福利厚生の側面にとどまらず、これが過剰な福利厚生と映るようになったということで

ある。

＊25　筆者が厚生労働省を退官する前後から昼食時間や朝の出勤時間が非常に厳しく管理されることになった記憶がある。筆者が旧労働省に入省した平成二年くらいは朝の出勤時間が一〇時を軽く超える人もいたし、昼食についても忙しい時には十分取れないこともあるのか、余裕のある時には二時間近くを費やす人もいたが、バブル経済崩壊後はそのような行為に厳しくなり、筆者が厚生労働省を退官するくらいには時間管理が厳格になっていたし、その後、厚労省の同期入省者などと昼食を取った際にも、彼等はかつてとは異なり、昼食時間に非常に厳格になっていた。なお、この問題についてはその他の省庁から複数の官僚にヒアリングを行ったが、彼等の答も同様で、出勤時間や昼食時間の管理は非常に厳格になったというものだった。

＊26　橋本龍太郎行革担当相（当時）は、幹部に昇格する直前に民間企業などへ転職するキャリアの若手官僚が相次いでいることから、「職場のどこに問題があったのか」などについて、月内にも中途退職者から直接意見を聴くという（実際、この後ヒアリングしている）。橋本氏が自民党の野中広務行革推進本部長と話した際、旧大蔵省や旧通産省の若手官僚の辞職が相次いでいることが話題になったのがきっかけという（「朝日新聞」（2001.1.20））。

＊27　経済産業省に平成5年に入省した宇佐美典也氏は「世の中では、官僚というと受験エリートのトップクラスが集まる職業と考えられているかもしれませんが、私の実感からいうと、それはひと昔前の話です。今は、努力してもトップクラスになり切れなかった、セカンドクラスが就く職業になっているのではないかと思っています」と述べた上で、同期入省者は事務官と技官合わせて40人いたが、入省してから10年間で辞めた者が10人を超えると述べている。辞めた後の転職先については、独立・起業が3人、商社2人、外資系コンサルティング会社2人、不動産1人で、残りの2人は音信不通という（岸2015:202-203）。

＊28　内閣人事局の発表（2017.7.21）によると、留学費用償還制度が創設された平成18年6月から平成28年度末までに留学を開始した4233人（総数）のうち、留学費用の償還義務者となったのは172人（総数）である。償還制度がなかった時代に比べると辞職する者の比重が下がっている印象があるが、それでも長引く不況でなおかつ留学費用を償還しなければならないにもかかわらず、これだけの人数の官僚が辞めていることは注視しなければいけない。

＊29　「朝日新聞」（1998.4.3）が報じるところによると、「東京大学を出て、官僚になった人が官官接待や汚職などをしているのは

学歴社会が悪いのですか。それとも職場が悪いのですか」。東京・霞が関の国立教育会館で二日開かれた文部省主催の「一緒に夢を話そう」で、新学期から中学一年生になる女子生徒が町村信孝文相に質問をしたところ、東大卒で元通産官僚の文相は「学歴社会は関係ないでしょう。職場は関係あるかもしれないけど、一人ひとりの心構えの問題」と答えたという。小学生レベルまで東大卒のエリートが悪いことをしているという考えが深く浸透しているということである。

＊30 官邸機能がどこまで強いかについては実態をみてみないと判断できないところもあるし、官邸に勤務する官僚の数が増えたことだけで官邸が多大な業務を抱えたり、実質的にすべてを取り仕切っていることを意味するわけではない。例えば、『選択』（2012.8）は、内閣官房の定員が２０００年と比較すると２０１２年には2倍以上に膨れあがっていることについて官邸で開催される会議の多さを指摘しており、多くの官僚が時間を浪費しているだけという。

＊31 大蔵官僚だった岸本周平衆議院議員は、当時の大蔵省には予算編成の最終段階で余裕があれば、時の首相に対して予算面で一つだけ希望をかなえるという慣例があったため、当時の中曽根総理に注文を聞いた際のエピソードを紹介している。「てっきり、何かしら地元関係の陳情が出てくると思いきや、中曽根氏の口から出たのは全く別物だった。「日仏会館がボロボロになっている。日仏の文化の懸け橋として重要だ。これを改修してほしい」。これについて岸本氏は「その時私は、こういった政治家の下で官僚をやることができてよかったと、つくづく思いました。それに比べて、森友、加計。格が全く違う」と語っている」（倉重 2017）。

＊32 長期政権の第二次安倍内閣で霞ヶ関に沈滞ムードが漂っている要因として、内閣人事局が官僚の人事を握っていることがしばしば指摘される。その実態に関して『週刊現代』（2017.7.1）は全国紙の政治部記者の「安倍首相も菅官房長官も一部の幹部を除けば、官僚組織については素人同然です。そのため、秘書官など周りにいる人間の入れ知恵で人事を決めることがほとんど。彼らは首相の気持ちを『忖度』しつつも、自分たちの都合がいいように利用しています。官邸の威を借りて、将来、ライバルになりそうな人材を人事で潰すことができる。本省にいる40～50代のキャリア官僚にとって、これは脅威です。秘書官をはじめとする官邸のスタッフの顔色を窺いながら仕事をしなければならず、これが沈滞したムードを生み出している元凶です」という証言を掲載している。

同様のことは内閣人事局を取材している横田（2016）も指摘している。内閣人事局を担当しているのは山本幸三大臣（当時）だが、影の大臣は経産省の官僚である今井尚哉総理秘書官であり、今井氏の覚えめでたき者が出世していくとして、

「先日もある外交官の海外辞令が次官の意向を無視する形で、直前でひっくり返った。その国には行きたくないと、本人が今井さんに懇願したからだと聞いている。このままでは確実に人事が歪んでいく」というある高級官僚の発言を紹介している。

＊33　同期入省者の結束意識の強さを示す事例は数多い。例えば、脱官僚を掲げた民主党政権の中心人物である岡田克也氏は記者会見で同期から事務次官が出なかったことで感想を問われた際、「細野も寺坂も重大な局面で全力で頑張ってくれたと思う。わが期は次官が出なかったと思うと少しさみしい気もする……」としんみり話したという（『選択』2011.9）。財務省の同期は特に結束が強いと言われるが、岸（2015:37）によると、79年組はその傾向が強く、今でも月に一回の同期会を欠かさないと言われる。みんなで集まり、新たに仕入れた情報を披露しあうと言う。私事で恐縮だが、筆者の同期でも未だにそういう会合が開かれている。どうしてこのような会合が開かれるのだろうか。それまでの慣例に従っている、情報交換などのメリット、単なる懇親が主な理由だろうが、同期が結束して何か事を起こすという発想もどこかに隠れていると考えられる。その潜在意識こそが自分達がエリートであるという意識に支えられている。実際、経済産業省では時の大臣が理不尽な人事などを行えば、同期入省者ごとに集まってそのうちの何人かは直接行動に移したという（江田 1999）。

＊34　バブル経済崩壊後は現役官僚と官僚ＯＢとの間でも様々な軋轢が絶えない。一例として道路公団の民営化をあげることができる。この場合、道路公団の民営化に抵抗する旧建設省事務次官である藤井氏と国土交通省の現役官僚との間で様々な軋轢がある一方で、藤井氏を取り巻く民間企業出身者が藤井氏を支えるといった奇妙な構図になっている（『選択』2003.5）。

＊35　職場環境の劣悪さや不合理な仕事のやり方に対する不満は世代によっても相当異なると思われる。不合理な仕事のやり方とかつての栄光がオーバーラップする場合にはそれほどの不満は芽生えないが、入省した頃から官僚バッシングが起こっているような世代であれば、不合理な職場環境に対する苛立ちは大きくなると考えられる。東大首席で司法試験にも合格した財務官僚である山口真由氏は女性の視点からみた財務省の職場の不合理さを描いているが（山口 2015）、このような不合理な組織が日本最強の組織であり、かつては辞める者などいなかったエリート集団であったと考えると非常に興味深いものがある。

＊36　慣例と違う人事が行われるのはすべて政治の力ということでもない。官僚自らが慣例に捉われない人事を行う事例も出ている。経産省では次官の同期か一年後輩が通例だった経済産業審議官に新次官より一年先輩を起用したのをはじめ、課長級で

＊37 も若返りが目立つ人事が2004年6月の人事で見られた。これについて村田成二・前次官は「トコロテン人事は世界広しといえど霞ヶ関だけ。競争原理の導入が役所にも必要」と狙いを説明している（『朝日新聞』2004.6.24）。

例えば、藪中三十二氏は大阪大学出身で外務省には専門職で入った後、試験を受け直してキャリア官僚に転じ、事務次官にまで上り詰めている。藪中は「当時、阪大から霞ヶ関の役人になるケースはごくまれだった。翌年四月、最初に配属されたのは、アジア局南東アジア第二課、フィリピン担当官の補佐のような仕事だった。そして東京の水にもまだ慣れない頃、上司の主席事務官に呼ばれて、「藪中君、この試験を受けてみないか」と言われた。外務公務員I種試験である。専門職でも採用後に中堅幹部、将来は大使にもなれるということだったから、別に無理しなくても、と思いながら、「何も準備していないし、試験まであと一ヶ月しかありません。仕事もあるし、無理でしょう」と言うと、「いや、受けるべきだ。仕事のほうは定刻に帰ればいいから、やるだけやってみればいいじゃないか」とおっしゃる。……何年か前に、「伏魔殿」と評された方もいたが、外務省というと世間では、権威主義的で学閥や閨閥が幅をきかせる、えらく閉鎖的な組織と思われているようだ。しかし実際は、そんなことに明け暮れているほど暇ではないし、中に入ってみると、意外に自由闊達な組織であることは、本書を通してお分かりいただけるのではないかと思う」（藪中 2010:4-6）と答えており、外務省が学歴をそれほど気にしていない風通しの良い組織だという見解を示している。

また、機密費詐取の渦中にいたにもかかわらず、政務担当外務審議官に昇進した杉山晋輔氏は「外務省初の私学出身事務次官候補」といわれた（『選択』2013.7）が、現実に事務次官に就任している。

＊38 甘利経産大臣（当時）が大本命だった鈴木隆史経済産業政策局長ではなく望月資源エネルギー庁長官を後任の事務次官に選んだことについて、震度8級の大激震が省内に走ったとしながら、経産省幹部は「大臣が人事介入した事実は重い。自律性を失った経産省は『情実』と『迎合』、そして『ゴマすり』が蔓延する伏魔殿と化す」と話している一方で、省内若手官僚は大臣などに対するゴマすり度合いを示す造語として「茶坊主」「茶ボーザー」「茶ボウゼスト」を使って上司を格付けしているという（『選択』2008.8）。

＊39 今井氏は安倍首相の面会相手を「首相の敵か味方か。そして自分の好き嫌いで決めている」という総理番記者の評価がある。実際、第一次安倍内閣の崩壊を助長した年金記録問題は厚生労働省・社会保険庁のリークと今になるまで疑われ、厚労省幹部が首相動静に出てくる頻度は極めて低いという（『選択』2013.8）。

＊40　民主党政権から自民党政権に変わったことで遠ざけられた官僚のことを報道する事例が多い一方で、政権交代に関係なく上手く立ち回る希有な事例も存在する。国土交通省の住宅局長だった和泉洋人氏は民主党の野田政権で内閣官房参与を務めたが、自民党への政権交代が現実味を帯びる中で、昵懇の関係だといわれる菅官房長官に自身の腕を売り込んだとされ、安倍内閣の最重要施策である地方創生では公金創設を巡り暗躍したことが報じられていて、役人出身ながら総理補佐官にまで出世したことから「妖怪官僚」「霞ヶ関の閣下」などと称されているという（『選択』2013.2,『選択』2014.11）。

＊41　官僚の党派性が強まって、政治に転身する者も多様になっている事例はいくつもあげられる。まず、小選挙区制度になって官僚が与野党の分け隔てなく立候補するようになったことである。総理大臣を輩出している財務省でさえ、民主党が誕生してから自民党から一人も出馬せず民主党から三人も立候補している時があった。これについて１９９６年の衆議院選挙で旧大蔵省出身の古川元久氏が出馬した際には省幹部が自民党執行部に呼びつけられ、「与党に敵対する気か」と凄まれたが、今や（当時）そうした風圧はめっきり減ったという（『選択』2003.11）。

また、２０１１年の愛知県知事選挙を巡っては旧自治省の幹部キャリア官僚（総務省大臣官房審議官）の御園慎一郎氏を民主党が擁立しようとしたのに対して、自民党は旧自治省ながら中堅の重徳和彦氏を擁立する動きがあった（『選択』2010.11）。旧自治省出身者が都道府県知事選挙に出ることは多いが、同じ官庁から世代の違う者どうしがライバルとして出馬するというケースはほとんどなかったと考えられる。

なお、政治への進出で多様化しているのは官僚だけに限らない。選挙制度改革の前後で衆議院議員（特に自民党議員）の地方政治への参入が顕著であることは砂原（2017）によって指摘されている。それによると、従来は一定のキャリアを積んだ議員が知事選挙に立候補するというパターンが多かったのに対して、選挙制度改革以降は知事選挙よりも市町村長選挙への立候補が多くなっているという。原因としては選挙区の変更に加えて、地方政府への権限委譲が進み、国会議員経験者にとっても地方政治のポストが魅力あるものとして捉えられるようになったことが考えられるという。

＊42　防衛省では小池百合子大臣（当時）と守屋事務次官（当時）の間で繰り広げられた後任事務次官を巡る争いで、官房長だった西川徹矢氏は小池氏と二人で自らの次官就任を謀り、守屋事務次官から「お前はそれでも役人か。恥を知れ！」と面罵されたという（『選択』2010.7）。その守屋事務次官は東北大出身で同期の中で目立った存在ではなかったが、橋本内閣で梶山静六官房長官に見込まれて沖縄問題を担当してから経世会人脈に食い込むことで頭角を現したという（『選択』2007.9）。人

事に政治や党派性が持ち込まれるのには様々な理由があるが、霞ヶ関の人事秩序の中心である東大法学部絶対優位と文科系キャリア官僚（国家公務員Ⅰ種（上級職）試験法律・行政・経済職）絶対優位が確立されていない官庁で見られる傾向がある。秩序が出来上がっていないために外部の力を利用しようというインセンティブが働くのだと考えられる。防衛省の事例でいえば、守屋事務次官が力を持ったのは、防衛省内にある東大閥と早大閥の対立の中で、守谷氏のグループが力を握るようになったからだといわれる（『選択』2002.2）。雑誌『選択』は「罪深きはこの官僚」という連載の中で、特定の官僚にスポットを当てた記事を掲載しているが、その中でも異例の昇進を果たした官僚は政治と深く関わっていることが多い。例えば、技術系官僚として初めて総務省の総務審議官のポストに上り詰めた寺崎明氏は、技官には珍しく若い頃から永田町の議員会館に頻繁に出入りしていたといわれるが、関係者の話によれば、それは「技官であることのハンディを、政治へのパイプで補おうとしていた」からだといわれる（『選択』2010.3）。

＊43 財務官僚の高橋洋一氏と経産官僚の原英史氏は政策工房という会社を設立し、政策に関するコンサルティングを引き受けたり、精緻さを要求しないのであれば法案を1本、10万円～20万円ぐらいで引き受けるという（『アエラ』2009.10.26）。

＊44 例えば、大物と言われた財務省の勝栄二郎事務次官は退官後、政府系金融機関や財務省関連の非営利法人ではなく、IIJという聞き慣れない会社に天下っている（再就職している）が、これについて『選択』（2013.5）は「勝氏は「IIJの鈴木社長とは十年来の飲み友達」と語り、鈴木氏との親しさを強調する。そうした関係から「二年前に社長就任を頼まれた」と経緯をメディアに語っている。両者を知る人からみれば、この話は確かに二人の性格、雰囲気を伝え、リアリティーがある。勝、鈴木両氏とも権力を笠に着るタイプではないと言われているからだ。酒の席での友人の依頼に律儀に応えたというのは嘘ではないだろう……」と記述している。役所のつながりではなく個人的なつながりというのは他の役所の事例でも見られる。例えば、矢崎総業三代目社長と元経産省事務次官の望月晴文氏は飲み仲間・ゴルフ仲間の間柄で、望月氏自身が顧問に天下ったほか、トラブルを起こした経産官僚を受け入れたことで社内で顰蹙を買っているという（『選択』2014.5）。

＊45 暴露本としては元財務官僚の高橋洋一氏の『さらば財務省！』が有名だが、それ以外にも『さらば外務省！』『さらば厚労省』という「さらば」シリーズのような形で出版されているほか、仙台防衛施設局長で退官した太田述正氏が出版した『防衛庁再生宣言』が防衛庁内局のキャリア官僚を怯えさせているといった事例（『選択』2001.10）があるが、逆に暴露本を出版した天木直人氏の場合、本の中で「ノンキャリアの試験を受けるような奴は、歩留まり見越した敗北者なのである」と

いった侮蔑したくだりがあってノンキャリアの怒りを買っていることや、外務省官房総務課が同氏への反論として、その勤務成績、能力などに疑問を呈したことなどが報じられている（『選択』2003.11）。

今後も不満を持って退職する官僚の中には暴露本のような形で内幕をまとめて出版する者が後を絶たないと思われる一方で、冷静に政策を論じるものも増えると思われる。例えば、防衛省の守屋事務次官は『「普天間」交渉秘録』（新潮社）を出版しているが、その中では現役時代の収賄容疑については触れず、事務次官としてかかわった普天間問題や防衛省昇格について日記をもとに記述しており、時の大臣、事務次官、統合幕僚長などが書籍を購入したという（『選択』2010.8）。

第五章　ポピュリズムに翻弄されたバブル経済崩壊後の官僚

第五章から第七章では、バブル経済崩壊後から第二次（以降）安倍内閣の今現在に至るまでの長期間を考察対象にして、社会が官僚をどのように捉えてきたのを探ってみることとしたい。

日本社会が官僚をどのように捉えているかを分析するに当たっては注意しなければいけないことが二つある。一つ目はバブル経済崩壊後から今現在の２０１７年度に至るまでの長期間を俯瞰してみると、社会の官僚に対する捉え方は一様ではないということである。

２００９年の民主党政権の誕生から鳩山内閣までが官僚バッシングのピークだとすると、それ以降は官僚に対する批判は落ち着いていき、第二次安倍内閣になってからは国家公務員法の改正によって内閣人事局が誕生するなどの大きな出来事は起こっているものの、かつてのように官僚をあからさまにバッシングするということはなくなっている。この間に様々なことがあったものの、それだけ社会の官僚に対する受け止め方は複雑だということである。

二つ目は、社会の関心が内政と外交の間を大きく揺れ動いていることである。バブル経済崩壊後から今現在までを視野に入れると、日本社会は内政に大きな関心を示す時期と外交に大きな関心を示す時期に分かれている。バブル経済崩壊後、日本社会が遭遇したのは国内情勢の激変だけではない。冷戦の崩壊や中国の勃興や北朝鮮の暴発を含めて外交や安全保障面でも大きな変化が起きている。

まずバブル経済崩壊後、日本社会の関心は内政に向けられた。バブルがはじけ経済成長が鈍化する中で、どうすれば再び経済成長の軌道に乗ることができるのかを巡って何が（誰が）原因なのかが議論され、それを解決するための様々な改革案が出されて社会が熱狂するという状態が長期間にわたって続いた。

例えば、行財政改革が選挙の争点になるというのがそれを如実に表している。また、第二次安倍内閣で集団的自衛権を中心とした安保法制が強引に進められる中で、国会前などで活発な反対デモが行われたことなどから、政治的な熱狂を迎えたとするような論調もあるが、[*1] 集団的自衛権や特定秘密保護法を巡って国会前で大規模なデモが繰り広げられたにもかかわらず２０１４年の衆議院議員総選挙が戦後最低の投票率（52・66%）だったことからもわかるように、明らかにバブル経済崩壊後から民主党政権誕生時までの方が社会が様々な側面でストレスを抱えて政治に何らかの期待を抱いていたことがわかる。実際、民主党政権が誕生した２００９年の総選挙の投票率は69・28%だった。[*2]

その一方で、バブル経済崩壊後、日本社会は内政に対するのと同様に外交や安全保障についても強い関心を示してきた。実際、中国や北朝鮮の動きなど日本の危機意識を刺激する要因はあり、右傾化と言われる動きも長期間にわたって続いている。

それでは、内政と外交のどちらへの関心が高かったのか。明確な分岐点を特定することは難しいとして、民主党の野田政権下で行われた尖閣諸島の国有化を巡る中国の強硬な態度や朝鮮半島の不安定化などを契機にして、社会は内政から外交へ関心を移すようになったと考えられる。実際、２０１２年の衆議院議員総選挙で自民党は「外交敗北」をキーワードにした選挙戦略を練っている。

もちろん、外交や安全保障に対する興味が強まったことによって内政に対する関心が一気に低下したということではない。官僚を含めた公務員や政治家の不祥事には相変わらず手厳しいところがあるし、ここ最近では東京都の猪瀬知事や舛添知事の政治資金について激しいバッシングが続いたことからもわかるように、何か標的を見つけてバッシングするという傾向が根本的に変化したということはないが、官僚については一定の結論のようなものを得たこともあって、第二次安倍内閣発足時の２０１２年以降は強い関心を示さなくなったと考えられる。

次の図表５―１を見て欲しい。「官僚主導」という言葉をキーワードに朝日新聞関連の記事を検索した結果である。小泉政権や民主党政権などが大きな支配力を持っていた１９９０年代や２０００年代初頭でさえ「官僚主

図表 5-1 「官僚指導」というキーワードでヒットした事件件数の推移

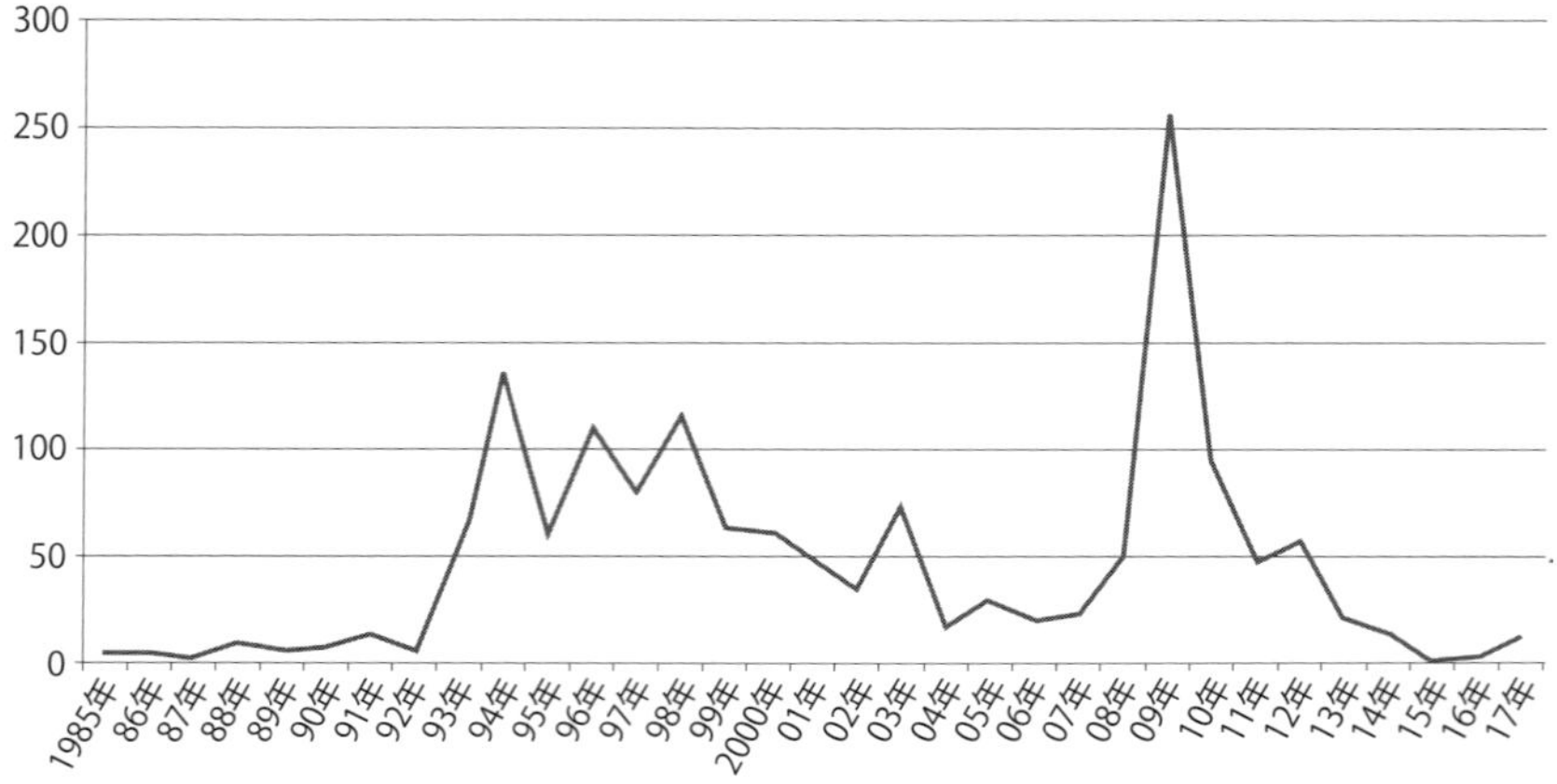

備考 朝日新聞データベース「聞蔵」に基づいて件数を調査。検索日は2016年7月12日と2018年1月31日。

導」という言葉が頻繁に使用されていた一方で、第二次安倍内閣の誕生以降は「官僚主導」という言葉がほとんど新聞紙面を賑わわせていないことが露骨にわかる。

このように官僚をどう捉えてきたかについては、長期間を視野に入れると、内政への関心と外交への関心の狭間を揺れる中で、信頼感ゆえの激しい失望から敵意が続き、その存在を再認識することまでを含めて変動してきた上で、今現在は比較的落ち着いたと考えられる。

第五章から第七章は「官僚を巡る社会状況」という同じ課題を扱うこと、割かれる頁数も多くなるため、あらかじめ以下で展開される仮説を提示しておくことにする。バブル経済崩壊後は、官僚をエリートと見なすどころか、それまでの信頼が大きく崩れたことや長引く経済不況もあって官僚バッシングが起こり、これまで認められてきた官僚の数々の特権が見直された。官僚はポピュリズムの渦の中に巻き込まれ、社会の敵に祭り上げられた。その意味ではもはや社会は官僚をエリートと見なしていないということになるが、今現在、官僚バッシングと呼ばれる激しい批判が収まっているのをみてもわかるように、長期間を視野に入れると官僚バッシングだけですべてが説明しきれるものではない。

ここで検討すべきなのは二つの仮説である。まず、官僚バッシングの流れを押しとどめるものがあったとするとそれは何か。もう一つは官僚バッシングの流れを押しとどめる何かは、その流れを押しとどめることにとどまらず、官僚を再びエリートに押し上げるような強いものになっているのかどうかである。

ここで、官僚バッシングの流れを押しとどめたものは何かと考えると、民主党政権の混乱や第二次安倍内閣で経済が安定するようになったことがあげられるが、もう一つの要因として外交問題の比重が重くなるとともに右傾化が進んだことを取り上げてみたい。中国や北朝鮮から日本を守るためには国力の充実が欠かせないという発想に立てば、政官がいがみ合ったり、官僚をバッシングするというのはプラスにならない。そんな考えが強まって官僚を再びエリートとして扱う風潮が強くなっているとは考えられないだろうか。

この仮説を実証するため、まず第五章では官僚バッシングとは何かを分析したうえで、その背後にある要因について説明をすることとしたい。

第一節　官僚バッシングとは何か

バブル経済崩壊後、日本社会が官僚をどのように捉えていたか。様々な側面から切り取ることが可能だと思われるが、最も象徴的なのは官僚（公務員）バッシング（以下、公務員全体へのバッシングであろうと官僚に絞ったバッシングであろうと、文脈的によほど不適切だと考える以外は「官僚バッシング」で統一する）である。これまでも官僚を含めた公務員に対する批判は数多くあったが、バッシングと表現されるほど強い批判はバブル経済が崩壊

図表 5-2 「公務員」を含む雑誌タイトルの検索件数の推移（グラフ）

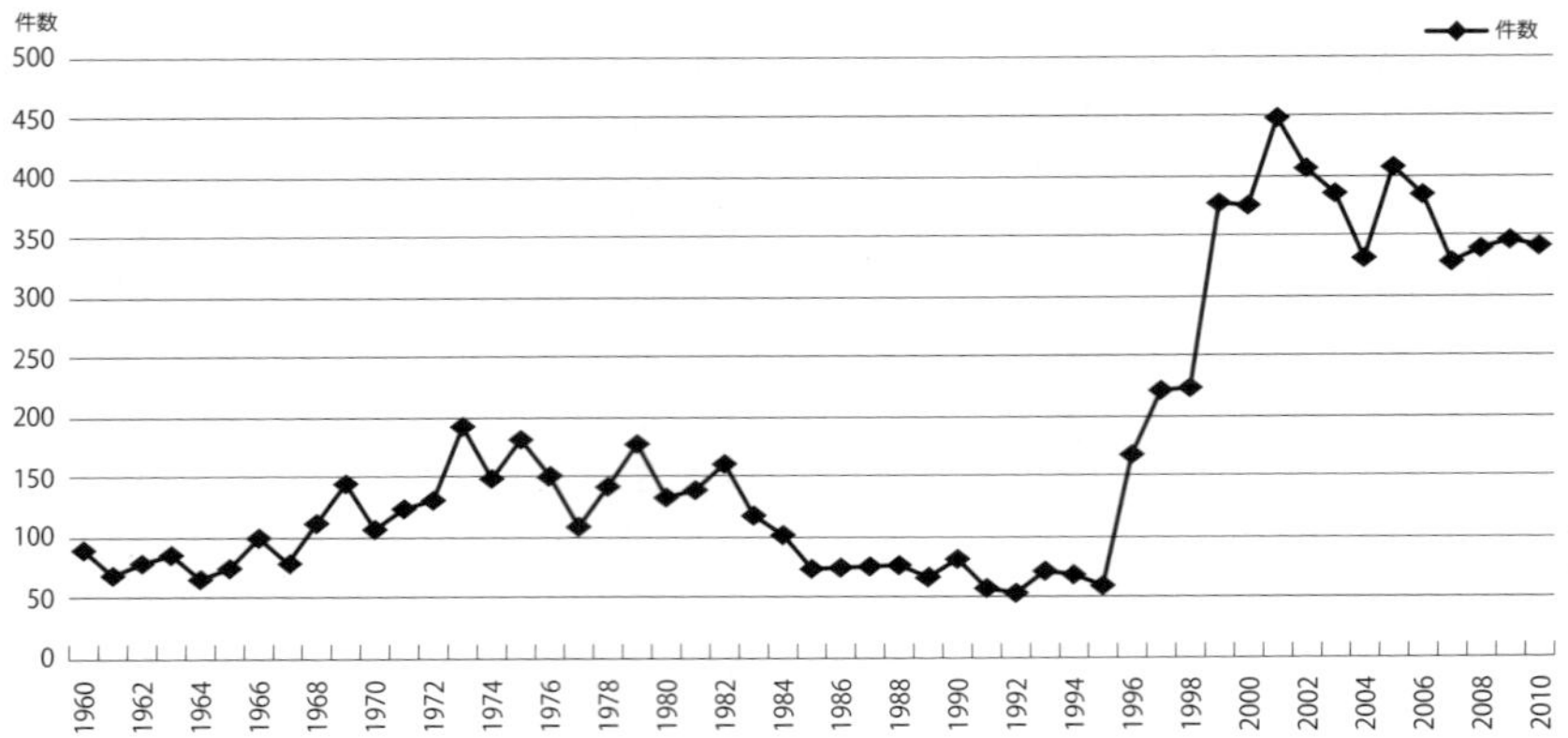

して長期不況に突入してからである。それを客観的に裏付けてみることにしよう。

次の図表５―２をみていただきたい。最も幅広く捉えようと「公務員」をキーワードにして国立国会図書館のＯＰＡＣで検索した雑誌記事のヒット件数の推移である。新聞の場合、一般的なニュースとして常に官公庁や公務員を取り上げる傾向があるが、雑誌の場合には情報量の限界などから流行などに絞って掲載する中身を絞る傾向があるため、雑誌記事のヒット件数が増えていれば、それだけ公務員に対する注目度が高まっていると推測することができる。

これをみれば明らかだが、１９９０年代後半以降に公務員関連の記事が急増して２０００年以降にピークとなっている。これらの記事の中身をみてみると、公務員を批判する記事が非常に多くなっているのも特徴となっている。それ以前の公務員に関連する記事の多くが労働問題と関連したものや『人事院月報』などの公務員関連の雑誌に掲載されているものが多いのとは対照的であり、記事の中身からみても１９９０年代後半以降に公務員を批判する論調が強くなったことは明らかである。単なる批判からバッシングへの変化の特徴とこれらの状況を重ね合わせると、公務員バッシングは１９９０年代後半から徐々に火がつき始め２０００年以降に本格化したと考えられる。[*3]

このような表面的な統計以外にも1980年代までにみられた単なる批判とバッシングの違いとしてはいくつかの特徴（エキセントリックな言葉による批判、細部をついた批判、長期間にわたる批判など）をあげられるが、公務員制度改革が頻繁に議論になったことをみれば、いかにマスコミ報道が激しく、その背景にある世論が大きく動いていたかがわかる。

この節では、①官僚（公務員）バッシングとは何か、②その要因は何か、③他のバッシング（医療関係者など）と比較した時の特徴などについて分析を加えることにしたい。

1　官僚バッシングとは何か

官僚バッシングとは何だろうか。激しい批判をさして「バッシング」という言葉が本格的に使われるようになるのは2000年以降のことである。雑誌記事検索では2000年以前では「バッシング」という言葉がそれほど見られないため、それ以前はバッシングという言葉がマスコミでそれほど使われていなかったと見なしていいという根拠の一つにはなるだろう。2000年以降になって急に「バッシング」という言葉が使用されるようになった背景には様々なことがあるが、ここではまずバッシング現象の特徴を捉えておくことにしよう。

これまでバッシングされてきた様々な人・職業・組織などを考察した上で指摘すべき第一の点は、多くのバッシング事例の中心にあったのはマスコミ報道だという点である。ジェンダー関連のバッシングなどの例外はあるにしても、バッシング対象の多くはマスコミ報道が基点となっている。バッシングする主体は基本的に新聞・テレビ・雑誌の三つを代表とするマスコミである。

第二に、バッシングという言葉が2000年以降本格的に使われるようになったことについて、マスコミ報道の実態がどう変化したのかということである。すべてのバッシング対象に対する報道態度が全く同じということはないにしても、報道が過熱して報道対象を様々な面で追い込むということは共通している。表面的な事象だけみても、報道量が増える、報道がより細部に至る、批判する言葉が激しいものになるなどの特徴が見られる。行政や公務員の不正や矛盾を追求するテレビ番組ができるというのがその典型である。

第三に、マスコミ報道を基点にして世論や国民感情が作られていくということである。マスコミ報道を通じて社会全体がバッシング対象を追いつめていくところも共通している。もちろん、マスコミ報道が一端始まってからは、マスコミ報道が基点か世論が基点かがわかりにくいところがあり、世論の盛り上がりを受けてマスコミ報道がさらに加熱するということもあるが、マスコミ報道と世論が連動しているという点で両者が関わっていることは間違いない。

第四に、マスコミ報道と世論が一体化しているために、バッシング対象に対する擁護論が非常に弱いことである。多くの物事には賛否両論あるものだが、批判が激しくなりバッシングに転化すれば、バッシング対象を擁護する者もバッシングされかねないことを恐れるのか、バッシングされる側を擁護する者は一般的に少ない。

第五に、擁護者が少ないにもかかわらず、バッシングされる側には何らかの言い分があるケースが多いことである。例えば、医療バッシングや教師バッシングの場合、医療事故や教師の不手際に対して反論したいことがあったり、彼ら自身には解決できない構造的な問題（例えば長時間労働など）が背後にあることが多く、実際には一方的に医師や教師が悪いと決めつけることができないという側面がある。こうした反論を強引に押さえ込んでいるという側面を含めてバッシングという言葉が使用されていると思われる。

第六に、バッシングの効果である。賛否両論を含めた批判程度であれば、取材対象が精神的に追いつめられたり、仕事を失ったりしないが、バッシングの場合には批判が激しすぎるために精神的に追い込まれたり、仕事を失うなどの実害が生じている。

第七に、少なくともマスコミを中心とした場合には、マスコミの特性もあるのかバッシングされる期間は短いことである。一過性のもので終わることが多いということである。

この七つの特徴（バッシングの中心にマスコミがいる、マスコミ報道の変化（報道量・細部・言葉の激しさ）、マスコミ報道を基点にした世論・国民感情、バッシングに対する擁護が少ないこと、バッシングされる側の言い分、バッシングの効果、バッシングの期間）を基本にし、官僚バッシングの特徴を拾ってみると以下のようになる。

第一に、官僚批判の中心にいたのはマスコミである。これはジェンダーバッシングのように特定の思想的団体による攻撃というのとは対照的である。確かに、本来は官僚と一蓮托生になって行政に主体的責任を負うべき政権与党あるいは閣僚、地方自治体レベルでは首長などからも激しい批判が出ていたことは事実であり、その中には激しい言葉を使うものもあったが、やはりマスコミや世論を意識した行動であり、政治家自身の信念として官僚バッシングを続けていたケースは非常に少なかったのではないかと思われる。

第二に、マスコミ報道の変化について考えてみると、まず、報道量が大きく変化していることは新聞や雑誌だけでなく、行政や政治を主に扱う報道番組が出現したことに加えて、ワイドショーでも政治や行政を取り扱うようになったことから考えて間違いない。

報道量拡大の一つの要因となったのは、批判される対象が拡大していったことである。公務員に対する批判と言えば官僚が一般的だったが、２０００年以降に入ってからはその対象が拡大していった。例えば、雑誌の特集記事が公務員の厚遇ぶりを批判する場合、国家公務員（特にキャリア官僚）と地方公務員以外、独立行政法人や特殊法人職員の厚遇ぶりを取り上げるケースが増えている（例えば、「職業別・会社別・規模別・官民別最新給料全比較」『週刊ダイヤモンド』（2007.10.6）では「国家公務員より高給とり特殊法人・独立行政法人の言い分」を取り上げている）。批判対象の拡大を注意深く眺めていると、公務員という限定された存在から、税金と関連しているもの、あるいは、政府・地方公共団体との関連で規制を含めて何らかの恩恵を受けているものに対して「既得権益者」「抵抗勢力」というレッテルを貼り付け、批判の対象に加えていることが露骨にわかる。*4

同様に、公務員に対する批判が増えるにしたがってマスコミの注目度が高まり、これまで見過ごされてきた公務員のモラルの低下、労働実態などが明るみに出るようになった結果、報道量が増え続けたことも考えられる。これまでたまたま報道していなかったということである。

マスコミ報道の変化の二つ目の特徴である細部にわたる批判については、単純な公務員批判と違って福利厚生に巧みに税金が投入されていることなど、これまで明るみに出なかったことがどんどんと表に出るようになったことも特徴である。実際、１９８０年代までは公務員・官庁の細々した実態を暴くことを売りにする週刊誌の記事は非常に少なかったが、１９９０年代以降はそのような記事が非常に増えている。その中には、これまで噂話や井戸端会議で語られていたレベルのものや、そもそもどこまで報道すべき価値があるのか疑問なものも多い。*5

マスコミ報道の変化の三つ目の特徴は、バッシング対象を際立たせる狙いもあって、敵と味方、善と悪、あるべき理想と現実の二元論の中で報道される傾向が強くなっていることである。官僚バッシングの場合であれば、どの媒体でも基盤となってきたのは「官民乖離」である。労働条件面での官民乖離が様々な不祥事の背後でも語られることが多くなった。

また、官民比較を全面に出して批判する方法にしても時間とともにより詳細・高度なものに変化した。例えば、公務員宿舎を批判する時にも、その外観や中身を批判するだけでなく、近隣の土地との比較の中で論じるというものである。広尾ガーデンヒルズの裏にある「宮代住宅」が批判されている記事では、広尾ガーデンヒルズ付近の住環境の良さと近隣マンションの相場を詳細に語った上で官舎の家賃の安さを批判している（「公務員の高～いボーナス」『週刊朝日』2009.4.24）。その一方で、公務員宿舎の中には中身や外観が民間離れしているものがたくさんあると言われるが、当然のことながらそのような宿舎は取り上げられることはない。*6

マスコミ報道の変化の四つ目の特徴は、雑誌などに典型だが、記事の書き方を含めて公務員に対する批判がよりセンセーショナルで三面記事的になっていることである。例えば、同じ倫理観が問われるものでも公共事業に絡んだ贈収賄のような話だけではなく、「飲ませる・抱かせる・食わせる」をはじめとして、公務員の下半身のスキャンダルに絡んだ報道が多くなるし、現実にある話なのか架空の話なのか不確かな話でさえ記事にされるようになることである。

スキャンダルめいたものが多くなれば、同じ事項を批判しているとしても、一般国民の感情を煽るものが当然のことながら多くなる。例えば、天下りを何度も繰り返す「わたり」にしても、その行為自体の悪質さは言うまでもなく、わたりを繰り返すことでいくらの所得を天下り後の人生で得たのかということが記事になる（「税金を貪る「渡り公務員の王」決定戦！」『週刊文春』2009.2.19）。

マスコミ報道の変化の五つ目の特徴は、バッシングの勢いがあまってこれまでタブーとされてきたような事例にまで踏み込んで批判を展開していることである。例えば、奈良市の職員が病気休暇を取得して市役所に頻繁に出入りしていた事例、覚醒剤取締法違反・銃刀法違反・児童買春容疑などで何十名もの職員が逮捕され、桝本頼兼京都市長が「差別解消のために政策として始まった優先雇用が問題だった」と言明した事件、大阪市が飛鳥会理事長で部落解放同盟飛鳥支部長に対して随意契約などで便宜を図っていた事件などの批判がそうである。これらの問題は同和問題の側面を有していると同時に、同和問題が行政と密接に関わっていることを示しているが、このような同和問題が絡んだ行政や公務員の不祥事が続々と明るみに出てきて、同和関係者を含めてバッシングされるようになったことはこれまでなかった。

同和対策についてはこれまでも批判はあった。例えば、京都市の同和対策については同和対策事業助成金の不正などを巡って訴えるもの（一例として寺田1986, 村井1997, 寺園2001, 川部2003）は多くあるが、マスコミが大きく取り上げることはなかった。政党も日本共産党を除いて同和問題を取り上げてきたところは少ないと思われる。[*7] そのような状況が一変するのが、京都市長の発言に代表されるように2000年以降のことだと考えられる。

同和対策を巡る問題については様々な批判されるべき対象が考えられる。例えば、野中元官房長官は地方自治体のトップが腹をくくって決断しなかったからだと指摘している（「野中広務「同和を恐れ、不正を野放にした責任」『週刊ポスト』2006.11.10）が、批判されるべき対象が何であれ、タブー視されてきた同和問題が一気にバッシングの対象となったのも、官僚バッシングと無縁ではない。官僚（公務員）バッシングの外延部分にある官庁などに対するバッシングの中で、同和問題が行政と関連していることが大きな原因になっているからである。同和問題が税金・官公庁・公務員と関連しないものであるならば、ここまでバッシングされることはなかっただろうが、これら公的なものと関連していることが契機になったと考えられる。

第三に、マスコミ報道を基点にした世論・国民との連動についてである。マスコミ報道は言うまでもなく国民の関心を基盤にしている。マスコミ関係者の私的趣味で報道対象が絞り込まれるわけではなく、テレビの視聴率に典型だが、国民の関心があるからこそ取り上げられる。

第四に、マスコミと世論が連動するという状況が作り出されると、官僚バッシングに対して反論を加えたり、官僚を擁護する者が少なくなるということである。大手マスコミの多くは公務員を批判することが一般的である。確かに、一部週刊誌などが稀に公務員の現状を冷静に分析した記事を書くが、公務員擁護論を展開する記事は非常に少ない。[*8] こんなマスコミ報道に合わせるかのように、公務員を擁護するような組織・人が徐々に少なくなっていった。例えば、公務員の労働条件を切り下げた場合、公務員の消費行動に大きな影響を与えるため、当該地方自治体の近辺にある飲食店や繁華街のサービス業がそれに反対するというのは日常風景としてどこの地方でも見られるが、１９９０年代後半以降は、このような理由で公務員に同情的だった者も徐々に離れていったと思われる。

例えば、消防を除く職員給与を市長が公開したことで有名になった鹿児島県阿久根市の現地で取材している野口（2009）は、阿久根市民の標準的な年収が２００万円～３００万円であるのに対して、市職員のそれが６５０万円であることから市民と公務員の意識の乖離が進んでいることを確認した上で、市職員が市内で金を使えば経済の一助になるのではないかと考えて、商工会関係者に尋ねると「市の職員だと目に付くから、酒もパチンコも市外でする。民間に落ちるカネはないんだよ」という答えが返ってきたと述べている。[*9]

第五に、バッシングされる側の言い分についてである。これについては官庁の公式文書などでも公務員バッシングという言葉が使われていることから類推できるように、様々な事情から公式に反論できないだけで、マスコミ報道に対して言いたいことがたくさんあることがよくわかる。一方的な公務員・官庁批判、背後の事情を報道することなく、何でも官庁の責任に帰する報道への苛立ちなど様々なものがあったと考えられる。

第六に、バッシングの影響についてである。後述するが、マスコミ主体の官僚バッシングの場合、医療バッシングや教師バッシングなど他の職業に対するバッシングに比較すると、その影響は一部（社会保険庁など）を除いて少なかったと考えられる。

その一方で、懲戒処分該当事例など公務員個々人をフォーカスする場合には、公務員という理由だけで批判が激しくなることもあり、その影響は相当強かったと考えられる。[*10] 懲戒処分の対象となるような犯罪を犯した公務員に対するバッシングでは、公務員ゆえに一般市民も犯している犯罪よりも強い批判を加えるということが頻繁に見られる。また、その批判を恐れるように官公庁側も過剰な処分を科す傾向を強めていった。[*11]

第七に、一般のバッシングと異なって官僚バッシングは長期間にわたって続いていることである。一過性のものではないということである。マスコミの批判は特集記事（特に長期間にわたるような）の少なさからも推測できるように、一過性のものであることが多いということを考えると、官僚（公務員）バッシングは異質に近い。

これらのことをまとめると官僚バッシングの特徴として①マスコミ報道が主体のバッシングであること、②マスコミ報道によるバッシングが長期間にわたっていること、③それにもかかわらず、医療バッシングや教師バッシングに比べると実害が少ないことの三つをあげることができる。

2　官僚バッシングを生み出した要因

それでは官僚バッシングを生み出した要因は何だろうか。その背景は複雑である。第二節以下はその分析に費やされることになるが、ここでは直接的要因として官僚の不祥事を指摘しておきたい。

１９９０年代前後から中央官庁の不祥事が続出し、官僚のモラルということが注目されたが、本来、個々人の内面の問題である倫理についてまで法律が策定されるという事態にまで至るほど、度重なる不祥事は官僚バッシングの引き金となった。

ここで１９９０年代前後からの様々な不祥事を列挙していくと、１９８８年（昭和63年）のリクルート事件（旧労働省の事務次官・旧文部省の事務次官）、１９９５年（平成7年）の大蔵省の過剰接待事件（東京税関長・同主計局次長）、１９９６年（平成8年）の通産省の石油商事件、同年の厚生省の岡光事件、１９９８年（平成10年）の大蔵省の金融不祥事事件（金融検査部門の職員が民間金融機関から過剰接待）、同年の防衛庁調達実施本部事件、

1995年（平成7年）から1998年（平成10年）にかけての社会保険庁によるコンピューターを利用した不正行為などである。これら以外にも国家公務員レベルでは省、キャリア・ノンキャリアを問わず様々な不祥事が発覚しているし、地方公務員についても地方分権の流れという追い風があったにもかかわらず、裏金問題やゼネコン汚職など様々な不祥事が勃発している。

1990年代以降の不祥事には様々な特徴があるが、その一つとしてあげられるのが不祥事が事務次官など高級官僚レベルで生じたことである。それまで比較的信頼度が高かっただけに、高級官僚の不祥事は国民の不信感を増幅するには十分だった。戦前の「天皇の官吏」を引き継ぐ、国家公務員上級職試験（I種試験）合格者である高級官僚はプライドが高い一方で、それだけモラルも高いものと思われていただけに、モラルの崩壊は彼らが主導的に政策を決定していくことへの不信感にもつながっていった。

第三に、不祥事が何度も繰り返されたことで、再発防止策の実効性を含めて公務員全体に対する疑念が増幅されたことである。

第四に、不祥事の形が多様化・複雑化したことである。かつての公共事業に絡んだ贈収賄のように、職務権限を基盤にして現金の受け渡しの見返りに入札情報を漏らすという形ではなく、未公開株の授受という複雑な形をとったり、あるいは一見職務と関係のない公務員が間接的に影響力を行使することを期待するかのように、不祥事の形態も多様化・複雑化することで、官僚への疑心暗鬼がさらに強まることとなったのである。

このような不祥事が続いた結果、1999年（平成11年）に国家公務員倫理法が成立した。その後、倫理法に基づき国家公務員倫理審査会が置かれるとともに、2000年（平成12年）には国家公務員倫理規程も制定された。このような不祥事の勃発と倫理観の欠如は、公務員が国民全体の奉仕者であるだけに、それがいくら建前の部分があるとしても、国民に深い失望と不信をもたらし官僚バッシングの引き金になったことは間違いないと思われる。

他方で、間接的な理由として、公務員の不祥事を受け止める国民側の意識の変化もあった。1990年代以降の公務員の不祥事は質量ともに大きく変化したが、それを受け止める国民側の意識も、経済社会の状況変化、権利意識の高まりなどによって相当変化していたからである。実際、現職の公務員から見れば、当時のマスコミや世論が大騒ぎしなかっただけで、昔の方が公務員のモラルが低かったと思えるにもかかわらず、1990年代以降は事件になるような不祥事だけでなく、些細な不祥事にもマスコミや世論は厳しい目を光らせるようになったし、たった1件の不祥事でも公務員全体が不祥事を起こしているかのように見なすようになった。

それに加えて、公務員側あるいは公務員をよく知る側が、このような一般国民の厳しい認識を十分に把握していなかったことも国民感情を逆撫でした部分がある。一般国民と公務員などで不祥事や公務員の倫理に対する認識に相当の差があったということである。公務員の倫理はどのレベルにあるのか、わざわざ法令まで整備して内心の問題である倫理まで縛らなければいけないのかなどについて、一般国民と公務員自身、あるいは、有識者や経営者との間で相当の認識ギャップがあったため、不祥事に対する対応が後手後手に回ったと考えられる。

第二節　官僚バッシングを生み出した構造的要因

このように官僚の不祥事がバッシングの大きな契機になったと考えられるが、これだけでは官僚バッシングが持続することはない。先述したように、官僚バッシングは①激しいマスコミ批判、②それが長期間にわたっていること、③それにもかかわらず辞職する官僚が少ないなどの実害がそれほどないことの三つを特徴とするが、それを生み出した要因は非常に複雑である。

まず一番の大きな要因は長期不況である。戦後日本経済は石油危機や円高不景気などの不況を経験したものの、バブル経済崩壊後のようにここまで長期にわたる不況を経験したことはなかった。ここに少子高齢化が重なることで税と社会保障の在り方など配分を巡って軋轢が生じることになるが、官僚バッシングに絡めていえば、民間企業の労働条件が悪くなる中で官僚（公務員）の労働条件が相対的に良くなったことである。これは官僚（公務員）バッシングが労働条件の乖離に重点を置いていることからよくわかる。

二つ目は、官僚が経済成長や社会の安定を含めた政策で大きな成果を上げることができなくなったことである。戦後日本の官僚の威信は経済成長と大きく絡んでいた。旧通産省などの経済官庁は経済成長のエンジンであるといわれるくらいに威信が高かったからこそ、長期不況になって余計に成果を上げられないことへの批判が高まった。

三つ目は、官僚が成果をあげられなくなったにとどまらず、不況の原因と官僚や中央官庁が関連づけて考えられるようになったことである。例えば、90年代後半以降の景気対策では規制緩和が主に重視されるようになったが、これは規制を張り巡らせる官僚や中央官庁とは相容れないものであり、その結果、官僚や中央官庁が規制緩和に反対するから有効な政策を実施できない、官僚や中央官庁が経済成長を阻害している、不況と官僚は関わっている、官僚は自分達の生活に何らかの影響を与えているといった国民感情が作られていったことである。

ただし、この三つだけでは、①マスコミ報道主体の受け身的な官僚バッシングであること（国民が自ら積極的に前面に出て官僚や公務員に鉄槌を加えたり、具体的な公務員制度改革を提案することはない）、②激しいバッシングのわりには官僚の辞職者が激増するほどのレベルではなかったこと、③90年代から民主党政権半ばくらいまでの長期にわたるという三つの相矛盾した特徴を包含する官僚バッシングを上手く説明できない。例えば、特定の対

図表5-3　官僚バッシングとポピュリズムの関係

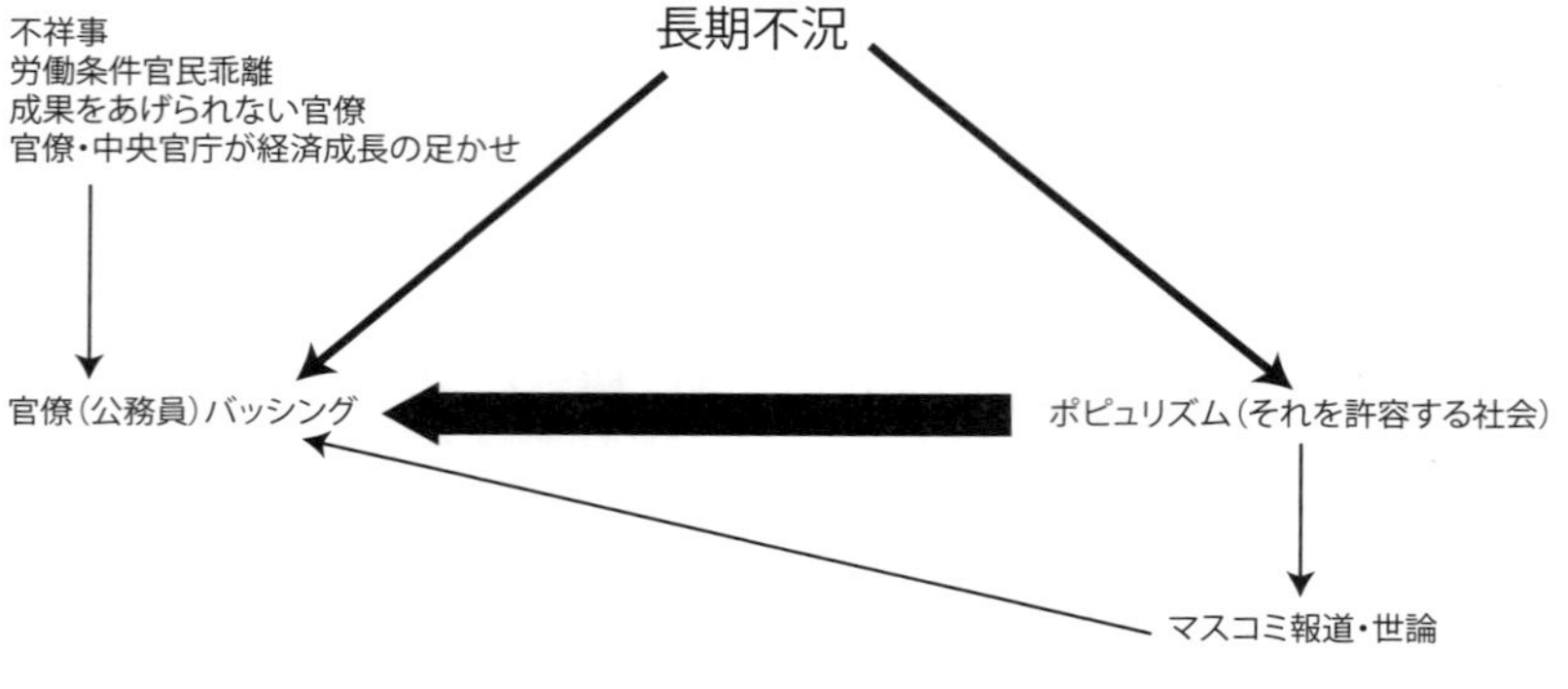

象をバッシングするというのはマスコミの特徴ではあるが、単発的で気まぐれになりがちなマスコミ報道は長期間続くことはないし、それを受容する国民にしても飽きて他のニュースに飛びつくのが一般的である。

三つの特徴をもった官僚バッシングを後押しする個々の要因はあるが、最も大きな影響力をもったのがポピュリズムである。ポピュリズムが政治現象に限定して使用される用語であることを踏まえれば、ポピュリズムを生み出し、許容し、支持する社会環境と言ってもいい。しかも、日本のポピュリズムは欧米のポピュリズムに比較して、攻撃対象やその攻撃度合いがそれほど強いものでもないというように中途半端だったことが、長期間にわたる消極的なバッシングを生み出した一因だったと考えられる。それを図示したものが図表5―3である。

以下では、この複雑な構造を官民の労働条件の格差から順を追って分析していくこととする。

1　経済状況の悪化による官民の労働条件の格差拡大

官僚バッシングを引き起こした最大の要因は長期不況である。官僚バッシングを引き起こした要因は様々あるが、その源は長期不況であると言っても過言ではない。それでは、長期不況を源とする官僚バッシングの要因としてはどういうものがあるだろうか。

まずは、長期不況が官民の労働条件の違いを際立たせたことである。長期不況で民間企業や民間労働者が苦しんでいる一方で、官僚は不祥事を連発しているにもかかわらず、相変わらず身分が保障されているといった労働条件の乖離は怨嗟を招くには十分すぎた。

日本経済は戦後いくつかの不況に遭遇したが、どれも短期的なものだった。そのため、日本企業は何らかの形で雇用を維持することができた。その結果、戦後日本は常に失業率が低く、これが福祉の代替的な役割も果たしていた。この状況が大きく変化するのがバブル経済崩壊後の長期不況である。

長期にわたる不況は経済や社会に様々な影響を与えたが、失業率や有効求人倍率などの雇用失業情勢の悪化、非正規労働者の増加や上がらない給与といった労働条件の悪化は、国民の官僚に対する対応に大きな影響を及ぼした。それは官僚バッシングが官民の労働条件の格差や独特の雇用慣行や職場環境、民間にはない様々な特権を標的にしていることからもよくわかる。

以下では長期不況がどのような影響を及ぼしたのかを、「正社員・非正社員」「中高年・若年者」を軸に雇用失業情勢・賃金・労働時間の三つを混ぜ合わせながら見ていくこととするが、いずれにしても長期不況によって民間企業で働く人々の労働条件が悪化し続けたことで官僚（公務員）の労働条件が相対的に良いものとなり、それが批判の糸口となったということである。

まず、民間経済やそこで働く人々を不安定にした要因としては失業率の悪化をあげなければならない。次の図表5—4は失業率の推移をみたものだが、これによると1990年代後半以降、第二次安倍内閣が始まる2012年くらいまで高止まりの状態が続いていることがわかる。終身雇用制度によって雇用が盤石に守られていた80年代までとは異なり、雇用失業情勢は大きな変化を迎えることになったのだが、このような不安定化する雇用失業情勢の中で、これまで経験したことのないいくつかの不安定要因が現れた。

まずは雇用失業情勢が社会全体に及ぼす影響である。次の図表5―5をみていただきたい。失業率と犯罪発生率や自殺率などの指標との相関関係をみたものだが、失業率が社会を険悪な雰囲気にする様々なものと結びついているのがよくわかる。

次に、個々の事例をみていくことにしよう。最初に指摘すべきは終身雇用制度の不安定化である。バブル経済崩壊後、経済情勢が不安定化するようになると「終身雇用の崩壊」ということがマスコミで騒がれるようになった。それに併せて中高年のリストラや自殺などもマスコミで取り上げられた。この背景には、著名な大企業の倒産・企業のリストラが頻繁に起こったことや、成果主義などの実力主義が浸透したことがあったことは言うまでもない。

『労働経済白書』(平成18年)の分析によると、会社都合の離職率はこの時期大きな上昇を示しており、過去の企業行動に照らせば大きな雇用調整が行われていたという[*12](図表5―6)。また、日本における解雇は経営者の都合によるものであったり、整理解雇であるというケースよりは希望退職の募集などを通じた自発的な離職をとる形が多いことなどから考えて、自己都合で辞めた者の中にも実際には会社都合のリストラを余儀なくされていた者も多いと思われる[*13]。

雇用失業情勢に関して言えば、終身雇用の崩壊や失業という現実的な痛みに加えて、「明日リストラされるかどうかもわからない」という不安定感もあったと思われるが、このような不安定感の背後には、これまで不況でも雇用を抱えてきた企業を取り巻く環境が大きく変化したことがある。より具体的に言えば、グローバリゼーションの進展で企業間競争が激しくなったこと、競争環境の変化で組織再編などが活発化したこと、間接金融か

図表 5-4　失業率の推移

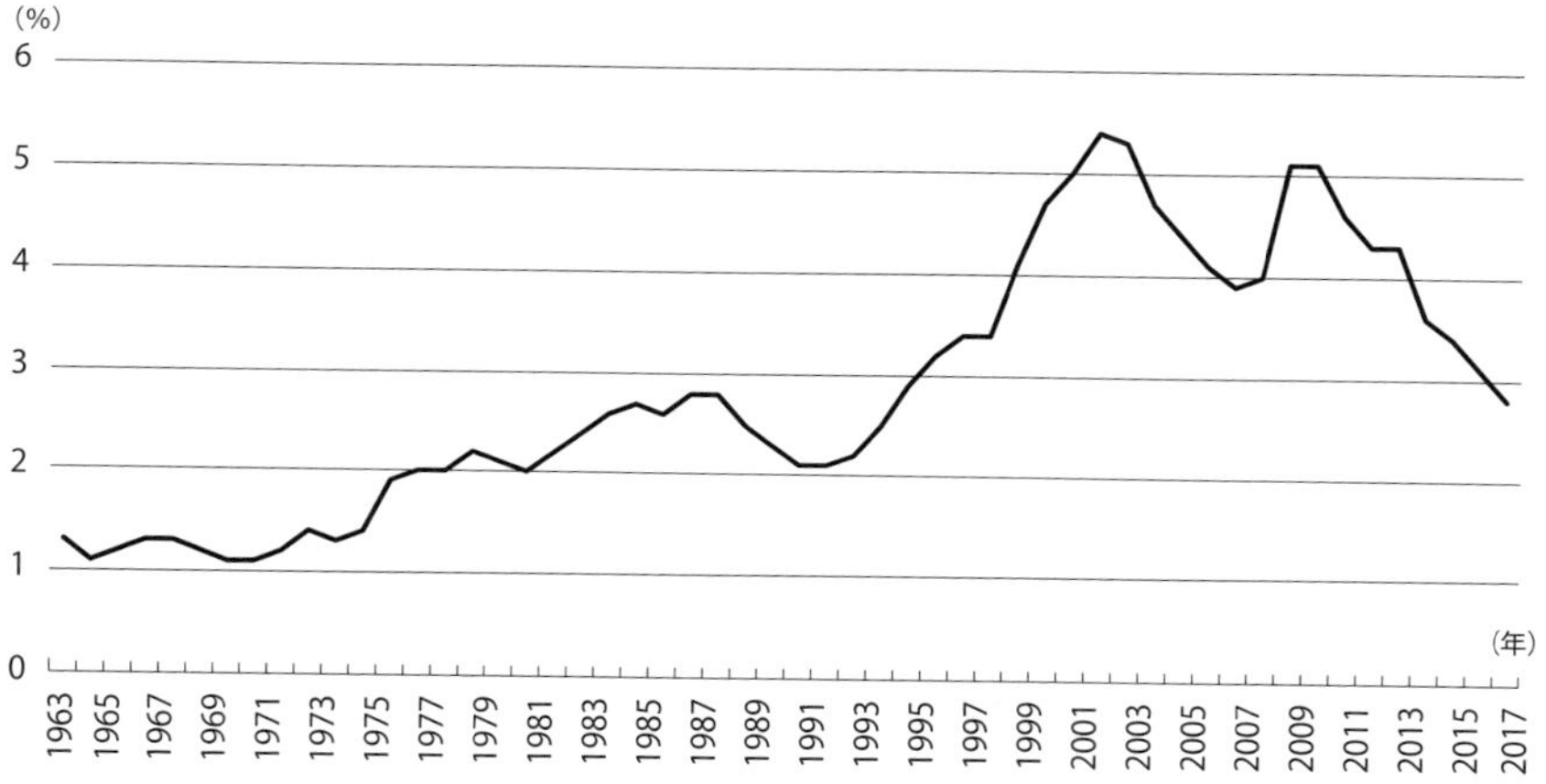

注）労働力調査では、2011年３月11日に発生した東日本大震災の影響により、岩手県、宮城県及び福島県において調査実施が一時困難となったため、2011年の数値は補完的に推計した値（2015年国勢調査基準）である。

資料出所：総務省「労働力調査」（各年版）に基づき筆者がグラフを作成

図表 5-5　失業率・自殺率などの相関関係

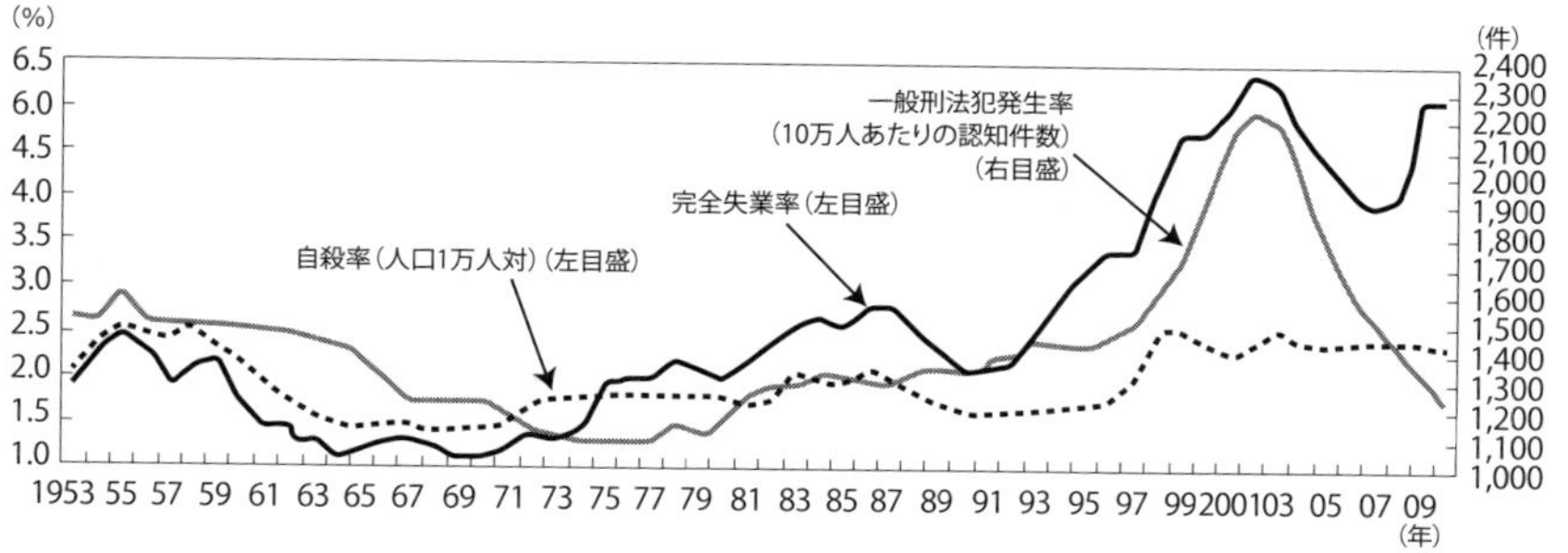

資料出所：総務省統計局「労働力調査」、厚生労働省「人口動態統計」、法務省「犯罪白書」をもとに厚生労働省労働政策担当参事官室にて作成（『労働経済白書』平成24年版）

図表 5-6　会社都合離職率の要因分解

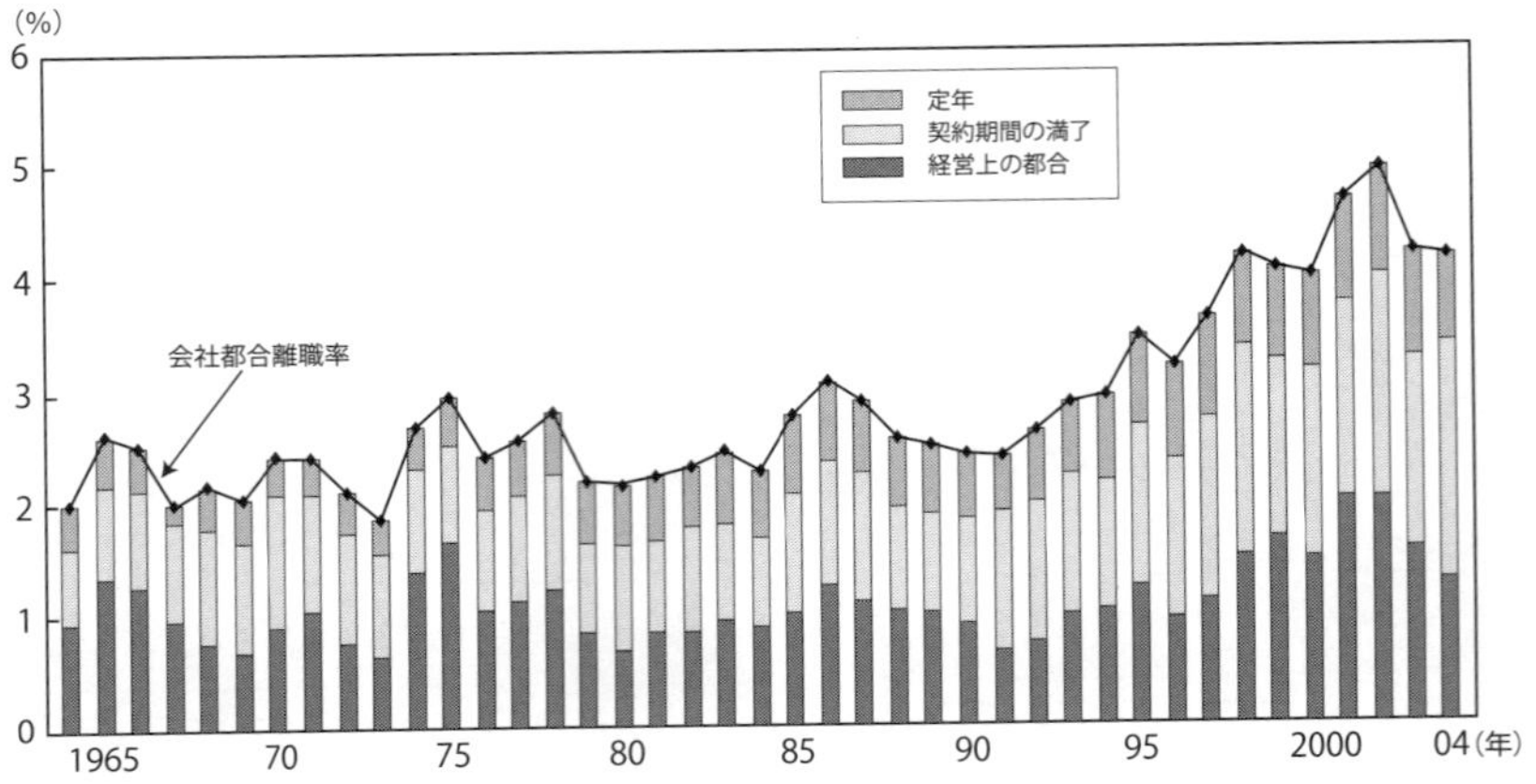

資料出所：厚生労働省「雇用動向調査」(『労働経済白書』平成18年度版、221ページより転載)

ら直接金融にシフトしたこと、四半期ごとの財務・業績の概況の開示の義務づけなど経営の透明化を求められるようになったことなどで正社員を終身雇用で抱え込むことに大きな限界が生じたからである。

次に、不安定な雇用失業情勢は給与の側面にも露骨に反映するようになった。国税庁の民間給与実態調査によると、給与所得は図表5—7に見られるように下落傾向にあり、給与という側面からも民間企業で働く人々が不安定化していることがわかる。

なお、民間企業での給与の右肩下がり以外にも、バブル経済崩壊以降は、非正規労働者を中心としたワーキングプアと呼ばれる問題も生じていることは忘れてはなるまい。駒村(2009)は、ワーキングプアには行政的定義はなく意味も曖昧だとした上で、ワーキングプアの定義を世帯主が就労しており、さらに世帯収入合計が生活保護以下の世帯とした場合、2004年時点で全世帯の約8％程度であると推計したというが、相当の数である。

雇用が不安定化し賃金が低下しているにもかかわらず、奇妙なことに、労働時間が長くなっていることも特筆に値

図表 5-7　給与額の推移

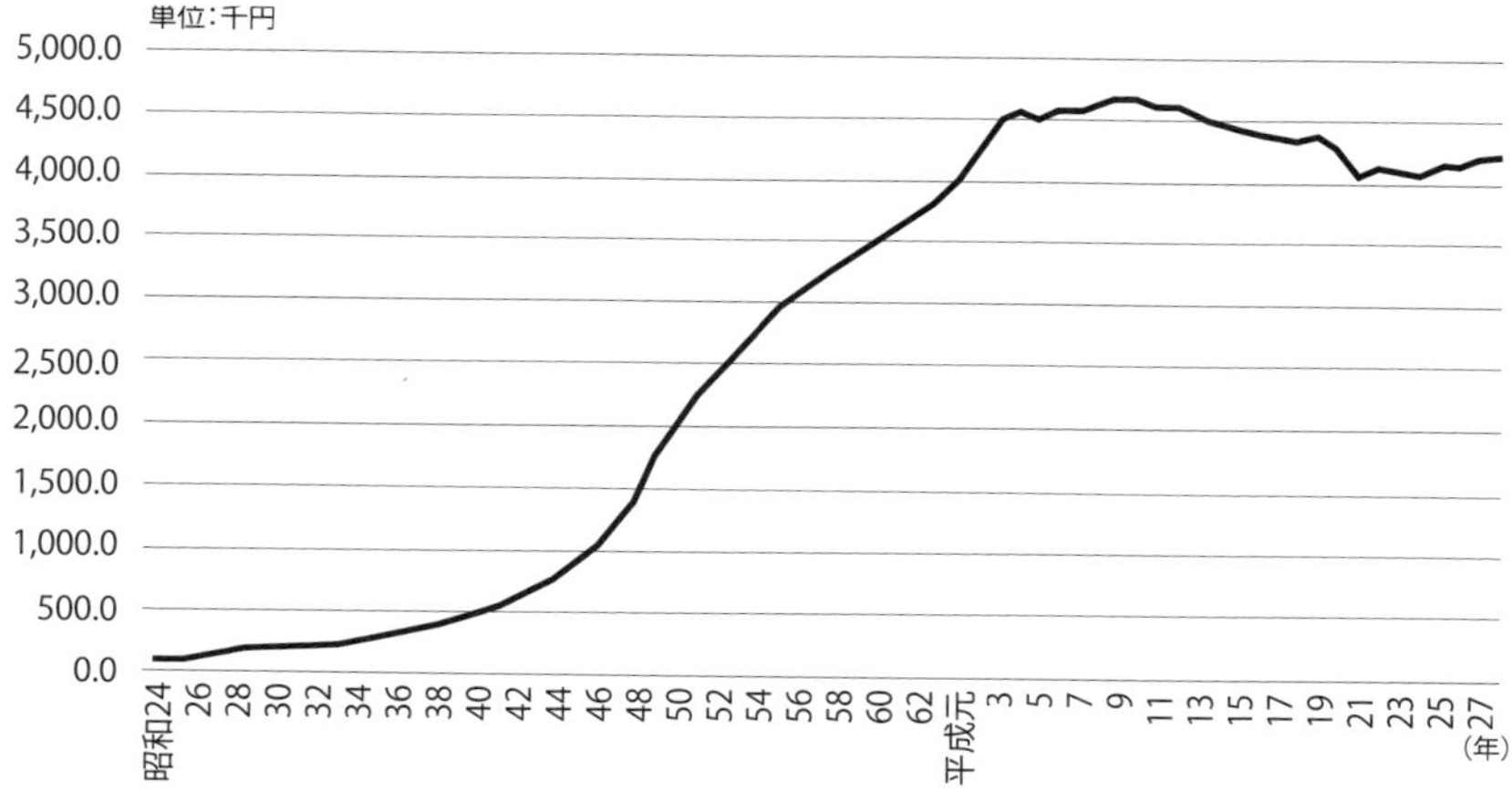

資料出所：国税庁「民間給与実態調査」に基づき筆者がグラフを作成

する。その背景には、１９８０年代以降週休2日制の普及を中心にして着実に進展してきた労働時間の短縮が、バブル経済崩壊後の90年代半ば以降、その風向きが一変したということがある。端的に言えば、不況が深刻になるにつれて、１９８０年代のように生活大国を目指して時短を進めて余暇を謳歌しようという余裕が日本全体からなくなったのである。

ただし、90年代後半以降の長時間労働の特徴は労働時間の二極化にあることも注意すべきである。日本人全員が同じように長時間働いているのではなく、極端に長時間働く人と、極端に短時間しか働かない人に分かれているのである。その結果、平均すると全体の労働時間は減っているように見えるが、実質的には、長時間労働に苦しむ人と短時間労働に不満を抱く人に二極化しているのである。より具体的に言えば、正社員は長時間労働に苦しんでおり、もう少し余裕のある働き方をしたいと考えている一方で、非正社員は正社員として働きたいと思っているにもかかわらず、短時間しか働けなくて生活が苦しいということである。

ただし、労働市場全体で言えば、終身雇用の崩壊などによって中高年の正社員がどれだけ不安定化したかと言えば、

図表 5-8　男女別・年齢別完全失業率の推移

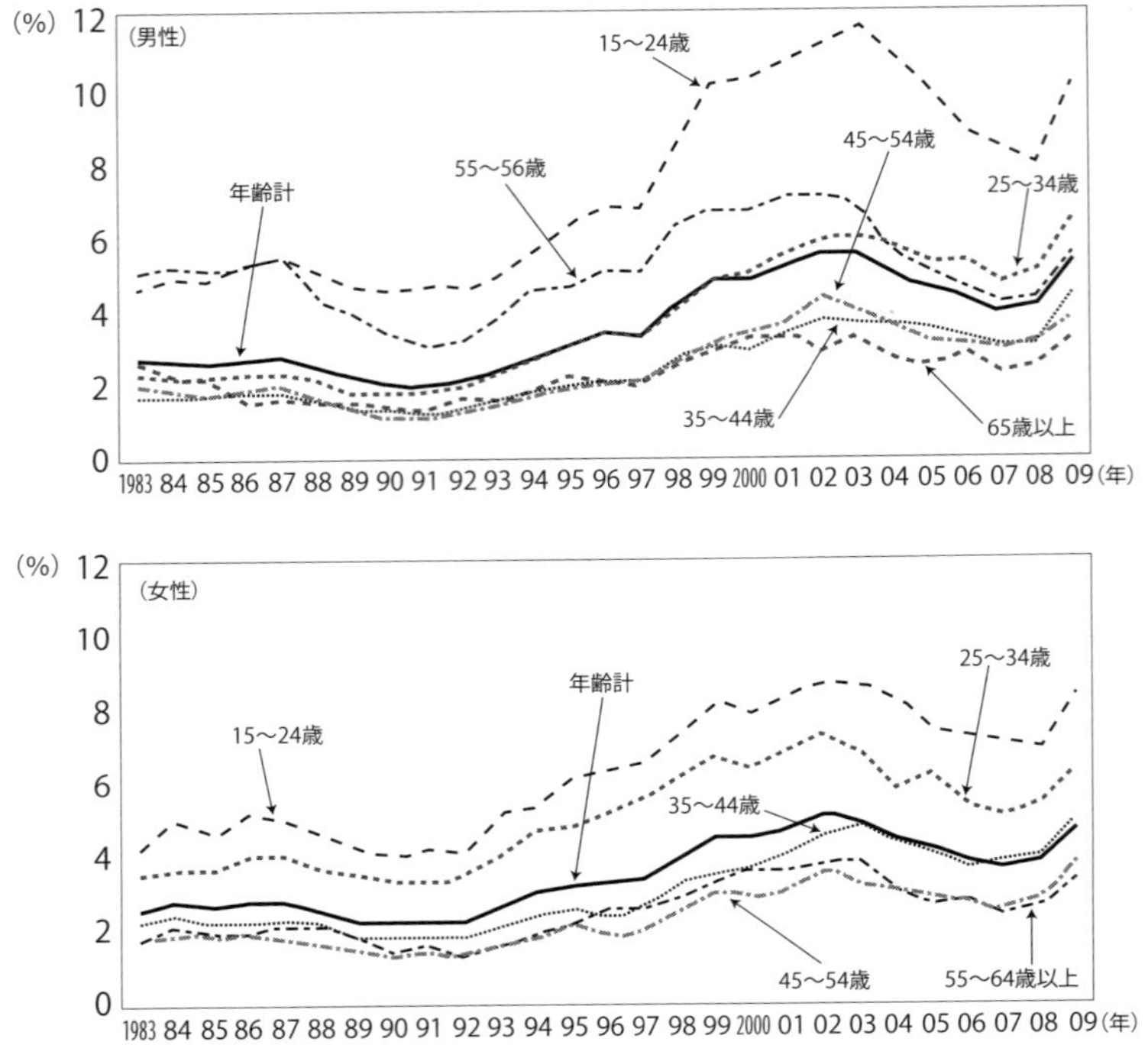

注）1）データは年平均値。
　　2）女性の65歳以上については、統計的に有意であると考えられないので、掲載していない。

資料出所：総務省統計局「労働力調査」(『労働経済白書』(2010年版）より転載)

それほど不安定化してはいない。90年代後半以降、不安定な雇用失業情勢に投げ込まれたのは間違いなく若年労働者である。[*14] 実際、図表5―8をみればわかるように、1990年代以降、男女ともに若年労働者の失業率はどの年齢層よりも高い水準を示している。それだけではない。大卒・高卒の就職率・求人倍率をみればわかるように景気動向を露骨に受けている。これらをみれば1990年代後半以降の雇用調整が中高年正社員の劇的なリストラというよりは若年者の採用抑制という形をとったこと、中高年もリストラを含めた不安定な雇用失業情勢に直面したが、若年の新卒者は就職氷河期と売り手市場が一年で入れ替わるようなより激しい動きに直面したことがよくわかる。

このような若年労働者の失業率の推移と平行して目立ったのが非正規労働者（非正社員）の増加である。図表5―9をみればわかるように、非正規労働者は増加の一途を辿り、今や30％以上の比率となっている。しかも、非正規労働者は正規労働者と違って様々な不利益に直面していることもあって社会問題が生じた。

正規労働者と非正規労働者の違いで最も大きいのは、雇用の安定度である。終身雇用の恩恵を受ける正社員と「派遣切り」に象徴される安易な解雇に直面しやすい非正社員では全く安定度が異なる。第二に、両者ともに同じような仕事をするケースの場合、給与・キャリアで大きな差が生じる。正社員の場合には賞与が支給されるが非正規労働者の場合には賞与が支給されないというのが最もわかりやすい事例である。最後に、このような雇用・給与の安定度合いの違いが、人生の違いに結びつくこともあり得るという点にも注意を払う必要がある。[*15]これらの不利な要因に加えて、非正規労働者の多くが望んで非正規労働者を選択していないことにも注意しなければいけない。

また、若年者の雇用に関しては、フリーターやいわゆるニート（NEET=Not in Education, Employment or Training）も大きな問題となっている。図表5―10をみればわかるように、フリーターの数は減少傾向にはあるものの高い水準であることは確かだし、ニートの概念に近い若年無業者数の推移をみると一定数で高止まりしていることがわかる。

これらの要因が官僚バッシングの背景としていかに大きかったかは、アベノミクスによる景気回復か人手不足が本格化したかのどちらかなのかは議論があるにしても、失業率や有効求人倍率などが劇的に改善した２０１７年度現在の社会情勢と比較すればよくわかる。

図表5-9　雇用形態別（非正規）労働者の割合

年・期	役員を除く雇用者	正規の職員・従業員	パート・派遣・契約社員等			
				パート・アルバイト	労働者派遣事業の派遣社員、契約社員・嘱託、その他	
						うち派遣社員
1984	3,936	3,333 (84.7)	604 (15.3)	440 (11.2)	164 (4.2)	— —
85	3,999	3,343 (83.6)	655 (16.4)	499 (12.5)	156 (3.9)	— —
86	4,056	3,383 (83.4)	673 (16.6)	523 (12.9)	150 (3.7)	— —
87	4,048	3,337 (82.4)	711 (17.6)	561 (13.9)	150 (3.7)	— —
88	4,132	3,377 (81.7)	755 (18.3)	599 (14.5)	156 (3.8)	— —
89	4,269	3,452 (80.9)	817 (19.1)	656 (15.4)	161 (3.8)	— —
90	4,369	3,488 (79.8)	881 (20.2)	710 (16.3)	171 (3.9)	— —
91	4,536	3,639 (80.2)	897 (19.8)	734 (16.2)	163 (3.6)	— —
92	4.664	3.705 (79.4)	958 (20.5)	782 (16.8)	176 (3.8)	— —
93	4,743	3,756 (79.2)	986 (20.8)	801 (16.9)	185 (3.9)	— —
94	4,776	3,805 (79.7)	971 (20.3)	800 (16.8)	171 (3.6)	— —
95	4,780	3,779 (79.1)	1,001 (20.9)	825 (17.3)	176 (3.7)	— —
96	4,843	3,800 (78.5)	1,043 (21.5)	870 (18.0)	173 (3.6)	— —
97	4,963	3,812 (76.8)	1,152 (23.2)	945 (19.0)	207 (4.2)	— —
98	4,967	3,794 (76.4)	1,173 (23.6)	986 (19.9)	187 (3.8)	— —
99	4,913	3,688 (75.1)	1,225 (24.9)	1,024 (20.8)	201 (4.1)	— —
2000	4,903	3,630 (74.0)	1,273 (26.0)	1,078 (22.0)	194 (4.0)	33 (0.7)
01	4,999	3,640 (72.8)	1,360 (27.2)	1,152 (23.0)	208 (4.2)	45 (0.9)
02	4,891	3,486 (71.3)	1,406 (28.7)	1,023 (20.9)	383 (7.8)	39 (0.8)
03	4,941	3,444 (69.7)	1,496 (30.3)	1,092 (22.1)	404 (8.2)	46 (0.9)
04	4,934	3,380 (68.5)	1,555 (31.5)	1,106 (22.4)	449 (9.1)	62 (1.3)
05	4,923	3,333 (67,7)	1,591 (32.3)	1,095 (22.2)	496 (10.1)	95 (1.9)
06	5,002	3,340 (66.8)	1,663 (33.2)	1,121 (22.4)	542 (10.8)	121 (2.4)
07	5,120	3,393 (66.3)	1,726 (33.7)	1,165 (22.8)	561 (11.0)	121 (2.4)
08	5,108	3,371 (66.0)	1,737 (34.0)	1,143 (22.4)	594 (11.6)	145 (2.8)
09	5,086	3,386 (66.6)	1,699 (33.4)	1,132 (22.3)	567 (11.1)	116 (2.3)
10	5,071	3.363 (66.3)	1,708 (33.7)	1,150 (22.7)	558 (11.0)	98 (1.9)
04 I	4,934	3,380 (68,5)	1,555 (31.5)	1,106 (22.4)	449 (9.1)	62 (1.3)
II	4,986	3,433 (68.9)	1,554 (31.2)	1,081 (21.7)	473 (9.5)	90 (1.8)
III	4.967	3,404 (68.5)	1,563 (31.5)	1,091 (22.0)	472 (9.5)	88 (1.8)
IV	5,010	3,425 (68.4)	1,585 (31.6)	1,107 (22.1)	478 (9.5)	99 (2.0)
05 I	4,923	3,333 (67.7)	1,591 (32.3)	1,095 (22.2)	496 (10.1)	95 (1.9)
II	5,032	3,408 (67.7)	1,624 (32.3)	1,108 (22.0)	516 (10.3)	102 (2.0)
III	5,021	3,372 (67.2)	1,650 (32.9)	1.132 (22.5)	518 (10.3)	113 (2.3)
IV	5,053	3,384 (67.0)	1,669 (33.0)	1,145 (22.7)	524 (10.4)	114 (2.3)
06 I	5,002	3,340 (66.8)	1,663 (33.2)	1,121 (22.4)	542 (10.8)	121 (2.4)
II	5,101	3,454 (67.7)	1,647 (32.3)	1,112 (21.8)	535 (10.5)	120 (2.4)
III	5,115	3,408 (66.6)	1,707 (33.4)	1,151 (22.5)	556 (10.9)	126 (2.5)
IV	5.132	3,443 (67.1)	1,691 (33.0)	1,117 (21.8)	574 (11.2)	143 (2.8)
07 I	5,120	3,393 (66.3)	1,726 (33.7)	1,165 (22.8)	561 (11.0)	121 (2.4)
II	5,215	3,483 (66.8)	1,731 (33.2)	1,165 (22.3)	566 (10.9)	132 (2.5)
III	5,207	3,471 (66.7)	1,736 (33.3)	1,169 (22.5)	567 (10.9)	136 (2.6)
IV	5,156	3,418 (66.3)	1,738 (33.7)	1,157 (22.4)	581 (11.3)	145 (2.8)
08 I	5,108	3,371 (66.0)	1,737 (34.0)	1,143 (22.4)	594 (11.6)	145 (2.8)
II	5,181	3,449 (66.6)	1,732 (33.4)	1,156 (22.3)	576 (11.1)	131 (2.5)
III	5,164	3,385 (65.5)	1,779 (34.5)	1,157 (22.4)	622 (12.0)	140 (2.7)
IV	5,185	3,390 (65.4)	1,796 (34.6)	1,153 (22.2)	643 (12.4)	146 (2.8)
09 I	5,086	3,386 (66.6)	1,699 (33.4)	1,132 (22.3)	567 (11.1)	116 (2.3)
II	5,105	3,420 (67.0)	1,685 (33.0)	1,128 (22.1)	557 (10.9)	105 (2.1)
III	5,112	3,370 (65.9)	1,743 (34.1)	1,165 (22.8)	578 (11.3)	102 (2.0)
IV	5,107	3,343 (65.5)	1,760 (34.5)	1,187 (23.2)	573 (11.2)	111 (2.2)
10 I	5,071	3,363 (66.3)	1,708 (33.7)	1,150 (22.7)	558 (11.0)	98 (1.9)

注）1）（　）内は役員を除く雇用者数に対する割合である。
2）2002年に「パート・アルバイト」の数が減少し、「労働者派遣事業所の派遣社員、契約社員・嘱託、その他」が大きく増加している理由として、「労働力調査（詳細結果）」の調査票の選択肢が2001年以前の「労働力調査特別調査」の調査票の選択肢と異なることが影響している可能性がある。

資料出所：総務省統計局「労働力調査特別調査」（2月調査）（1984～2001年）、「労働力調査（詳細集計）」（1～3月平均）（2002～2010年）（『労働経済白書』（2010年版）より転載）

図表 5-10　年齢階級別フリーター数の推移

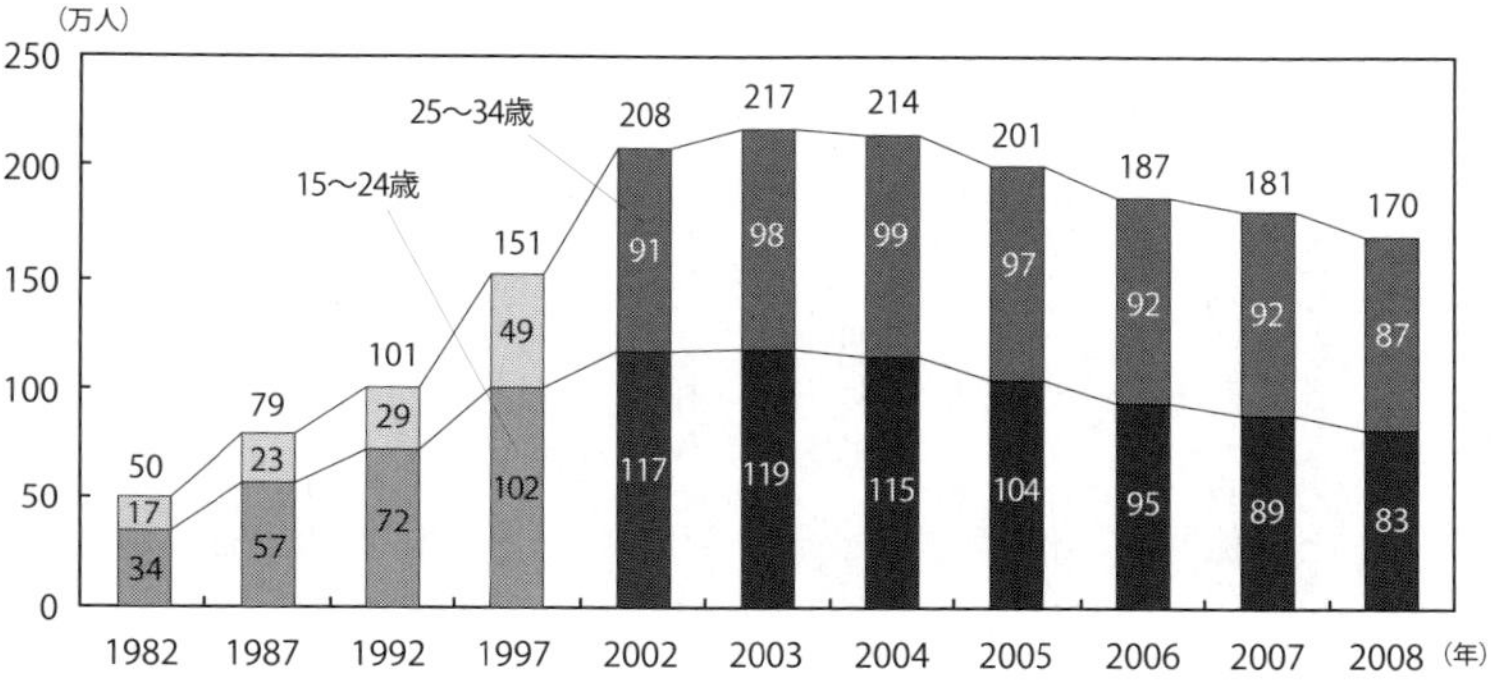

注）1）1982・1987・1992・1997年については、フリーターを、年齢は15〜34歳と限定し、①現在就職している者については勤め先における呼称が「アルバイト」または「パート」である雇用者で、男性については継続就業年数が1〜5年未満の者、女性については未婚で仕事を主にしている者とし、②現在無業の者については家事も通学もしておらず「アルバイト・パート」の仕事を希望する者と定義し、集計している。

2）2002年以降については、フリーターを、年齢は15〜34歳と限定し、また、在学者を除く点を明確化するため、男性は卒業者、女性は卒業者で未婚の者のうち、①雇用者のうち勤め先における呼称が「アルバイト」または「パート」である者、②完全失業者のうち探している仕事の形態が「パート・アルバイト」の者、③非労働力人口のうち希望する仕事の形態が「パート・アルバイト」で家事も就業内定もしていない「その他」の者と定義し、集計している。

3）1982年から1997年までの数値と2002年以降の数値とでは、フリーターの定義等が異なることから接続しない点に留意する必要がある。

資料出所：厚生労働省『厚生労働白書』（2008年版）より転載

2　中央官庁が実績を上げることができなくなったこと

二つ目の要因は中央官庁・官僚がこれまでのような実績・成果を上げられなくなったことである。これまで官僚や中央官庁が経済に介入してきたこと、どこまでその行動が効果的だったかはともかくとして経済成長が実現できていたこともあって、官僚主導体制の政府が経済成長や社会の安定といった成果・業績を上げられなくなったために、社会や国民から大きな反発をくらったということである。

成果・業績が行政への信頼に大きな影響を与えることは、多くの論者によって指摘されている。行政に対する信頼の要因を計量的に分析している大山（2010）によれば、行政への信頼を規定する最も大きな要因は政府のパフォーマンスや業績であり、政府のパフォーマンスや業績が良いと評価する人ほど行政を信頼しているという。また、菊池（2007）は様々な先行研究を例示しながら、アメリカやカナダの政府に対する信頼研究の多くは市民の信頼を政府の業績との関係で捉える一方で、情報公開、公務員倫理の確保、監視機能の強化や市民参加手段の確保は官僚や公務員個々人の行動を市民が道徳的に許容できる範囲に規定することによって、もしくは市民との接触機会を確保することにより信頼を高めようとすると指摘している。

実際、スウェーデンを訪問した自治体職員の伊藤（2008）は、意思決定の透明さが政府に対する信頼を支えており、それが25％の消費税にもつながっていると指摘している。具体的に述べると、①行政内部の意思決定が秘密裏に行われないこと、②自治体職員は終身雇用ではなく、職員の任用・昇進は競争に基づくことから、競争を通して立場が入れ替わること、③情報公開、オンブズマン制度など政策や制度は市民社会の合意に基づくことを政府に対する信頼の根拠として指摘している。

他方で、成果や結果を出せないことが即座に官公庁の失敗に結びつけられるかと言えば、実際にはそんな単純なことではない。肥大化した金融市場の前では為替政策が無力であることからわかるように、政府がどれだけ適正な政策を行ったとしても、経済成長や社会の安定が実現できるとは限らない。それにもかかわらず、なぜ、成果や結果が出ないことが官僚や中央官庁の批判に結びつけられていったのだろうか。

「何をもってして政府（地方公共団体）の業績というのか」については様々な議論があり得る。細かな指標を出すことも可能だろうが、官僚バッシングを導いたような成果・業績に対する不満は、個々の行政評価への不満とは明らかにレベルが異なると考えられる。

ここまで国民感情を悪化させたという点から考えると、長期にわたる不況、雇用失業情勢の悪化、財政の悪化、社会保障制度を中心としたセイフティーネットの不備、総中流社会の崩壊と格差社会の到来、夕張市に代表されるような地域の疲弊などであった。マクロな経済社会環境の悪化にどこまで中央官庁や官僚が関連しているのかということについて、個々の国民がどこまで冷静に理解できていたのかはわからないとしても、経済社会環境の悪化に対する不満が中央官庁や官僚に向かったことは否定できないだろう。その意味では、業績という観点から言えば、官公庁に対する批判は官僚を中心とした国家公務員に向かったのであって、地方公共団体や地方自治体へは向かわなかった。*16

その一方で、マクロの経済社会状況から個々の政策分野まですべての責任はそもそも官僚が負うべきものなのだろうか。長期不況や格差社会といったものは政府の責任で出現したものだろうか。常識に考えれば、長期不況は世界経済と関連しているだろうし、日本企業が変化に対応できなくなったことも大きな要因だろうし、誰にも制御できないグローバリゼーションも相当の影響を与えているだろう。例えば、大竹（2005）は、アメリカで不平等が拡大した理由として①グローバル仮説（貿易の自由化によって未熟練労働者に対する需要が低下した）、②低学歴者増大仮説（高学歴者の供給が低下し、低学歴者の供給が増えた）、③技能偏向的技術進歩仮説（高学歴者をより多く必要とする技術進歩が生じ、高学歴者に対する需要が増加した）、④労働組合組織率低下仮説（労働組合の組織率の低下によって賃金格差が拡大しはじめた）、⑤最低賃金低下仮説（最低賃金率が実質的に低下して低賃金者層が増加した）の五つをあげているが、どれも政府の政策ミスというよりは政府が制御できない要因によるものばかりである。

不可抗力で経済社会が不安定化しているという意識は、政策形成過程に影響力を持つ官僚の場合にも同じだったと思われる。*17 少なくとも、個々の官僚はそのような認識が一般的だったと思われる。政策の失敗を自らの過ちであると認識していたとは思えないし、マスコミ報道などから考えると、どういう方向の政策を採用したとしても結果がもたらされない限り、官庁に対する批判は止むことがない。*18

それにもかかわらず、官僚や官公庁が経済社会の不安定化の責任を負わされて批判されるようになったのは、官僚が支配する中央官庁が経済成長の足かせになっていると見なされるようになったからであり、そうされる土台があったからである。

まず、戦後日本の官僚機構が経済や社会と深く関わってきたということがある。例えば、日本の官僚をめぐる主な研究動向は、経済成長との関連から市場と官僚機構の関係をみるものと、政党と官僚の関係をみるものを中心に研究業績が蓄積されていったという指摘（マルガリータ・エステベス 1999）に見られるように、戦後日本の官僚機構の威信は、経済発展の主役は民間企業の活動を中心とした市場か介入的政策を中心とする政府かという議論があるにしても、通産省を中心とした経済官庁が経済発展の一翼を担ったということにあった。

そのため、バブル経済崩壊後の経済不振は「日本最大のシンクタンク」と言われる官僚機構の威信を大きく下げたと考えられる。加えて、多すぎる規制や硬直的な予算配分、官庁間のセクショナリズムが民間企業の自由な活動を妨げているとまで言われる程、官庁の介入は邪魔だと評されるようになった。かって日本株式会社の中心で「Notrious MITI」と言われた通産省は「盲腸」と呼ばれるようになった後に、自己のテリトリーだけでは経済成長に十分にコミットできないことを自覚するようになった。

個別具体的な政策課題を需給両側面から見ても、（政策課題の解決自体をそもそも官僚機構の力の限界だけに帰《き》すことができるのかという議論があるにしても）官僚機構は有効な政策を打ち出せなくなっていた。まず需要側面から考えてみると、高齢化社会での社会保障の在り方があげられる。例えば、広井（2000）は、我が国の場合には徐々に高齢化が進む中で、その都度その都度高齢化の負担を吸収して制度改正を行ってきた欧州と異なり、急速な高齢化と同じような時期に経済成長の急速な低下が重なるため、欧州諸国とは異なるパターンを辿るという指摘をしているが、このような前例のない政策課題に対して先手を打って対応することは簡単なことではない。供給側面では事業所の廃業率が開業率を上回るという中で事業創出の環境をどう整えるのかといった問題に直面した。事業創出を可能にするような環境整備はこれまでの産業政策のように企業に補助金・税制・融資で補助を与えるということでは解決できない問題であり、様々な分野のポリシーミックスが求められる。産業分野にかかわらない各政策分野での規制緩和、知識創出産業としての大学の見直し等範囲が広く、セクショナリズムに陥っていては解決できない。

二つ目に、中央官庁や官僚は経済社会に深く関わっただけでなく、政策決定過程において主導権を握っていたことである。間接民主主義国家のルールから言えば、わざわざ言うまでもないが、最終的な責任を負うのは国会であり、国会での多数派が選出する総理を中心に構成される内閣である。どれだけ専門知識や社会的威信があると言っても、職業公務員が政策責任を直接負うということはあり得ない。もちろん、裁量というものは現場レベルの公務員にもあるが、国民生活に大きな影響を与えるような予算・法律などはすべて国会の議決がなければ成立しない。その意味では、個々の政策分野において官僚が批判されるのはおかしいと言える。その一方で、片岡(1993)が指摘しているように、古典的な民主主義の理論では、公務員は国民によって直接・間接に選ばれた政府当局者によって雇用される機能代理と位置づけられ、国民との関係は間接的だが、現代的コンテクストの中では公務員もまた全権代理としての色彩を濃厚にしており、その度合いに応じて公務員もまた国民の直接の代理人として位置づけられなければならないが、戦後日本においても官僚は政官関係という文脈の中で語られるなど、政策決定過程で強い力を持った。

確かに、1990年代後半以降に関しては「官僚主導体制」という言葉が批判的に使われる一方で、政治主導という言葉に期待が込められるようになるなど、政策決定過程で官僚が占める比重が落ちたかのような印象がある。実際、小泉内閣のもとで構造改革路線あるいは小泉─竹中路線と呼ばれるような政策が官邸主導で作られるようになった。また、小泉内閣時代の構造改革路線を市場原理主義と批判するのも、これを小泉総理や竹中大臣のイニシアティブによるものと見ているのであり、官僚主導のもとで市場原理主義的な政策が導き出されたと考える人は少なかったのではないかと思われる。[*19] それにもかかわらず、総合的に見て官僚に対して政策に関わる批判が絶えない理由は、官僚は政治家と違って長期間権力の座にあることなどからである。

三つ目に、経済社会に強い影響力を持っている官僚機構の威信の裏付けとなっている専門知識などの実力そのものが疑われるようになったことである。経済社会と深い関わりを持ってきたがゆえに、その実力が落ちたことが日本の衰退につながったと見なされたということである。官僚の実力が低下したと見なされるようになったのは、経済社会の衰退という事実そのものに加えて、１９９０年代以降、官僚機構が政策で結果をもたらすことができない一方で、「政策新人類」と呼ばれるような特定分野の政策に詳しい政治家が現れたり、竹中平蔵元総務大臣のように政治家のブレーンとして官僚以上に政策立案能力や専門知識を持つ知識人が現れるなど、政策の企画立案者が多様化しただけでなく、市場化テストに代表されるように政策の執行者も多様化するなど、官僚以外の政策形成過程関係者の力量が増加したということもある。

その一方で、官僚の専門知識そのものがどこまで劣化していたのかは判然としないところがあるが、国際環境や国内環境が大きく変化し、日本がキャッチアップ過程を経てもはや他国の政策を模倣する段階を脱したため、過去の政策に関連した経験などに基づく知識では対応できない未知の領域に入ったことを考えると、官僚が保持する過去の知識が役立たないものになっていることは否定しようがなかった。実際、キャッチアップ過程終了後の政策に関しては官僚自身がその限界を認識していたと思われる。例えば、内閣官房行財政改革推進事務局公務員制度等改革推進室（2001）が実施した若手官僚に対するヒアリングにおいて「日本の政策には、国際的に見て理論・実証面のバックボーンを欠いているものが多い」という意見が出されているが、日本最大のシンクタンクと言われるにもかかわらず、これまで経験したことのないような政策課題について学術的側面まで踏み込んだ研究がなされていなかったことは、官僚機構が専門性という側面で優位に立っていなかったことを意味する。

なお、専門能力・知識が欠如していたのは、キャリア官僚の中でも主流派を占める事務系（国家公務員Ⅰ種試験法律・経済・行政職）だけではない。それよりもむしろ、技官と呼ばれる技術系職員の政策知識の相対的劣化に現れていたとも考えられる。技術官僚についての包括的な研究である新藤（2002）が、技術官僚は事務系の官僚と異なり、専門性を基盤にした産官学などにわたるネットワークを築いていることを指摘しているように、技術系官僚は最新のものを含めて専門知識を得ることができるように思われる一方で、藤田（2008）が指摘しているように、技官はラインの中に組み込まれるとともに、「行財政改革により多くの技術関連業務の外部委託が行われるようになった結果、技官が直接に技術の先端性や特殊性に関わる必要性は急速に低下し、多くの分野において事務官と技官の職務の垣根は低くなった」（同:303）ということからもわかるように、年々専門性をなくしていったと考えられる。

3　官僚や中央官庁と関連づけられた要因

三つ目の要因は前二者よりもやや複雑である。後述するが、長期不況の要因が官僚や中央官庁そのものにあるという批判である。長期不況の要因は様々であるし、グローバリゼーションなど政府の力の及ばない要因があるにもかかわらず、官僚機構への批判がエスカレートしていく中で、官僚が経済成長という成果や実績を出せないことからさらに一歩進んで、その存在自体が不況を導いたと批判されるようになっただけでなく、具体的に、中央官庁の様々な作業様式（セクショナリズム、閉鎖性、非効率性）に結びつけられるようになったのである。確かに、中央官庁の作業様式が組織のマネジメントに関わるものである以上、マネジメントの失敗が政策の失敗に結びつき、それがひいては経済社会の不安定化に結びついたと解釈はできるが、一般国民や世論はここまで理路整然と考えた上で様々な作業様式を批判するようになったとは考えられない。

一般国民レベルでセクショナリズムなどが経済社会の不安定化などに結びつけられるようになったのは、これらの作業様式が病弊というレベルにあり、国民に許容されなくなったからである。具体的に言うと、二つの理由から国民は官僚機構の作業様式の病弊に対する批判をエスカレートさせたのである。まず一つ目は、セクショナリズムや閉鎖性、非効率性が極端に度を超しているために経済成長や社会の安定の足かせになっていると認識されるようになったことである。作業様式が経済成長の足を引っぱっていると見なされるようになったのである。二つ目は、病弊とも呼ぶべき作業様式の背後に様々な官僚の利権が隠れていると疑われだしたからである。そのため、官僚利権のために経済社会全体が被害を被っているという疑いが生じたのである。

まず、中央官庁の作業様式が経済社会の不安定化につながっているということについては、中央官庁が張り巡らせている規制を例にするとわかりやすい。やや極端だが、規制を基盤にした中央官庁の存在そのものが経済成長を鈍化させたという見方が国民やマスコミの間に広がったのである。例えば、中曽根内閣での公社の民営化に見られるように規制緩和は1980年代までも主要政策ではあったが、1990年代のバブル経済崩壊以降、1994年に設置された規制緩和小委員会をはじめとして、規制緩和が主な政策として本格化するようになる中で、規制緩和を中心に据えた行財政改革の理念にも広がりが見られるようになり、規制緩和に経済の活性化を期待するようになっていったというのが格好の例である。そうなると、何かにつけて規制緩和に抵抗する中央官庁という印象が強まるようになった。

このような規制緩和による中央官庁の作業様式の打破という点で最も象徴的だったのが、小泉内閣で行われた「構造改革」である。「構造改革」の定義を、小泉政権の政策理念のエッセンスともいうべき「経済財政運営及び経済社会の構造改革に関する基本方針」（＝基本方針）に基づいて見てみると、小泉政権発足後初めての基本方針（平成13年）において、「いかなる経済においても、……停滞する産業・商品に代わり新しい成長産業・商品が不断に登場する経済のダイナミズムを「創造的破壊」と呼ぶ。これが経済成長の源泉である。……こうした資源の移動は基本的には市場を通して行われる。市場の障害物や成長を抑制するものを取り除く。市場が失敗する場合にはそれを補完する。そして知恵を出し努力した者が報われる社会を作る。……経済資源が速やかに成長分野へ流れていくようにすることが経済の「構造改革」にほかならない。創造的破壊としての構造改革はその過程で痛みを伴うが……構造改革なくして真の景気回復、すなわち持続的成長はない」と説明しており、生産性の高い産業部門に資本や労働が流れるように市場の邪魔になるものを取り除き、「市場での勝者」が報われるようにするのが「経済の構造改革」としている。そのため、バブル経済の破綻で不良債権を抱える不動産業、建設業、卸小売り業から、生産性の高い電気機械や金融業に資本や労働が流れるようにするため不必要な規制は取り除き、なるべくマーケットメカニズムの弱肉強食に委ねようということである。

規制緩和以外にも省庁再編、非営利法人の改革、財政制度の改革など１９９０年代以降様々な形で行財政改革が行われるようになるが、これらすべての行財政改革に経済の活性化や不況からの脱出という理念が反映していたとも考えられる。盛山（2011）は「日本が閉塞状況を打破できないのは、財政にムダがあり、ムダを削減できない政治のしくみがあるからで、このムダをなくせば日本経済は復活する」という神話（同:21）が生まれた背景について「バブル崩壊後、公共事業を中心とする財政出動などで何とか景気回復を図るもののほとんど効果がなく、ゼロ成長が続くなかで、「いかにしたら低迷する経済を立て直すことができるか」という問題関心が、行財政改革論の中心課題になる。新しい行財政改革論は、たんに「ムダ」を省き、行政を効率的にスリム化することだけをめざすものではない。「それを通じて、長引く不況から脱出すること」が最大の目的になった」（同:28）

と述べているが、これまでの行財政改革に関する政府関連文書からも同様の結論を導くことができる。

二つ目の、病弊とも呼ぶべき作業様式の背後に様々な官僚利権が隠れていると疑われだしたという点については、例えば、セクショナリズムや無駄遣いを例にすればわかりやすい。各省が自らの縄張りに執拗にこだわるのは、関連業界を確保することによって天下り先を確保するためという側面を強く持っているし、予算の無駄使い（例えば、潤沢な資金を持つ特別会計など）にも同様の利権が隠れている。また、規制を緩和すれば経済が活気づく可能性があるにもかかわらず、自分達の利権を温存するために規制緩和に反対しているのではないかという見方もそうである。社会の安全性や公平性という観点から規制緩和に抵抗するのではなく、自らの利権のために規制緩和に反対しているという見方が強くなったのである。個々の政策分野をあげればきりがないが、ここでは印象的なものとして三つあげることにしよう。

まず、一つ目は金融行政と大蔵省の不祥事などとの関連である。１９９０年代後半以降、日本経済が「失われた10年」あるいは「失われた20年」と言われる時代を経験するきっかけとなったのは、金融機関の不良債権処理のつまずきである。例えば、野口（2005）は金融危機でいまだにコンセンサスを得られていない問題は二つあるとして、その一つとして銀行のバランスシートの悪化が90年代における日本経済の不調の基本的な原因だったのか否かという点をあげているが、このような銀行のバランスシートの悪化と深く関連していたのは旧大蔵省の護送船団行政であることは論を俟たない。しかも、護送船団で金融行政を展開する中で、大蔵省は様々な不祥事や不手際を露呈していった。もちろん、大蔵省から金融行政を引き離す改革にまで至る大蔵省に対する批判についてはその他にも要因がある（この点について真渕の著名な研究（1997）を参照）だろうが、真渕の上記著書でも指摘されているように、東京協和・安全の二信組に絡む接待問題の発覚などの不祥事、住宅金融専門会社（住専）を巡る様々な不手際や不透明な処理も要因の一つだったことは明らかである。

二つ目は社会保障行政である。年金や医療は国民生活と直結する政策課題であるだけに、厚労省やそこに所属する公務員の小さな不祥事や不手際でさえ、場合によっては国民や世論からの激しい反発にあう恐れがあるが、１９９０年代後半以降の厚労省は自らの不手際や不祥事で社会保障制度に対する国民の信頼を失墜させた。

典型的には、駒村（2009:105）が指摘しているように、年金の積立金が病院やグリーンピアなどの宿泊レジャー施設の建設に流用され、その裏でグリーンピアなどの施設が官僚の天下りの手段として使われたりするなど、積立金の流用や保険金の無駄遣いが国民に強い年金不信、政治不信を抱かせる原因となり、少子高齢化ではなく積立金の無駄遣いこそが年金財政不安定の主要因であるという誤った情報を与えることにもなったということである。仮にマスコミ報道とは全く異なり、相当長期の視点からみても年金制度が安定しているにもかかわらず、厚労省の不祥事・不手際によって年金不信が起こり、それが消費を抑制・低下させ、最終的に需要不足と日本経済の不振をもたらしたとすれば、厚労省の不祥事・不手際はあまりにも罪が深いと言わざるを得ないだろう。

ちなみに、民主党による政権交代があったこと、政権交代に伴って就任した厚生労働大臣がそれまで年金行政を批判してきた長妻昭氏であったことは割り引く必要があるにしても、厚労省自身が年金行政を巡る不祥事・不手際の背後に厚労省及び職員の体質が関連していることを認めている。旧社会保険庁を巡る問題（年金記録問題・旧社会保険庁職員の不祥事・年金福祉施設事業等をめぐる問題）を分析した『厚生労働白書』（平成22年版）は、これらの問題の背後に①組織のガバナンスの欠如、②職員の使命感・責任感の欠如、③「国民目線」からはずれた役所文化の三つがあると指摘している。組織ガバナンスの欠如としては、旧社会保険庁の職員構成が厚生労働本省のⅠ種採用職員、本庁採用のⅡ種・Ⅲ種職員、地方採用のⅡ種・Ⅲ種職員といういわゆる「三層構造」が組織の統制の欠如をもたらしたこと等であり、職員の使命感・責任感の欠如としては、多くの職員が年金記録の誤りを漠然と認識していたが、定量的に把握・検証・補正するための組織的な取組は行われていなかったこと等である。最後に、「国民目線」からはずれた役所文化については、国民のニーズがどこにあるかを把握していない等があげられている。

三つ目は財政赤字の累積についてである。伊藤（2005）は1990年代後半以降の財政赤字急増の要因について、公共事業などの裁量的な財政出動が増えたこと、経済が停滞する中で税収が落ちたこと、景気対策として減税が行われたことの三つをあげているが、公務員の様々な不祥事や民間企業と比較した場合の労働条件の良さ、天下りなどを持ち出しながら、財政赤字と公務員の人件費が非常に相関しているようなバイアスが作られた。つまり、公務員の人件費というものが無駄使いの一つだと考えられるようになったということであるが、このような批判を招いた背景には、行政コストの複雑さや不透明さがあったことも間違いない。例えば、公務員全体あるいは国家公務員の人件費総額がいくらになるかについて、財務省はここ最近まで明らかにしてこなかったことに加えて、財務省の担当責任者自身が述べているように人件費総額を捉えることは容易ではない。[*20]

第三節　受け身の官僚バッシング

既述したように官僚バッシングは相矛盾する現象が併存する現象である。具体的に述べると、長期不況という構造要因があることや、複数の要因が絡み合っていたこともあってバッシングは長期間にわたっているし、マスコミ報道の論調も非常に激しいものがある反面、ジェンダーフリーや医療関係者に対するバッシングに比べると非常に消極的なものだったということである。

例えば、医療バッシングと公務員バッシングを比較することで、この二つの違いが如実になるように思われる。医療バッシングの始まりは１９９９年の「横浜市立病院患者取り替え事件」であり、それ以降「東京女子医大心臓外科カルテル改ざん事件」「慈恵医大青戸病院腹腔鏡事件」「東京医大心臓外科手術死亡四例事件」と続き、２００６年の「福島県立大大野病院妊婦死亡事例」がピークと言われる（「論点56 医療崩壊を食い止められるか」『日本の論点２０１０』2010）が、特に医療事故との関連でバッシングされる機会が多かったこともあってか、大木（2010）によると、内科・外科・産婦人科の勤務医の減少率を１９９８年と２００６年で比較するとそれぞれ17％、14％、11％となっており、バッシングがすべての原因と言い切れるかどうかは別にしても、バッシングの影響が目に見える形で現れている。

また、辞職という形よりももっと目に見えやすい形として、医療ミスで個人責任を容易に追及されるということがある。先程の福島県立大大野病院妊婦死亡事例では、善意で治療に当たっていた産婦人科医が結果が悪かったというだけで逮捕されたという。しかも、証拠隠滅や逃亡の危険がないにもかかわらず、外来診察中に報道陣を前に医師の身柄が拘束され全国にその映像が流された（前掲『日本の論点２０１０』）。さらに言えば、医療は専門的な行為であるがゆえに断罪される医師側にも相当の言い分があるにもかかわらず、一端、マスコミ報道がシャワーのように流れてしまえば、医師側などからの異論はまず取り上げられない。この点について、現役医師の小松（2006:264）は、メディアは一端暴走が始まるとこれに異論を唱えることは許されないとした上で、医師はメディアの構造的被害者といってもよいとまで述べている。

このようなわかりやすい影響度の大きさは教員に対するバッシングでも同様である。具体的に言えば、教員の場合には辞職者・休職者の増加、あるいは、教師用訴訟保険の加入者増加などがわかりやすい指標となる。例えば、「産経新聞」（2010.10.27）によると、公立の小中学校や高校などで、１年以内に教壇を去った新人教員が平成21年度、過去最多の３１７人に上ったことが27日に公表された文部科学省の調査で分かったという。また、「讀賣新聞」(2007.7.24)によると、保護者などから起こされる訴訟に備え、保険に加入する教師が増えており、東京都の公立学校では保険に加入する教職員が3分の1を超えたという。複数の大手損保によると、教師向けの損害保険が出来たのは2001年前後で、損害賠償請求訴訟を起こされた際の弁護士費用や、敗訴した場合の賠償金を補償するもので、ある大手損保の担当者は「口コミで保険の存在が広まっている」と語っているという。

こうした状況は、学校に対する親の理不尽なクレームが深刻化する中、教師たちが「いつ訴えられるかわからない」という不安を抱いていることを示している。さらに、モンスターペアレンツと呼ばれる過剰な保護者からのクレームに耐えきれないのか、教師が親を提訴するという事件が起きるなど、現場対応が非常に厳しい情勢となっている。例えば、「産経新聞」(2011.1.18)によると、度重なるクレームを受けて不眠症に陥ったなどとして、埼玉県行田市立小学校の女性教諭が担任している3年生の女児(9)の両親を相手取り、慰謝料500万円の支払いを求める訴訟をさいたま地裁熊谷支部に起こしたことが、関係者への取材で分かったという。

1　官僚バッシングの特徴

このように医療バッシングなどに比較すると官僚バッシングの実害はそれほど強いものではない。その一方で、バッシングされる期間は長期間にわたっている。民主党政権終盤あたりから官僚バッシングが弱まってきたとしても相当の長期間である。ジェンダーフリーにしても医療関係者にしてもここまで長期間バッシングにさらされてきたわけではない。

これまでの分析を改めてまとめてみると、官僚を含めた公務員バッシングの三つの特徴と不可解さが浮き彫りになる。改めて振り返ってみると、マスコミを主体としたバッシングだったこと、長期間にわたっていること、それにもかかわらず医療関係者や教員など他のバッシング対象に比べて実害が少ないことという、官僚バッシングの三つの特徴は様々な観点から考えて矛盾している。

まず、マスコミ報道は一過性で終わることが多い。数年間にもわたって同じような話題をやり続けることは少ない。また、長期間にわたったバッシングにもかかわらず、実害が少ないことも不可解である。これだけ長期間にわたってバッシングされると嫌気を覚える官僚や公務員が多数出ることは避けられないと想定するのが一般的だが、バッシングで辞職している官僚や公務員が多数現われているわけではない。マスコミ報道が長期間にわたるということは、それだけ国民の関心が深いということを意味するはずだが、官僚や公務員に対して国民が直接的な行動をとったということもない。

こういう状況がなぜ出現したのだろうか。これについては①なぜ長期間にわたってマスコミによるバッシングが続いたにもかかわらず、官僚や公務員を辞職する（あるいは、辞職させられる、分限免職などの解雇処分にあう）といった実害は少なかったのかということ、②マスコミ報道がなぜ長期間続いたのかの二つを個別に説明する必要がある。

まず、実害が少なかったことについてであるが、これを端的に示すのが国民側からの官僚や公務員に対する積極的な働きかけの少なさである。加熱するマスコミの官僚バッシング報道に呼応して国民がデモを行ったり、あるいは、積極的な公務員制度改革の提案を行うなどのことはなかったし、国家公務員法の改正などが国会でたびたび滞ったとしても、これに強い苛立ちを覚えるということは少なかった。

国民側からの積極的な働きかけはなぜ少なかったのか。ここでは具体的な公務員制度改革の要求が起こらなかった理由として次のことを指摘しておく。

一つ目は、国民側の諦めである。「官僚主導国家」と言われるように、我が国では官僚を中心として公務員の社会的地位が比較的高いのは言うまでもなく、その高さゆえに自分達の行動を容易には変えないということがわかっていたからである。公務員制度改革を含めて行財政改革はこれまで何度も行われてきたが、そのたびに官僚や公務員による抵抗が行われ、満足できるような成果を得られなかったという思いがマスコミ報道を通じて浸透しており、国民側にも「公務員や公的部門は変わらない」という考え方が浸透しきっている。

二つ目は、改革の糸口が見えないことである。具体的には、第一に、公的部門の改革は範囲が広すぎて、何が原因で公的部門の不調が生じているのかがわかりにくいため、どこからどう手をつけていいのかわからない。第二に、公務員制度は様々な制度・慣行などが寄せ木細工のように集まって出来ているため、例えば、人事慣行などに手をつければ、それに関連した周辺制度にも大きな影響が及ぶため容易に改革できない。

三つ目は、国民は公務員の働きを相応に評価していたということである。時折不祥事が起きるものの、我が国の公的部門は相応に機能していると評価していたのであれば、マスコミによる過剰な批判があったとしても、すべての国民がこれをそのまま素直に受け入れることはないはずである。批判するマスコミも国民も「公務員制度はある程度機能している」とわかりながらも、ストレスをぶつける場所としてあえて公務員を選んでいるということである。現実問題として、発展途上国の公的部門のように賄賂などが日常化しているわけではないため、具体的な改革要求に結びつかなかったということである。

個々の国民が日本の公務員を他国の公務員と国際比較していたかどうかは定かではないが、様々な機会を通じて海外の公務員を知ったり、現実に接触したりすることがあれば、日本の公務員の働き具合がバッシングされるほどに悪くないことや、その労働条件も破格に恵まれたものではないことがわかる。少し違った角度からだが、日本に来る外国人は日本の公務員に悪い印象を持っていないと考えられる。例えば、人民日報日本支局長の孫東民氏は、「とかく官僚へのバッシングが多い昨今ですが、私自身は、国・地方を含めた日本の公務員に対し、総じて好印象をもっています」と述べた上で、公務員バッシングの理由・背景がどうもよくわからないとし、「総括すると、日本国民はもっと日本の公務員を大切にしてほしい。公務員を志す人々の多くが、今でも社会のため、国民のためを思って入省してくると思います」と述べている（「日本人はもっと公務員を大切にしてほしい」『時評』2004.10）。また、日本の事情に詳しいスティーブン・ヴォーゲル　ハーバード大学政治学部助教授は「いまは日本では官僚バッシングがブームにはなっている。そういう時期にタイミングが悪いが、私は日本の官僚も捨てたものではないと思っている。バッシングのための改革では官僚機構のいいところをこわす危険性がある。とくにアメリカと比較した場合、改革すべき問題はあるにしても、まだ日本の官僚のほうが有能ではないか」と述べている（「インタビュー　規制緩和——官僚バッシングのための改革は日本を危うくする」『エコノミスト』1997.4.22）。[*21] さらに言えば、通産省の今野秀洋人事担当課長（当時）は「日本の経済に対する評価と同様に、日本の公務員の評価は、非常に高いと思います。海外からのお客様の多くが、日本の公務員はモラルが高い、まじめな人たちの集団とみているようです……」と述べている（『人事院月報』1992.11）。なお、日本だけでなく、他の先進国やアジア諸国においても公務員制度は軍隊や警察などと並んで信頼性が高いと言われる。[*22]

四つ目は、公的部門や公務員と経済社会の不安定さとは別物であると、冷静に認識できていたことである。バブル経済崩壊後に累積した財政赤字が度重なる大型の景気対策と減税措置によるものであると認識できているのであれば、公務員の人件費が財政赤字の累積と関連しているという考え方は出てこないはずであり、こうなるとマスコミ報道で公務員に対するストレスを発散することがあったとしても、公務員制度改革を本格的に求めるという行動にはでにくい。この場合、国民はマスコミ報道のバイアスに対してある程度の自覚を持っていたということになる。

五つ目は、官僚バッシングが強いのは、それだけ政府・国家公務員に対する期待が高いということであって、必ずしも公務員制度改革までは求めていない可能性があることである。生田は1年間の取材を通じて「国民は役所、国家公務員を批判する。ところが、その同じ国民が、たとえばアメリカなら自己責任で解決するような問題でも、何かことが起きると、〝役所は何をしているのだ〟といってくる」という後藤田正晴（元警察庁長官）と小長啓一（元通産省事務次官）の言葉を引用しながら、日本人の中に役所依存体質が根強いことを指摘している（生田 1991）。

これらの可能性のどれかが強く影響したことは疑いないが、どれも決定的な要因とは考えにくい。むしろ、これらの五つの要因がすべて何らかの形で影響を与えていたと見なす方が現実的であるし、五つの要因が混じり合って影響を与えたとしてもその影響度合いはそれほど強くなかったということもあるだろう。また、バッシングと呼ばれる一過性が強く感情的で、具体的な改革要求を伴わない現象を見ると、これら五つを包含するということも含めて六つ目の要因として、国民には官僚の不祥事はさておくとして公務員制度に対してまで強い関心がなかったということにいきつかざるを得ない。公務員制度をどう変えるのか、公務員制度を変えることで何が変わるのかについての実感が乏しかったのではないかと思われる。

2　長期化したマスコミ報道とポピュリズム

次に、マスコミ報道が長期化した理由である。既述したように官僚バッシングの実害は少ないし、国民自らが積極的に何か働きかけてきたわけでもない。ただ、長期間にわたって受け身的にとはいえマスコミ報道を受容してきたことは事実であるし、消極的であれ、テレビの視聴率や新聞や雑誌の購買数などの目に見える具体的な根拠から国民に強い関心があると判断したからこそ、マスコミは官僚バッシングを続けてきた。

なぜ、ここまで官僚バッシングは長期間にわたったのだろうか。拙著（2013）でも分析したが官僚・公務員側が積極的に自らのことを宣伝しなかったこと、国民の官僚・公務員像が曖昧としていて、彼等に何を求めるのかがはっきりしなかったことなどが考えられるが、最も大きな要因はバブル経済崩壊後の日本社会の特殊な状況である。それはポピュリズムである。ポピュリズムという言葉が政治現象を指した限定的な定義であるということから狭すぎること、現実にエリートや既得権益者を攻撃する者は必ずしもポピュリストに限定されないことを踏まえると、より広く、ポピュリズムを生み出し、それを支持するような社会環境といってもいい。また、欧米のように移民やリベラルな価値観を持つエリートが存在しないこと、反知性主義が根付いている社会でもないことから考えると、日本のポピュリズムは経済状況などに大きく左右される一過性の「中核なきポピュリズム」であることが、バッシングが長期にわたっているにもかかわらず、その実害が非常に少ないという特異な状況を生み出したと考えられる。

バブル経済崩壊後の日本社会はポピュリズムに支配された。欧州で右翼政党が台頭したり、米国においてトランプ政権が誕生したことで今現在日本ではポピュリズムという言葉をあたかもこれらの国を批判したり、やや小馬鹿にしたような文脈で使う傾向がみられるが、日本社会はバブル経済崩壊後、ポピュリズムに支配されていた。これが官僚バッシングを長引かせた。より正確に言えば、既述したように日本のポピュリズムは中核のないものであるがゆえに、バッシングが長期化したにもかかわらず、実害はそれほどでもなかった。以下では、そのプロセスを見ていくこととする。

ポピュリズムの定義には二つあるという（水島 2016）。第一の定義は固定的な支持基盤を超えて幅広く国民に直接訴える政治スタイルを捉えるものである。例えば、国末（2016）はポピュリストに共通してうかがえる要素として①勝手に標的を定めて突進する「ドン・キホーテ症候群」②世の中をすべて敵と味方に分ける「白黒分別主義」③庶民でもないのに庶民の仲間を演出する「マルチ商法プロデュース」④周囲に迷惑をかけて平気な「巻き添えパフォーマンス」を掲げているが、これらは政治スタイルを主眼にした定義である。それに対して、第二の定義は人民の立場から既成政治やエリートを批判する政治運動をとらえるもので、現在、世界各国を揺るがせているポピュリズムの多くは「エリート対人民」の対比を軸とするエリート批判であるという。既成政党や団体が弱体化する中で政党エリートや団体指導者がもはや人々の代表者として意識されなくなるどころか、他の特定者の利益を代弁する既得権の擁護者として認識されるようになった結果、エリートと大衆の間に断絶が生まれ、エリート憎しのポピュリズムが生み出されたという。

次に、ポピュリズムはどういう特徴を持っているのだろうか。水島（前掲:68-70）によると、現代ヨーロッパで伸張しているポピュリズムは①マスメディアを駆使して無党派層に広く訴えること、②極右に起源を持つにもかかわらず、民主的原理を基本的に受容するとともに直接民主主義を主張すること、③福祉・社会保障の充実は支持しつつ、移民を福祉の濫用者として位置づけ福祉の対象を自国民に限定するとともに、福祉国家にとって負担となる移民の排除を訴えることという特徴があるという。これは現代の日本に当てはめても頷けるものが多い。例えば、ポピュリストと言われた橋下徹元大阪市長や彼を党首とする大阪維新の会はマスメディアを上手く使ったり、大阪都構想の住民投票に代表されるように直接民主主義を重視した。

その一方で、やや古い研究になるが、ダニエルベルがポピュリズムの要素としてあげているものも興味深い。[*23] 上記の定義などが政治現象に焦点を当てたポピュリズムの定義であるとすると、ベルが提示しているものは社会現象までを視野に入れているという点で、ポピュリズムに影響されている社会を分析する上で有効ではないかと考えられる。

ベルによると、ポピュリズムの特徴は四つあるという。まず一つ目は、一般庶民に対する賛美であって1840年の「リンゴ酒選挙」（ホイッグ党のハリソンが大統領選挙で一般庶民の象徴でもあるリンゴ酒をふるまったことからくる）以降、一般庶民を強調することが選挙戦術として定着したという。二つ目は、一般庶民を強調する極端な平等主義が反主知主義という特徴を伴ったことである。一票の平等だけでなく、素人も専門家も意見は平等であると見なし、知性の名において意見表明する知識人を攻撃対象とする。三つ目は、ポピュリズムが道徳主義と結びつくことで、罪と見なされた者に制裁を加える場合には法律ではなく世論に訴えることである。四つ目は、陰謀史観である。陰謀史観は問題の原因を複雑な理由に求めず、単純にする傾向があるが、ベルは陰謀史観の事例として蔣介石政権の崩壊を取り上げ、崩壊の理由を中国の政治構造など複雑な理由ではなく、国務省や知識人の裏切りにあるという単純化した認識をあげている。

この四つの要素は国末があげている四つの要素と全く同じではないが、一般庶民の立場に立って庶民の敵を攻撃するというポピュリズムの本質に着目すれば、それほどずれていないことがわかる。その上で、この四つの要素は「閉塞感」といった言葉が頻繁に聞かれたバブル経済崩壊後の日本に極めてよく当てはまることを確認しておこう。

まず、一般庶民を強調することが選挙戦術として定着したという側面は、典型的には「ワイドショー政治」と呼ばれる現象でよくわかる。ワイドショーの役割として梨元（2001）は、小泉首相の髪型や田中眞紀子外相の服装を含めて二人の人間性への関心がお茶の間で満たされて、そこから構造改革・靖国問題・外務官僚の腐敗などの政治的問題に目が移っていくと指摘しているが、[*24] これはまさに一般庶民と目線を同じにすることが、選挙に当選して国民からの支持を得るために何よりも大事だということを示している。そんなこともあってか、政治家は一般庶民と同じ位置にいることを強調するようになる反面、二世議員などの世襲議員が批判されたり、大物と呼ばれる議員が落選したり、官僚出身議員が「過去官僚」と揶揄されるようになった。このようなワイドショー政治について藤竹（2002）は「ワイドショーの「政治化」がいわれるが、いまやあらゆるものが「政治化」し、政治的なものになっていく。「政治が娯楽になり、娯楽が政治になる」――そんな時代が近づいているのであって、そこでの表現の自由は、活字メディアの表現の自由と同一視はできないだろう」と、テレポリティクス時代の到来を論じている。

二つ目は、一般庶民を強調する極端な平等主義が反主知主義という特徴を伴ったことである。一票の平等だけでなく、素人も専門家も意見は平等であると見なし、知性の名において意見表明する知識人を攻撃対象とするという反主知主義の傾向については、医師・裁判官・高級官僚だけでなく論壇などの権威の失墜と関連させると非常にわかりやすい。[*25]

三つ目の、ポピュリズムが道徳主義と結びつくことで、罪と見なされた者に制裁を加える場合には法律ではなく世論に訴えるということについては、個々の事例を出すまでもないことだが、法の番人とも言うべき検察でさえ「国策捜査」を行っていると批判され、ポピュリズムと結びつけられて論じられたことから明らかである。[*26]

マスコミはこのようなポピュリズムが吹き荒れる状況の中で、世論に異見するのではなく、国民の関心が深いから報道し続けるというのでもなく、ポピュリズムを生み出した社会環境に媚びるような形で官僚バッシングを続けたのである。[*27] より具体的に言えば、１９９０年代以降の日本では、庶民目線のポピュリズムが批判の対象としてきたのは庶民からかけ離れた生活をしている富裕層ではなく、既得権に守られた者達だったが、その代表格として官僚（公務員）を批判することはうってつけだったのである。山口（2010:96–100）はポピュリズムとは「我々と奴ら」の軸を設定し、奴らに対する反発心を政治的エネルギーに変えていくものであると指摘した上で、日本経団連や多国籍企業の幹部が「奴ら」であるはずだが、現実はそうではなく、政治にずっと関わってきて政党や官僚と太いパイプを持つ農協、医師会、労働組合が「奴ら」になっているとし、ポスト近代のポピュリズムは倦怠感や飽きに基づいたポピュリズムであり、様々な制度が「社会的平等」「弱者の保護」という本来の理念から外れて既得権益化しているという疑いや不信感があり、それらがポピュリズムの動因になっていると分析している。まさにこのような状況を考えるといかにマスコミがポピュリズムの枠組みの中で報道していたかがわかる。*28 しかも、ポピュリズムによって権威を落とされていた有識者から、ポピュリズムに支配された日本の世論が必ずしも正しい方向性を示していないことがたびたび指摘されるようになっていたことにも注意しなければいけない。「ポピュリズムは、民主主義という政体に固有の、古くからの現象である」（吉田 2011:18）ことを考えると、世論の動きを批判することは民主主義への批判になるという側面があるにもかかわらず、世論の正しさを疑う意見が出されるようになったことは注目に値するし、そのような状況であるにもかかわらず、マスコミがひたすら世論に迎合するような報道を続けたということは、いかにマスコミがポピュリズムに耽溺していたかを示す格好の証拠であるとも言える。*29

ただし、マスコミがポピュリズムに支配された世論に迎合して官僚バッシングを続けたという理由だけでは、これだけの長期間にわたって官僚バッシングが持続するとは考えにくい。一般国民の目線は移ろいやすいし、日本には様々な既得権益者がおり、官僚だけに焦点を当て続けることは容易ではない。また、いくら官僚が庶民に嫌われていると言っても、官民の労働条件の乖離や官僚のモラルの崩壊だけで、テレビが高い視聴率を維持し続けるということは難しい。それは行政の失敗や矛盾を指摘するテレビ番組が打ち切りになっていることからもわかるだろう。

ここでもう一つ参考となるのがメディア利用と陰謀史観である。簡単に結論を言ってしまえば、一部の政治家やメディア関係者自身がメディアを利用して「すべては官僚が裏で支配している」といった陰謀めいた見方を流し続けたということである。その一部の政治家やメディア関係者とはポピュリストに限定されたものではない。[*30] 自分の人気向上につながるという意識がある政治家や、大衆受けだけを狙って自分の人気を高めようとするメディア関係者すべてだと言ってもいい。その意味でも、ポピュリズムやポピュリストだけが官僚バッシングに拍車をかけたと考えるのは適切ではなく、ポピュリズムを生み出したような社会環境と広く捉えた方がわかりやすい。

既述したように、官僚バッシングはその労働条件やモラルの崩壊だけが要因ではない。複数ある要素の一つとして東大法学部・国家公務員I種試験合格という知性が集う中央官庁が「官僚主導体制」で日本を主導した挙げ句に失敗しただけでなく、自らの既得権益を守るために様々な抵抗をしているといったことに対する批判がある。この「官僚主導体制」という言葉を存分に利用して、一部の政治家やメディア関係者などが陰謀説めいたものを流し続けたということである。しかも、この種の単純な陰謀説は複雑な見方よりは犯人を特定するポピュリズムに支配された日本社会では相応の影響を持つことにもなる。

この枠組みについてはすでに第二章・三章で解説したとおりである。１９９０年代後半以降、政官の力関係が単純な枠組みで語られるのではなく、マスコミを通じた情報操作という視点を中心に複雑な枠組みの中で説明されることが多くなる中で、テレビに出演できる政治家が圧倒的に有利な立場で「官僚による情報操作」「目に見えない官僚支配」のようなことを語り、官僚バッシングの基盤を作り出していったということである。[*31]

政治家にとってテレビ出演が支持獲得を含めて大きな利益になる一方で、現職官僚が国家公務員の服務規程の関係もあってテレビに出演して自らの個人的見解を述べることなどまずないことから、テレビを通じた官僚主導に対する批判はほとんど欠席裁判のような様相さえ呈するようになったと言うと言い過ぎだろうか。[*32] なお、官僚による情報操作、目に見えない官僚支配ということを宣伝したのは政治家だけではない。マスコミ関係者もまたこの種の曖昧な官僚支配の構図を競って取り上げてきた。否、このようなマスコミ関係者の方が陰謀論をまきちらしたと言えるかもしれない。これらのマスコミ関係者の中には大手テレビ・新聞に所属する者もいれば、フリージャーナリストとして既存の大手テレビ・新聞とは距離を置く者もいる。

彼らは「官僚主導体制」や「官僚主導説」という言葉を巧みに操る中で、官僚がこれまで培ってきた様々な経験・知識を駆使して政治家を陥れ、官僚の権益を奪うような改革に対しては骨抜きを行い、記者クラブという既得権の上にあぐらをかく大手マスコミを使って自分達に有利な情報操作を行っているという見方を流布した。この見方は、政官業に加えてマスコミや学者も入り乱れて、誰が優位に立って政策が決まっているかわからない現実の複雑な政策形成過程を、すべては官僚が首謀者であるという単純な図式に落とし込む陰謀史観に基づくものであるという側面を持っていた。少なくとも、政策形成過程は政策分野に応じて主要アクターが異なるし、マスコミの情報依存についても検察・警察から財務省、厚労省では相当異なるにもかかわらず、このような複雑な分析を避け、すべてを単純に官僚主導に帰結させる傾向が強かった。[*33]

このようなポピュリズム・政治によるマスコミ利用・陰謀史観の三つが重なって出来上がっている典型が「財務省陰謀論」「財務省支配論」「財務省主導論」である。財務省が政策形成過程の中心にいることはたびたび指摘されてきたことだが、一部の政治家やマスコミ・ジャーナリストは都合が悪くなると「財務省が裏で情報操作をしている」「財務省の影の支配」「財務省主導」と宣伝する傾向が強まっている。[*34]

現実問題として財務省に情報操作力を含めて巨大な権力があれば、財務省の組織目標とも言うべき健全財政は簡単に実現されているはずだが、現実は全く違う。その一方で、仮に予算を政治的に使ったのが財政赤字の実態であるとすると、財政健全化を目指した情報操作という話自体が成り立たない。古い話だが、大蔵省から金融が分離されたことも説明がつかないし、元事務次官が日銀総裁になれなかったことも説明がつかない。少なくとも、1990年代以降の財務省の凋落を見ていると、政治主導システムが強まっているこの情勢で「財務省主導論」がこれだけマスコミで流布されることが不思議でならない。

なお、官僚バッシングは財界や財界と通じた一部権力者が意図的に行っているものであり、その目的は公務員の給与切り下げを通じて民間労働者の賃金切り下げを狙ったものであるという一部労組側の主張も、この陰謀史観と本質は変わらない。「財界」と言っても多様化していることに加えて、春闘という枠組みが大きく崩れる中で、公務セクターの賃金水準に財界が一枚岩の考え方を持っているとは考えにくい。そういう観点から言うと、財界が民間企業の賃金カットを最終目的として、意図的に公務員の賃金をカットするという気の遠くなる陰謀をコントロールできるとは考えにくい。

3　官僚バッシングと中核なきポピュリズム

これまで見てきたように官僚（公務員）バッシングには直接的要因はあったものの、それ以上に大きな影響を与えたのは経済不況だった。戦後日本はオイルショックや円高不況などを経験したものの、いずれも短期間で終わったこともあって企業がリストラに踏み切るようなことはなく失業率は常に低かった。それが社会の安定につながり、官民間の均衡を作り出していた。

この情勢が大きく変化したことがバブル経済崩壊後のポピュリズムを生み出すような社会環境を作りだし、それが官僚バッシングにつながっていった。官僚の不祥事なども大きな要因の一つではあるが長期不況の影響の比ではないだろう。

しかも、官僚バッシングは長期間にわたった。医療関係者や学校関係者へのバッシングなどは短期間で終わったのに対して官僚バッシングは相当長期にわたっている。このような状況をもたらした大きな要因がポピュリズムに支配された社会の空気だった。敵を見つけて叩くことで溜飲を下げるという社会風潮が強まり、その格好の対象として官僚を含めた公務員が選ばれたということである。

これについては現代の欧州と類似した部分があるかもしれない。前掲の水島によると、ラテンアメリカのポピュリズムは労働者や貧困層を基盤として社会改革や配分を求める開放志向を持っていたのに対して、福祉国家が発達して貧富の格差が少ないヨーロッパでは公的部門により便益を享受している生活保護受給者、公務員、福祉給付の対象者となりやすい難民・移民などが批判のターゲットとなり、彼等が特権層と見なされて叩かれる（215–217）というが、後述するようにエリートが公的部門の受益者とどこまで一体化しているのかは日本と欧州で違うように見える。

しかし、官僚バッシングは長期間にわたったにもかかわらず、その影響力はそれほど強いものではなかった。公務員制度改革まで含めた行財政改革が実行されたものの、それで辞職する官僚が続出するほどではなかった。繰り返すが、官僚バッシングがこれだけ長期間にわたっているにもかかわらず、官僚が被った実害はそれほどでもない。確かに、天下り斡旋の禁止や中央省庁の再編などの大きな改革があったものの、その改革は長期間にわたるだらだらしたものだったと見なすことができるし、改革が行われたといっても身分保障が剝奪されたり、政治任用制度が広く導入されたりということはなかった。また、ポピュリズムの風に乗って大阪維新の会のような勢力は出現したものの政権を掌握するというレベルにまでは至らなかった。

これらの分析から次のような帰結が導き出される。日本のポピュリズムを欧州や米国のそれと比較した時、どこか生ぬるいものがあり、社会に深くポピュリズムやそれを生み出すような要素が根付いていない。そのため、経済状況が少し変わるだけで情勢が大きく変化する。日本のポピュリズムにはしっかりとした軸がない。「中核なきポピュリズム」と筆者が呼ぶ所以である。それでは日本のポピュリズムは欧米のそれとどう違うのだろうか。水島の前掲書なども参考にしながらいくつかの要素を取り上げてみることにする。

一つ目は、エリートについてである。欧米ではエリートに対する反感が根強く、そこには歴史的な根深さがあるが、日本の官僚バッシングには歴史的な根深さはない。むしろ、後発国家としてエリートが国を引っ張ってきた歴史があり、未だに敬意が強く残存している。[*35]

二つ目は、エリートを巡る状況である。ヨーロッパで反エリートのポピュリズムが伸張するのはエリートを巡る状況にいくつかの条件が付加されているからである。まず、福祉排外主義の対象となっている移民の受け入れに寛容であるなどリベラル度合いが強いことである。テロなどの社会不安や高い失業率などの雇用失業情勢に絡んでエリートのリベラル度合いは重要である。次に、グローバル化やEUの進展によって激しい競争に晒され、職を失うなどの実害を受ける一般国民がグローバル化などを一方的に受入れていくエリート層に反感を持ったことである。

三つ目は、政府の規模である。一般的にヨーロッパ諸国の多くは社会保障が手厚いだけでなく、公務員数も多い大きな政府をとっている。しかも、国によっては公務員になることや公的部門と関わることに不透明感が伴うところもある。

日本のポピュリズムと欧米のそれが違う四つ目の要素は、ポピュリズムの敵に対する憎悪である。日本では官僚を中心とした公務員が既得権益者としてバッシングにさらされたが、その敵意はあくまで表面的なものだった。実際、バッシングによって官僚や公務員が辞職するわけではなかったし、日本のポピュリズムは官僚や公務員を具体的にどうこうする方向に進んだわけではなかった。マスコミはバッシングすることに終始したし、国民が具体的な公務員制度改革の要求を掲げるわけでもなかった。確かに、公務員制度改革が行われ官民の労働条件の差が埋められたことは確かだが、天下り規制として公務員の再就職自体を禁止するといった強硬策がとられることなどなかった。これは現実の行動に結びつく欧米とは対照的だった。欧米ではポピュリストが移民やエリートを主要敵に仕立て上げて世間から喝采を浴びるだけでなく、現実に移民を追い詰めるための措置をとろうとしたり、そのような政策を掲げる政治指導者や政党が政権に大きな影響を与えるポジションにいたりする。

トランプにしてもフランスのルペンにしても「移民」を主要な標的にして白黒をつけようとしているように、欧米のポピュリズムには中核になるような攻撃対象がある。しかし、バブル経済崩壊後の日本はどうだったろうかと言われると疑問がわいてくる。表現ぶりはさておき、日本のポピュリズムは「中核なきポピュリズム」である。専門家の言葉を引用すれば、「ポピュリズムは、民主主義という政体に固有の、古くからの現象である」（吉田 2011：18）ということになるのかもしれない。この言葉はよくよく考えると非常に重いものを持っている。ポピュリズムはその定義が難しいと言われるが、民主主義政体の国ではどこでも起こりうる現象である一方で、その形や激しさなどは千差万別ということなのかもしれない。これはあくまで仮定の話だが、これから成熟した民主主義国となるアジアなどではもっと違った形態のポピュリズムが出てくるということなのかもしれない。

このように社会状況を国際比較してみると、日本の官僚バッシングをどう評価するかが非常に難しいことがわかる。長期間にわたるがゆえに日本社会は官僚を既得権益者の敵に見立てポピュリズムに陥っていたと見える反面、米国における反エリート主義のように根っこがあるわけではない。むしろ、後発国家として官僚主導が歴史になってきたのであり、未だに官僚をどこかで敬う気持ちを持っている。また、移民のように日本のポピュリズムには確固たる敵がいない。確かに、その時々に敵意を向ける対象は存在する。マスコミや政治が煽ることで憎悪は大きくもなる。ただ、それは煽られた受け身的なものという側面が強いのである。[*36]

中核なきポピュリズムという観点から言えば、批判される既得権益者がこれからも移り変わっていくと考えられる。

1990年代後半以降、小泉内閣が誕生して聖域なき構造改革を唱えられた時には、「抵抗勢力」という言葉と並んで「既得権益」という言葉が頻繁に聞かれた。既得権益が強く批判されるようになった理由はいくつか考えられる。経済成長の鈍化で配分されるパイが縮小したこと、既得権益はそういう状況の中で合理的な理由もなく保護されていたことなどであるが、最大の理由は不況脱出の処方箋として描いていた構造改革などの障害物となったからである。構造改革とは市場の力を最大限に引き出すことであるが、その際に障害物となったのが既得権益である。

1990年代後半以降の長期不況の脱出に向けて、日本政府が採用した政策の基調は少なくとも民主党政権による政権交代までは、規制緩和に代表される市場主義的な政策であった。宮澤内閣が倒れ、自民党が下野して細川内閣が誕生してから自民党政権最後の麻生内閣まで、程度差はあるものの、政府の役割をできる限り縮小して市場の力を引き出すことで日本経済を再生しようとしたのである。ここで細川内閣以降の政策を丹念に追跡して政策の基調を跡づける余裕はないが、既得権益や抵抗勢力を声高に批判した小泉内閣の基本方針を見るだけでも日本政府の基本的考え方を把握することは十分できる。

繰り返すが、構造改革とは市場の力を存分に引き出すことであり、その際に最大の障害物となるのが既得権益である。既得権益には様々なものがある。小泉政権の郵政選挙で有名になった郵政民営化などが著名だが、それ以外にも自民党・中央官庁と結びついた既得権は無数にある。例えば、『週刊東洋経済』（2009.11.7）は、「崩れる既得権　膨張する利権」と題して、民主党への政権交代によって既得権益がどうなるのかを分析しているが、その際に既得権として、日本医師会、記者クラブ、特定業界向けの補助金である租税特別措置、農協、建設業、公務員、テレビ・新聞・出版から正社員まで取り上げられているが、租税特別措置に取り上げられている業界向け補助金などは相当なものであることを考えると、マスコミがたまたま取り上げていないだけの既得権益は無数にある。*37

このように既得権益の中心に置かれたものは様々であるが、少なくとも官僚（公務員）バッシングが止むようになる民主党政権中期くらいまでは、官庁と公務員が目立ってその中心に据えられた。その理由として考えられるのは以下のものである。

第一に、既得権が他の既得権益者に比べても手厚かったことである。既得権益者と呼ばれる業界・組織・職業には様々なものがあり、医師優遇税制に見られるように公務員よりも大きな利益を得ているものも多かったが、公務員ほど市場の圧力から守られている存在はなかったということである。これまで見てきたように戦後公務員制度は１９９０年代後半に至るまで大きな改革が行われてこなかったというのが、それを何よりも示している。*38

第二に、既得権益者としては一枚岩的な結束があったということである。例えば、既得権益と言われる業界・組織にも改革を求める勢力は必ず存在するが、公務員の場合にはキャリア官僚も労働組合も労働条件を維持したいという点では全く変わらなかった。例えば、国家公務員・地方公務員を問わず公務員は労働条件を維持したいということで一枚岩であったし、拙著（2009）でも明らかにしたように、天下りのない市町村を除いた地方公務員（特に管理職以上）、国家公務員の場合にはキャリア官僚・ノンキャリアを問わず、天下り先を確保しておくという姿勢にも変化は見られなかった。地方公務員に目を移すと、地方公務員の労働組合である全日本自治団体労働組合（自治労）が、選挙を通じて「労使なれ合い」を形成するという事例がよく見られる。例えば、大阪大学大学院教授（当時）の本間正明氏は大阪市役所の現状を「職員独裁」と指摘したが、その背景には１９６３年の大阪市長選挙で労組が中馬馨元市長が勝利する最大の原動力になって以来、労組が選挙に協力する見返りに市政運営への影響力を強め、市当局が厚遇策を重ねていったことがあるという（「タックスイーターⅡ抵抗勢力の逆襲」

『日経ビジネス』2005.5.30)。

第三に、抵抗勢力として強固な基盤を見せたからである。族議員と呼ばれる自民党の国会議員でさえ選挙で落選してしまえばあっさりと基盤を失ってしまうのに対して、公務員の場合には身分を失うということがないため、派手な抵抗が見えないだけで継続して強い抵抗が見られるということである。しかも、抵抗勢力ぶりを誇ったのは権限や権威を独占しているキャリア官僚だけではなく、官公労なども抵抗勢力として強固な強さを誇った。

第四に、世の中に存在する既得権益は多くの場合、官庁の規制で守られているため、既得権益への批判はそのまま規制を張り巡らしている官庁・公務員への批判に結びつきやすいからである。実際、政官業癒着という言葉に表されるように、既得権益と官公庁・公務員が結びつていることも事実であることから、既得権益の中心に官公庁・公務員が位置しているという印象が一層強くなった。

このように90年代後半から官僚を中心に公務員がバッシング対象になってきたことには大きな理由がある。端的にいえば、長期不況で国民全員が苦しい思いをしているにもかかわらず、自らだけが特権を享受していると見なされたことが大きな理由だが、既得権益者というものは数が多いため、日本のように中核のないポピュリズムの場合には、状況次第で批判やバッシングの矛先が大きく変化する。

例えば、官公庁の規制で様々な既得権益が守られてきたという点で言えば、権力を監視するという役割を与えられたマスコミも同様にバッシングに晒される可能性は高い。特に、新聞・テレビなどの大手マスコミがそうである。実際、新聞・テレビが記者クラブを通じて情報を独占してきたこと、クロスオーナーシップの規制がなく新聞とテレビは密接に関連していること、電波利権と呼ばれるように日本の放送局は政治との関係が深いことなどから(電波利権については池田(2006)を参照)1990年代に入ってから既得権益者として批判の俎上に上るようになった。中川(2008)は「新聞とテレビは政官と癒着しながら過去、情報を統制する記者クラブを盾とし、放送免許という権益を糧に強固な複合体を構築してきた。ネット社会の進行で陰りはあるものの、社会に与える影響は大きい。たとえば情報統制の動機を最も強く有する官庁、検察や警察が、会見などを頑なに新聞・テレビに限っていることによって、人々の直の批判を浴びずにどれほど守られているだろうか。さらに新聞とテレビが複合体であることによって、実質を伴った相互の検証や批判がまずないことも問題だ。その連鎖が、特にテレビ局に多発する不祥事の背景であり、またその隠蔽を許し続けたり、新聞の宿痾というべき販売問題にメスが入らない大きな原因だ」と指摘しているが、実際、様々な立場から大手新聞・テレビなどの巨大メディアや記者クラブに対する批判が強くなりつつあることは間違いない。

例えば、鹿児島県阿久根市の竹原市長（当時）は、記者クラブと対立する理由として記者クラブが市民ではなく議会や官庁を向いて報道しているからだと批判しつつ、自らの経験として南日本新聞が役所や議会とベッタリの御用マスコミだと指摘している（「「改革派市長」が「独裁者」と叩かれるまで　竹原信一・阿久根市長激白」『週刊ポスト』2010.9.24）。また、記者クラブ問題を追及してきたフリージャーナリストの上杉（2009）は、総理への記者会見について「実は総理が答えられない質問を3回行ったらしばらく質問禁止処分を食らうという暗黙のルールがあるんです。会見の後、秘書官が幹事社に苦言を呈し、質問をした記者は記者クラブの会合で「なぜあんな質問をしたんだ」と責められるんです」と述べている。

ポピュリズムを生み出す社会環境に乗って官僚バッシングを繰り返してきたマスコミだが、ネットが勃興したことや大手マスコミを中心とした労働条件の良さなどから「マスゴミ」と批判される度合いが強まっている。特に、官僚や公務員へのバッシングがピークを過ぎ去り、政治主導が確立されて明らかに官僚の立場が落ちていることを認めざるを得ない状況になっていることを考えると、今後は既得権者としてのマスコミが際立つ可能性もある。もちろん、２０１７年度今現在は人手不足と呼ばれるような経済情勢なこともあって、マスコミに対するバッシングもそれほど強くないが、状況次第ではマスコミバッシングが過熱することも考えられる。そんなことを察知しているのか、第二次安倍内閣になってからかつての官僚バッシングを急に変え、それを反省しているような論調にシフトしつつあると考えるのは穿ちすぎるだろうか。[*39]

これらのことを総合的に整理して考えると、不況を脱しさえすればポピュリズムや特定者（例えば、官僚）に対するバッシングは終わるというのが論理的な帰結となる。逆に、不況が続く限りはポピュリズムの空気が社会に根強く残存しながら官僚バッシングが続くか、もしくは、新たな敵を見つけてバッシングが繰り返されるということになる。実際、第二次安倍内閣が発足し景気がやや上向き、雇用失業情勢が改善されると、徐々にバッシングの空気は薄れていった。それだけではない。ポピュリズムの空気を一掃するような出来事が生じた場合にはさらに効果が大きいと考えられる。典型的には外交危機である。元来、誰が敵かがはっきりしないポピュリズムであれば、外交危機のように敵がはっきりした事態が生じると一気に雲散霧消するからである。

次の章からはポピュリズムの空気を一変させるものとして外交安全保障環境の激変と右傾化の二つを取り上げてみる。そもそもポピュリズムと外交安全保障環境の激変と右傾化はどういう関係にあるのだろうか。両者は真逆の流れであるがゆえに、第二次安倍内閣になってから官僚バッシングは収まりを見せたのだろうか。あるいは、右派ポピュリズムという言葉にみられるように、ポピュリズムと右傾化はむしろ親和性があるのだろうか。

注

＊1　知識人などにはそういう高揚感が強いようである。例えば、先崎は2016年現在、不況や雇用問題、少子化問題、集団的

自衛権反対から沖縄基地問題に至るまでの国家を取り巻く様々な問題がある中で「眼の前に国家をおき、真剣に対話しようとしている。これ自体、きわめて健全な国民の姿です。近年、にわかに１９６０年代の安保闘争や、68年の全共闘運動にかんする本が増えたのも、「今」を知るためにかつての政治の季節を参照したいという思いがあるからでしょう。筆者が現在を、久しぶりの政治の季節だと言っている理由です」(2016:6) と述べているが、この言葉と低迷する総選挙の投票率を比較する時、政治的意識の分断度合いが国民の間で相当高まっていると思わざるを得ない。もちろん、ここで言う「政治意識」が何か自体が非常に複雑なものであるのだが。

＊2　吉田（2014:44-45）は１９９０年代に入ってから先進国で生じた政治での大きな変容は投票率は低下傾向になる一方で、デモや抗議運動といった直接的な政治参加は増えており、この一見すると矛盾するトレンドは公共空間の再定義が迫られていることを示していると指摘している。国会前で活発なデモが行われたにもかかわらず、２０１４年の総選挙の投票率が戦後最低だったという現象は吉田のこの指摘をまさに裏付けるものとなっている。

　この現象をどう分析するかは非常に複雑である。もはや選挙に大きな期待をしない一方で直接行動に期待するという考えが強くなっているのか。それとも、デモや抗議運動に参加しているのは政治的意識が強い一部の人だけで、多くの人の政治的関心は薄れているということなのか。例えば、マスコミは反安保法制のデモを巡って参加者数の多さや若者や子供を連れた女性、芸能人などの多様さやその盛況ぶりを報道したが、参加者数などを巡っては様々な説が乱れ飛んでおり、実際にはデモに参加した人間はごく一部に限られたのかもしれない。また、安倍内閣の進める安全保障政策に不満があったとしても、アベノミクスによる景気回復で少なくとも労働市場は相当改善していたことから、日常生活に不満を持った人が減ったとも考えられる。

＊3　官僚（公務員）バッシングの要因の一つは、バブル経済崩壊後の長期不況で民間企業で働く人の労働条件が悪化することで官民の労働条件が乖離したことだが、そのような観点から言うと、バブル経済崩壊が官僚バッシングを巡る一つの分岐点と言えそうだが、新卒一括採用・終身雇用制度で企業内に雇用を抱える日本の場合、景気情勢と雇用失業情勢が必ずしも連動しないと考えられることから、実質的に不況の痛みが個々の国民に響くようになったのは多少のラグがあったと考えられる。そこから公務員に怨嗟の目が向かうにはさらにタイムラグがあったと思われることからも、２０００年以降になってから官僚（公務員）バッシングが本格化するようになったと考えられる。

＊4　1990年代以降の公務員バッシングで批判される対象が広がっていく中、微妙な立場にあったのが地方公務員であったと考えられる。バブル経済崩壊後は旧大蔵省や旧厚生省の汚職事件で中央官庁のキャリア官僚が主な批判の対象となる一方で、地方分権の推進や様々な改革派知事の登場で、地方公務員に対する印象はそれほど悪いものではなかったはずであるが、ゼネコン汚職などの贈収賄事件、地場企業と比較した地方公務員の厚遇などから、地方公務員に対する批判が強まると同時に、地方分権で地方自治体にすべての権限を委ねてもいいのかという不信論が残存していたことがその要因として考えられる。

＊5　例えば、中央官庁に入っている地下の売店では日用品などが安く買えるというようなこと、そのように安く販売できるからくりとして、テナントが省庁に支払う家賃が安くなっていることから、家賃を安くすることで国民に犠牲を強いて、自分達の買い物を安くあげているということになるという（「2010ニッポンを事業仕分けする「アンタッチャブルな聖域」『週刊ポスト』2010.1.8）。あるいは、「讀賣新聞」（2005.11.10）によると、東京都が2004年度から、職員への通勤定期券代の支給基準を1か月分から割安な6か月分に変更したところ、1年間に約34億円を節約できたことがわかったが、都は2003年度まで35年間「1か月」支給を続けていたことから、今回の結果は長年の無駄遣いが裏付けられた形となったという。このように税金の無駄遣いについては細々したものが非常に多くなっているのが特徴で、例えば、共同通信（2004.12.7）が伝えるところによると、国家公務員のうち給与全額を口座振り込みにしている人は2004年9月現在で88・5％にとどまっていることが人事院の集計で分かったという。その上で、同記事は振り込みが一般的となっている民間企業と比べコスト削減意識の差は大きそうだとしている。

＊6　山本（2008）は、普通の公務員宿舎には築30年以上のオンボロ物件が少なくないとして、おそらく築30年以上の宿舎は全体の4割前後あるのではないかと指摘している。また、築30年以上の公務員宿舎の実態（水まわり、トイレ、浴槽など）を写真付きで紹介しているが、このようなオンボロ物件の実態についてはマスコミで報道されることはまずない。

＊7　共産党奈良市議（当時）の北村拓哉氏（2007）は、奈良市職員が病気を理由に出勤していないにもかかわらず、解放同盟幹部の肩書きをチラつかせ、市に不当な圧力をかけていた事件について、マスコミ関係者から「「部落解放同盟によって行政が歪められている姿を報道で告発したい。ついては、こうした話は共産党でないと聞いてもらえないと思い事情を聞きにきた」と取材も受けました」と語っている。同様に大阪の様々な事例と共産党との関連を示すものとして阿部（2004）を参照

の他、各地方の事案については雑誌『部落』などに掲載されている。

＊8　散見されるテレビ報道・新聞報道・雑誌媒体の三つを包括的に考察してみると、視聴率を意識せざるを得ないテレビは常にスキャンダルを含めて公務員に対して批判的なスタンスを貫くのに対して、新聞報道は各社によって違いはあるものの客観的事実に主眼を置きつつも批判的に書いているものが多い。週刊誌については本書でもたびたび引用しているようにテレビと同様である。これらの中で比較的例外に近いものとして、ここでは流通度の高低に応じて三つあげてみることにしよう。
　西部の『発言者』では西部（1997）、中川（1997）などの論文のように大胆な公務員（官僚）擁護が目立つのに対して、『ウェッジ』（2009）では「官僚叩きはやめよう　公務員制度改革が国を滅ぼす」と官僚バッシングに警鐘を鳴らしている。最後に大手雑誌の中では公務員に対するスタンスがやや異なっているのが『週刊東洋経済』である。例えば、『週刊東洋経済』増大号（2005.11.5）では、「伏魔殿の大リストラ　公務員史上最大の受難」と題した特集を組んでいる。

＊9　サービス業にとっては公務員も顧客であるため、特に、官庁街に近い繁華街の飲食店などは公務員バッシングに対して世間とは異なるスタンスをとってきた。例えば、「河北新報」（2008.2.8）は、市職員の有給休息時間の廃止のあおりで仙台市青葉区の仙台市役所周辺の商店街への客足が鈍る事態になっていることを報じている。昼休みが1時間から45分に短縮されたため、地元町内会は「この状況が続けば、死活問題になる」として来週にも市に対し、休息時間を1時間に戻すよう求める要望書を出すという。従来の昼休みは正午から1時間だったが、公務員優遇批判を受けて国が休息時間を廃止したことに準じ時間短縮したため、食堂や弁当で済ませる職員が増えたという。

＊10　懲戒処分に関連して最も頻繁に現れるのは、公務員ゆえの過激な処分を求める声である。この声が一体どこまで国民の生の声に近いのかはわからないが、福島県白河消防署に勤務する消防士が女子高生のスカートの中を盗撮した事件に関連して、この消防士を停職8か月とした処分に対して、①刑事被告人の処分として軽い。地域住民を馬鹿にしている。通常であれば間違いなく懲戒解雇である、②こんな甘い処分しか出来ない管理職は失格だ、③世間一般の常識を知らない処分ではないか。公務員は身内に甘いということではないか、という三つの声が紹介されている（「追求レポート　盗撮した白河消防署員の〝大甘処分〟に市民から批判の声続々」『財界ふくしま』2006.11）。このように懲戒処分の甘さを巡る批判だけでなく、懲戒処分を公表しないということも批判の矢面に立たされている。例えば、時任（2003）は長妻昭衆議院議員（当時）が質問主意書に対する政府の回答で明らかにした627名の懲戒処分者のうち7割近くの420人の処分は報道機関にも発

表せず隠していたことを取り上げている。これらの懲戒処分の中には横領、窃盗、痴漢、買春などの事例が取り上げられている。

＊11 公務員バッシングそのものの影響かどうかを測りかねる部分はあるが、平成18年に起きた福岡市職員の飲酒運転による幼児三名の死亡事故を契機として、多くの地方自治体が事情の如何にかかわらず、酒気帯び運転が発覚した場合には当該職員を懲戒免職処分とする事例が増えているが、これらの判例を分析している村田（2010）が指摘しているように、地方公務員の飲酒運転に対する懲戒処分について司法判断の一定の傾向は、人身事故を起こした場合や過去に飲酒運転による処分歴がある場合には、いかに他の情状が良くても免職は免れない一方で、物損のみの場合は何ら犯罪を構成しないとして免職を否定しているが、このような司法の客観的な判断に比べると、行政は個別に判断を行うというよりは、軽い処分にとどめた場合には身内に贔屓しているなどの批判があることを恐れて強い処分に出る傾向があることは否定できないだろう。同様に、大分県の教員採用試験の不正事案に関して、採用試験の合格並びに採用の訴求的取消を決定した大分県教委の判断について、中西（2008）は、勧告を受けて辞職した教員などの基本的人権が侵害されていないかについて「率直なところ、訴訟が提起された場合、本件の教員採用取消処分は、これまで論述してきたところから分かるように、違憲無効ないし違法な取消原因たる瑕疵を有する行政処分と判断される可能性が高いと思われる」と指摘している。

　ちなみに、このような行政の過剰な反応の背後にはマスコミの過剰な公務員バッシングが存在することは言うまでもないが、マスコミ報道に対して過剰に反応するのが冷静な行動だとは思えない反面、弁護士の松崎勝氏は懲戒処分とマスコミの関係について「マスコミ報道により公務員の非違行為が国民に明らかになった以上、公務員の非違行為の存在により傷つけられた公務への国民の信頼を確保するためになされるという側面もあることは否定できないのであり、マスコミ報道を「社会に与える影響」という視点から評価し、処分量定を加重することは不可能ではないのである」と語っている（松崎 2008）。

＊12 他方で、統計などで計量的に分析した研究では終身雇用の崩壊にまでは至っていないという指摘（海老原 2009，樋口 2004）もあるが、この議論は「崩壊の程度」をどのように捉えるのかということや、統計の取り方（例えば、誰にヒアリングするか）にも大きく依存する問題であると思われるが、大企業も含めて正社員の多くが１９８０年代までに経験したことのない不安定な雇用失業情勢に直面したことは疑いないだろう。

＊13 希望退職の募集など事実上の経営者都合による退職以外にも、解雇については曖昧な点がいくつもある。例えば、濱口

＊14　(2009) は日本の解雇規制の奇妙な点は整理解雇については厳格な要件を求める一方で、労働者個人の行為言動に対する懲戒解雇やそれに準じる個別解雇については規制が緩やかな点であると述べている。

＊15　1990年代後半以降の不況で、最も影響を受けたのは若年層であるという見解が様々なところから出されている。一般的に主張されることは、解雇規制が厳しい、あるいは、終身雇用制度をとっている我が国の企業においては、中高年正社員の雇用を維持するかわりに新規採用を抑制するために若年者がそのあおりを受けるというものである。これについては玄田 (2004) の研究が著名であるが、これについては反論もある。例えば、白川 (2005) は中高年も現実に雇用削減の対象となっており、中高年層の温存が若年雇用悪化の主たる要因ではなかったと主張している。

若年層が正社員と非正社員を余儀なくされる者に二極化されるに従って、これは単なる雇用問題ではなく、社会問題にまで進展したことには注意を払うべきだろう。確かに、日本の若年失業問題は欧州のような過激な形はとっていないものの、希望や意欲という点で若者を変えていった点には注意すべきだろう。この希望や意欲などは結婚、家族、消費など様々なものとむすびついて大きな問題を惹起していった。なお、若者の意欲・結婚などについては山田昌弘の様々な著作 (2004, 2009など) に詳しい。

＊16　地方分権の進展によって、地方公共団体も自ら責任を負うべき政策分野が出現したりするなど、本来は政策の実績が上がらないという批判を共有すべきであるが、政府と地方公共団体の仕事の切り分けが曖昧だと言われる融合型の行政システムであるため、批判の多くは政府に向かうことは避けられなくなっている。共同通信 (2011.7.30) によると、民主党の安住淳国対委員長は30日のテレビ東京の番組で、東日本大震災の復興に関し「自治体の首長は増税しないんだから (批判されにくい)。国からお金をもらい、自分は言いたいことを言い、できなければ国の責任にすればいい。立派なことは言うけど泥はかぶらない。この仕組みは何とかしないといけない」と指摘したというが、多かれ少なかれ、国政に関わる国会議員や官僚は同じような感慨を持っていることは否定できないだろう。

＊17　『人事院月報』(1999.5) での「公務の魅力、求める人材」という座談会において、運輸省大臣官房企画官の田村明比古氏は「公務員に対する国民の批判があるというのは事実で、その批判を要約すると、「今までは任せていればうまく行ったけど、最近はちょっと違う。もっとしっかりしてちょうだい。」ということだと思います」と、大蔵省大臣官房秘書課総括課長補佐の吉田正紀氏は「したがって、今の批判は、私個人の感じですが、過去のどこかの時点で採った施策が、その時点では良

かれと思ったことであったものが、今はネガティブなインパクトを持っているかもしれない。それが、何をやっているんだという批判に結びついているのではないかと思います」と述べている。１９９９年という時代をどう認識するかにも依存するのだろうが、２０００年以降の官僚バッシングを考えれば、随分と楽天的な見解だと言えなくもないだろう。

＊18　政治が方針を決めるのか、官僚機構が政策目標の設定に大きな影響を及ぼすのかは別にしても、規制緩和をすれば経済成長がもたらされる反面、経済成長の果実が国民に均等に配分されていないと批判される一方で、いきすぎた規制緩和を是正しようとすれば、企業活動を阻害すると批判されるというのは「何をやっても批判される」の典型である。例えば、「改正貸金業法」「改正建築基準法」「改正独占禁止法」などの規制強化によって「行政不況」「官製不況」が招来されると批判されるのはその典型である。例えば、こうした規制強化の法改正が関連業界の淘汰を招き、格差の拡大をさらに加速させ、個人消費の冷え込みに影響を与えているという指摘（中森 2008）があるが、規制緩和でも規制強化でも格差が生まれるとなれば、どのような政策を採用しても批判はまぬがれないということになる。

＊19　個々の官僚ということで言えば、財務省の丹呉泰健氏の場合、旧大蔵省出身で民主党の最高顧問である藤井裕久氏が「小泉改革が正しかったと思うなら辞めてもらうぞ」と２００９年８月の衆議院選挙前に丹呉氏に迫った時、無言の姿に藤井氏は「あいつが小泉に仕えたのは運命だ。政策ではない」という以心伝心を感じたという（日本経済新聞 2010）。

＊20　財務省主計局共済課長（当時）の神田眞人（2010）は、「以上、人件費の現状等について、概括的に説明してきたが、複雑な世界であるという印象を持たれたかもしれない。小職も……人事院や総務省、国家公務員制度改革推進本部事務局等との意見交換の中で、漸く全体像が見えてきたところもある」と述べている。

＊21　外国の公務員が自国の公務員と比べて、日本の公務員は優秀だと述べる事例もある。例えば、フランスのＥＮＡの研修生は日本の公務員の仕事に関する能力にフランスの公務員はかなわないし、日本の公務員の出身階層が多様であることを知り、能力主義の理想を実現していると感想を述べている（キャリーヌ・クラウス「フランス人実習生の見た日本の公務員」『人事院月報』2004.2)。

＊22　猪口（2004）は、２０００年10月に行ったアジア・ヨーロッパ18カ国を対象にした世論調査の結果では①必ずしも民主的に律されていない軍隊・警察・公務員制度・裁判所といったプロフェッショナルな組織に対して大きな信頼感を置いていること、②政党、国会、選挙で選ばれた政府、政治指導者などの民主的組織に対する信頼度が低いことが、調査対象すべての国

で共通して見られたと指摘している。

＊23 ここではダニエル・ベルの The New American Right（邦訳『保守と反動』）に収録された「アメリカ政治の諸解釈」（1958年）だけでなく、この著作に基づきながら議論が展開されている清水（2002）に依拠して述べていることを付言しておく。なお、この著作ではベルはマッカーシズムが台頭した要因として、道徳主義・ポピュリズム・地位政治・アメリカニズムの四つの要因をあげている。

＊24 ワイドショーが政治を単純化していることについては、テレビ関係者からの反論もある。日本テレビの林隆一郎チーフプロデューサーは政治というネタをずっと昔から扱っていると指摘しつつも、小泉内閣が誕生した2001年に入ってからの方が政治に対する視聴者の関心が高いし、街頭でのインタビューの答を聞いても「よく考えているなあ」という実感はありません、と答えている（林・碓井 2001）。なお、ワイドショーやテレビに対する批判は活字メディアから来ていることが多く、メディア内部での対立も先鋭化したのが大きな特徴となっている。テレビ朝日情報局情報番組センター統括担当部長の吉野泰博氏は活字メディアからの取材で「ポピュリズム政治をどう思います！」「政治家にテレビが利用されていませんか」といった質問に立ち往生するとともに、記事の見出しに関しても「政治のワイドショー化を憂う」「政治報道の功罪その危うさ」とバッシングされたと言う（吉野 2002）。

＊25 既存の権威の失墜は同時に、既存の権威がポピュリズムや大衆民主主義へ自ら接近していったことを意味してもいた。それは典型的には学者などの識者のテレビへの積極的出演などに典型的に現れている。自らもコメンテーターとしてテレビ出演している香山（2006）は、「たとえば、私がテレビ出演を始めた今から十年余り前には、テレビ局や出版社によく批判の手紙が届いた。そこには、「あの医者はテレビなんかに出て、いったいいつ診療しているんだ」「患者ほったらかしで、売名行為や金儲けに走る医者は許せない」といった辛辣なことばが並んでいた。まれにではあるが、同業者から「先生はテレビでお忙しいしね」などと、皮肉めいたことばを投げかけられることもあった」（同：191）と述べるとともに、「大学にとっても今や「広告塔」としてテレビに出たり雑誌に登場してくれる教員は歓迎すべき人材であり、「テレビに出る時間があったら、もっと論文を書いたらいかが」などと皮肉を言われたり、西條八十のように追い出されたりする危険はまずなくなった」（同：196）と大学の現状を語っている

＊26 国策捜査の対象となった鈴木宗男元衆議院議員は、国策捜査の目的は事実の原因などを明らかにすることではなく、国民

の前に生け贄を差し出して失政に対する怒りや不満をそらすことだというジャーナリストの言葉を取り上げながら、自分自身が取調べを受ける中で、検察官が「世論に押されてやりましたが、マスコミに出たもので何ひとつ事件にすることはできませんでした。しかし、それが捜査というものです」まったく悪びれる風でもなく、淡々とした表情でこういった。私は特捜検事の言葉とは思えないこの台詞を聞いて頭に血が上った。「ふざけるんじゃない。最初から思い込みで逮捕したのか。国策捜査じゃないか」私がこういうと、この特捜検事は意外なことにあっさりと事実を認めた」と述べている（鈴木2006:308）。鈴木議員と同様に元外交官の佐藤優氏も取調べの検事が「国策捜査」という言葉を使ったと述べている（佐藤2005:218）。

＊27　国民が関心を持っているからでなく、流すことによって国民が受動的に食いつくということであったとしても、公務員バッシングが国民に人気があり、それが現実に視聴率などの実績につながることも当然あったと考えられる。日本テレビ記者の菊池（2011:32-33）は、１９８０年代後半から90年代初頭にかけて視聴率を高めるというビジネスの精神が徹底され、テレビ業界における理念的転換がなされたと指摘して、ニュース番組にもより高い視聴率が求められるようになり、報道においても番組制作を担当する編集部門にマンパワーが集中投下され、現場の記者から番組のディレクターに配置替えして番組制作を経験させるという人事異動が中心となったと述べている。

＊28　現代的ポピュリズムに最も染まって報道し続けたのはメディアの中でもテレビである。その報道によって公務員などの既得権益者の行動が改まった部分がある反面、テレビ関係者自身がどこまで認識していたのか定かではないが、テレビが富裕層といった従来のポピュリズムの対象を巧みに避け、公務員などの既得権益者にフォーカスし続けたことで格差社会への対応が鈍った側面も否定できない。実際、佐藤（2008b）が指摘しているように今日のテレビは情報弱者のメディアであること、小泉内閣の郵政民営化では貧困層にターゲットを絞って情報操作をしようとしたこと、テレビ局の正社員自身の高給や番組に出演するタレントの出演料が世間離れしていることが徐々にさらけ出される一方で、テレビ局の下請構造などが問題視されるなど、彼ら自身が自らの報道で自らのネガティブな側面を消し去ろうとしていた部分もあったと考えられる。

＊29　世論が必ずしも正しいものではなく、一過性のものであったり、感情的になったりするものであることを指摘する識者は多いが、例えば、代表的なものとしては公衆の社会的意識が組織化されたものが世論である一方、まだ認識の対象となっていない心理状態（気分や雰囲気の表出）を世論とした佐藤（2008a）があげられるだろう。また、世論の確かさに対する批判

で取り上げられる典型事例としては、大きく揺れ動く内閣支持率があげられる。田原・姜・中島（2010）は、戦後の内閣発足時の支持率のベスト5のうち今世紀に入ってからの内閣が四つもある一方で、小泉内閣を除いていずれも短期政権に終わっていると指摘している。

＊30　朝日新聞のデータベース（聞蔵）でポピュリストをキーワードに検索してみると、初出は「カルロス・メネム新大統領就任アルゼンチン」（1989.7.9）であり、それ以降も外国の事例が続く。日本に関して初めてでてきたのは小沢一郎氏と宮澤喜一氏が対談しているもので（1997.1.22）、この時、宮澤氏が「むしろ私が警戒しているのは、民主党というポピュリストの政党ができたことだ。社民党の人が随分なだれ込んだが、「市民」「消費者」などと格好のいいことをいって、万一、我々が滑ったときに「別の選択肢は私たち」と国民に訴えようとしている」と発言している。これに対して、批判された民主党の仙谷由人氏が、宮澤喜一蔵相が首相だった一九九二年夏、不良債権の抜本的処理に公的資金の投入を提唱しながら、結局は先送りしたことをさして、「正しいという認識をもちながら、世間は違うと引っこめたのなら、あなたこそポピュリスト（大衆迎合主義者）だ」と応酬しているのが次に古い記事である（1998.8.28）。この記事以降は小泉総理をポピュリストとして論評する記事が増えることになるが、宮澤氏の発言やそれに反論する仙谷氏の発言をみてもわかるようにポピュリストの定義自体がしっかりしていないことに加えて、人気を気にすることや大衆に媚びているというニュアンスでポピュリズムやポピュリストという言葉を使う傾向が強い。官僚や公務員を批判すると人気が出ることから、与野党を問わず、ごく一部の政治家を除いて官僚バッシングに荷担したことを考えると、ポピュリズムやポピュリストに限定するよりも広く、ポピュリズムを生み出した社会環境と捉えた方が適切であると考えられる。

＊31　今更言うまでもないことだが、官僚による世論操作のようなものが声高に言われる一方で、１９９０年代以降、政治の場では「ワイドショー政治」「ポピュリズム」ということが言われ、テレビが政治に大きな影響を与えるということが言われた時代である。このことについて大嶽（2003）は、80年代までの新聞の善悪二元論は「保守・反動vs革新」であったのに対して、テレビでは政治家のパーソナリティーを前面に出すことによって、腐敗した悪徳政治家・官僚と清潔な改革政治家という二元論に変わったとするとともに、日本独自のポピュリズムの特徴として、①アメリカではテレビと新聞の役割分担があり、テレビで人気を得た政治家を新聞が辛辣に批判するのに対して、日本ではテレビの人気を新聞が増幅する傾向を持つこと、②日本のメディアはその横並び体質と視聴者に媚びる性質が強く、例えば、田中眞紀子が人気のある間はどのメディ

アのジャーナリストも批判する記事・映像を報道しなかったこと、③テレビの発言が世論に対して大きな権威を持つことをあげ、これらの三つの理由から「日本社会には、ポピュリズムの登場に抵抗する力が決定的に不足しており、（あきさせる）「時間」という解毒剤に頼らざるを得ないのが現状である」（同:237–38）としている。

＊32 テレビに頻繁に出演することで国民の支持を得ている政治家が官僚を批判した場合、官僚はほとんど抵抗する手段を持たない。古い政治家のように複雑な利害関係を持たず、テレビなどマスコミを通じて広く支持を獲得するしがらみのない政治家の場合、官僚と自分を対比することでさらに支持が増えることにもなる。例えば、大阪府庁の朝礼で橋下知事（当時）に対して「どれだけサービス残業をしていると……」と訴えた女性職員に対して、女性への誹謗中傷を含めて批判的な意見が多数届いたという。これについて産経新聞大阪社会部が取材をしようとしたところ、女性職員から取材拒否され、その上司から「いろんなところから問い合わせがあって私たちもパニックになっている。もう朝礼の話は記事に書かないでほしい」と返答があったが、これについて同新聞は、「「橋下改革」に端を発し、かつてないほどの府民の関心が府庁に集まる中で、あまり世間が見えていない回答だと思う」（産経新聞大阪本社社会部取材班 2009:107–08）としているが、勢い余って知事に逆らってみたものの、世間のものすごい空気に直面して萎縮するという典型的事例であることに加えて、産経新聞の疑問と異なって、マスコミにそれほど接触することのない一般の地方公務員がマスコミを通じて知事と堂々と論争するという発想自体がないこと、長年府庁を中心に行政機関を取材しているのであれば、地方公務員がマスコミを通じて政治家との論争に応じないことなど、たやすくわかることだとも考えられる。

＊33 例えば、魚住（2007）は２００６年に起きた耐震偽装事件を丹念に追いかける論考を展開する中で「この事件で問われるべきであったのは国交省の官僚たちの責任であった。だが、それを問う声はあまりにか細く、官僚たちはほとんど無傷のまま生き残った。その代わりに生贄として差し出されたのが小嶋であり、木村、篠塚であり、藤田たちであったというわけだ。では国交省の官僚たちはどうやって自らの責任回避に成功したのか。もう言うまでもないだろう。情報操作である。事件発覚から強制捜査着手までの約五ヶ月間、メディアを通じて流された情報の大半は国交省を発信源としている。国交省の担当記者たちはそれと気づかぬまま、（たぶんいまだにそうだろう）官僚たちの生き残り戦略に荷担させられたのである」としている（同:107–08）。ここではこの事件の詳細について事実関係を積み上げて国交省の情報操作がどこまで成功したのかを論証するようなことはしない（耐震偽装事件についての他の論考との比較を含めて）が、国交省の情報操作がそれほど卓越

したものであるならば、なぜ、国交省が無駄な公共事業の象徴のようにマスコミから叩かれる事態に陥っているのかがわからない。それどころか、週刊誌では「小泉批判を主な内容とする一枚の取材メモが霞ヶ関で波紋を呼んでいるが、その批判を行ったのが国交省事務次官の小幡政人氏である」とされ、「抵抗勢力のドン」とまで詳述されて特定の官僚まで叩かれている（「抵抗勢力のドン　国土交通省次官の「トンデモ発言」騒動」『週刊文春』2001.11.15）。もちろん、耐震偽装事件の時だけ情報操作を上手く出来たのだという見方も可能だろうが、公共事業や道路公団であれだけ叩かれたのにもかかわらず、国交省が耐震偽装問題の情報操作だけに力を入れる理由も判然としない。

同様の事例は他にもある。官僚による情報操作を論じている長谷川（2009）は、大手マスコミの記者が役所に情報を依存しているがゆえに官僚に弱いこと、学者やエコノミストは財務省に追随することで審議会委員になれるなどのメリットがあること、財務省は首尾一貫した明確な目的をもって世論を誘導しようとしていることなどを指摘しながら、新聞記者がいかに官僚の代弁者＝ポチとなっているかを論じている。長谷川の論考は丹念な取材だけでなく、大手マスコミ＝記者クラブが官庁が提供する情報に依存するというフレームワークの中で分析されているため、説得力があることは間違いない。しかし、ここでも魚住の論考同様に疑問を感じざるを得ないのは、それほど財務省や財務官僚が情報操作に卓越しているのであれば、どうして財政・金融分離され、大蔵省という伝統ある名称を剝奪され、増税どころかバブル経済崩壊以降は減税措置に次ぐ減税措置で財政状況を悪化させたのか説明がつかない。民主党政権に交代した後も何かと「財務省主導」ということは批判的に言われてきたことから考えても、自らの立ち位置を有利にするような情報操作に成功しているとは考えにくい。

総じて言えることは、個々のケースでの情報操作について官僚がどこまでコントロールできたかについては議論があるとしても、１９９０年代後半以降の官僚機構の凋落ぶりやバッシングのされ方、必ずしも意図通りに政策を誘導できていないことを見ていると、とてもではないが情報操作に成功していると結論づけることは難しいのではないかということである。また、客観的な資料から官僚の情報操作以外に決定的な要因が見つからないとしている論考・記事はまだしも、政治家や官僚、関係者からの発言を引用しながら官僚の情報操作を指摘している論考・記事は、それ自身もまた、官僚主導や官僚による情報操作を印象づけたがっている人間からの情報操作であると見なすこともできるだろう。非常にうがった見方をすれば、大手マスコミ＋官僚連合軍が「中央官庁は正しい」という情報操作をする一方で、一部政治家と大手マスコミに属さないマスコミ関係者連合軍が「官僚は情報操作をしている」という情報操作をしているのだという陰謀史観も可能だということとである。

なお、中央官庁や官僚による情報操作が有効であるという指摘に対する反論はいくつかあるが、①記者クラブだけが記事を配信するのではないこと、②大手マスコミ記者の能力がそこまで低いのかというマスコミ側の要因に加えて、拙著（2012）で指摘したように、①財務省や経産省ではこういう情報操作が課長補佐レベルで行われているように言われるが、厚労省やその他の役所で補佐レベルの官僚がマスコミ関係者と友達のように接している事例がそれほどあるのか疑問であること、②そもそも、高度な情報操作をしようという現職官僚が、週刊誌やテレビの取材で匿名を条件にして「こうやれば政治家を騙せる」「マスコミ関係者には○○すれば、上手く情報操作をできる」と喜々と語るだろうかという疑問もある。官僚が匿名で本音を語る覆面座談会などを見ていると、彼らに情報操作の能力・意図があると思えないし、ましてや霞ヶ関全体でそんなことをやっているとは考えにくいということである。仮に彼らに情報操作の意図があれば、わざわざ「僕にはこんな騙しのテクがあるんですよ」と堂々と語らない。スパイがテクニックを語らないのと同様のことである。もっと言えば、「官僚は情報操作をしている」という話がこれだけ世間に流通すること自体、いかに官僚に情報操作能力がないかを示している。

＊34

民主党政権誕生後の財務省を分析した拙著（2012）に基づいて述べると、この種の財務省陰謀論は様々なところに溢れている。かつての財務省支配論や主導論というのは、財務省が持つ予算・税・金融という三つの機能と政財官界に張り巡らされたコネクションなどを要因として説明するものが多かったが、１９９０年代以降はこのような明確なものではなく、曖昧模糊とした財務省支配論が多くなったが、その際には、財務省の情報操作力がしばしば財務省支配の大きな要因としてあげられている。その典型が政官財学情の五つを支配する情報操作である。財務省が様々なネットワークを張り巡らせて情報操作をしている（新聞紙面の見出しを操作するとか、財務省を批判する人間をテレビに出演させないようにプレッシャーをかける）といった類の話である。実際問題として、消費増税が政策課題に上るにつれて、曖昧な情報操作を財政危機や増税を巡る財務省の態度と絡めて批判することが多くなっており、財務省が財政危機の本当の姿を知らせていないとか、数字上のトリックを使って財政危機を煽り立てているという主張が聞かれることが多くなっている。例えば、『週刊朝日』（2012.2.10）は、財務省が財政危機と増税を煽るために使っている数字上のトリックとして様々なものを取り上げている。そのうちの一つとして財務官僚が「日本の財政状態はギリシャよりひどい」ことを過剰に宣伝しすぎることを批判した上で、ギリシャと日本がいかに違うかを解説している。確かにギリシャと日本では状況が異なるため、両者の負債をＧＤＰ比だけで単純比較することはできない。しかし、財務省がどれだけギリシャとの対比を過剰に宣伝したとしても、ギリシャと日本で貿易収支や国民の貯蓄額が違うことは少なからぬ国民が知っていることであるし、その上で、国民の多くは日本もそろそろ危ないいんじゃないか……という考えを持ち始めているにすぎない。その意味では、これをわざわざ財務省の数字上のトリックと解説するのは少し過剰である。

これ以外にも財務省の陰謀に本当に結びつくのかどうか疑問なものは数多い。例えば、大蔵省（財務省）が四半世紀前からエリート官僚の給与引き上げを巧妙に仕掛けてきたとする記事（「「公務員は安月給」の大嘘」『選択』1999.6）はどうだろうか？　この記事では、給与引き上げの発端となったのは、総定員法の制定であり、その意図が公務員の定員を絞ることで一人当たりの給与を増やすことにあったとしており、その担当者が大蔵省の元事務次官山口光秀氏であることを指摘しているのだが、総定員法の立法意図はそれほど単純でないことは言うまでもないし、一人当たりの給与を引き上げることにそれほど大蔵省が熱心であるならば、大蔵省が財政の観点から公務員の人件費を抑制しようとしてきた姿勢や人事院勧告に好意的でなかったことが理解できない。

＊35

ここでは一例として、トランプ大統領実現の原動力となったバノン氏の経歴をみれば、アメリカのポピュリズムに何らかの核があるのがよくわかる。「朝日新聞」（2017.8.20）は、バノン氏の経歴からその思想やその背景になったものを解説している。それによると、バノン氏は海軍将校を経てジョージタウン大で安全保障を学び、ハーバード・ビジネススクールでＭＢＡ（経営学修士）を取得した後、金融大手ゴールドマン・サックスに就職後、映画制作にも携わったという。自らエリート人生を歩みながら、「オルトライト」と呼ばれる新右派の旗振り役として、強烈な反エスタブリッシュメント、反エリート運動を主導し、トランプ氏とともに大統領選を闘って権力の中枢に登りつめたが、その政策や思想の根底にあるのは「反エスタブリッシュメント」であるとともに、そのきっかけは２００８年の金融危機にさかのぼるという。米誌タイムなどによると、通信大手ＡＴ＆Ｔの電気技術者だった父は、家族のためにＡＴ＆Ｔ株をこつこつと買いためていたが、金融危機により株価が暴落して失意の父を目の当たりにした。

この時の経験から、なぜ危機を招いた金融機関は責任をとらず、政治もウォール街を守るのか、一握りのエリート層が利権をむさぼり、残りは社会から取り残されていると感じて、エスタブリッシュメントがつくる秩序と体制の「破壊」を決意したと同紙は報じている。徹底的な反グローバル主義、移民は犯罪者と決めつけ、米国の労働者層を守るという排外主義的思想が絡み合う「トランピズム」は、バノン氏の経験が原型となったという。

*36 米国のポピュリズムに関してはこれ以外にも座標軸らしきものがある。例えば、反知性主義はポピュリズムの一つの特徴だが、これは学問と宗教の権威を正面から批判したイエスの言葉に究極の出発点を持つラディカルな平等観に端を発するものであり、神の前では学のある者もない者も、大卒のインテリも小学校すら出ていない者もそれぞれが同じように尊い一人の人格であるというものであるという。そういうところから養分を得て根を張っているがゆえに、アメリカ人は自分で聖書を読み、自分でそれを解釈して信仰の確信を得る。その確信は直接神から与えられたものだから、教会の本部や本職の牧師がそれと異なることを教えても、そんな権威を恐れることはないという（森本 2015）。

*37 大嶽（2017）は日本のポピュリズムは政府や官僚など既成権力への不満を背景に広がったという特徴があるのに対して、ヨーロッパではテロの脅威や難民、移民の流入に伴う社会不安がポピュリストを生んできたという違いがあるとともに、グローバル化によって人・モノ・カネが国境を越えて行き交うようになり、従来の家族や地域コミュニティによって育まれてきた連帯感を希薄にするという人々の不安も存在するだろうと指摘している。この側面から考えると、日本には人々の生活を不安にするという点から脅威となる対象はなかったと考えられる。

*38 既得権益の中にはマスコミから弱者と見なされるようなものも多い。例えば、「シャッター通り」と表現されるように疲弊していた家族経営の小規模商店にしても、「問題は、小売業界の雇用の55％を抱えながら、米国の同じ業態と比べてさえ33％の生産性しかない家族経営商店の存在だ。全く同じことが運輸業、卸売業、家事関連サービス、宿泊業などでも言える。日本のサービス産業には、同じ条件で競争していたら決して生き残っていないはずの生産性が低すぎる企業が無数にある」とされ、抵抗勢力と表現されているが（「〝抵抗勢力〟がサービス経済離陸を阻む」『日経ビジネス』（号外）2003.6.30）、テレビ報道などでは彼等はしばしば弱者として取り上げられている。

1990年代後半以降、行財政改革が公務員制度にまで及ぶようになり、公務員の立場自体を不安定化させるようになった側面は否定できないものの、官民が競争入札でどちらが業務を行うかを競う「市場化テスト」でさえ、規制緩和政策に大きな影響を持つ内閣府規制改革・民間解放推進会議議長（当時）の宮内義彦氏が、市場化テストによって変化が起こるとしても、公務員そのものが削減されるということではなく、アウトソース先として、パートとして公務の仕事を手伝っている人が削減され民間に行くということであり、「市場化テストが始まったばかりの今の段階で、大上段に振りかぶって、公務員制度にまで手を入れないと動かないということでは、全くないと思っています」と述べていることからも、いかに公務員が守られた存在だったかがわかる（「Key Person　官製市場の規制改革を阻むもの」『週刊東洋経済』2005.8.20)。

＊39　「朝日新聞」（2010.10.1）は、安倍内閣の強すぎる官邸主導に関して「「安倍1強」と呼ばれる圧倒的な政権基盤を背景に安倍内閣が進めてきた、官邸主導による行政への信頼が揺らいでいる。必要な政策論議を行わず、露骨な人事介入で異論を封じ、国民の疑問にも答えようとしない。そんな「おごり」は乱暴な国会運営にも表れ、国民から厳しい視線が注がれている」として、官僚の人事への介入などについて識者などのコメントをはさみながら、森友学園問題などで説明責任を果たそうとしない官僚を表面的には批判する体裁をとっているものの、強すぎる官邸を批判する論調になっている。第二次（以降）安倍内閣になってからこの種の論調を示した記事を数多くみかけるようになり、果たして政治制度や公務員制度改革が成功だったのか疑問視しているように見えるが、内閣人事局が出来上がれば政治に権力が集中することは明らかに予想できることだったし、政治主導を声高に煽ってきたのはマスコミだったことを考えると、今になって論調を急に変えだしたというのは、やはりマスコミの見識を疑われることにもなりかねないだろうし、マスゴミと批判するネットやネットに大きな影響を受けつつある世論から変節したと見られる可能性もある。その意味では、小休止している長期不況が再び深みにはまり込んだ時、もはや叩かれて既得権益を持たなくなりつつある官僚や公務員に代わって、労働条件の良さ、表面的とはいえリベラルな姿勢も加味して考えると、マスコミがポピュリズムの餌食にされる可能性が高いかもしれない。

第六章　外交不安はどれだけの効果を与えたか

前述したように、官僚バッシングの背景には不祥事だけがあったわけではない。長期不況がもたらした社会状況の大きな変化があった。その意味では官僚バッシングは構造問題であるという認識を持つことが重要であるが、官僚バッシングは民主党政権の混乱がはっきりする辺りから沈静化していき、第二次安倍内閣以降の現在はそれほどでもなくなっている。バブル経済崩壊後から長期間にわたって盛り上がった官僚バッシングはなぜ沈静化しだしたのだろうか。その要因は大きく三つに分けて考えることができる。一つは外交・安全保障環境の大きな変化であり、もう一つはこれまで以上に民族主義を強調する右傾化傾向が強まったことである。最後はこの二つに分類できないもので経済状況の好転や民主党政権の失敗などである。

この章では、右傾化を除いたこれらの要因が日本社会や官僚バッシングにどのような影響を与えたのかを考察することにするが、その前に前章で扱ったポピュリズムと安全保障環境の変化・右傾化との関連を分析することにしたい。官僚バッシングは日本社会がポピュリズムに熱狂する中で起こったが、今現在、官僚バッシングがある程度の収まりを見せていることを考えると、この三者は全く違ったものだったと考えられる。

第五章冒頭の言葉を借りれば、外交・安全保障関係の変化と右傾化は官僚バッシングの底流にあるポピュリズムの流れを押しとどめたかどうかということである。あるいは、そのレベルを超えて外交・安全保障環境の変化と右傾化は官僚を再びエリートとして扱うような強い世論を生み出したのだろうか。それらを詳細に分析する前に、ポピュリズムとこれら二者との関係をまず整理してみることにする。その上で、官僚バッシングやポピュリズムを和らげた具体的な要因を列挙した後、外交・安全保障環境の変化が官僚バッシングや官僚に対する国民の考え方をどう変えたのかを探ってみる。

第一節　ポピュリズムと外交・安全保障環境の変化と右傾化

ポピュリズムと外交・安全保障環境の変化、右傾化の三者が社会に及ぼす影響は同じものだろうか。仮にこの三者が全く違った影響を社会に及ぼすとした場合、官僚バッシングの動きにどのような影響を与えたのだろうか。既述したように、バブル経済崩壊後から2017年度の今現在までを視野に入れると日本社会の動きは官僚バッシングだけに特徴づけられるわけではない。民主党の鳩山政権が誕生し事業仕分けなどで官僚がつるし上げられたのがピークだとすれば、そこから官僚バッシングは徐々に沈静化していき、今ではそれほど激しいバッシングが起こっているわけではない。実際、2017年年初に文科省が禁止されている組織ぐるみの天下り斡旋を行っていたことが発覚した時にも、かつてのような激しい官僚バッシングは起きなかった。

この状況変化と上記の三つの流れが関連していたのだとすれば、三者はそれぞれ全く別物であるか、外交安全保障環境の変化と右傾化は同種のものだとして、これら二者とポピュリズムが相反するものだということになり、この二者が官僚バッシングの底流にあったポピュリズムの流れを押しとどめたということになる。もちろん、これら三者の関係はそれだけではなく、基本的には三つ考えられる。

まず、これら三者は相反するものであり、お互いの影響を打ち消し合うように社会に働きかけるというものである。次に、お互いが全く無関係というものである。ポピュリズムの影響は相変わらず強いが、それと並行するように外交・安全保障環境の変化と右傾化の影響も強まっていて、それぞれが別個に社会に影響を及ぼしており、外交・安全保障環境の変化と右傾化の流れが強まっているからポピュリズムの影響が弱まっているとはいえないということである。最後の三つ目は、三者は相乗効果をもたらすというものである。ポピュリズムと外交・安全保障環境の変化と右傾化は決して排除し合うものではなく、両者が相俟ってさらに大きな影響を及ぼすという見方である。

表面的に考えると、これら三者は全く異なるものであるだけでなく、お互いに影響を打ち消し合うと考えられる。特にポピュリズムと外交・安全保障環境の変化の二者は相容れないものと考えられる。なぜなら、ポピュリズムは反エリートにしても移民の排撃にしても、内政に関連したものだからである。もっと言えば、異常なくらいに内政に対する関心が深い社会状況ともいえる。なぜなら資源配分に関わるものだからである。経済がかつてのように成長しなくなり、中間層から転落する者が増える中で、少なくなっていく資源を誰がどう受け取るのかを巡る争いがポピュリズムの底流には存在する。移民による社会不安が原因だとしてもそこには配分がついてまわる。欧州にしても米国にしても、民主主義に固有である以上に、グローバル化などで資源配分に不満が生じていることがポピュリズムの根幹にはある。

それに対して、外交・安全保障環境の変化は国民の関心を国外へと向けるため、ポピュリズムの流れを打ち消すことになる。例えば、差し迫った軍事的危機があるのに、国内でいがみ合っている場合ではないという議論などがそうである。外交・安全保障環境の変化は生命や国の存続など国民に差し迫った危機感を抱かせる。そうなると国内問題への関心はそれだけ薄れてしまう。

2017年度現在の状況に照らして言えば、月曜日から水曜日は森友学園や加計学園の問題に腹を立てながら、木曜日から土曜日は北朝鮮のミサイル問題に危機感を募らせるというように器用に頭のスイッチを切換えられる人間など多数派ではないということである。しばしば指摘されるように、外交や安全保障の危機を煽れば国内の不祥事など吹き飛んでしまう。マスコミにしても国民に提示する情報やその量に大きな影響を受けざるを得ないだろう。卑近な事例で言えば、新聞の一面の扱いは外交・安全保障問題にならざるを得ないし、情報番組にしても国内政治の不祥事を扱うよりは外交・安全保障問題を取り上げざるを得なくなる。その意味では、この両者を全くの無関係と整理することは適切ではないだろう。

その一方で、ポピュリズムと外交・安全保障環境の変化は相乗効果を持つことがあり得る。特殊なケースに限られるだろうが、外交・安全保障環境の変化をもたらしている国外要因と国内要因が関連するケースなどである。グローバル化が進む現在、このケースはどこの国でも発生していることである。日本の場合でいえば、在日韓国人や朝鮮人に対する社会の反応がそれである。北朝鮮がミサイル発射実験を繰り返しているにもかかわらず、なぜ日本国内にある朝鮮学校に補助金を交付する必要があるのかという問題がその典型である。ポピュリズムの対象は多彩である。バブル経済崩壊後に既得権益者の中心とした叩かれてきたのは官僚を含めた公務員だが、財政赤字が累積しているにもかかわらず、なぜ日本に脅威を与える北朝鮮と関連する在日朝鮮人や韓国人に資源を配分しないといけないのかという感情が強まることは避けられない。その意味では、両者が相乗効果で特定の対象を攻撃するということは十分あり得るということである。

次に、ポピュリズムと右傾化の関係を考えてみる。右傾化の定義は後述するとして、これも基本的構造は外交・安全保障環境の変化と同じである。右傾化の基本は民族主義の高まりであることを考えると、その中心的な関心事は国外である。どこかと比較することで初めて自民族の良さや優位という発想が出てくるからである。その意味では、この両者も打ち消しあうと想定できる。しかし、この両者の関係は差し迫った危機感をもたらす外交・安全保障環境の変化とは異なり、お互いが相俟って相乗効果をもたらす可能性も高く、より微妙な関係であるとも考えられる。

この微妙さを分析するに当たっては、ポピュリズムと右傾化を特徴づけるものをそれぞれ取り上げて分析してみることが手助けになる。まず、ポピュリズムであるが、その特性は反エリート性にある。具体的にいくつか述べてみよう。まず、エリートを中心とした既得権益者が不当に利益を得ている一方で、中間層を含めた一般国民が苦境に陥っているという見方が社会にあることである。移民に職を奪われたり、グローバル化に翻弄されるブルーカラー労働者が苦境に陥っているというのがそれである。次に、エリートを中心とした既得権益層が批判されるのは、彼等が資源配分を不当に行っていることに深く関わっているからという見方が社会にあるからである。その結果、ポピュリズムはエリートを中心に攻撃対象を見つけて激しく叩くということである。欧米でその対象となっているのは既存のエリート、あるいは、エリートと同類に扱われるような人々であり、エリートが支配力をもつ資源配分過程で不当に利益を得ていると思われているのが移民である。いずれにしても、資源配分に根を持つことは間違いない。

それに対して右傾化とは民族主義の高まりである。昨今、右傾化現象の一つとして「日本は素晴らしい」「日本人は優秀だ」といったように、日本に誇りを持つ人が増えていることが指摘されるのがそうである。日本の右傾化の特徴は後述するが、大きく三つの側面から観察しうる。一つは目は日本に対する誇りが強くなっていることである。二つ目は一般国民レベルでは必ずしも強く見られるわけではないが、政治家や官僚などで強く見られるのは軍事力などのハードパワーから経済力などのソフトパワーを含めた国力の増強である。三つ目は在日韓国人や朝鮮人に対する排外主義である。

この両者の特徴を比較しながら考えると、まず、右傾化により民族主義が高まれば、国内の資源配分に過度に関心が向かうという状況は和らぐということを考えると、両者は打ち消し合う関係にあると考えられる。[*1] 特に、日本のようにほぼ単一民族の国家であれば、この想定は当てはまるだろう。例えば、公務員の給料が高いという批判が起きる一方で、「少ない人数で日本の公務員はよくやっている」「日本の公務員は他の国の公務員に比べて優秀だ」という声が強くなるからである。また、マスコミ報道に対するネットでの批判が典型だが、バッシングの対象になってきた官僚や政府の行動についても批判のトーンは弱まると考えられる。「なぜマスコミは日本の悪いところばかりあげつらって叩くのか」というのがそうである。その意味ではポピュリズムと右傾化はそれぞれ打ち消し合う方向に働くと考えられる。

その一方で、ポピュリズムと右傾化の関係は外交・安全保障環境の変化よりも微妙で複雑な側面もある。強く打ち消し合うどころか、相乗効果でポピュリズムをより激しいものにする可能性もあるからである。

これに関しては民族主義の高まりの主要な二つの要素である「日本に誇りを持つこと」「国力の増強」に様々な側面があることを考えるとわかりやすい。日本に対する誇りと国力を「増強」という側面から捉えれば、政府や官僚への批判は弱まると想定される。先程と同様の理屈である。日本に対する誇りの中に政府や官僚が含まれないとしても、誇りに感じるものと政府や官僚が何らかの関連を持つことがあるし、国力の増強に至っては何らかの形での政府の後押しが求められることが多いからである。その一方で、誇りと国力を「弱体化」という側面から捉えると違ったものが見えてくる。国力の弱体化に政府や官僚が関係していると見なされれば、強い批判の対象にさらされる可能性もあるからである。例えば、日本の国力と言えば、防衛力とか経済力が思い浮かぶ一方で、もう少し具体的なものになると科学技術、ものづくり、日本企業などが想定されるだろうが、仮にこれらを政府や官僚が外資に売り渡しているとなると、国力を弱体化させたという側面から官僚は批判されるだろう。さらに国力を他国への影響力という視点ではなく、国民目線で捉えれば事態はさらに複雑になる。

いずれにしても、これらの微妙さがどのような結果をもたらすかはエリートの動き次第である。仮にヨーロッパの一部の国にみられるように、エリートがあまりにもリベラルな価値観にはまり込んでいると見なされたり、グローバル化とあまりにも親和的であると見なされると、ポピュリズムと右傾化の相乗効果が強くなるということであるが、果たして日本の官僚はそのように見なされていたのかどうかということである。

これまでのことを総合すれば、外交・安全保障環境の変化と右傾化は基本的にポピュリズムの勢いを打ち消す方向に働くと考えられる。その意味では官僚バッシングの流れを押しとどめる方向に機能したということになるが、既述したようにエリートの動き次第ではポピュリズムは外交・安全保障環境の変化や右傾化の流れを自らの懐に抱え込む可能性もある。そのため、エリート（日本のポピュリズムが攻撃対象としてきたという意味では官僚）が外交・安全保障環境の変化や右傾化の流れの中でどういう行動を取ったのか、日本社会はこれをどのように見なしたのかを具体的に分析することが必要になってくる。それについては第三節と第七章で詳細に扱うことにして、第二節ではポピュリズムや官僚バッシングの動きを沈静化させた具体的な要因をいくつか取り上げてみることにしよう。

第二節　官僚バッシングが止んだ消極的要因

ポピュリズムや官僚バッシングが止んだ要因としてまず取り上げるべきなのは、第二次安倍内閣になってから景気が回復したことである。安倍内閣が実施したアベノミクスをどう考えるか、実質賃金などの側面から景気回復を国民全体が実感しているのかなど疑問はあるものの、株価の上昇や雇用失業情勢の改善は社会の雰囲気を大きく変えた。実際、第二次安倍内閣になってから「閉塞感」という言葉がそれほど聞かれなくなった。

アベノミクスの成果については専門家でも評価が異なるし、与野党は互いに都合の良い経済指標を提示して論争すること、世論調査でも決してアベノミクスを肯定的に評価する人ばかりではないとしても、株価が常に高値を維持してきたことや雇用失業情勢が大きく改善したことは否定しようがない事実である。

例えば、最近の有効求人倍率は1・52倍（2017年9月）とかつてないほどの高水準になっているし、失業率は2・8％（2017年9月）とこちらもかつてない低い水準で推移している。図表5―4（201頁参照）でも分析したように、失業率と犯罪発生率や自殺率などは強く相関している。失業率が高まると社会の雰囲気がどれだけ悪くなるかが如実にわかる。たまたま人口が減り始めたために雇用失業情勢が改善されたとか、依然として非正規雇用が多いという反論もあるだろうが、第二次安倍内閣になってから雇用失業情勢が大きく改善したことは事実である。

二つ目はアベノミクスの中身である。三本の矢という言葉に象徴されるように積極的な財政政策・大胆な金融緩和・成長戦略の三つがアベノミクスの柱だが、政権が発足して以来、アベノミクスがこれだけの成果をもたらしたのは大胆な金融緩和によって円安という輸出企業に有利な為替市場を作り出したからだというのはコンセンサスに近いものがある一方で、「成長戦略が機能していない」「もっと大胆な規制緩和をすべきだ」という批判は常に聞かれる。逆に言えば、バブル経済崩壊後どの政権も（程度の差はあれ）追求してきた規制緩和などの行財政改革に依存して景気回復を実現したわけではないということである。

実際、これは第二次安倍内閣が作った成長戦略の中身によく現れている。最初に策定された成長戦略＝「日本再興戦略」（平成25年6月14日）や「「日本再興戦略」改訂2014」（平成26年6月24日）をみると、第二次安倍内閣が頑なに規制緩和や改革という言葉にこだわらなくなっていることがよく現れている。「改革」「岩盤規制」という言葉は出てくるものの、改革が自己目的化しているわけではない。文書を読むと浮き上がってくるのは、もはや規制緩和や改革だけではどうしようもない、むしろ、あらゆる手段を使って日本の資本主義のパイを拡大することが重要だという認識である。

例えば、日本再興戦略では「中長期的に経済成長を続けていくためには、これまでに無い製品やサービス、システムを作り上げることで全く新しい市場を創造するか、成長・拡大を続ける国際マーケットで増えたパイを取りに行くかの二つのフロンティアを開拓していくしか方法がない」と記述されている。また、改訂版では「日本の「稼ぐ」力を取り戻す」という文言があるが、両者とも効果が未知数な改革を徒らに打ち出すよりも、はるかに現実的である。

経済成長のための手段は様々である。バブル経済崩壊後は、小泉内閣で構造改革が声高に叫ばれる中で規制緩和が常に主要な手段としてマスコミから注目を浴びてきたが、経済成長に絞るのであれば現実的な政策がたくさんある。アベノミクスはそういう現実面を重視しているという点で、改革を通じたパイの拡大という絵空事で不透明なものよりも、はるかに現実的である。

アベノミクスが従来の新自由主義的な政策と異なることを示すものはもう一つある。それは賃上げに積極的だということである。以下ではその内容を説明することにしよう。

経済を支える二大要素は設備投資と消費である。「もっと良い商品を作ろう」「世間が驚く新商品を作ろう」と考えて、新しい工場を建設するというのが設備投資のわかりやすい形であるとすれば、そうやって製造された製品を買うのが消費である。経済は設備投資と消費の二者が上手くバランスしないと発展しない。バブル経済崩壊後の日本では、この二者のバランスが崩れた。企業はバブルの経験がトラウマになって積極的に設備投資をしない。バブル後の債務超過の悪夢を恐れて少し利益が出ると内部留保に回してしまうので、労働者の給料が上がらない。給料が上がらないと労働者は消費しない。消費しなければ商品は売れず、利益の出ない企業は設備投資を控えるようになる。

こういう悪循環が発生したわけだが、バブル経済崩壊後の当初の自民党政権は、公共事業中心の景気対策を実施したが効果を上げることができなかった。その後、小泉内閣を中心に自由競争が経済を活性化させるとして構造改革を実施した。それによって経済は表面的には上向き、「いざなぎ超え」という長期間の好景気が実現した。しかし、企業は賃上げしていないので誰も好景気の実感がない。また、好景気とはいっても、なだらかに続いただけで「日本復活」とはいかなかった。

いくら企業が儲かっても、賃金として国民に回らない限り、国民みんなが幸せを感じるような力強い復活にはならない。みんなにお金が回って、色々な形で消費して金が回らないと活気が出ない。そういう循環がない限り、誰も幸せを実感できない低成長だけが続き、日本は緩やかに衰退していくだけだという考えが徐々に浸透するようになった。その頃から、企業の利益＝給料増＝国民の幸せなのかという疑いが芽生えるようになった。構造改革によってサプライサイドを改革したとしても活力がでるのは企業だけで国民は潤わない。そこから企業の利益は「蜜が滴り落ちる＝トリクルダウン」ように国民に自動的に還元されるわけではないということがわかり、それまで当然のように言われてきた「トリクルダウン仮説」が疑問視されだすようになる。

しかし、労組に支えられているにもかかわらず（だからこそ）民主党政権は、あえて言えば、愚かにもこのブラックボックスの部分に手を付けなかった。それに対して、第二次安倍内閣はここに果敢に切り込もうとしたのである。このように労使の賃上げ交渉などに積極的に関与することを国家主義などと批判する声（例えば、「労使交渉に任せます」と静観するのではなく、政労使の協議や財界への要請を通じて積極的に賃上げを求めた第二次安倍内閣の行動を様々な角度から新国家主義という観点から分析しているものとして柿﨑（2015））があるが、これまでの政権がやろうとしなかったことを行っていることは事実であり、意識的にトリックルダウンを起こそうとしていることは否定できないだろう。アベノミクスによって賃金が上がったかどうかについては、これを名目でみるのか、実質でみるのか、企業規模ではどうなのかなど統計の取り方によって議論はあるが、賃上げをしなければ日本経済が向上しないというところに目をつけた事実だけはきちんと評価する必要があるだろう。

また、保守政権には珍しく、二つの成長戦略の両方で「最低賃金の引き上げ」を掲げていることにも注目しなければならない。大企業だけではなく中小企業でも給料を上げようとしているわけである。もちろん、詳細に政府文書を読めば「最低賃金の引上げに努める」と、あくまで努力するとしか述べていないが、成長戦略の中に記述されていることは相応に評価すべきだろう。それに加えて、政治家個々人の本音はともかくとして、これまで景気の実感が伴わない根源の一つと言われてきた企業の内部留保について否定的な発言をしていることにも注目する必要があるだろう。内部留保をどう扱うかについては賛否両論あるが、平成25年5月24日の参議院予算委員会で、安倍首相は復興法人税の廃止に関連して、税の廃止で浮いた分がすべて内部留保に回ると意味がないと答弁していることを考えると、第二次安倍内閣が問題意識を持っていることは確かだと考えられる。

なお、歴史的にみると、内部留保に課税するという考え方が支持された時代があったことは付言しておく。アメリカのニューディール期には留保税が導入されようとしていたのだが、結果的には、産業界が猛反発したり、経済状況の変化などもあって上手くいかなかった。この経緯については諸富（2013）に詳しい。

ポピュリズムやバッシングが止んだ二つ目の要因は民主党政権への失望である。ことさら詳細に述べるまでもなく、官僚主導体制の打破や政官関係の抜本的変換を求めた民主党政権の失敗は、官僚に対する見方を大きく変えることになった。*2

具体的に述べると、まず、政治がすべてを抱え込んでしまうと結局は仕事が回らないことがはっきりしたことである。政治主導の名の下に、官僚を疑って仕事を任せず、すべてを政治家で処理しようとしたことが大きな過ちだったのである。この種の批判の事例としてあげられたのが政治家だけの官邸主導であり、批判のピークとなったのが東日本大震災時だったと考えられる。やるべき仕事が山積しているにもかかわらず、政治家がすべて一人でやろうとし、官僚機構を上手く使いこなせないために仕事が滞り被災地の状況が悪くなるという批判である。[*3]

次に、官僚をバッシングしすぎるとサボタージュという行動に出ることがはっきりしたことである。良くも悪くも、官僚はよく働くことがはっきりしたのである。政治からの指示がない限り全く動かないとなると、経済社会に一定の影響があることがはっきりした。

三つ目は、事業仕分けなどマスコミのいる場所で政治家が公然と官僚をつるし上げる一方で、事業仕分けで財源を捻出できないなど成果が上げられないという状況の中で、官僚が可哀想だ、官僚をスケープゴートにして叩いていただけではないかという同情論まで出てくるようになったことである。

四つ目は、政治主導の限界がはっきりとわかったことである。政治主導体制がある程度の期間にわたって成功を収めていれば、国民の民主党政権や官僚に対する見方も異なったと思われるが、鳩山内閣の普天間基地の移転を巡る様々な軋轢から躓きがはじまって、その後は官僚との関係がぎくしゃくして政治主導体制が不安定をきわめたため、国民はおそらくはじめて政権の安定性といったことを実感したと思われる。

五つ目は、菅内閣から野田内閣にかけてより顕著になったことだが、官僚の在り方を含めて統治機構の改革を前面に押し出した民主党政権は、結局、政権運営に行き詰まって政治主導の御旗を下ろしただけでなく、「財務省支配」という言葉が頻繁に聞かれるくらいに、最終的には官僚機構に依存するような有様になるなど、官僚がいなければ政権運営はできないということが如実になり、インフラとしての官僚や中央官庁の役割が再認識されたことである。もちろん、これは一般国民レベルでどこまで認識されていたのか疑問なところはあるが、実際に政治に関わる人間には深く認識されたと考えられる。

このようなことを踏まえた上で、官僚には一定の役割をきちんと担わせることが重要であること、政治は官僚をバッシングするのでもなければ、これに利用されるのでもなく、官僚を使いこなすことが重要であることが世間に理解されるようになったと考えられる。特に政治主導の理想ばかりが過剰に宣伝されたこともあって、現実の政権運営は理想と異なるなどそれが失敗した時の落胆は非常に大きく、現実的な政権運営ということに国民の目を改めて向けさせることになったことは大きい。政治が変われば何でも可能になるのではなく、政治と行政が上手く噛み合わないと仕事が回らないことがはっきりしたのである。[*4]

総じて言えば、官僚バッシングなどの不安定さがもたらすものではなく、政官の役割分担も含めて安定した政治を求めるようになったということである。実際、NHKが民主党が敗北して自民党の圧勝となった第46回衆議院議員選挙の2か月後に実施した世論調査（調査時期は2013年2月21日〜3月3日）によると、「投票で重視したこと」（複数回答）は、「候補者や政党の政策（34％）」「政権担当能力（32％）」が多く、比例で自民に投票した人では特に「政権担当能力」が56％と半数を超える結果となっている。

これまで自民党は不祥事などが起こって野党が国会で激しい批判を行うなどの場合に、しばしば「政治空白を作ってはならない」「政治空白ができれば政治が不安定化する」といった脅しをかけたが、長年の一党優位の中で有権者がこの言葉に白々しさを感じて民主党に投票して政権交代が起きたものの、現実に政権運営能力のない者が政治を行うと政治空白のような不安定さが生じて、それは尖閣諸島や普天間基地の移設を巡るトラブルなどのような不安定さをもたらすことを実感したということである。この実感が今も続いていて、心理学でいうところの現状維持バイアスが発生しているとも考えられる。

ポピュリズムやバッシングが止んだ三つ目の要因は、公務員制度改革を含めて行財政改革が完成に近づいたことである。行財政改革はとどまることなく、常に見直すべきものと言われるが、政策のすべてが行財政改革に直結するというわけではない。例えば、公務員制度改革に関して言えば、バブル経済崩壊後、常に議論され見直さ

図表6-1　内閣支持率（NHK世論調査）

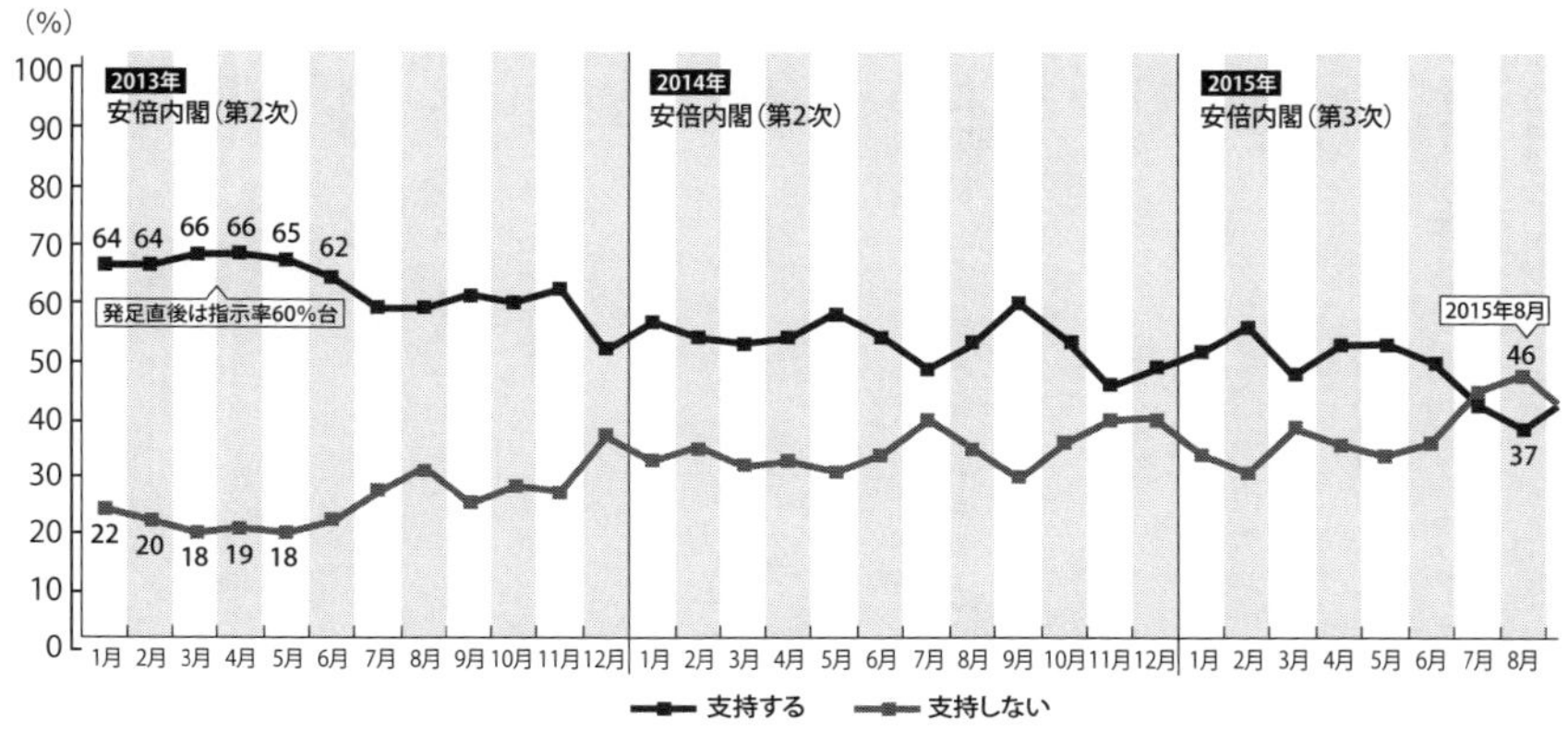

資料出所：ＮＨＫ放送文化研究所「ＮＨＫ世論調査」

れており、もはや官僚主導体制を復活させるようなものにはなっていない。その完成形が内閣人事局の発足である。第二次安倍内閣が国家公務員法の改正によって内閣人事局を発足させたことで、各省幹部に誰を任命するかの人事権が完全に首相・官房長官・各省大臣を中心とする与党政治家に移ったことで、政治主導体制は一応の確立をみたのである。

これと関連して、第二次（以降）安倍内閣になってから顕著だが、衆参それぞれの選挙に大勝して政権運営が安定した（図表6—1　第二次安倍内閣支持率）こともあって、小選挙区制度の導入に始まった政治主導体制（もっと具体的に言えば官邸主導体制）が確立されたことである。

この二つによって官僚の力は大き削ぎ落とされた。「官僚の抵抗」という言葉をマスコミは好んで使うが、人事権を政権与党や官邸ががっちりと握っている以上、もはや官僚は表だった抵抗などできなくなっている。また、官僚支配や官僚の操作という言葉を与党政治家がどこまで真剣に考えて使っていたかともかくとして、官邸主導体制が完成して政治状況も安定すれば、官僚をスケープゴートにする理由はなくなるし、官僚の力が落ちたことがはっきりすれば、スケープゴートにして世論を喚起しようという政治やマスコミの作戦も有効に機能しなくなる。

これらの要因が積み重なって官僚バッシングは沈下していったと考えられるが、それはあくまでバッシングの沈下というレベルであって、官僚をエリートとして再評価するようなレベルではなかったと考えられる。やや極端な言い方かもしれないが、景気がやや持ち直したこともあって、官僚を含めた公務員の在り方がもはや国民の関心事項ではなくなったということである。その一方で、バブル経済崩壊後から今現在までの長期間を見渡すと、官僚を積極的に再評価する社会の流れもあったのではないかと考えられる。ここでは、その可能性をもったものとして日本を取り巻く外交・安全保障環境が大きく変化したことを検証してみることとする。

第三節　外交・安全保障環境の変化と官僚

第三節では、官僚バッシングが止まった二つ目の要因として外交問題や安全保障問題の比重が大きくなったことを取り上げてみることにする。

外交問題や安全保障問題と右傾化を別物として取り上げるのは、その要因に共通したもの（例えば、中国の海洋進出など）があるものの、必ずしも同一の要因で起こっているものではないし、国民感情や世論に与える影響も必ずしも同じものではないからである。例えば、中国の海洋進出や北朝鮮の相次ぐ核実験やミサイル実験は国民に体感できるような脅威を与えるが、右傾化の一つの要因あるいは現れともいえる韓国に対する嫌悪感は戦争などの脅威と結びついているわけではない。実際、竹島の領有を巡って日韓が軍事的な衝突に入ると想定している人などほとんどいない。それは尖閣諸島を巡る日中の偶発的な軍事衝突が大きな話題になったことと好対照である。

まず、この節では外交・安全保障問題が官僚の在り方に及ぼした影響について考えてみる。バブル経済崩壊後の外交・安全保障問題は時間が経つにつれて深刻度が増している。例えば、マスコミでしばしば揶揄されてきたような北朝鮮の軍事力や技術力に対する報道ぶりから考えても、それはよくわかる。国民が飢えていていつ崩壊してもおかしくはないと言われた金王朝と呼ばれる体制が今や、核爆弾と長距離ミサイルを持つに至っており、遂には現実に日本に着弾するのではないかという切迫感まで生じるようになっている。このような切迫感は国民感情にどういう影響を及ぼし、官僚に対する見方を大きく変えるようなものになったのだろうか。

ここで展開される仮説は以下の通りである。外交や安全保障の危機感は内政への関心を薄れさせ、外交や安全保障へと国民の注意を向けるが、ハイポリティクスと呼ばれるほど複雑な分野だけに世論も容易には沸騰しない。どうしても時の内閣を含めて外交官などの専門家に委ねる傾向がある。それと同時に、厳しい国際環境を生き残るためにも政府の力を含めて国力の強化という方向に進むことは避けられない。これらを総合的に考えると、外交や安全保障の危機感は官僚バッシングをとめる方向に働くと考えられるが、問題は官僚すべてにプラスの要素をもたらしたかどうかである。強い危機意識やハイポリティクスを避けようとする態度は、外務省や防衛省といった外交や安保に直接携わる者への敬意や依存を生み出すとは考えられるが、それは果たして官僚機構全体にまで広がっていくものだろうか。あるいは、首脳外交の重要性がたびたび指摘されるように、外交や安保の危機感は強い内閣や安定した長期政権を容認することにつながるのだとしても、その中身まで問うものだろうか。例えば、強い内閣や長期政権には強いエリート官僚が不可欠だという認識が国民レベルで生まれるものだろうか。国力の増強にしてもしかりである。厳しい国際環境を生き残るためには国力の増強が欠かせないという発想が国民全体に蔓延したとして、果たしてそこの中心にエリート官僚制度の強化ということが入っているだろう

図表6-2　自衛隊や防衛問題への関心について

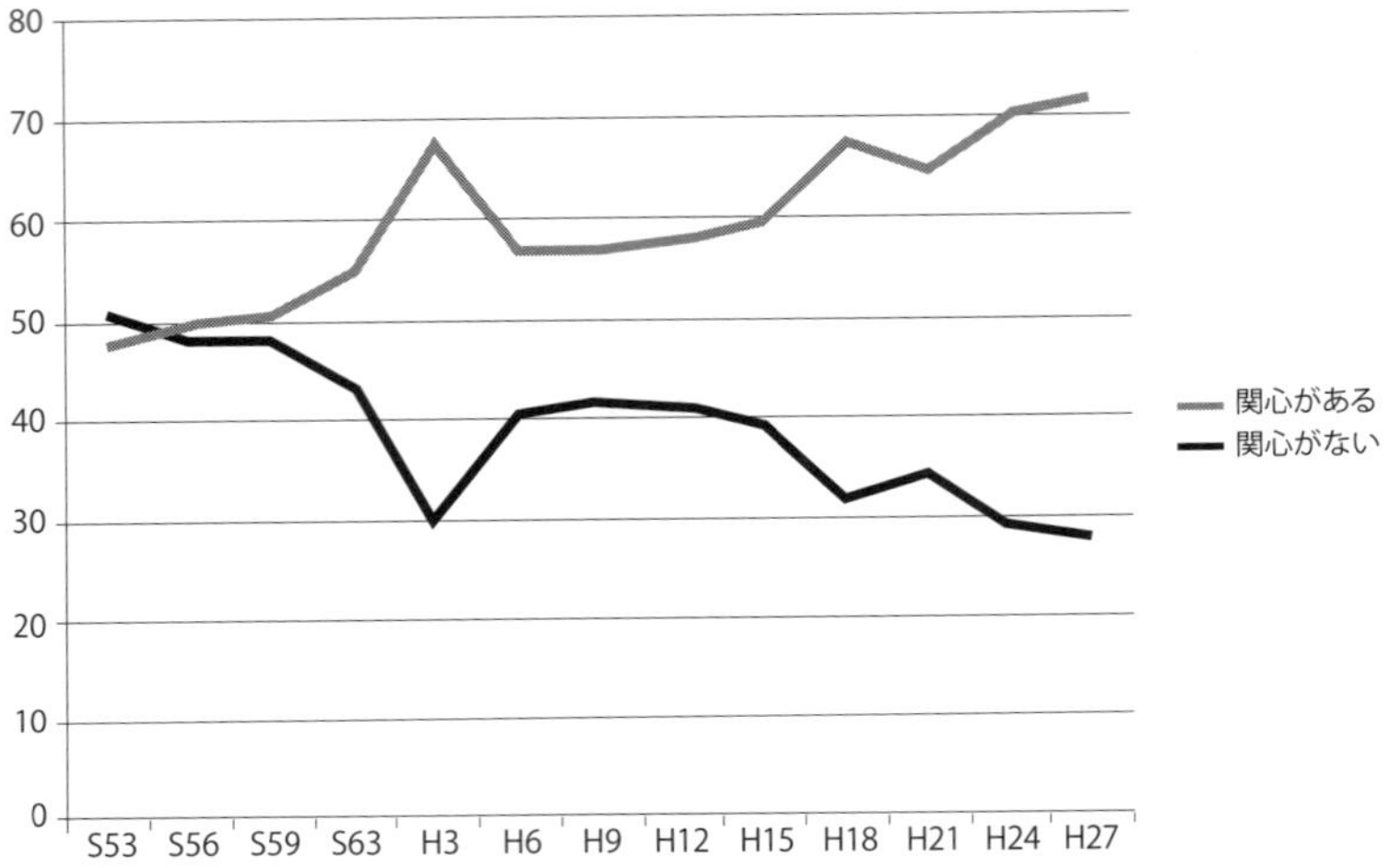

注）「関心がある」＝「非常に関心がある」＋「ある程度関心がある」の割合、「関心がない」＝「あまり関心がない」＋「全く関心がない」の割合

資料出所：「自衛隊・防衛問題に関する世論調査」（内閣府）に基づき筆者がグラフを作成

か。

1　外交・安全保障環境の変化が政府に及ぼす影響

外交問題や安全保障問題の比重はいつから重くなったのか。様々な捉え方ができるだろう。冷戦崩壊によってそれまでのような日米安保に全面的に依存する路線ではなく、独自で生き残る道を考えねばならない状況に追い込まれていた頃からとみることもできれば、バブル経済崩壊後、中国の海洋進出や北朝鮮のミサイル・核爆弾の開発が進んだ頃から、外交や安全保障問題の比重が急に重くなり出したとみることもできる。

次の三つの図表をみてほしい。まず、自衛隊や防衛問題についての関心を持つ人の割合の推移を示したものである（図表6―2）。ここ最近、防衛問題に関心を持つ人の割合が増加していることがよくわかる。次の図表6―3は「政府に望む政策分野」のうち、外交や安全保障をあげた人の割合の推移である。この調査では景気対策や社会保障といった分野が常に上位にあがるが、かつては非常に関心の低かった外交安全保障をあげる人の割合が増えていることがよくわかる。最後に図表6―4は「国連安全保障理事会の常任理事国入りについての賛否」について「賛成」「どちらかといえば賛成」の両者を足し合わせたものの割合の推移である。日本人は国際社会への関わり方も受け身的な印象があるが、バブル経済が崩壊して日本の経済力が落ち込んでいるにもかかわらず、安保理の常任理事国に入るべきだという意見は増加し続けている。

この三つのグラフの動きから読み取れるように、一般国民が外交問題や安全保障問題を強く意識し出すようになるのはバブル経済崩壊後だと考えられる。その大きな理由は冷戦が崩壊して国際社会が混沌とするようになり、米国中心の安定した秩序が揺らぎ出す中で、日本が自ら主体的に何かをやらなければいけないことを一般国民レベルでも実感するようになったためだと考えられる。

特に、この実感を後押しするようになったのが長期不況とアジアでの安全保障環境の悪化である。バブル経済

図表6－3　政府に望む政策（外交、防衛・安全保障をあげた人の割合）

	外交問題	防衛・安全保障
平成元年	0.9	
2年	2.3	
3年	3.0	
4年		
5年		
6年		
7年		
8年		
9年		
10年		
11年	9.8	
13年	17.4	17.2
14年	20.1	16.2
15年	22.1	22.4
16年	21.9	22.6
17年	25.0	19.7
18年	29.8	30.3
19年	23.9	25.6
20年	24.9	21.0
21年	23.5	23.9
22年	26.5	25.2
23年	32.8	27.3
24年	30.3	30.5
25年	34.7	32.3
26年	33.2	33.1
27年	30.9	32.7
28年	25.5	31.9
29年	27.5	36.2

注）1）平成4～9年の調査については「外交問題」という選択肢がないため空白になっている。
2）平成10年、12年は調査が行われていない。

資料出所：「国民生活に関する世論調査」（内閣府）に基づき作成

図表6-4　安保理常任理事国に賛成とする者の割合

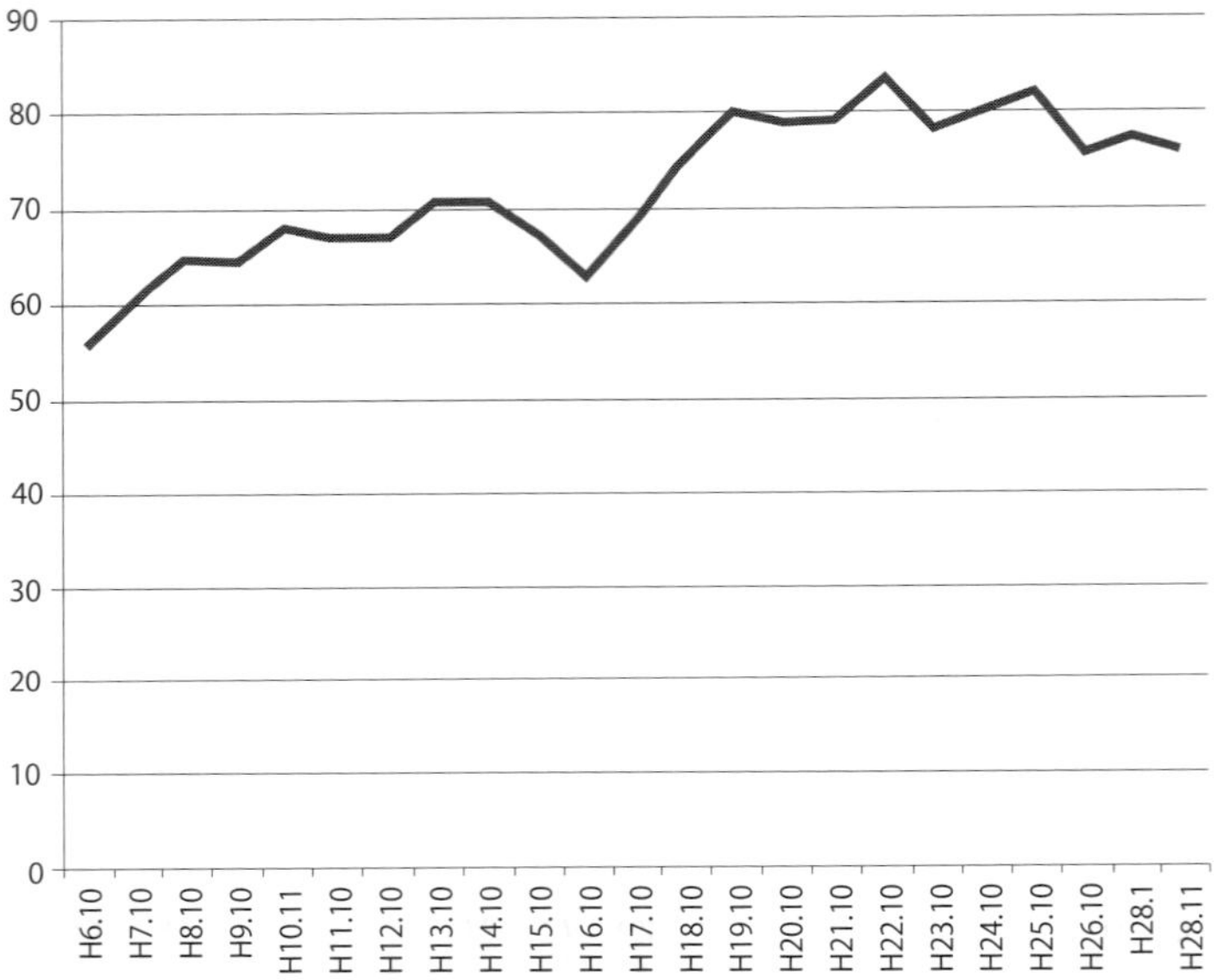

注）「賛成」＝「賛成」＋「どちらかといえば賛成」

資料出所：「外交に関する世論調査」（内閣府）に基づき、著者がグラフを作成

絶頂期の世論調査をみると自衛隊や防衛問題への関心を抱く者は少ないのは言うまでもなく、国連の安保理常任理事国入りを望む者もそれほど多くない。それにもかかわらず、国力が落ちるバブル経済崩壊後、なぜか日本の世論は国際社会への関心を深めていく。国力が絶頂期に国際社会での地位を求めなかったにもかかわらず、国力が落ちてから逆の行動を取るというところに日本人の外交・安保・国力への危機感が如実に現れている。

アジアでの安全保障環境の悪化は今更言うまでもない。冷戦時代はソ連が仮想敵国ではあったものの、時代を経るにつれてその脅威はレベルを下げていき、やがてソ連経済が崩壊する時期に入るとその存在自体がそれほどでもなくなる一方で、バブル経済崩壊後の中国の海洋進出や尖閣諸島を巡る動き、北朝鮮のミサイル実験などは差し迫った脅威として世論に訴えかけるところがあった。例えば、２０１０年に沖縄・

尖閣諸島沖で中国漁船が海上保安庁の巡視船に衝突したことや、その後、検察が中国人船長の釈放という判断を下したことの不可解さ、今現在も続く中国の尖閣諸島沖への侵入などは、身近な問題であるだけに脅威を感じさせるとともに、日本の民族主義にも大きな火をつけたと考えられる。

ここでは、外交・安全保障問題が官僚機構の在り方にどういう影響を及ぼすようになるのかという視点から考えてみることにする。

既述したように、外交・安全保障問題に世論が強い関心を示すようになると、官僚を含めて政府にはプラスに働く。外国の存在を前にして国内でいざこざを起こしている場合ではないという議論や、内政よりは外交問題の方が差し迫った危機であるという、よく聞かれる言質がその典型である。

ここでは外交・安全保障問題の重視が官僚を含めた政府の在り方にどのような影響を及ぼすのかについてより詳細な分析を行うため、いくつかのレベルに分けながら考えていくことにする。

まず、外交・安全保障問題の重視は内政への関心を薄れさせる。外交・安全保障問題が差し迫ったものであればあるほどそうなる。仮に政権が内政でスキャンダルを抱えていたとしても、外交・安全保障問題が勃発すれば、そのスキャンダルが消し飛んでしまうというのが典型である。

これは民主党から自民党に政権が再び戻る２０１２年あたりの状況を思い浮かべるとよくわかる。民主党は政治主導を掲げて政権を奪取したが、その政権公約の少なからぬ部分が政と官の関係を含めた統治機構の在り方だったことや、その後も政治主導の政権運営を行う中で鳩山政権では事業仕分けを行い、官僚を悪者に見立てて無駄遣いをあぶり出すことで世論を沸騰させたが、それからわずか数年後には官僚の在り方を含めた内政問題についての関心は薄れていき、尖閣諸島や北朝鮮問題などの外交・安全保障へと世間の関心が移っていく。

実際、こういう世論の動きを見透かした上で２０１２年の衆議院総選挙では自民党は民主党政権の３年間を

「外交敗北」と批判した上で、それを選挙の主な争点の一つにしている。[*5] 民主党政権の3年間で外交問題について様々なトラブルが起こり、それに対して国民が嫌気どころか不安さえ感じだしているということを巧みに捉えたものだ。長期不況期に入ってからの政治状況を考えると、選挙の争点に外交問題が上がるということ自体が異例である。自民党末期から民主党政権の誕生にかけては行財政改革が主な争点になっていたことを考えると、いかに外交・安全保障環境やそれへの対応で大きな変化が起きたかがわかる。

内政に対する関心が薄れて外交・安全保障問題への関心がそれとは逆に増えていくと、政府の在り方に対してどういう影響が及んでいくのだろうか。もちろん、内政と外交は不即不離であるし、いくら外交安全保障問題が持ち上がったとしても、政府が度を超したスキャンダルを抱えているとか、不況が深刻であるとか、内政のごたつきが上回る場合もあるだろう。その意味では、民主党政権が発足してから時間を経るにつれて内政問題よりも外交がクローズアップされるようになったのは、内政に対する一定の結論のようなものが出ていたことも影響したと思われる。

それでは改めて外交・安全保障問題が政府の在り方にどういう影響を及ぼしたのかを内政と比較しながら考えてみることにしよう。

一つ目は、外交・安全保障問題は外国を相手にした難しい問題であるという印象が強いため、国民はこれに積極的に関わろうとはしないことである。内政は社会保障にしても景気対策にしても自らの生活に関わるものであるがゆえに、いくら難しい問題であったとしても、国民は積極的にこれを知ろうとするのに対して、外交問題は様々な国の様々な思惑が絡んでいることもあって難しい問題であるという印象が強くなる。

二つ目は、外交・安全保障問題は様々な要素が複雑に絡んでいるため、専門家への依存心や敬意のようなものが発生しやすいことである。これは大阪市の改革を成し遂げて国政に打って出ようという勢いだった橋下徹前大阪市長が従軍慰安婦問題や在日米軍に関する発言で強い批判を浴びたことや、[*6]２００１年に不祥事が重なって民間から大使を登用せざるを得なくなったなどの事情もあって、民主党政権時代に鳴り物入りで中国大使に登用された伊藤忠商事会長の丹羽宇一郎氏が民主党政権の末期になり、中国との関係が悪化するにつれて「民間大使では専門知識がなくて何もできない」と批判されるようになったことからもわかる。[*7]

三つ目は、成果がわからないだけに国民の審判の目から逃れやすいことである。自国の領土への侵犯を黙認するなどといった国民目線からもわかりやすい弱腰外交などを除いて、外国との交渉は時間がかかりやすいことや、双方共に利益を得たと主張することがあって成果がわかりにくいため、国民には判断がつきにくい。また、国民にわかりやすい強気な態度が成果と言い切れるのかという問題もある。強気な態度が偶発的な軍事衝突を導くこともあるし、身の丈を超えた軍事費の調達につながることもある。例えば、民主党政権を外交敗北だと批判して、日米安保への傾斜を強める一方で、中国に強気の態度をとり、北朝鮮に圧力をかけ続ける第二次安倍内閣の外交政策をどう評価するのかなどは容易ではない。少なくとも一般国民レベルで安易に成果を結論づけることは難しいと考えられる。

実際、第二次安倍内閣は外交で評価されている印象が強い。民主党政権と比較すると、安倍外交の安定感は顕著であることも間違いないだろう。中国や韓国への強気な態度、日米関係の進化、首脳外交で華々しく活躍する姿などに関して、国民の大多数とは言わないまでも評価する方が多数派だと思われるが、その一方で、内閣府の「社会意識に関する世論調査」（平成29年1月）をみると、「悪い方向に向かっている分野」として、26項目のうち「国の財政」「地域格差」「防衛」「景気」について「外交」が六番目にあげられている。華々しい外交を国民の多くが評価している印象が強い一方で、世論調査では悪い方向に向かっていると評価しているという矛盾した動きをみてもわかるように、外交に関する評価は一般国民レベルでは非常に難しいと思われる。

四つ目は、外交・安全保障問題が深刻化すればするほど、益々、国民の政府に対する依存度を高めることである。例えば、北朝鮮がミサイル実験を何度も繰り返して、実際に日本に飛来するのではないかという危機意識が切迫してくると、一般国民なら誰でも政府に何とかしてほしいと願うと同時に、自分自身では何ともできないという諦めの意識を持つ。ちなみに、一般国民が持つ危機意識を具体的に言えば、領土・領海・領空を侵犯される、日本本土に爆弾が投下されるなどを思い浮かべればわかりやすい。

特に日本人の場合には、危機意識が高いと言われるだけに過剰に反応してしまう傾向があるとも考えられる。例えば、2017年に入ってたびたび行われている北朝鮮のミサイル実験に関して、北朝鮮の隣国である韓国ではこれまで数々の軍事的衝突があったにもかかわらず平然としているのに対して、日本だけが今にもミサイルが飛んでくるのではないかと大騒ぎになった事例がそうだろう。もちろん、韓国が平然としていたのは過去の経験などに加えて朴政権（当時）の内政に対する苛立ちや怒りがあって、外交安保にそこまで注力していなかったということもあるかもしれないが、外国人からみると日本では過剰に危機意識を煽る報道が目立ったという意見があるし、実際にJアラートが作動するなどの事態も生じている。[*8]

なお、危機意識がマスコミ報道によって煽られ政府への依存意識が強まるよりもたちが悪いのは、外交・安全保障の危機意識を煽ることで政府が不祥事などを覆い隠したり、国民の目線をそらそうとしたりすることである。実際、確たる証拠らしきものがないだけで、政権に都合の悪いニュースから国民の関心をそらさせるために、違うニュースをそれに覆い被せるというのはよくある。2017年に入ってからの直近の事例では森友学園や加計学園の問題を誤魔化すために北朝鮮のミサイルの脅威を政府自らが過剰に煽り立てるというのがその典型である。[*9]

バブル経済崩壊後、日本の危機意識は年々強くなっているといっても過言ではない。特にこの数年の危機意識の高まりは顕著である。危機意識がどれくらい強まっているか、新聞で拾うことのできる言葉で検証してみよう。例えば、讀賣新聞のデータベースであるヨミダスで「敵基地攻撃能力」で検索すると（２０１７年6月30日までの検索期間）、この言葉が新聞紙面に初出するのは２００３年である。全件で１２０件ヒットするが、該当記事として圧倒的に多いのは２０１７年である。

２００３年5月26日の社説では「……安倍官房副長官は、これに対し、最近の講演で、「兵器が進歩し、戦術・戦略が変わっていく中で、今までの専守防衛の範囲でいいのかどうか、考えなければならない」と問題提起した。石破防衛長官も、敵基地攻撃能力の保有について、「検討に値する」と表明した。自民、民主両党の防衛関係議員にも同調する声が出ている。共通するのは、北朝鮮の軍事的脅威に対する危機認識だ。北朝鮮は、日本を標的としたノドン・ミサイルを二百基近くも配備しているという。開発中の核兵器をミサイルに搭載できるようになれば、日本は、さらに深刻な脅威にさらされる。自衛隊は、こうした弾道ミサイルに対する有効な防御手段を持っていない。防衛庁は、最新鋭のミサイル迎撃システム「ＰＡＣ３」などの導入を検討しているが、限られた地域の防衛ができるだけに過ぎない。高速の弾道ミサイルから日本全土を守れるわけではない。現実を直視すれば、従来通りの専守防衛政策を続け、抑止力を全面的に米軍に依存するだけでいいのか、ある程度、自ら対応できる防衛力が必要なのではないか、といった疑問がわくのも当然だ。……」と続く。２００３年時点で相当程度に過激な言葉が飛び出しているが、この時点では敵基地攻撃能力で世論が盛り上がることはなかった。

その日から北朝鮮を巡る状況はさらに悪化を続けていることは今更言うまでもない。それにつれて危機感が強まり、敵基地攻撃能力を含めて現実的な安全保障論が強まることもまた避けられなくなる。それだけ我が国を取り巻く状況が切迫しているということである。

この四つの要素から総合的にどういうことを導くことができるだろうか。端的に結論を述べれば、内政問題よりも外交・安全保障問題が大きくクローズアップされる時代は政府にとっては非常に好都合だということである。内政問題に対する関心が弱まることで不祥事などに対する目線が緩くなるし、国民の実益に関わるような社会保障などの問題が見えにくくなるため国民感情が激化することを避けられる一方で、外交・安全保障問題は難しいものだから政府にすべてを委ねるという受け身の姿勢が強まり、政府が流す様々な情報に国民が影響されやすくなるからである。それはここ最近の北朝鮮のミサイル実験に関する報道やそれを受けた日本の世論の動向をみればよくわかる。

それだけではない。受け身の姿勢は政府に対する見方にいくつかの変化を与える。一つ目は、安定した政権を望むことである。二つ目は長期政権に対する許容度が高まることである。三つ目は、強い政権に対する願望が強まることである。不安定で先の見えない国際社会を乗り切り自国の安全保障を守るためには、国内で敵を作り出して民意を煽る政権よりも着実に仕事をこなす政権が望ましいし、首脳外交などによって安定した外交関係を諸外国と築くためには長期政権の方が有利である。また、外交や安全保障が前面に出るようになると、普段冷静な態度を取っている人間でさえ外国や国際社会に対して強気な態度をとるようになり、強い政権を望みがちである。[*10]

実際、こういう観点から長期安定政権や強い政権が望ましいという意見が第二次（以降）安倍内閣になってから強まっていると考えられる。[*11]その一方で、長期安定政権になると権力の上にあぐらをかくことになり国民にはマイナスになる可能性があるということが論じられなくなる。[*12]

2　長期安定政権と官僚の関係

ここで論点となるのは長期安定政権や強い政権とエリート官僚との関係についてである。長期安定で強い政権にエリート官僚は必要不可欠だろうか。あるいは、国民は長期安定政権や強い政権にエリート官僚は必要不可欠だと考えているだろうか。

結論から端的に言うと、長期安定政権を支持する世論はエリート官僚制度にはプラスに働く。長期安定政権、強い政権とは内政が安定していることが大前提であることを考えると、政治と官僚が軋轢を抱えているケースは少なく、政治も官僚制度を積極的に改革して官僚の抵抗を惹起するような行動に出ることはないし、世論もそのような状態をむしろ肯定する方向に動くからである。

これは第二次安倍内閣の場合には特に当てはまる。なぜなら、民主党政権が外交問題だけでなく官僚との関係を巡って政権をマネジメントできずに不安定化したこと、その不安定化を国民が苦い経験として心に刻んでいるからである。

ただし、エリート官僚制度の現状維持という方向性は必ずしもエリート官僚制度の積極的な支持につながるとは考えられない。そのメカニズムを以下で考えてみることにしよう。

まず、長期安定政権や強い政権を支持するということは、リーダーシップの強さやマネジメント能力の高さを含めて首相個人を支持するということを真っ先に意味するからである。次に、国民が支持するものの範囲を広げて考えると、首相が任命する閣僚を含めた内閣全体である。エリート官僚制度への支持は現状維持程度にとどまると述べたのは、長期安定政権の中心となるのは何よりも首相や内閣などの政治家であると考えられるからである。実際、民主党政権は政権運営に行き詰まったとはいえ、官僚がそれにとって代わって上手く政権を運営したというわけでもなく、国民の官僚に対する見方は大きく変化していないと考えられる。

エリート官僚制度が肯定的にとらえられるとすると、それは次のレベルにおいてである。既述したように、長期安定政権や強い政権とは内政が安定していることが大前提である。もちろん、小泉内閣のように内政での改革を主眼において支持率を確保するということもあり得るが、小泉内閣から民主党政権を経て外交や安全保障環境が不安定になる中で国民が長期安定政権や強い政権を求めるようになったという流れを考えると、内政での改革や権力闘争を主眼においたものは考えにくい。例えば、財政赤字の存在が重いため、既得権の打破や税と社会保障の問題に取り組むために長期政権が必要だという発想にはならないということである。むしろ、内政がしっかりと安定した上で外交や安全保障に長期的な視点でどっしりと取り組める政権ということになる。この流れは官僚バッシングに苦しんできたエリート官僚制度にとってプラスに働いたと考えられる。

外交や安全保障問題が噴出している時には、国が一致団結して戦うべきだということを世論が求めていて、それを意識した政治家が官僚と権限やポジションを巡って争いを繰り広げることは明らかにマイナスであると認識しているのであれば、エリート官僚制度に変革を加えようという動きは見せなくなるからである。

実際、第二次安倍内閣では官僚をバッシングしたり、官僚制度改革を主眼に据えることで内閣支持率の浮揚を計ろうという姿勢は見えない。これは拙著（2013）で詳述したように、小泉内閣以降のどの政権と比べても公務員制度改革に熱心だった第一次安倍内閣とは好対照である。もちろん、第一次安倍内閣以降、公務員制度改革が進んだことや世論の動きの変化があり、それが大きな影響を与えたことは間違いないのだが、中央官庁や官僚への対応に大きな変化が生じたことも事実である。

ただし、エリート官僚制度を現状維持する方向に働くということが必ずしも、エリート官僚の立場を強化したり、かつての復権を促すような方向に働いたわけでもないことには注意を要する。端的に言えば、長期安定政権の下で官僚バッシングが止むようになったというだけである。世論は政治と官僚が軋轢を抱えることで政治が不安定化することを望まなかったとしても、それが必ずしも官僚の復権につながるわけでもない。これをいくつかの側面から確認することにしよう。

まず、内政が安定した長期安定政権はあくまでも政治優位が大前提だということである。かつてのように官僚主導体制であるとか政官関係が均衡しているといった状態を国民が望んでいるわけではないため、政治家に代わって官僚が再び優位に立つというものではない。政治が政権全体をコントロールしていることを大前提にして、政治と官僚の適切な役割分担がなされていることを国民は望んでいるにすぎない。

例えば、官僚は自分達や個々の官庁の利益ではなく、国家全体の利益という観点から専門家として専門知識を駆使して政策案を考える。その政策案の中から政治が決断をした上でしっかりと責任を取るという体制である。政治と官僚がそれぞれの役割を忠実にこなして安定した政権運営が実現される。それに加えて政権が繰り出す政策が経済や社会を活性化させ、国民の多くが幸せになる。これが世論が望んでいたことであり、この枠組みの中で官僚が十分な働きをしてはじめて、官僚が再びかつてのように評価されるという流れが出来上がるということになるが、果たして民主党政権中期辺りから強くなりだした外交・安全保障の危機は、このような状況を生み出したただろうか。

残念ながら、第二次安倍内閣で行われたアベノミクスが官僚の知恵の結晶だという認識は国民には薄いと思われる。一部のマスコミはアベノミクスの背後に経産省や経産官僚がいると書き立てたが、国民世論全体が官僚の知恵によってアベノミクスが成功したと考えている気配はない。管見の及ぶ限りでは、これについて世論調査やアンケート調査の類が存在しないため客観的なデータで示すことは難しいが、マスコミ報道などから考えて、上記の結論はそれほど間違ったものとは考えにくい。

また、官僚と身近で接する政治家が官僚を再評価する動きをそれほど強めていないことにも注目する必要があるだろう。官僚の専門知識がどの程度のものなのか、政権で果たす役割はどれくらい大きいのかについて国民が判断・評価することは容易ではない。その優秀さが最も理解できるのは身近でともに仕事をする政治家、特に、政権与党の政治家であることを考えると、彼等が官僚の能力を再評価するようになることが官僚の立場を変えることにつながるが、そのような行動が積極的に行われたという印象は非常に薄い。政権与党の中には官僚出身者が多いのは今も昔も変わらないが、官僚に理解を示したり、その能力を評価する政権与党の政治家が目立たない。

例えば、吉田茂元総理大臣は「外務省は後述するとして、大蔵省は今なお官僚らしき特色を在し、予算の上において断然各省を押さえる実力を有するは、国家のために喜ぶべきである。朝野挙げて予算分捕りに狂奔する今日、大蔵省がこれを押さえるだけの権威あって茲に国家財政の根本が立つのである。大蔵省が喧しくて厄介だという理由から、予算編成権を内閣に収めんとする議論はよく耳にする。戦前も軍部方面から、そのような論がたびたび流されたことがある。だが以ての外の考えというべきである。斯様な主張は、どうせ胸に一物あっての議論であろう。大蔵省というもの、特に大蔵大臣は、事予算編成に関する場合は、各省大臣を同時に敵にせねばならぬ立場のもので、その立場を強力にすることは、政治の根本を正す所以である。予算編成の都度、各省からの強請、強要、威嚇を厳重に阻止する機関がなくては、国家財政は破綻する。この機関は民主政治において最も重要な機関である。それが今日の我が国においては大蔵省である。為政者たるものは、かかる機関が厳としてその権威を保持するように仕向けるべきである。閣僚もまた大蔵官僚の専門的知識より来る意見は、虚心坦懐にこれを聴取する雅量を持たねばならぬ」（吉田1998：63–64）と発言して、旧大蔵省に大きな期待を寄せているが、国家の礎としてあえて官僚を積極的に評価することのできる政治家は今やごく一部だろう。既述したように麻生元総理は官僚バッシングに一線を画する発言をしているが、政権与党の政治家が積極的に身近にいる官僚の能力を再評価するということがない限り、国民の間に「能力のある官僚」という像が強く植え付けられる可能性は低いだろう。

もちろん、政治家が官僚の能力を評価しなくても、マスコミや世論が積極的に評価するということもあり得るだろうが、バブル経済崩壊後の官僚バッシングのことを考えると、これはあまりにも楽観的ではないかと思われる。実際、アベノミクスによってある程度の景気回復が図られている今でもそういう動きは見られない。マスコミの一部に官僚に同情的な論調が見られるのは、内閣人事局によって人事権を握られた官僚はもはや官邸や政治家に抵抗できるような力をなくしており、それが森友学園や加計学園問題などの不祥事につながっているという文脈からにすぎない。

二つ目は、官僚バッシングが止み、官僚を再評価する動きが出てくるとしても、それはすべての中央官庁のすべての官僚ではないということである。これまでも時々に重視される政策課題や首相や官邸との距離から重視される官庁や官僚、逆に遠ざけられる官庁や官僚というものはあったが、外交・安全保障の危機も同様の結果をもたらすということである。

ここでは地位が大きく変動した例として外務官僚と防衛官僚（特に制服組）について取り上げることにしたい。官僚バッシングの対象となったのは国内問題に絡んでいた内政官庁の官僚だけではない。もうすでに忘却されているかもしれないが、外交官も世論からの激しいバッシングを浴び、大使ポストの民間開放をはじめとして外務省改革の渦中に投げ込まれたからである。その発端となったのは機密費の不正流用やハイヤー代の水増し請求などの事件で4人の職員が逮捕された2001年の不祥事である。この事件を発端のようにして外務省で公金がルーズに使われていることが続々と明らかになり世間を騒がせたのである。また、田中眞紀子大臣や鈴木宗男衆議院議員との関連でも世間を騒がせた（田中眞紀子氏と鈴木宗男氏の争いについては無数のマスコミ報道がある）[*13]。これらのことが引き金となって外務省改革が唱えられるようになり（例えば「開かれた外務省のための10の改革」（２００２年　当時は川口順子外務大臣）各国の大使ポストを民間に開放すべきではないかとさえ言われ「主要国の大使を始め本省・在外幹部ポストに民間を含む各界の優れた人材を積極的に起用します」と宣言するところまで追い込まれたのである。

この時期が外務省や外交官バッシングのピークだったとすると、その後は他の官僚バッシングと同様にバッシングのレベルは落ち着いていったが、外務省の不祥事はその後も止んでいるわけではない。例えば、外務省経済局の事務官が約10ヶ月にわたって東京都内のホテルのセミスイートルームに宿泊したにもかかわらず、代金を払っていないことがわかり、事務官はホテルから１５３８万円を請求されたが支払うことができず、外務省に事態を報告したという事件が起きている（「朝日新聞」2008.7.31）。

外務省の場合、第二次安倍内閣での重用が非常にはっきりしていて、もはや外務省改革などという言葉もほとんど聞かれなくなった。また、日本の外交官に外交交渉能力なんかあるのか、パーティーに出席しているだけではないのか、高級ワインを税金で購入しているのではないかといった批判は根強くあったが、その種の批判も表沙汰になるケースは少なくなり、マスコミの場でも外務省出身者などが外交を解説する姿が目立つようになっている[*14]。

もう一つは防衛官僚である。防衛庁が防衛省に昇格したことからもわかるように、バブル経済崩壊後、アジア情勢を中心に外交・安全保障環境が混沌とするにしたがって防衛省や防衛官僚の立場は強くなっている。それは先程みたように世論調査の結果からも明らかである[*15]。特に、集団的自衛権の行使をはじめとして現実に安全保障を担う制服組の自衛官の立場は明らかに強くなっており、様々なケースで重用されるケースが目立っている。その一方で、同じ防衛省でもキャリア組でさえ事務官は軽視されており、必ずしも防衛官僚全体の地位が上がったというわけでもない。例えば、第二次安倍内閣で鳴り物入りで作られた国家安全保障会議（ＮＳＣ）の場合、事務局長は谷内正太郎元外務事務次官であるなど枢要ポストを外務官僚が押さえる一方で、事務局約70人のうち防衛省制服組が三分の一に上っている。これに関連して制服組には「防衛省内局（背広組）に首根っこを押さえつけられてきた」（元海将）との不満が鬱積し、外務省と地下茎でこれまで連携してきたという。実際、外務省出身の兼原信克ＮＳＣ次長は「防衛省の内局なんて要らない。外務省と制服組が連携していけばいいんだ」と吹聴していたと複数の政府関係者は明かしている（『選択』2014.11）。

注

＊1　日本のポピュリズムは官僚バッシングが中心だったことなどから新自由主義と合わさったものだったが、新自由主義と右傾化についてはやはり打ち消し合うものだと考えられる。この点について、中野（2015）は、新自由主義と国家主義は親和性があるとして三つの理由をあげながら、新自由主義的改革を進める最大の受益者はグローバル企業のエリートと、世襲政治家・高級官僚の保守統治エリートで、彼らは新自由主義の利益を共有すると指摘している。ただ、これまで新自由主義の流れの中で官僚バッシングや行財政改革が行われてきたことを考えると、この主張には大いに疑問がある。天下りや様々な人事慣行を含めて官僚主導体制が改革されてきた背後には新自由主義の流れが間違いなくあったからである。規制緩和一つとっても、ビジネスエリートと官僚を中心とした統治エリートの利害が一致していたとは考えにくい。仮に利益が一致していたとしても、それはごく一部の改革派と称される政治家と官僚だけである。そうでなければ、マスコミなどで頻繁に官僚が「改革派」「守旧派」「既得権益」と報道されることもなかったはずである。官庁全体・公務員全体は言うまでもなく、キャリア官僚という少数集団に限っても利益が共有できていたとは考えられない。

＊2　政治主導体制に対する幻滅は日本に限ったことではない。イギリスでもブレア政権がイラク問題に突入していったことなどについて議論する「イラク独立調査委員会」において、過去20年間の悪政をあげた上でその原因として、専門知識のない政治家が官僚より優位に立つ、首相官邸が何にでも首を突っ込む、政治家やメディアが何でも政治問題化する、その結果、不必要で準備不足の法律が山のように成立するなどをあげて、国会議員は選挙区にかかりきりになっており、議員の仕事時間の40％、閣僚・閣外相の仕事の25％を占めていて、こんな政治家が政策に取り組めるわけがないと批判している（『選択』2010.5）。

＊3　民主党政権の危機時に対する対応が稚拙であったことについては数々の論評があるが、何でも政治家がやろうとするために、官僚機構と密接につながる官僚出身の官房副長官が機能しなかったことはしばしば指摘されるところである（村山政権時との比較で官房副長官の石原信雄の役割がいかに大きかったかについては『選択』2011.4）。

＊4　政治主導の幻想については民主党の政治家だけでなく、民主党を取り巻くブレーン達にも大きな責任があると思われる。これについて『選択』（2010.9）は、民主党「御用達」学者の大罪として幾人かのブレーンを取り上げ、いかに現実離れした発言をしていたかを指摘するとともに、彼等から反省の弁も聞かれないと報じている。

＊5　自民党総裁（当時）の安倍氏は衆議院議員選挙の争点として「……最大の争点はどの党が経済を立て直し、（東日本大震災の）被災地を復興することができるかだ。「外交敗北」の3年間を、どの党が立て直すことができるかを問う選挙だ……」と述べていて、経済政策と外交政策の二つを主な争点に据えている（「讀賣新聞」2012.11.17）。

＊6　日本維新の会共同代表の橋下徹大阪市長が、沖縄の在日米軍幹部に「もっと風俗業を活用してほしい」と勧めた発言を撤回して謝罪したことについて、国務省のベントレル副報道官代行は28日の記者会見で、「橋下氏の発言については、以前述べたことに付け加えることはない。世界各国の地方政府の当局者が侮辱的または非難されるべき発言をするたびにコメントすることはできない」と話した（「朝日新聞」2013.5.29）というが、この発言を境にして外国を相手にする外交と内政はやはり異なるということが改めて裏付けられることになった。

例えば、朝日新聞ニューヨーク支局長の真鍋弘樹氏は「日本維新の会共同代表の橋下徹大阪市長による従軍慰安婦と在日米軍に関する発言は、国内のみならず米国からも大きな批判を浴びた。この一連の出来事には、日米の間に存在する見えにくいギャップが潜んでいる。単なる一政治家の舌禍として済ませるべき問題ではないように思う。象徴的なのが、沖縄の米海兵隊幹部に「もっと風俗業を活用して」と語ったという件だ。司令官は「もう凍り付いたように苦笑いに」なったというが、それも当然だろう。米国では公職者が性別、人種などに関する差別、人権軽視につながる言葉を使うことはあり得ない。これは「ポリティカル・コレクトネス（政治的正しさ）」と言われる。折しも米軍では、性犯罪対策責任者による暴行事件が発覚し、性暴力は深刻な問題となっている。いくら理念を叫んでも現実は違う、米国には矛盾も差別もまだたっぷり残っているではないか、と言いたくなるのは理解できる。それでも、いや、だからこそ、米国は理念を譲らない。ニューヨークの地下鉄での出来事を思い出す。混雑した車内で酔いつぶれ、人種差別的な言葉を繰り返している白人の若者がいた。こういう時、周囲に乗客がいなくなるのは日米共通だが、意外だったのは、面と向かって抗議する人たちも現れたことだ。許せないことは許せない。たとえ酔っぱらいのつぶやきであっても。それが米国社会のルールである。これは、慰安婦問題を考える上で日米の意識の落差となって表れる。米下院で慰安婦に関する非難決議を進めた日系人のマイク・ホンダ議員に聞いたことがある。なぜ日本の不名誉になることをするのですかと。答えはこうだった。「私は日系人の名誉回復にも取り組んできた。日本人だろうがなかろうが、これは同じ理念に基づいた行動なんだ」多民族国家、米国には、奴隷制や日系人強制収容所などの暗黒の歴史が刻まれている。もし現在、「当時は黒人奴隷や日系人差別は必要だった」と口にする公人がいたら間違いなく失脚するだろう。理念を高く掲げ、それに反する意見は完璧に否定する。そうしなければ、今も残る差別の傷口から血が噴き出す。理念を取り下げると崩壊するのが、米国という国なのだ。それと比べ、日本では理念が容易に風化するきらいがないだろうか。政治家の失言は、ときに社会の写し絵であることを自覚したい」と述べている（「朝日新聞」2013.6.11）。

また、橋下氏の発言を巡って日本維新の会は動揺が収まらず「参院選で敗北してしまう。維新は消滅だ」と維新の中堅議員は語っている（「讀賣新聞」2013.5.17）のをみてもわかるように、国民の反応は相当激しいものがあり、橋下氏のような才能のある政治家でさえも民意を読み誤っていたかの観があるが、それだけ内政問題と外交問題に対する日本人や世論の感覚は異なっているということでもある。面白おかしく敵と味方を分けるような劇場型が通用しないということは、日本世論は冷静ともいえるし、それだけ外交や安全保障を複雑で難しいものであると見なしている証拠だとも考えられる。

＊7　「讀賣新聞」（2012.8.19）は「政府は18日、丹羽宇一郎中国大使（73）を10月にも交代させる方針を固めた。外務省は9月8日に会期末を迎える今国会の閉会後に幹部や主要国大使の人事異動を行う予定で、丹羽氏もその一環として交代させる。

後任には、外務省の西宮（にしみや）伸一外務審議官（経済担当）（60）を起用する方向で最終調整している。丹羽氏は民主党政権が掲げる「脱官僚依存」の象徴として、菅政権発足直後の２０１０年6月に任命された。伊藤忠商事の社長や会長として、中国との貿易・投資に積極的に取り組み、中国政府や経済界との人脈も豊富なことから、起用された。当時、外相だった岡田副総理が主導して決めた。

しかし、就任から3か月後の同年9月、尖閣諸島沖で中国漁船が海上保安庁の巡視船に衝突する事件が発生。その後、中国がレアアース（希土類）の対日輸出を規制して圧力をかけるなど、日中関係は極度に悪化した。丹羽氏に期待された、日中間で経済外交を進める環境が損なわれた。さらに今年6月、丹羽氏が英紙フィナンシャル・タイムズの取材に対し、東京都の尖閣諸島購入計画について「実行されれば日中関係が極めて重大な危機に陥る」と懸念を表明したことが波紋を広げた。日本固有の領土であるとの認識に欠ける発言だとして、石原慎太郎都知事が早期更迭を求めたほか、与野党からも「日本の国益を代弁する大使としては不適格」などと交代論が強まっていた。

このため政府は、9月に予定される外務省の人事異動と併せ、丹羽氏を交代させる方向で検討に着手した。ただ、丹羽氏の交代時期については、9月29日に日中国交正常化40周年の節目を迎え、記念行事なども予定されることから、それらが一段落する10月以降とする方針だ。後任に予定される西宮氏は１９７６年、外務省に入省。アジア大洋州局審議官などを経て、05年8月から約1年半、中国公使を務めた。その後、北米局長、ニューヨーク総領事を歴任し、現職では経済関係の外交交渉にあたっている」と報じている。客観的な報道にみえるが、言動等から丹羽氏が外交のプロとしての資質に疑問がつくことが文章からにじみ出ている。

＊8

元ＴＢＳ外信部長の伊藤友治氏は「……「日本のテレビ報道を観ていると、米国が今すぐにでも北朝鮮に軍事制裁を加え、周辺国を巻き込んだ戦争に発展しかねない一触即発の情勢にあるかのように伝えているが、行き過ぎた報道とは言えないだろうか?」。米有力紙の海外特派員だった友人の来日を機に夕食を共にした際、ふと彼が口にした感想である。……」としながら、過剰反応の象徴的事例として、宮崎県大崎市が4月19日にJアラートの機器整備中に防災行政無線で「当地域にミサイルが着弾する可能性があるので、屋内に避難して下さい」と誤った警報を一斉送信するミスを犯したこと、その10日後の早朝、北朝鮮が弾道ミサイルを発射したとの報道を受けて、都内の東京メトロの地下鉄9路線全線と北陸新幹線が緊急停車して一時運転を見合わせる事態になったことをあげている（伊藤友治「米国人記者も驚く日本の突出ぶり　テレビ報道は

危機を煽り過ぎ?」『アエラdot』2017.6.20)

＊9 『週刊朝日』(2017.5.12)は、北朝鮮のミサイル危機について安倍総理は「(北朝鮮)はサリンを(ミサイルの)弾頭につけ、着弾させる能力をすでに保有している可能性がある」と自ら危機感を煽ったにもかかわらず、その時期に外遊にでることに関して政府高官や関係者の発言として「「政府は実は、米軍が北朝鮮に武力行使する可能性は極めて低いとみています。米軍が攻撃すれば地上戦は避けられず、在韓米軍にも被害が及ぶ。米国は韓国の新大統領が誕生する5月9日まで行動は起こさず、外交圧力で臨む方針だ。中国に石油禁輸などの制裁を実行してもらう段取りを先日の米中首脳会談で取りつけたところ。日本政府は米国の後押しをするだけです」ということを取り上げた上で、16日の北朝鮮ミサイル発射失敗もデキレースだったとの見方もあるとしつつ、政府関係者が「あれは米国がサイバー攻撃をかけて失敗させたとも言われている。あえて北朝鮮に撃たせることで中国に制裁を強化させる戦略です。米国の望みは経済制裁で北朝鮮を締め上げて金正恩を亡命させ、暗殺された金正男の息子ハンソル氏らによる後継政権をつくること。米中ロの3国で北朝鮮の『信託統治』を行う方式を考えている」と語っているとし、「官邸は北朝鮮の脅威をあおることで昭恵夫人の森友問題から世間の目をそらせるし、共謀罪の必要性を国民に認めさせやすくなる。得意の情報操作ですよ」(前出の政府関係者)と報じている。

＊10 2012年の総選挙で自民党が政権に返り咲いた時、英国の新聞インディペンデントは「中国の圧力と北朝鮮のミサイルの脅威にさらされた日本国民が、『より強く、自己主張する日本』を掲げる自民党を支持した」と分析している(「讀賣新聞」2012.12.18)。また、日本の戦争責任に厳しいスタンスを貫き、自民党などの戦後日本の保守政党のアジアへの謝罪姿勢について批判的な朝日新聞でさえ「天声人語」では「尖閣で筋を通す外交を」と銘打って「……中国や台湾が領有を言い出したのは、周辺の海底資源が注目された1970年前後。昨今は漁船や監視船が出没し、明治期から続くわが国の実効支配を揺さぶっている。海洋進出を急ぐ中国は、南シナ海でもフィリピンやベトナムと摩擦が絶えない。さてどうする。隣人との友好は大切だが、腫れ物に触るような毎度の外交では、先方がさらに踏み込んでくるかもしれない。こと主権に関しては筋を通し、争点はとことん話し合うのがまともな国だろう。世界が見ている」(「朝日新聞」2012.4.21)と政府の強い態度を促している。

＊11 第二次安倍内閣の菅官房長官は講演で「今年は平成25年だが、安倍総理で総理大臣が18人。25年で18人ですよ。横浜でアフリカ会議というのを開いた。アフリカというのは、これから極めて大事だ。しかし、アフリカに足を踏み入れた日本の総理

は、小泉さん以降、誰もいない。それは、1年ちょっとで総理が変わるから行く暇がない。で、隣の中国は国家主席と総理で、50くらいある国の3分の2ぐらいに行った。安倍さんが総理になって、海外によく行っています。それは、首脳外交の遅れを一日でも早く取り戻すためなんです。物事を決めるのは首脳外交なんです。安倍総理は半年ですが13カ国。民主党政権は3年半で17カ国。遅れを取り戻すために全力で取り組んでいる。安定政権でなければ政治はできない」(「朝日新聞デジタル版」(2013.7.15))。同様の意見は識者も述べている。元中国公使などを歴任した宮家邦彦氏は「外交政策は戦略的な見地から、じっくりと時間をかけて仕掛けをし、何年かかけて目的を達成します。長期政権になれば、首相と各国首脳との個人的な関係も強化され、日本の重要性が高まります」と述べ、長期安定政権によって外交の幅が広がると述べている(「讀賣新聞」2015.2.17)。

＊12　安倍内閣の支持率が高いことなどから自民党が総裁任期の延長を決めたことについて、高安健将成蹊大学教授は「自民党の総裁任期延長は日本政治にとって長期的に良いこととは限らない。日本と同じ議院内閣制をとる英国の過去の例を見ると、首相在任が長期化すれば、民意に対して鈍感になるからだ。英国の2大政党の保守党と労働党は自民党と異なり、党首の任期がない。保守党のサッチャー氏は11年間、労働党のブレア氏は10年間の長きにわたり、首相を務めた。確かに、政策は効果が出るまで時間がかかるし、外交の成果を上げるためにも、首相にとって長期政権を運営できるのは良いことだろう。しかし、弊害もある。英国では保守党も労働党も疲れ果て、組織が硬直化し、政策のアイデアも出なくなった。特にサッチャー政権の後半には、公共サービスがガタガタになっていたのに、不人気政策を実施していることに気づかなかった。民意に加え、党内の不満に対しても鈍感になっていた……」(「朝日新聞」2016.10.20)と述べ、長期安定政権の利点と弊害を客観的に述べているが、日本では短期で不安定な政権が続いていたこともあって、安倍内閣が5年以上続こうとしているにもかかわらず、このような指摘が聞かれなかった。ようやく長期政権の弊害が大きな話題になり出すのは森友学園問題や加計学園の問題が取り上げられるようになった２０１７年に入ってからである。

＊13　両氏の争いは国会にまで持ち込まれた。「朝日新聞」(2001.6.21)によると、ロシア課長人事を巡って「「ダメだ。すり替え答弁だ」「何でそんなにこだわってらっしゃるのか」。20日の衆院外務委員会で、自民党の鈴木宗男氏(橋本派)が質問に立った。鈴木氏が関与したとされるロシア課長人事を田中眞紀子外相が覆したことについて、外相と1時間半近くにわたって大声の応酬が続いた。田中外相は就任早々、ロシア課長人事を問題視し、1か月以上前にロシア課長職を離れた小寺次郎氏を

復帰させた。外相は当時、北方領土交渉をめぐる省内の路線対立や自民党代議士の関与が「ベースにある」との認識を記者団に示していた。……」と報じられている。

＊14　外務省や外交官に外交交渉能力や情報収集能力があるのかについては未だに疑問があり、その種の記事は多い。以下では二つの事例をあげておくことにする。まず、ＴＰＰに絡んで民主党の国会議員がＴＰＰは不平等だと指摘したことに対して、米国通商代表部が「（そういう要求を米国にする）勇気ある外務官僚を交渉の場に送り込んでくるといい」と発言したこと（『選択』2012.4）である。この言葉を裏返せば、いかに日本の外務省が米国に従順かということである。また、少し興味深い事例として今や識者として押しも押されもしない高い地位を築いている佐藤優氏について、なぜ「外務省のラスプーチン」と言われるような伝説が生まれたかについて、当時の在ロシア日本大使館がしかるべき活動をしていたことを強調するために佐藤氏の活発な情報収集ぶりなどを過剰に宣伝したという説もある。他省庁出身の外交官は「機密費支出の願いを出しても、根掘り葉掘り使用目的や相手を聞かれ、頭に来て自分のポケットマネーで済ました」と語っており、外務省が実際にはそれほどの活動を行っていなかったことから、佐藤伝説を流布して、当時の日本大使館のお粗末な情報収集能力と失態を覆い隠そうとした意図が見え隠れしているという（『選択』2002.7）。個人を中傷する記事の場合には何らかの意図があるのだと思われるが、佐藤氏かどうかに関係なく、外交官のこの種の能力が疑問視されてきたことは否定できないだろう。

＊15　２０１４年の叙勲では元防衛庁統合幕僚会議議長の竹河内捷次氏が瑞宝大綬章を受賞したが、これは戦後の制服組の叙勲としては最も高いだけでなく、２０１２年の春の叙勲で瑞宝重光章を受けた秋山昌廣事務次官よりもランクが一段高いという。これについて安倍総理大臣は同年7月の参議院予算委員会で自らの指示だったと明かし、「今後も自衛隊員に対し、任務にふさわしい名誉や処遇が与えられるよう不断に検討する」と力説したという『選択』（2014.8）。

第七章　右傾化とポピュリズムについて

第七章では右傾化と官僚制の関係について分析することとする。既述したように、右傾化は外国への関心を高める分だけ国内への関心を低下させるため、ポピュリズムの流れを打ち消すことに役立つ。その意味では、エリート官僚制にとって右傾化はプラスの要因と考えられるが、それは積極的なプラス要因となったのだろうか。官僚バッシングの流れを押しとどめるだけにとどまらず、官僚を再びエリートとして持ち上げるような力を持ったのだろうか。

本章ではこの課題を扱うために以下の視点から分析を行うことにする。その際、右傾化の特徴はこれまで以上に民族主義の傾向が強くなっていること、その分だけ国力増強に強い関心が向かうことと捉えれば、エリート官僚制の是非との関連でいくつかの視点が浮かび上がってくる。提示される視点は四つである。

まず、民族主義の基盤とも言うべき日本の誇りや守らないといけないものとエリート官僚制を関連づける視点である。次に、国力の増強とエリート官僚制を関連づける視点である。この二つは相互にオーバーラップする部分や関連する部分がある。右傾化や国家主義の影響が強くなると、日本の素晴らしさに対する認識が強くなり、ここから話がさらに進展していくと、日本の誇りを取り戻して世界で重きをなす国になるためには政府の力を強化することが必要だということになる。そうなってくると、強い官僚・優秀な官僚は強い政府の条件ではないかということになり、官僚バッシングを弱体化させる方向に働くと考えられるが、実際のところはどうだったんだろうか。

例えば、政府が平成25年5月24日に公表している「公務員制度改革に関する若手職員等のヒアリング」では、「今の法制度が前提とされている限り、そこにはある程度の能力を備えた組織があることが必要であり、公務員バッシング、処遇の悪化、新規採用抑制などによって、公務に優秀な人が集まらなくなると、職員の質の低下が、行政サービスの低下につながり、国家間の国際競争が激しくなる時代にマイナスの影響が生じ、最後に国民が不利益を被ることになるのではないか」「公務員が国民から正当に評価される仕組みを構築してもらいたい。国際的な大競争時代に、国の足腰・基盤となる公務員や行政が弱体化するのは明らかにマイナスである」という発言が見られる。マスコミにも優秀な人材が官僚を辞めて民間に移っていくことの弊害を指摘する声はあるし、国力を判断するにあたっては識者も同じような見方をする。*1

国家間の大競争時代を勝ち抜く＝右傾化・国家主義か断じることは難しいとしても、両者とも他国との比較で自国を強く意識した言葉という点は同様である。その意味では、右傾化は強い官僚制を促す可能性がある。また、他国を意識すれば「他国と比較して日本の官僚制はどうなのか」という議論も出てくる。実際、マスコミが「日本のここが悪い、あそこが悪い」と過剰に批判することに反発するような形で、ネットでは「日本のここが良い、外国に比べてここが違う」といった議論が起こっている。同様の文脈で捉えれば、国際比較すると日本の官僚ほど優秀な人材はいない、これは日本が誇るべきことであるという議論が出てきたとしてもおかしくはない。

なお、この二つの視点の中にはそれぞれ官僚が誇りや国力に資するような働きかけを行ったのか、それとも逆に足を引っ張るようなことをやったのかという視点が含まれる。既述した通り、理論的には右傾化とポピュリズムは打ち消し合う関係にあると考えられるが、エリートの動き次第では打ち消し合うどころか、相乗効果でエリートに対する批判がさらに過激になる可能性もある。

それに対して三つ目はやや異質である。後述するが、現在の日本の右傾化の主要要素の一つは在日韓国人や朝鮮人を中心とする在日外国人に対する排外主義にあるが、この排外主義とエリートとの関わりについてである。最後の四つ目は官僚自身が右傾化していないかという視点である。右傾化を上手く利用したいのであれば、官僚自身が民族主義的な主張をしたり政策を実施すればいいと考えられるが、日本の官僚には果たしてそういう視点があったのかということである。

以下では①右傾化とは具体的に何をさすのか、②日本はマスコミがしばしば言うように本当に右傾化しているのか、③右傾化はいつから始まったのか、④右傾化の現状、⑤右傾化の要因などを分析した上で、右傾化はエリート官僚にどういう影響を及ぼすようになったのかを上記の四つの視点から考察することにする。

第一節　右傾化とは何か

右傾化という言葉はいつくらいから使われ出したのだろうか。各新聞社のデータベースを「右傾化」という言葉で検索すると数々の見出しがヒットするが、１９９０年代までの記事の多くは日本のことではなく外国の政権を指して使っているものが多く、日本で大手新聞などが右傾化を日本国内のこととして使い出すのはここ最近である。ここでは右傾化の定義、右傾化を示す社会現象などについて分析を加えていくことにするが、拙著（2014）で右傾化について詳しい分析を行っていることから、それを踏まえて解説を行っていく。

1　右傾化とは何か

まず、そもそも右傾化とは何を意味するのかを考えてみる必要があるが、そのためには右傾や左傾の前提となる右翼と左翼について整理しておく必要がある。右翼と左翼の定義などについては様々な解説書があるし、論者によって定義に多少のずれがあるが、ここでは、浅羽（2016）が歴史的経緯も踏まえてわかりやすくまとめているので、それを基盤に説明する。

それによると、右翼とは「保守・反動・漸進」を特徴とし、具体的には「国粋主義」「民族主義」「ファシズム」などがその例とされるのに対して、左翼とは「革新・進歩・急進」を特徴として、具体的には「社会主義」「共産主義」などが事例とされる。思想面に関して言えば、左翼は「人間は本来、自由・平等で人権がある」という理性・知性で考えついた理念を広めて世に実現しようとする。なぜなら、これらの理念は国際的で普遍的で、その実現が人類の進歩であると考えられるからである。そのため、自由や平等に反する制度があったなら、それを批判し改革しようとするのが左翼である。それに対して、右翼とは、伝統・人間の感情・情緒を重視する。知性や理性が生み出した自由・平等・人権では人は割り切れないと考えるからである。それゆえに、長い間定着した世の中の仕組み（秩序）は、多少の弊害があったしても簡単に変えられないし、変えるべきでもないと考えるのが右翼である。

この定義は非常にわかりやすくまとまっているが、現実の社会はそれほど単純ではない。例えば、現代社会（特に先進国）で自由・平等を否定する右翼など存在するだろうか。むしろ、欧州で今勃興している右翼はイスラムなどに対抗するという観点もあるのか西欧発の人権を強調さえする。国民からの支持を得なければ何も実現できないことを考えると、右翼が自由や平等を否定するとは考えにくい。

そう考えると、左翼と右翼の定義が非常に曖昧なものにならざるを得ないのがよくわかる。普遍的な軸は存在するものの、もはや今の先進国においては普遍的な軸は適用しにくくなっているからである。また、もう一つ注意すべきなのは、国によって左翼と右翼は異なるということである。以下では日本に置き換えて考えてみることにしよう。

まず、日本特有の左右を分ける軸は「憲法及び憲法9条」「戦前的価値観の再評価とアジアへの謝罪」にある。戦後の日本政治を観察すると、社会保障をどうするか、規制緩和をどうするかといった政府の大小は大きな対立軸とはなってこなかった。これに関しては様々な理由が考えられる。大企業を中心に終身雇用が根付いたために失業率が低く、高齢者中心の社会保障ですますことができたこともあれば、自民党が右から左までを包括する幅広い政党だったことも大きな要因である。いずれにしても、政府の大小が座標軸とならなかったこともあって、与野党間では日米安保を中心とするアメリカとの関係や戦争責任・アジアへの謝罪の在り方の方が大きな対立軸になってきた。

まず、憲法について何が争点となったかといえば、それは日本人が自らの手で作ったのではなく、GHQが素案を作ってあっという間に出来上がったという経緯があるため、戦後憲法を受容するか拒否するかということであり、これを受容すれば親米、これを拒否すれば反米ということである。

次に、戦前的価値観の再評価とは、戦前の日本は必ずしも悪くないという立場である。先の大戦はやむを得ないものだった。日本の植民地支配にも良いところはあった。この種の発言は近年よく聞かれるようになったが、象徴的事例としては、東京裁判・靖国参拝・従軍慰安婦・アジアへの謝罪などがあげられる。戦前の日本を軍国主義と否定してアジアにひたすら謝罪すべきか、それとも戦前の日本は全面的に悪いわけではなく植民地支配にも良い部分はあったと考えるのかを巡って、戦後の左翼・右翼は対立してきた。

この二つを軸にすると、日本の政治には少なくとも四種類の右翼と左翼が存在することがわかる。一つ目は親米右翼（憲法を押しつけた米国に追随する一方で、憲法改正と戦前の再評価を求める）であり、二つ目は反米右翼（憲法を押しつけた米国を拒否して、憲法改正と戦前の再評価を求める）[*2]、三つ目は親米革新（憲法を押しつけた米国に追随し、戦前を否定してアジアに謝罪する）、四つ目は反米革新（憲法を押しつけた米国を拒否する一方で、戦前を否定してアジアに謝罪する）である。

これらのことをまとめると、右傾化とは、日本が自らの民族性をより強く意識しだしていて、場合によっては諸外国との比較で自らの優越性を意識するようになりつつある状態と定義でき、これを戦後日本に当てはめると、自主憲法の制定・戦前的価値観の再評価の二つを軸にして左翼か右翼かを判定できるということになる。

なお、右傾化と同義ではないが在日外国人に対するヘイトスピーチの激化などに代表されるように排外主義の傾向が強くなったことも、一つの事例としてあげることができるだろう。

排外主義は右翼に属するかどうか。右翼の本来の定義から言えば、在日外国人に対するヘイトスピーチなどの極端な差別は右翼的行動ではないと考えられる。日本の右翼イデオロギーの基盤は天皇に絡むのが一般的であって、「在日特権を許さない市民の会」（＝在特会）のように、在日外国人を攻撃するのは伝統的な右翼ではないからである。片山（2007）は、天皇への何重にもねじれた思いが積み上がって、にっちもさっちもいかなくなってしまったのが、日露戦争後から大東亜戦争に至る右翼的な思想の重要な流れではないかと述べているが、日本の右翼はそれほど天皇制に固執する。在日外国人を攻撃することと右翼とは本来何の関係もない。逆に、マスコミ報道などからみると平成天皇の場合には、天皇を右傾化や右傾化する政治権力の防波堤として表現するような有様さえ目立つくらいである。*3

これに関しては佐藤優（2009）も同様の指摘をしている。神話から日本の愛国の精神を考えると、日本の愛国の精神は非常に寛容なもので、幕藩体制時代に異国だった琉球王国の末裔である沖縄人、北海道や樺太の先住民族であるアイヌ人も愛国の主体となっているとして、偏狭な排外主義と日本の愛国主義は違うと指摘している。

その一方で、排外主義を推進している人達が実際にどういう思想信条を持っているのかについては、さらに分析が必要だとも考えられる。元々、右翼的な思想傾向のある人が従来の右翼運動に飽き足らずにヘイトスピーチに加わっている可能性も否定できないからである。この点に関して、樋口（2014）は「日本型排外主義」という概念を提示し、その定義を「近隣諸国との関係により規定される外国人排斥の動きを指す」としている。排外主義の直接の標的となっているのは在日外国人だが、排斥感情の根底にあるのは外国人に対するネガティブなステレオタイプよりもむしろ、近隣諸国との歴史的関係となる、と述べている。

筆者なりにこの言葉を咀嚼すれば、日本はアジアに対する戦争責任を曖昧な形にしたまま戦後を過ごしてきたため、アジア諸国（特に東アジア諸国）は、日本の政府要人や著名人が頻繁に不適切な発言を繰り返すことに辟易している。その一方で日本人から言えば、先の大戦のことを謝罪し続けているとになるため、先の大戦と無縁の世代が増えれば増えるほど謝罪に違和感を感じる人が増えるということになる。

仮に不適切発言を繰り返す著名人と同様の歴史認識に立つ日本人が増えているとすれば、なぜ過剰なまでに中国・韓国・北朝鮮に妥協しなければいけないのかとなるし、彼らと同一視されがちな在日コリアンに対する敵意が増すということになる。日本人を拉致した北朝鮮に対して資金援助をする在日朝鮮人はけしからん、金日成の肖像画を掲げる朝鮮学校に対してどうして援助をしなければいけないのか、というのが最もわかりやすい構図だと考えられる。

2　右傾化を補強する様々な社会現象

右傾化という言葉が出てくる背景には様々なことがあると考えられるが、目につく社会現象が多いということと、「身近な人が右傾化している」と感じる人が多いところに大きな特徴があると思われる。*4

まず、右傾化と言われる現象をいくつか取り上げてみることにしよう。ただ、あくまでマスコミなどで右傾化現象として取り上げられることが多いだけであって、これが社会全体に深く浸透した現象であるかどうかは不確かであることは言うまでもない。右傾化しているかどうかを社会現象面から捉えることは容易ではないということとは肝に銘じておく必要がある。マスコミが右傾化の現象として派手に取り上げることが普遍的なものであるとはとてもではないが考えられないからである。それを踏まえた上で様々な側面から右傾化現象をみてみることにする。

まず、政治面での右傾化である。具体例をいくつかあげてみよう。一つ目は社会党が名称を変えながら消滅の危機に瀕していたり、中道からやや左を代表する民進党などの政党が勢いをなくす一方で、自民党などの従来からの保守政党に加えて日本維新の会など新たな保守政党が人気を得ていることとである。その典型が第二次（以降）安倍内閣である。第二次安倍内閣の本質が何かについては様々な議論があり得るだろうが、戦前の日本の再評価、特定秘密保護法、集団的自衛権行使可能な閣議決定などこれまでに実現した安全保障政策などから総合的に考えても、第二次安倍内閣は右翼政権と言っていい。

二つ目は右派政党の誕生である。日本維新の会は自民党よりも右寄りの政党だと言われる。これまでは自民党よりも右寄りの政党は存在しなかった。また、元自衛隊航空幕僚長の田母神俊雄氏が東京都知事選挙で多数の票を獲得したことも大きな話題となった。

三つ目は民間レベルの右翼団体の広がりである。右翼と言えば、街宣カーに乗った人々による近寄りがたい政治運動と思われてきたが、今や右翼の形は非常に多様化している。ネット右翼や在特会などマスコミで頻繁に取り上げられる運動に加えて、「日本会議」のように安倍内閣を実際に支える民間団体もある。会長は元最高裁長官で、宗教団体の幹部や大学の名誉教授が名を連ねているし、安倍首相をはじめ保守系の政治家も役員になっている。「朝日新聞」（2014.8.1）で報じられているが、日本会議が改憲に向けた様々な演出を行っていると言われる。

数ある右傾化現象の中で、最も象徴的な現象と考えられるのは憲法改正に賛成する国会議員が圧倒的多数派になりつつあるということである。2014年に共同通信社が実施した衆院選立候補者アンケートに回答した458人のうち、憲法改正に賛成は84・9％に当たる389人で、改憲の国会発議に必要な3分の2（317）を大きく上回っている。その一方で、同社が同時期に実施した全国電話世論調査では、憲法改正に反対する者が45・6％、賛成する者が36・2％であり、一般国民レベルでは憲法改正に反対の方がまだ多い。憲法改正への賛否については様々な世論調査があり、調査結果にも幅があることは間違いないが、国会議員ほど圧倒的な開きが生じる事例は目立たない。既述したように右傾化現象が普遍的なものかどうかの判断は難しいものの、憲法改正への賛否が左右を計る大きな軸であることを考えると、政治現象についていえば、選挙制度という要因や憲法のどこをどう改正するのかといったことはあるものの、右傾化していると判断していいだろう。

政治面で様々な団体の活動が活発化するのと呼応するように、戦前を再評価する動きが強くなっていることもここに付け加えておく。具体的に言えば、東京裁判は戦勝国が勝手に作りあげたもの、戦後憲法はアメリカからの押しつけ、アジアで日本は必ずしも悪いことをしたわけではないといったように戦前の日本を再評価したり、その復権を求める政治的動きが強まっているということである。

右傾化と騒がれる背景には、このような政治面での新しい現象に加えて社会面や文化面で民族主義をより強く意識した出来事が起こっていることがある。その特徴を一言で言えば、「日本は素晴らしい」「日本は誇れる国だ」と何かにつけて、ニッポンを強調する姿が目立つようになっていることだと言われる。精神科医の香山（2002）は、ナショナリズムが体現されている風景として、内親王誕生時の異常な盛り上がり、サッカーワールドカップ日韓大会での日の丸・君が代・日本語ブームをあげているが、これ以外にも「日本はすごい」「日本人は素晴らしい」と礼賛するケースはたくさんある。典型的には、文化遺産とも言えるような「おもてなし」「日本料理」をはじめとして、宮崎駿監督に代表されるアニメやアニメ映画、日本人の規律正しさなどである。

その一方で、この種の日本礼賛論を右傾化に即座にむすびつけるのは必ずしも適切とも言えないところがある。例えば、日本語ブームをその一事例としてあげることができる。日本語ブームを右傾化の現れと言う意見があるが、『声に出して読みたい日本語』という本がベストセラーになったり、「日本のしきたり」のような本が売れるようになったことをそもそも右傾化と結びつけるべきなのだろうか。あるいは、２０１２年に大ヒットした百田尚樹氏の小説『永遠のゼロ』も右傾化の現われと必ずしも言い切れるものでもない。零戦のパイロットを主人公とすることから、右翼エンターテイメント小説と言われたが、中身は戦争賛美とは言い切れない。あるいは、日本賛美の多くは日本人自身が感じるだけでなく、日本に観光に来る外国人が見た日本の良い所でもある。例えば、ネット上では「犯罪発生率が低い（治安が良い）」「医療費が安い」「アニメ、漫画など娯楽文化が素晴らしい」「平均寿命が長い」「日本人は腰が低い」「日本人は礼儀正しい」「日本のサービス業の質は高い」「日本人は礼儀正しい」などに加えて、「日本のトイレは素晴らしい」「日本の立体駐車場は素晴らしい」など個別のものをあげるものもある。

その一方で、右傾化と絡めて定期的に問題となっているのがサッカーでの様々な出来事である。２０１７年５月にはサッカーのアジア・チャンピオンズリーグ（ＡＣＬ）で、旭日旗《きょくじつき》をめぐって日韓のサポーターがつかみ合いになる騒動が起きたが、サッカーで騒動が起きるのはこれが初めてではない。「朝日新聞」（2017.5.11）によると、２０１１年の日韓戦では猿のマネをした韓国選手が、ツイッターに「観客席にある旭日旗を見た自分の胸には涙だけがわき出た」と投稿して問題になったし、13年の日韓戦では、日本側が旭日旗を掲げたとして、韓国側が「歴史を忘れる民族に未来はない」との横断幕を広げた。サッカーは国と国との戦いであるだけにナショナリズムに結びつきやすいことを考えると、この現象は一過性のものとして無碍《むげ》に取り扱うべきではないと考えられる。

このように右傾化を示す社会現象はたくさんあるが、すべての分野を同列に論じることは難しい。一過性のものもあればサッカーのように他国やナショナリズムが絡みやすい分野もあるからである。

3　右傾化はいつくらいから始まったのか

次に、右傾化はいつから始まったのかを分析することにする。その始まりがいつか具体的な年を特定するのは難しいが、その流れが年々強くなってきたのは間違いないと思われる。例えば、新聞広告に掲載される週刊誌や月刊誌の韓国や中国への見出しが大きく変化していく変遷をみても、中国や韓国への風当たりが強くなっていったのがわかる。*5

ただ、これについても厳格に考察するとそれほど単純ではないと考えられる。例えば、右傾化を特定の国への敵意に絡めるのか、それとも、日本を誇る気持ちのように広く捉えるのかによって、右傾化が始まった時期に対する見方は異なると考えられるからである。右傾化を中国や韓国への反発とだけ捉えれば物事はそれほど複雑ではないが、国際社会への静かなる反発と捉えればどうだろうか。

社会全体の雰囲気という幅広い観点から考えると、例えば、竹田（2013）は、書店の品揃えは世相を反映すると言いながら、東日本大震災前後で並ぶ本が変化したと述べている。震災前は日本を罵倒する本ばかりだったが、震災後は正反対で、日本の可能性や底力などを伝える本が山積みになっていると指摘している。ここから、震災と外患（中国との軋轢など）と民主党政権を経験することで、日本人は戦後初めて日本に興味を持ち始めたようだと述べている。

その一方で、「新しい歴史教科書をつくる会」に普通の人が参加するようになったこと、小林よしのり氏の著作や漫画が爆発的に売れるようになったことという社会現象面を重視すれば、右傾化が始まったのはもう少し前ということになる。おそらく、１９９０年代から徐々に進んできて、それが大きなうねりになるのがここ最近ということかもしれない。

個別の国に関しては、もっと違った時期になると思われる。内閣府の「外交に関する世論調査」で、中国に親しみを感じる人の割合がどう変化してきたのかをみてみると、１９８０年代までは７割以上の人が中国に親しみを感じていたが、１９８９年（平成元年）６月４日の天安門事件以後、急速に親近感は冷え込んでいる。親しみを感じる人は７割以上から５割前後へ落ち込み、それ以降も低下傾向を辿っている。

その一方で、韓国については中国のように長期悪化という傾向を辿っていない。むしろ、親しみを感じる人がずっと増えている。この背景には様々なものがあると考えられるが、韓国文化の影響が最も大きいのではないだろうか。特に、韓流と言われる韓国ドラマの影響は非常に大きかったと考えられる。テレビドラマは一般の日本人が幅広く視聴する。お茶の間に韓国文化が入り込んだと考えると、一般国民レベルで親近感が増すのは当然だと考えられる。

他方で、ここ最近の動きをみると、２０１２年８月に当時の李明博《イミョンパク》大統領による天皇の反日独立運動家への謝罪要求、竹島上陸などがあって親しみは急降下する。２０１３年も朴槿恵《パククネ》大統領が親日家と見なされるのを恐れて対日強硬姿勢を崩さなかったため、親しみは落ち込んだままだった。

ただ、韓国については少し違った見方もできる。例えば、内閣府の世論調査をみると、過去30年間、「韓国に親しみを感じる」世論が増えるにつれて、「親しみを感じない」世論が減っていくのに対して、「現在の日本と韓国の関係」を「良好だと思う」の方は増減を繰り返していて一定の関係を見いだすことはできないとして、個人的な親近感と二国間関係に対する客観的な評価を切り分けて判断するくらい、日本の世論は成熟していると言えるのではないかと浅羽祐樹氏は指摘している（浅羽・木村・佐藤 2012）。

このように右傾化が始まった時期を特定することは容易ではないが、その一つの要因は右傾化は徐々に進行するものか、ある日引き起こされるものなのかの判断が難しいからである。上記でみたいくつかは明らかに時間をかけて徐々に右傾化が進行するということを示しているが、ある出来事をきっかけにして突然、右傾化が大きく進展する可能性もある。例えば、中国や韓国との関係については「特定の事件」をきっかけにして、急に関係が劣悪になって、相互の感情が悪化したということもあり得る。佐藤成基（2009）は、政権交代、ある政治リーダーの台頭や失脚、経済状況の変化、戦争、条約の締結、革命や暴動など、様々な事件が当事者たちの意図を超えて複合的に作用していく過程でナショナリズムは生起・激化・退潮・再帰すると述べているが、そういうエポックメイキングな出来事がこの20年間にたくさん起こっていると解釈することはあながち的外れでもないということである。

例えば、中国との関係については、様々な経緯はあったものの、年々、関係が悪化していったというよりは、むしろ、突発的な事件を境にして急変するという見方ができる。実際、２０１７年度現在は日中首脳が会うかどうかというレベルの話でさえ大きな話題になっているが、わずか10年前の２００８年には胡錦濤国家主席が中国の国家主席としては10年ぶりに来日している。それほど良好だった関係が崩れたのは時間が経過する中で相互の行き違いが増していったという側面もあるものの、大きな分岐点となったのが尖閣諸島を巡る諍いであることは間違いないだろう。

例えば、小泉内閣時代は靖国参拝などで日中関係がぎくしゃくしたと言われたが、それでも政冷経熱と言われるように経済面の結びつきを重視する声が強く、日本社会の中国に対する反発も今ほど強くなかった。中国は日本にとって将来性のある大切な巨大マーケットという論調が主流だった。*6 それが２０１０年に中国人船長の海上保安庁の巡視船への体当たり、その後の船長の釈放で一気に風向きが変わり、日本社会は中国に対して激しい反発を抱くようになった。これによって日中関係は一気に悪化し、民主党政権による尖閣諸島国有化によって、両国関係は対立の泥沼にはまり込む。韓国との関係についても同様のことが言える。徐々に悪化していったという側面はあるものの、むしろ、中国との関係以上に日本社会の反発を招く細かな出来事が断続的に起こっているという印象が強い。

4　日本の右傾化の現状

これらのことをすべて考慮した上で、日本は右傾化していると言えるのだろうか。右傾化についてここ数年多数の書籍が発表されているが、その結論は様々である。そもそも誰が右傾化しているのか、誰が右傾化していると主張しているのかについても確定的なことは言えない。[*7]

その上で、右傾化・右傾化と騒いでいるのは主に二種類の人々だと考えられる。一つは日本の左翼やマスコミである。少しでもナショナリズムに絡める動きが出たり、政府が安全保障で踏み込んだりすると「右傾化している」という声をあげることは今も昔も変わらない。ただ、大声を出すわりには現実が全く違うため、左翼やマスコミの右傾化に関する言論はそれほど信用性を持たなくなっている、それどころか、逆に右傾化しつつある政治に信憑性を与えることにさえなってしまっている側面もある。「いつか来た道」というフレーズが代表的な狼少年言葉である。政府が少し違ったことをやると、戦前のようないつか来た道に戻ると言い続けてきたものの、いつか来た道に戻らないどころか、切迫する東アジア情勢を考えると、右傾化を批判する者の言論に今や説得力がなくなりつつあるという見方もできる。

もう一つは、海外のマスコミである。日本のマスコミも右傾化を指摘するが、国際社会からの目線を気にするのか、日本社会は海外マスコミが日本の右傾化を指摘すると敏感に反応する傾向がある。もちろん、欧米の主要メディアのスタンスはそれぞれである。日本は右傾化していると断言するところもあれば、日本の右傾化はそれほど騒ぎ立てるほどのものではないというトーンで報じるものもある。例えば、『文藝春秋SPECIAL』（２０１４年夏号）は外国人記者クラブにアンケートをしているが、寄せられた意見は様々である。

その一方で、総体的にみれば「日本は右傾化している」という見方が強まっていることは否めない。『文藝春秋』は、「日本は右傾化している」というのが国際社会の一致した安倍内閣下の日本観だとしながら、海外のマスコミが日本の右傾化の証拠として真っ先にあげるのが、橋下徹大阪市長・籾井勝人ＮＨＫ会長（いずれも当時）の慰安婦発言、安倍総理の靖国神社参拝などの著名人の最近の言動だと述べている。

それくらい海外の見方は辛くなっているということである。日本人自身は右傾化していないと思っているだけで、これまで受け入れてきた歴史観を覆している、それも社会的立場の高い人が覆しているというのは、それなりに海外にはインパクトをもって受け取られているということである。これまでも閣僚の不適切発言に見られるように、社会的立場が高く政治的影響力の大きい人が戦前の日本を賛美するといったことは繰り返されてきたが、今はそれが厳しく捉えられるようになったと見なすこともできる。

日本に対して辛い見方をするのは海外のマスコミだけではない。国際社会や外国の学者が辛い見方をすることもある。日本人は「知日派」という言葉に好意的である一方で、日本の右傾化に警鐘を鳴らす学者の言葉には耳をふさぐ傾向があると考えられる。もちろん、日本人から見ればクビをひねるような解釈をする人がいることは否定しない。

例えば、尖閣諸島問題は中国が強引に攻めてきていると日本人は思っているが、海外からみれば、日本人が攻めているようにも見えると解釈する学者もいる。G・マコーマック（オーストラリア国立大学名誉教授）は、ジョン・W・ダワー（MIT名誉教授）との対談の中で「尖鋭的な形で表れている領土問題は、近年日本側が二つの島嶼に対して、一方的に領有を決定したことに起因しているように思われます」と述べている（2014）。

日本人は国際社会や国際連合に対する妙な幻想を持っていると言われることが多い。国連は常に正しい、中立公正というイメージである。そのため、日本の正しさを理解してくれているという甘えのようなものがあるが、これは一方的な思い込みで、実際には海外から全く理解されていないこともある。こういうことを踏まえた上で、少なくとも海外の一部からは「日本は右傾化しつつあると見られている（海外にはそう見なしている人もいる）」ということを冷静に認識しておくことが重要である。

他方で、日本の左翼・マスコミ、海外マスコミ、識者の見方はバイアスがかかったと言わざるを得ないようなものも多いし、特定の政治家が右傾化していることが日本社会全体の右傾化につながるとはとても思えない。例えば、マスコミ報道はごく一部の社会現象を普遍的で社会に幅広いひろがりを持つかのように論じる傾向があるが、サンプル数の多い調査や長年のデータが蓄積されている調査はマスコミ報道と同じ方向を必ずしも示しているわけでもないからである。例えば、国際比較調査の「世界価値観調査」では、「もし戦争が起こったら国のために戦うか」という問に対して、「はい」の比率が日本は世界78か国で最低であることはよく知られている。

それ以外にもいくつかのデータを示してみる。NHK放送文化研究所は5年ごとに日本人の意識調査を実施している（『現代日本人の意識構造』）が、それによると日本が右傾化しているとは言いにくい。例えば、この調査では「日本は一流国だ」「日本人は他の国民に比べてきわめて優れた素質を持っている」「今でも日本は外国から見習うべきことが多い（もはや見習うべきことはない）」という三つの設問に対して、「そう思う」と回答した人の割合を見ているのだが、1983年がピークでそれ以降は下降している。確かに、2008年にやや回復してはいるがピーク時には届いていない。それほど日本に自信がないと感じている人が多いということである。

天皇制についても極端に敬意が増しているという傾向はない。ＮＨＫの先程の調査では「天皇に対してどういう感じを持っていますか」という設問に対して「尊敬」「好感」「無感情」「反感」という四つの選択肢を用意しているが、その結果をみてみると、確かに、昭和時代から平成に入ってから「無感情」が減少する一方で、「好感」が増えているし、２００８年の調査では「尊敬」も増えているが、総合的にみれば、２００８年調査でも一番多いのは「無感情」である。

憲法改正についても同様である。確かに、中国や北朝鮮情勢の変化から憲法見直しの世論は強まっているものの、憲法改正すべきという方向に流れていると断定することは難しい。ＮＨＫが同じ方法で行った憲法に関する過去の調査（「憲法に関する意識調査」（電話法））を比較してみると、「憲法を改正する必要があると思う」と答えた人は、１９７４年、１９９２年、２００２年の調査では増加を続け、アメリカの同時多発テロ事件の翌年の前回２００２年は58％にまで上昇しているが、２０１７年の調査では前回を15ポイント下回っている。その一方で、「改正する必要はないと思う」と答えた人は、前回より11ポイント増えてさえいる。この２０１７年の調査に関しては、自民党を中心とした与党が衆参で多数の議席を持ち、憲法改正が現実問題として考えられるようになっていること、安倍総理自身がイニシアティブを握って憲法改正の流れを作りだそうとしているがゆえに緊迫感があるという意味で、今まで以上に国民の実感が反映されたものだと考えると、憲法改正に国民的コンセンサスがあるとは言いがたい状況であると推測される。

その一方で、日本社会全体が戦争責任といったことに対する意識が希薄になっていたり、国家を肯定的に捉える傾向があることも否定できない。例えば、内閣府の「社会意識に関する世論調査」でみると、「個人の利益より国民全体の利益を大切にすべき」という意識が昭和60年には最低の22・4％だったのが、平成21年には56・

図表7-1　個人の利益と国民全体の利益はどちらが大切か

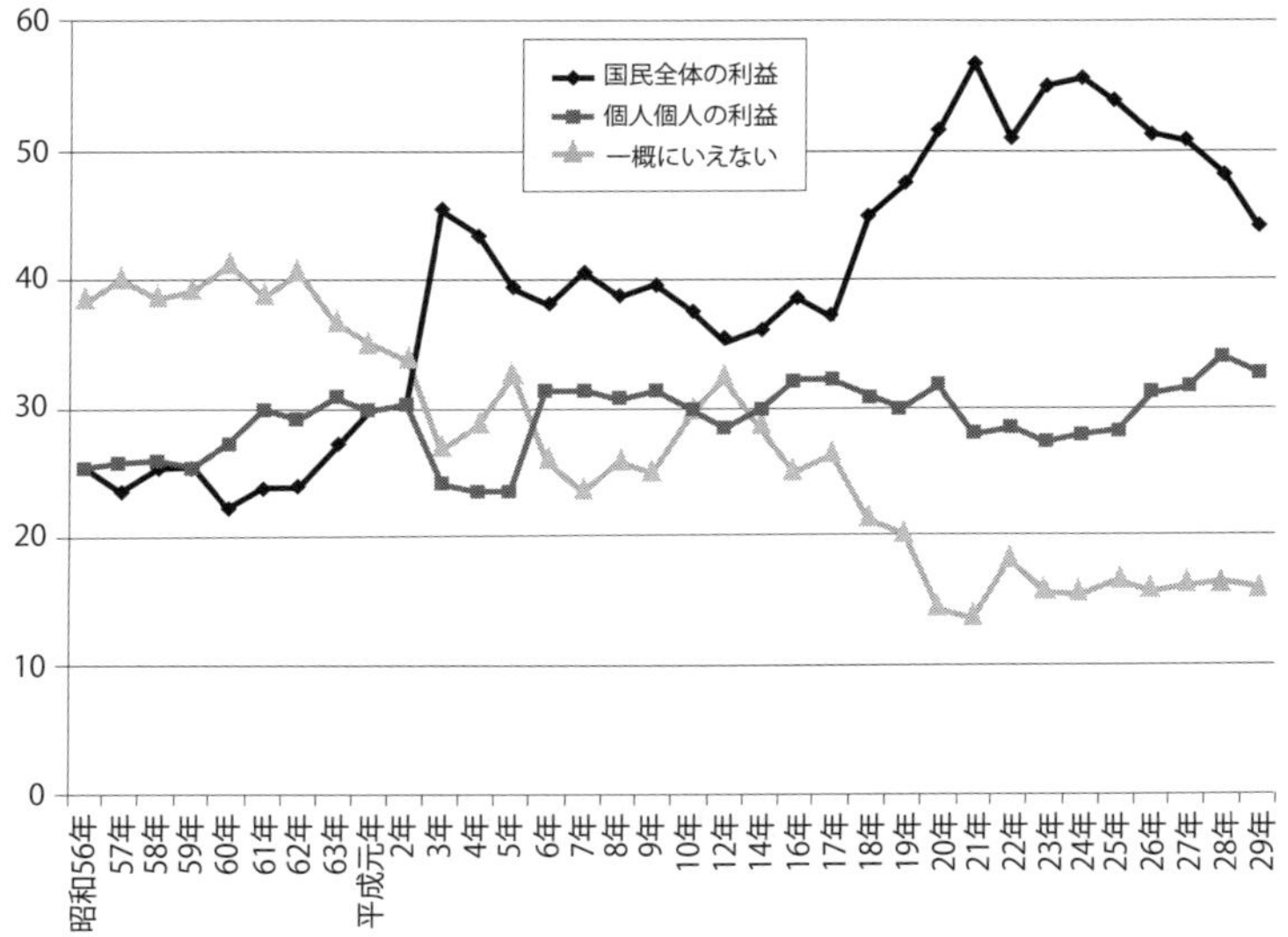

注）質問は「あなたは、今後、日本人は、個人の利益を犠牲にしても国民全体の利益を大切にすべきだと思いますか。それとも、国民全体の利益を犠牲にしても個人個人の利益を大切にすべきだと思いますか」
　回答は「国民全体の利益が大切だ」「個人個人の利益が大切だ」「一概にいえない」「その他」「わからない」の五つである。

資料出所：「社会意識に関する世論調査」（内閣府）各年版に基づき筆者が作成

6％に増えている（図表7―1）。また、「国を愛する気持ちの程度が強い」とする者も平成以降は5割を超えることが多く、平成25年にはピークの58％となっている（図表7―2）。さらに、第二次安倍内閣が発表した戦後70年談話について、共同通信社が14、15両日に実施した全国電話世論調査によると、戦後70年に当たって安倍晋三総理が発表した首相談話を「評価する」との回答は44・2％、「評価しない」は37・0％だった。内閣支持率は43・2％で、2012年12月の第二次安倍内閣発足以降で最低だった前回7月の37・7％から5・5ポイント上昇し、不支持率は46・4％だった。安倍総理が談話で、先の大戦をめぐる「おわび」に言及する一方、後の世代に謝罪を続ける宿命を背負わせてはならないと表明したことに関し「おわびの表現として適切だ」が42・7％、「適切ではない」が23・6％、「おわびに言及する必要はな

図表7-2　国を愛する気持ちの推移

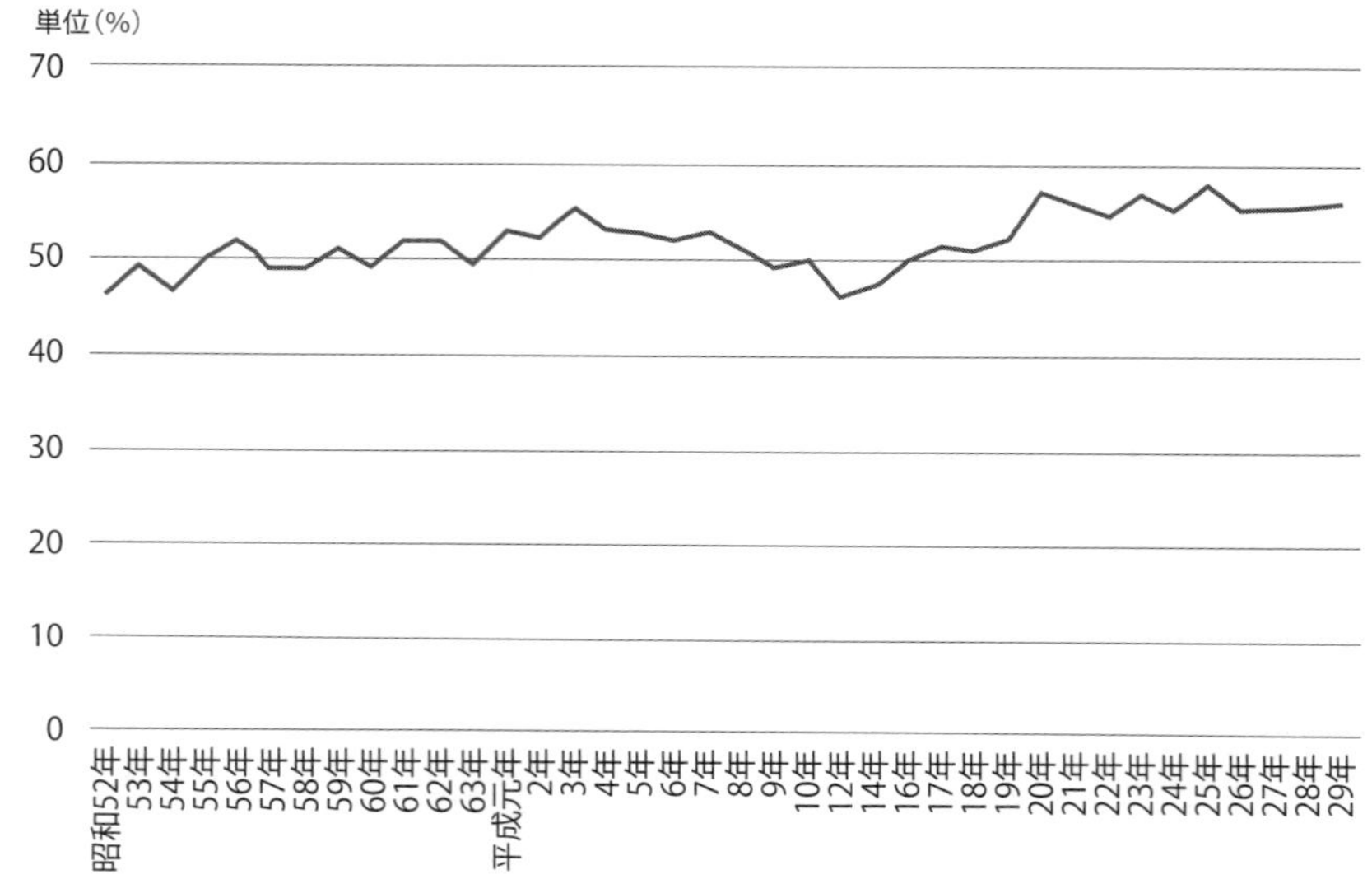

注）「国を愛する気持ちが強い」＝「非常に強い」＋「どちらかと言えば強い」の割合を足し上げたもの
資料出所：内閣府「社会意識に関する世論調査」各年版に基づき筆者が作成

かった」が24・2%となっている（「日本経済新聞」2015.8.16）。

つまり、マクロの統計をみても右傾化していることを示唆するものもあれば、そうでないことを示唆するものもあり確定的なことは言えないということだが、左翼政党がほとんど力を失ったこと、戦争経験者が少なくなったこともあって先の大戦への意識が薄れていること、中国の海洋進出や北朝鮮の不安定な動きなどに対する警戒心が高まっていること、時系列で様々な調査を追いかけると日本人の自国に対する様々な意識が強くなっていることは否めないことなどから判断して、「過去と比較すると日本がかつてより右傾化している」という指摘はそれほど的外れではないと考えられる。

5　右傾化の内部要因

この節の最後に、なぜ日本は右傾化するようになったのか、その要因について分析してみることにする。右傾化の要因は内外の二つに分けて考えることができる。内部要因としては長期不況、外部要因としては国際情勢の変化、中国の軍拡、北朝鮮の不安定化など東アジア情勢の変化が最もわかりやすい要因である。

内部要因としてまずあげられるのは経済成長の鈍化である。経済成長が鈍化することで様々な矛盾が一気に吹き出し、それが社会にストレスをもたらし、ナショナリズムの勃興・右傾化の流れに結びつくというのがわかりやすい構造である。

なぜ、経済成長の鈍化＝「失われた20年」と言われる長期不況が右傾化に結びつくのか。これにはいくつかの理由が考えられる。

まず、軍備を制限されたかつての大国日本にとって、戦後日本のナショナリズムを体現していたのは経済成長だったということである。経済大国であることが自分達の誇りを支えていたとすると、それが維持できなくなれば、アイデンティティクライシスに陥るということである。ナショナリズムがこれだけ否定的に論じられる戦後日本においても、ナショナリズムの類は確実に存在していたのであり、それは高度経済成長と経済的繁栄だったということである。軍事的に米国に追随していたとしても、経済成長によって日本人は誇りを保ち、余裕をもって世界やアジアを眺められていたということである。それがなくなったということは、日本にはナショナリズムを満たすものが存在しなくなったと見なせる。

竹内（2011）は、憲法改正や再軍備に関する世論調査をひもときながら、1952年頃には憲法改正や再軍備に賛成が反対を上回っていたが、昭和30年代から憲法改正・再軍備反対が多くなっていくとした上で、この世論の変化の要因は、軽武装で経済が豊かになったからではないかと述べている。思想としての保守ではなく、現状維持という生活態度としての保守の現れであるという指摘だが、この考え方を少し違った角度から捉え直すと、生活保守主義を超えてむしろナショナリズムを代替してきたのが高度経済成長だったということである。「日本経済はすごい」という意識が誇りになっていたのである。

しかも、後述するが、戦後日本の経済成長は多くの人に果実をもたらした。一億総中流で多くの人が中間層だったし、失業率は低くて大半の人は政府に依存することなく自立することができた。そのため、低い失業率が福祉を代替する機能を果たした。この低失業率社会を支えたものこそ、戦後日本企業が作り上げた終身雇用システムだった。新卒で一括採用されそのまま定年まで一企業で勤め上げる。これが社会全体・個々人の生活の安定をもたらしたのである。企業のそういう行動を可能にしたものこそ経済成長だった。

日本の経済成長はみんなに果実をもたらした。だからこそ、経済成長がナショナリズムに結びついたのである。仮に、戦後日本の経済成長が少数の富裕層と大多数の貧困層をもたらすようなものであったとしたならば、日本人の多くはここまで日本の経済成長を誇りに思ったとは考えられないし、日本企業と自分達をここまで一体化して捉えたとも考えられない。

そういう観点から考えると、長期不況は経済ナショナリズムの誇りを傷つけたということになる。それによって日本人は自信を失っている。その一方で、長期不況で経済ナショナリズムが挫かれたからこそ、違った形でナショナリズムが勃興しているとも考えられる。もちろん、これは正確に実証しようのない仮説である。例えば、今現在のような厳しい東アジア情勢の中で世界第2位の経済大国の地位を維持していたとすれば、経済ナショナリズムと並行する形で、軍事や文化などの側面からナショナリズムが勃興した可能性もあるからである。ただ、韓国などへの日本社会の反応をみていると、経済大国であるからこそ他国や国際社会に余裕をもって対応できるという側面があったことは否定できないと思われる。以下では、長期不況がどういう形でナショナリズムを勃興させているのかをいくつか取り上げてみる。

一つ目は、文化ナショナリズムの勃興である。日本のアニメは素晴らしい、日本料理ほど繊細なものはない。確かにそうだが、それは今も昔も変らない。わざわざ今更、国際社会に向けてアピールするようなものとも考えられない。それにもかかわらず、なぜ急に日本人はこんな当たり前のことを強調する風潮が強くなっているのか。

それは経済を誇れなくなり、その代替物を探っているからである。例えば、経済規模ではもはや中国に勝てないとなると、中国が作っているものは粗悪品だ。彼らに繊細なもの作りの精神が理解できるわけがない。日本はGDPでは負けているが、本当の技術力は日本が上だという話にすり替えるということである。実際には科学技術を含めて中国の技術力が向上していることは間違いないにもかかわらず、マスコミが国民の前に出してくる中国は発展途上国のままということがある。これを半ば満足して受け取っている日本社会の現状を考える時、経済ナショナリズムを文化ナショナリズムで代替しているという考え方は全く的をはずしているとは考えにくい。

二つ目は、日本経済の不調の要因を国際社会や他国と関連づけて論じる傾向が強くなっていることである。もちろん、これは日本社会全体で大きな流れになっているというレベルではないが、ごく一部とは少なくとも言えない。例えば、「日本の不況は米国の陰謀だ」というのがその典型である。この場合、ナショナリズムの矛先が向かうのは米国か、米国を主体にしてつくられている国際経済秩序であることが一般的である。先程の文化ナショナリズムと異なって、中国が日本経済の足を引っ張っているという論調はほとんどない。

長期不況に突入して以来、日本は不況の原因を探してきた。その犯人捜しのピークは小泉内閣時の「構造改革」だったと考えられる。「既得権益」という言葉が氾濫して、２０００年代のある時期までは国内に敵を探すという状態が続いていた。しかし、構造改革をやっても日本は復活しない。すべての既得権益者を叩いてみたが、何かが生まれるわけでもない。格差社会からやがて衰退社会に至っており、もはや国内には叩くべき対象は見つからない。そうなってくると、どうも日本にとって国際経済秩序が不利にできているんじゃないか、米国から無理難題を押しつけられているんじゃないかという疑心暗鬼が募ってくる。

その象徴が「日米構造協議」である。米国から様々な要求をされ、日本の制度を米国の望むように変えていく。郵政民営化にしても米国企業が求めているからだ。こういうものが積み重なって、日本が解体されるという視点からの評論がたくさん出されるようになった。この20年間は中国や韓国だけでなく、ハゲタカ外資や米国の強欲資本主義に対する悪口も聞かれた。

こういう感情に拍車を掛けたのが「日本人は真面目に働いているのに……」「日本の製品は品質が高いのに……」という思いである。長期不況になってからも、日本人は真面目に働いて、優れた製品を作っている。それにもかかわらず、どうして日本は深い経済不況から抜け出せないのかという屈辱感がある。

ビジネスモデルが古い、金融で金儲けをするのが上手くない、内需に偏ってガラパゴス化しているなど、日本人自身も自らのやり方が国際社会の競争ルールと合わなくなっていることを自覚できているものの、真面目にやっているのに……という屈折した気持ちは抜けきれないということである。こういうものが積もりに積もってナショナリズムになっていく。繰り返すが、この場合の主な標的は中国・韓国ではなく米国だった。

この経済敗戦の屈辱に加えて、第二次世界大戦での敗北・原子力爆弾を投下されたこと、憲法の押しつけなど、日本人が心のどこかで持っている米国への反発心が加わるという枠組みは未だに続いていて、ここ最近ではTPPが大きな話題になった時の対応に出ている。TPPに加入すると日本の市場に米国企業が大量に入ってきて「日本が奪われる」という発想に陥るのがそうである。おそらく、少なからぬ日本人は、米国から要求されて日本の制度を変えることに強い違和感を覚えている。各国の制度には歴史的背景がある。米国製品を受入れるために、わざわざ米国企業に有利なように日本の制度を変えるなんて屈辱だとさえ感じている。

しかし、その一方で、戦後日本の経済発展が米国に大きく依存してきたことは紛れもない事実である。安全保障はすべて米国に任せきりにしたことも否定できない。その結果、日本は安保のコストを負担しなくてよかったことも多くの日本人が自覚している。また、米国に大量輸出することで日本が戦後発展してきたことも事実である。

こういう複雑な背景もあって、日本の長期不況を米国のせいにする歪んだナショナリズムは日本社会全体に蔓延することはなかった。ただ、日本自身が長期不況に陥る一方で、米国ももはやかつてのような超大国としての余裕がなくなり、自分自身の利益を求めだしている状況を考えると、今後も米国に対するナショナリズムは静かに燃え続ける可能性は否定できない。

長期不況が右傾化を導く三つ目の理由は、雇用不安や生活不安からナショナリズムにすがりつきやすくなるというものである。これは日本に限らない。経済が順調な中国でも、一時期はサムソンが世界を席巻した韓国でも同様である。グローバル化で雇用が流動化する中で不安を持つ人が増えている。そういう人がナショナリズムにすがりつくようになるという考えである。

高原（2006）は「不安型ナショナリズム」という考え方を提示している。不安型ナショナリズムとは、社会が流動化する中で雇用など将来の不透明感を背景に起こるもので、これは日本だけでなく韓国・中国でも起こっている。それが東アジア情勢を混沌としたものにしているという指摘である。

確かに、雇用が不安定化する傾向のある若年者を例にすると、日本ではフリーターやニート、韓国でも失われた世代を意味する88万ウォン世代、中国でも高学歴なのに就職先がない蟻族というように、似た現象が発生している。こういう情勢で三国ともに不安定化していれば、それだけ社会のストレスもたまってぶつかりやすいということになる。

不況で雇用が不安定になってくると苛立ちが高まる。社会には鬱屈感が蔓延して、どんな対策を打っても上手くいかないとなると閉塞感が出てくる。そうやって蔓延する社会の不満は様々な場所に向かっていく。その一方で、みんな不安で仕方ないので、この不安を何とか和らげようとする。

この両者の流れがぶつかるところで「私は日本人だ」「日本に生まれてよかった」ということに過剰な誇りを持つようになる一方で、外国人（日本の場合だと在日コリアン）に厳しく接するということになる。外国人を攻撃することで苛立ちや鬱屈を解消することができる。日本人であることを再確認することで安心を得ることができるというわけである。

長期不況から雇用や生活に不安を感じてナショナリズムに走るというのは、様々な階層で見られる。小熊・上野（2003）は、「つくる会」に参加する人達が、「課長」「主婦」という肩書きが何もない状態に不安を感じ、そのため彼らは課長や主婦を超えた日本人というアイデンティティに自らを囲い込んでしまう、あるいは、「普通でないもの」である「左翼」「朝日」を排除していくと述べている。

その一方で、雨宮処凛氏は、フリーターが愛国になっていくプロセスとして、彼らが働いている現場はアジアの貧しい国の人と一緒で、自分が国際競争の最底辺で働いていることを実感させられ、中国人や韓国人と接する中で愛国へと流れていくとし、これを「現場ナショナリズム」と呼んでいる（佐高・雨宮 2010）。最底辺で外国人と日本人が混在して働いていると、自分が日本人であることでしかプライドが保てなくなってしまうということだが、この心情はフリーターとして働けば実感できることなのかもしれない。

長期不況が右傾化を導く四つ目の理由は、社会不安に乗じるような形で陰謀論の勢いが非常に強くなったことである。バブル経済崩壊後、何か事件が起きると、「官僚が裏で○という陰謀を練っている」というのがおきまりのようにマスコミで繰り返された。

この種の陰謀論はどれも同じである。ある事件が起きる。考えられるいくつかの要因を取り上げる。しかし、それではなかなか説明がつかない。そうなると、最後は「○が悪い」「○の陰謀だ」とぶち上げる。そこには大きな論理の飛躍があるが、そういうものは一気に飛び越えてしまう。それにもかかわらず、この種の官僚陰謀論は社会に深く浸透した。それだけマスコミや世論が受け入れたからであるが、それは裏返せば、この20年間の日本には陰謀論を受け入れる土壌や社会不安があったということでもある。

陰謀論がいかに日本社会に影響を与えたかについてはポピュリズムを論じたところで詳細に説明したので繰り返さないが、90年代後半以降、この種の陰謀論に拍車を掛けたものとして二つのことを指摘しておきたい。まず一つ目は、ネット上で飛び交う玉石混淆の情報である。インターネットが発展するにしたがって正誤不明な様々な情報が飛び交うようになった影響は大きい。特に外国の情報については何が真実なのかがわからないことも多く、ネット上に流れている情報に飛びつきやすくなる。もう一つは、大マスコミの信用失墜が一層進展したことである。

マスコミは立法・行政・司法に次ぐ「第四の権力」と呼ばれる。新聞・テレビの二大マスコミを中心に大きな影響力を持っている。しかも、新聞は「社会の木鐸」と呼ばれるほど信用度も高い。それが失墜したからこそ、陰謀論が溢れかえる結果となっているのであり、右傾化を煽る議論が幅をきかせるようになっていることは否めないということである。それはネット右翼という言葉とマスゴミという言葉がパラレルで語られることからもよくわかる。

マスコミの信用が失墜していることを、いくつかの側面から分析してみることにする。まず、左翼の凋落とマスコミが密接に関連していることである。55年体制が崩壊してから、社会党や共産党といった左翼政党は力を失っていった。今日、右翼や右傾化が勃興している一因は、右翼の伸張だけでなく左翼が力をなくしたということも要因の一つとしてあることは否定できない。マスコミ＝左翼ではないし、一部の新聞のように右寄りのマスコミもあるが、反権力という点でマスコミは左翼と距離が近い。そのため、左翼が没落すれば必然的にマスコミも力をなくすということである。「建設的な提案をしないで批判ばかりして……」という悪口は、左翼にもマスコミにも当てはまることである。

二つ目は、ネットが出現したことである。ネットでは様々な情報が飛び交う。これまで大手マスコミが意図的に流していなかった情報も流れる。マスコミは企業広告で成り立つ業界である。そんなこともあってスポンサーとなっている企業の不祥事を流すとは思えない。また、政治部記者が典型だが、政治にベッタリの情報ばかりが流れる傾向がある。さらに言えば、記者クラブの閉鎖性はしばしば指摘されるところで、官庁の情報統制の下にあるとさえ言われる。「自由に情報が流れるネット」VS「情報統制されている大手マスコミ」という図式が確立されるようになる中で、マスコミは真実を流していないんじゃないか、何か隠しているんじゃないかという疑いが強まった。

三つ目は、記者クラブの閉鎖性とも絡んで、マスコミが一般国民から乖離した存在であることが露呈したことである。テレビ局・新聞社の正社員の給料の高さはもはや周知の事実であるし、誰もマスコミを弱者に寄り添う存在だとは考えていない。また、大手マスコミの重層的な下請構造や給与格差も多くの人が知るところとなった。非正規労働は問題だと民間企業を批判しながら、記者は正社員として高い給料をもらう一方で、社内には非正社員がたくさんいる。テレビ局などは様々な製作会社が入っていて、ものすごく複雑な下請構造になっている。こういうことが露呈しだすとマスコミの主張には説得力がなくなり、国民側に立っている存在だとは誰も思わなくなる。

しかも、小泉純一郎・橋下徹などの政治家が現れ、大衆が熱狂的に特定の政治家を支持するポピュリズムが問題になるにしたがって、マスコミと国民の距離は益々乖離することになる。その理由は複雑だが、一言で言えば、ここでマスコミは自己撞着に陥ったからである。なぜなら、政治家や権力を批判する時には、「国民の意思を無視するな！」と民主主義を前面に押し出す一方で、ポピュリズムで選ばれた政治家が「俺達は国民に選ばれたんだ」と主張しだすと、大衆の横暴や多数の横暴を批判し始めるからである。無知で騙されやすい国民が選ぶ政治家なんて……というのは民主主義の否定に等しい。

権力を批判する時には民主主義を持ち出しながら、民主主義で選ばれた政治家がマスコミを批判すると、「民主主義は必ずしも正しくない。ヒトラーも選挙で選ばれたのだ」と民主主義を批判する。これほど矛盾したことはないが、インテリマスコミらしい態度とも言える。この種の民主主義に対する矛盾した態度はマスコミだけでなく、大学教授などの知識人層にも見られる。

こうなってくると、マスコミ・知識人と一般国民の意識の乖離はさらに拡大することになる。露骨に言えば、自分の生活に余裕のある知識人や大手マスコミ人は、一般人の心情を理解できなくなっているということである。そのため、世論とマスコミの間にズレが生じてしまうのである。嫌な言い方をすればマスコミや知識人は弱者の側に立っているにもかかわらず、弱者の実態を何も知らないため、その心情を本当につかめているのか、つかんだ上で公にしているのかで悩むということである。

マスコミに関連していえば、彼等の報道内容はしばしば「自虐ネタ」と批判されたが、これもネットなどの反発を招いたということを考えると、右傾化を促した大きな要因である。何かと言えば、日本は悪い、日本はおかしいという批判はマスコミ報道の特徴だが、度を超した批判報道は自虐ネタとして、ネットだけでなく国民からも批判されるところとなった。

マスコミの使命が反権力である以上、権力批判に比重が置かれる。また、長期不況の20年間は「不況の犯人」を探している時代でもあったため、誰かの悪口を言うか、日本はどこかおかしいというのが定番になっていた。

日本はダメだと言わないと、改革が始まらないからである。日本は完璧だ、日本は素晴らしいのであれば、構造改革なんて必要がないということになる。自虐報道と改革騒ぎはセットだったといっても過言ではないということであり、マスコミ報道はどうしても自虐ネタに傾きがちだったということである。

ただ、自虐ネタを好んで受入れるという点で、ある時期までは、マスコミと国民は一致していた。少なくとも、構造改革が行われている小泉内閣から民主党政権初期くらいまでは、世論は「日本は良くない」という報道に浮かれていた。それはこれまでみてきたように、官僚バッシングに世間が盛り上がっていたことからもわかる。

実は、その頃、一部の中央官庁（官僚）は国民やマスコミと違った方向性を模索していた。「日本はダメだ論」に対して、国際比較や国際会議での発言を通じて「日本はそれほど悪くない」ということを宣伝していたからである。官僚側から言えば、ポピュリズムが吹き荒れて、権威がもはやどこにも存在しない日本で何とか政策を通すためには、国際比較が最も有効だという発想が背後にあったと考えられる。

例えば、財務省は国際会議や国際機関を利用して消費税を上げようとしていると批判されていたが、そうでもしない限り、世論やマスコミが納得しないからである。確かに、財務省が国際機関を利用しようとしていた部分は否定できないかもしれないが、財務省が消費増税と言えば陰謀だと批判されるが、ＯＥＣＤ（Organisation for Economic Co-operation and Development=経済協力開発機構）が「日本は増税する必要がある」と言えば、何となく日本人は聞き耳を立ててくれることを考えると、そうせざるを得なかったとも考えられる。

しかし、この戦略は有効に機能しなかった。財務省は国際機関を利用しているという批判がマスコミからあがり、財務官僚の一部は国際機関に天下りしているといったことを批判しだしたからである。

こういう状況でマスコミは自虐ネタを報道し続けたわけだが、どこかの時点で世論はマスコミの報道ぶりに辟易するようになった。分岐点がいつだったかははっきりしないが、その根底には自虐ネタで豊かな生活をしているマスコミ人や知識人に対する不信感もあったと考えられるが、彼らは「自虐は状況に依存する」ということを理解していないのが致命的だったと考えられる。

日本人が自虐ネタを受け入れ、政治や官庁もそれほど露骨に反論しなかったのは、日本は少々のことでは揺るがない「豊かな社会」だったからである。政権に批判的な新聞が、中国や韓国を利する報道をしたとしても、そのマイナスが日本に大きな影響を及ぼすという認識はマスコミ自身にないし、国民も気にかけない。それほど戦後日本には自力があったからである。

端的に言えば、マスコミの自虐ネタが受入れられたのは、日本が底なしに豊かだったからである。阪神や東日本の大震災でさえびくともしない。あれだけの大惨事が起こっても、やはり日本は動いている。それどころか、被災地を除いて短期間であっという間に立ち上がる。日本の豊かさはそれくらい底の分厚いものになっている。だからこそ、マスコミの自虐ネタも許されたのである。

しかし、この雰囲気は近年急速に変化している。もはや自虐ネタを受け入れる余裕が社会になくなっている。豊かさもすり減ってきている。あまりにも自虐報道が多くなり、世の中全体が暗くなって、国民の多くもマスコミ報道にうんざりしている。それにマスコミが気づいていないということである。

6　長期不況だけでは説明がつかない日本の右傾化

内部要因としての長期不況がいかに様々なルートを通じてナショナリズムを惹起させるのかを考察してきたが、不況で社会に軋轢が生じたり、社会全体が流動化して家族や学校・労働組合などの中間団体が機能しなくなる結果、多くの人が不安で国家に頼るようになり右傾化が進展する。これまでの考察ではこういうプロセスが右傾化を惹起した流れということになる。

しかし、この説明だけでは十分ではない。長期不況で歯車が狂い出すことまでは理解できるとして、それが即座にナショナリズムに結びつくものだろうか。雇用や生活が不安定化すれば、労働運動が活発化したり、富裕層に怨嗟の目が向くはずだからである。社会不安がそのままナショナリズムとなり、他国への敵意に結びつくというわけでは必ずしもないはずである。

直接的な要因としては外部要因を指摘せねばなるまい。やはり、ナショナリズムが燃えさかるのは他国や国際社会の存在が大前提である。「あんな国に負けるはずがない……」「あんな国に比べて日本はなんて優秀なんだ……」となって、ナショナリズムは燃え盛るものだからである。

日本の敵対意識が主に中国・韓国の二国に向いていることからわかるように、*8 わかりやすい外部要因としては、①中国が巨大化して、アジアの各地で軋轢を引き起こしていること、日本にとっては尖閣諸島問題が大きな引き金となり、中国を現実の脅威として感じるようになっていること、②かつての植民地支配でどれだけ謝罪しても、韓国の反日的態度が変わらないこと、それどころか韓国の政権は自らの保身のために、反日を利用しているという二つが考えられる。

ただ、この二つの理由は表面的すぎる。現実はもっと複雑だと考えられる。日中韓の東アジア三か国に関しては、①冷戦の崩壊、②中韓の勃興、③日本の衰退の三つが複雑に絡み合っているからである。

中国に関しては軍拡など、安全保障面での脅威が日本のナショナリズムをかき立てていることは確かだが、少し巨視的にみると、上記の三つの方が構造的要因としては大きいのではないかと考えられる。

まず、韓国からみてみることにしよう。冷戦が崩壊して国際秩序は大きく変動した。冷戦時代は中国は共産主義、韓国は北朝鮮という脅威に向き合いながら、アメリカや日本に依存する一方で、開発独裁体制でひたすら経済成長に突き進んでいた。冷戦崩壊によってこの状況が大きく変動した。特に韓国の情勢変化は大きかった。開発独裁体制の時代には、日本に対する不満や恨みの類はすべて封印されてきた。軍事政権自身にも様々な思いはあっただろうが、経済成長のために日本への不満は抑えてきたのである。それが民主化によって封印されていたものが放たれたのである。こういう部分について「韓国が変わった」という言質がみられるが、それは違うと考えられる。民主化が進むにつれて日本に対する不満が出てきたというのは、韓国人の本音が出てきたということである。いつまでも消えない恨みかどうかは別にして、誇りの高い韓国人が植民地経験をそんな簡単に忘れるわけがない。

しかも、金融危機などで窮地に陥ったものの、韓国経済は発展を遂げていく。その過程ではサムスンなどが世界的大企業に発展していく。日本の家電メーカーが束になってかかっていっても、サムスンに勝てないという状況にまで進展するとなると、韓国側からすれば「日本なんてもはや大したことはない……」という思いが益々強くなる。

中国の場合も基本的な構造は同様である。共産主義に突き進んだが、順風満帆とはいかない。文化大革命などで国内は傷を負い、経済は大躍進どころかジリ貧に陥る。共産主義国の盟友だったソ連とは戦争状態にまで至ってしまう。そういう中で、70年代にアメリカや日本と国交回復した中国は、日本の援助を有効に利用する。その後80年代に入ると、鄧小平は改革開放路線を掲げて、日本などの西側資本を有効活用していく。そうやって自力を蓄えて、今や中国は世界第2位の経済大国になっている。

中国も韓国と同様に、第二次世界大戦中の恨みを忘れているわけではない。見方・考え方によっては韓国よりも激しい敵意を抱いている可能性もある。これまでの行動をみれば、忘れたふりをしていただけとさえ見なすこともできる。自分達の力が弱いうちはとにかく我慢して頭を下げていたが、国力が上がったら一気に攻勢に出る。こういう腹づもりだったということである。中国にはこういう態度を表す熟語まである。中国外交は「韜光《とうこう》養晦《ようかい》」（鋭気を隠す）を基本方針にしていたと言われるからだ。自分の力を黙々と蓄えるということである。その間は身の丈にあったことしかやらない。こういう態度が２０００年代に入って、北京五輪の成功などで一気に強気な態度に変化していくのである。

次に、この二つの国の勃興に対応する日本側の変化を考察してみることにしよう。冷戦時代、日本は中国や韓国に正面から向き合う必要はなかった。これは中国や韓国側も同様である。日本と良好な関係を保つことが経済的にプラスだったから、そうしていたにすぎない。三者がわかり合えるようになったから平和な状態が保たれていたというわけではない。

おそらく、日本人も日本社会もどこかでそんなことはわかっていたはずである。ただ、日本人自身はきちんと謝罪し続けていると思っていた。言葉だけでなく援助という形でも示してきた。その一方で、バブル経済崩壊後の今の状況と比較するとよくわかるが、日本が中国や韓国に謝罪できたのは、経済面を中心に日本自身にものすごく余裕があったからである。実力があって余裕があるからこそ、「清く謝ろう。我々が悪いんだから。まぁいいじゃないか。我々はこんなに成功しているんだから……」となったわけだが、裏を返せば、それだけ高見からの発想だったということは否めない。

しかし、中国や韓国の勃興の裏側で日本は徐々に衰退していく。日本がどれだけ衰退していったのかを明確に示したのは、２０１０年６月に経済産業省の産業構造審議会の産業競争力部会が提出した「産業構造ビジョン２０１０」である。ここにはショッキングな数字がたくさん並べられていたからである。

日本の一人当たりＧＤＰは２０００年に世界第３位だったが、２００８年には23位に転落していること、世界経済全体に占める日本のＧＤＰの割合は、１９９０年には14・３％だったが２００８年には８・９％にまで縮小し

ているこ と、IMD（国際経営開発研究所）国際競争力ランキングにおいて日本は1990年に1位だったにもかかわらず、2010年には27位まで転落していることなどである。

この時期にはもう一つ象徴的なことが起こっている。それはGDPで中国に追い抜かれたことである。おそらく、そんなことがわかった時、改めて日本人の多くは「日本は今確実に衰退しているのではないか？」と不安になると同時に、「なぜ、日本は没落してしまったのか？」という疑問を持つようになったと考えられる。

これが日本の屈折したナショナリズムを作り出している。中韓は自信をつけて自分の本音をぶつけ出す一方で、日本は誇りの根拠をなくして余裕を失っていく。そういう状況で、日本側にも「こんなに謝っているのに……」「我々も本気を出さないとやられる……」という敵対意識が芽生えているのである。特に若い世代は戦争責任と無縁であることに加えて、物心ついた時から日本は衰退している。そのため、中韓に遠慮するという発想は芽生えないのである。

なお、日中韓三か国をこうやってみてみると、やはり、三国ではナショナリズムの性格が異なる。三国とも不安型ナショナリズムで説明するのは難しい。確かに、社会が流動化しているという点については同様かもしれないが、国力への自信という点では、上り調子にある中国、激しい変動を繰り返しながらも世界的認知度を高めている韓国のナショナリズムは、自らの存在を誇示するようなものであるのに対して、日本のナショナリズムは衰退していく者が、かつてのプライドを取り戻そうとあがいているという印象が強い。

そのため、日中韓三か国で最も自意識過剰でナショナリズムを燃やしているのは日本という可能性もある。実際、日本の過剰な他国意識の一方で、相手国は日本のことをそれほど意識していない「ジャパン・パッシング」という言葉も頻繁に聞かれるようになった。バッシングされるのは日本に国力がある証拠だが、「パッシング」（無視）となると、誰も日本のことを気にとめてもいないということになる。

前共同通信ソウル特派員の佐藤大介氏は、韓国は反日で、学校では反日教育をしていて、反日のリーダーが支持されると思われているが、日本と韓国を比べると、現状は日本の方がよほどシビアであると指摘し、日本では嫌韓・反韓の本が一杯あるが、韓国では80・90年代には反日の本はあったが、現在は日本批判の本は見かけないと述べている（浅羽・木村・佐藤 2012）。韓国が日本を意識していないということはないにしても、日韓を比べると、意外にも日本の方が意識過剰というのはあり得ることである。

次に、直接の外部要因ではないが、戦争体験の風化と謝罪疲れも日本の右傾化の大きな原因である。中国や韓国に対する敵意が芽生えたとしても、戦争体験世代が多い時には「我々はアジアに迷惑をかけた」という気持ちがあって、何らかの形で償っていかなくてはいけないという思いが社会全体に強かった。それゆえに簡単に右傾化する土壌にはなかったのが、戦争体験世代がいなくなると、そういう歯止めが一切なくなってしまうということである。

戦後時を経るにつれて戦争体験者は減少していく。どれだけ語り継いだとしても、戦争体験者が少なくなれば、戦争の悲惨さや戦争責任が風化することは避けられない。小熊（2002）は、戦後日本の代表的知識人の思想を丹念に洗い出すことで、戦後日本のナショナリズムや公に関する言質を検証しているが、戦後知識人が戦争体験という共通体験によって結びつきを強めていったのに対して、やがて戦争を知らない世代が登場する中で左右に分裂していったことを、「「民主」と「愛国」の共存状態の崩壊」と表現している。戦争体験とは「日本が加害者であると同時に被害者でもある」というところから来るが、そういう複雑な葛藤が徐々に理解されなくなっていく様を描いている。

もちろん、すべての人が戦争を反省という観点からだけ捉えたわけではない。竹内（前掲 2011）は、敗戦後の感情を「悔恨」（二度と過ちを犯さない）「罪悪」（あの戦争を日本人の罪として捉える）「無念」（敗戦を口惜しいとする感情から、勝者による一方的裁きである東京裁判を飲まざるを得なかった割り切れない思い）「復興」（実務家や保守政治家にみられるもので、敗戦からの経済的復興と貧困からの脱出による日本人のアイデンティティの再構築に向かう感情）の四つに分けている。

ただ、どのような感情を抱くのであれ、戦争体験世代が日本社会にどっかり据わっているうちは、「戦争を二度と起こしてはいけない」という思いが大きな軸となっていたことは間違いないだろう。このような戦争体験世代が主流を占めた過去の社会を軸にすると、集団的自衛権の説明に際して、安倍総理が「国民を守る」と何度も連呼して、一人で高揚している姿は何とも複雑なものに映るはずである。

そういう首相が支持されている背景には、戦争体験世代が少なくなっていることに加えて、日本の謝罪疲れがあることも否めない。日本人は戦後ずっと謝罪してきた。寝ても覚めても「申し訳ありません」と頭を下げたり、謝罪の言葉ややり方を巡って文句をつけられたり、自分自身で文句をつけたりだった。

人類は戦争を繰り返してきた。そのたびに加害者と被害者が入れ替わってきた。そうやって恨みが増幅されていくのが歴史である。お互いに加害者でもあれば被害者でもあることに嫌気がさして、一歩踏み込んだのが戦後ヨーロッパの動きだったが、アジアはまだそんなレベルにはない。そのため、被害者意識の強い国はいつまで経っても「謝罪せよ」としか言わない一方で、加害者側は固定された役割に嫌気がさすようになる。

やや悲観的だが、戦争体験世代がやがていなくなるというのは、日本の行く末を大きく左右する問題だということである。場合によっては中韓と日本の断絶はこれからも大きくなることは避けられないということである。

外部要因の三つ目として、中国や韓国から離れて、国際社会全体に視野を広げてみると、日本の右傾化は激変する世界情勢へのとまどいと見ることもできる。米国一極集中が完全に崩壊しつつあるため、これまでのように米国にすべてを任せておけば大丈夫だったという情勢が完全に変化して、日本自身が自ら判断せざるを得ない状況になっている。２０１７年度現在の事例に則していえば、日本だけでは北朝鮮に対して有効な手立てがない中、米国に依存せざるを得ない一方で、米国は自らの利害から北朝鮮と電撃的に和解するのではないか、そういう不測の事態に備えて独立した外交を行うべきではないのかというのが、その典型としてあげられる。

このように自ら判断せざるを得ないにもかかわらず、自主判断が容易にできなくて苦労して右往左往しているというのが今の日本である。その意味で、右傾化は彷徨う自主判断の一つの現れだと考えられる。

日本が彷徨う要因を対中国（尖閣諸島問題など）に絞り込んで、わかりやすくまとめてみると以下のようになる。①米国に依存できなくなりつつあること、②中国が台頭していてアジアの覇権国になろうとしていること、③米国は「中国から日本を守る」かどうかは不透明なこと。米国は中国を危険視しながらも、ビジネスの観点からはつながりたいと思っていて、それはどこの国も同じだということ、④そのため、中国との関係を悪化させると、日本自身が国際社会から孤立する可能性があること、⑤その一方で、米国との関係を解消して中国と連携するというウルトラCの外交を採用できるかと言われれば、中国共産党統治下ではそんなことは考えもつかないことである。少なくとも、この五つの複雑な状況の中で、日本は右往左往しているということである。これまで自主的に判断してきた経験がないだけに、なおさら、右往左往ぶりはひどくなっている（もちろん、日本以外の国も冷戦状況に慣れきっていたので、同様の問題を抱えていることは言うまでもない）。

しかも、第二次世界大戦のトラウマなのか、日本は国際社会からの孤立に極めて弱い。国際社会の世論とは強い国が作りあげるものだし、自分自身が国際世論を操作しながら、巧みに作りあげていくものなのだが、果たして日本社会にそういう考え方がどこまで浸透しているのだろうか。仮にそういう強かな考えが社会に浸透していないということになれば、「我々は誤解されやすい、理解されていない」という恐怖感が惹起されやすくなることは否定できないだろう。

今後、中国の国力が予想通りに強くなる一方で、日中関係が現状のように冷え切ったままで、中国が日本包囲網を強めれば強めるほど、日本は孤立感を深めていく可能性も否定はできない。特に、米国が突然態度を変えるようなことがあれば、日本の落胆ぶりと狼狽ぶりは相当ひどいものになることは明らかである。このロジック自体は対北朝鮮についてもそれほど違わない。

なお、直近までの情勢を踏まえると、自主的に外交を展開していかねばならない必要性を考えているのか、第二次（以降）安倍内閣は日米関係を強化する一方で、これまで日本人がそれほど親しみを感じてこなかった国とも積極的に外交関係を築いていこうとしている。米国だけに頼ることはできないという観点から言えば、中国と敵対するインドに接近するなど評価に値する外交だと考えられる。

ただし、中国を包囲することなどそもそも可能なのかという疑問に加えて、親しみのない国との外交関係が何の役に立つのかと疑問に思っている国民もいるだろうし、インドやロシアとの同盟関係なんて想像さえつかないというのも率直な感想ではないだろうか。実際、内閣府の「外交に関する世論調査」（2016.11）をみると、ロシアに「親しみを感じない」と答えた人は「どちらかというと感じない」を含め、76・9％にのぼっており、依然として高水準である。安倍首相はプーチン大統領と首脳会談を重ね、国内外に関係強化をアピールしてきたが「親しみを感じる」と答えた割合に大きな変化はない。

もっと言えば、大国との関係といえば、日米関係と日中関係という二国との関係に慣れきっているため、状況に応じて様々な国と同盟関係を結ぶという発想は日本人にはないし、そういう複雑な状況を巧に生き抜くという発想もないということである。そんな不安も右傾化の一つの要因になっていたと考えられる。

第二節　日本の誇りと官僚との関連について

これまで見てきたように右傾化の特徴の一つは「日本は素晴らしい国だ」「日本は一流だ」といった日本への過剰ともいえる誇りといった意識＝ナショナリズムを惹起させるとともに、ナショナリズム意識を外国や国際社会への敵意へと変えうることだが、日本に対する誇りという意識と官僚に対する思いはどう関連するのだろうか。それが本節の課題であるが、これについては①エリート官僚制自体は日本の誇りに含まれるか否か、②日本人が誇りに思うものとエリート官僚制は関わっているか否か、③「日本を取り戻す」という言葉に代表されるように「失われた誇り」とエリート官僚制は関わっているか否か、という三つの視点が考えられる。

まず、エリート官僚制自体に関して、これを日本の誇りであり守るべきものであると日本人は考えているだろうか。次の図表7—3をみてほしい。内閣府の「国民生活に関する世論調査」から「日本人が誇りに思うもの」の上位5位を時系列でみたものである。当然のことながらエリート官僚制は選択肢には入っていないし、美しい自然やすぐれた文化や芸術などエリート官僚制と関連づけられるものは少ないが、選択肢の中には政府と関連づけることができるものもある。

例えば、治安の良さである。治安の良さは何によって可能になっているのだろうか。次の図表7—4をみてほしい。内閣府の「治安に関する特別世論調査」（2012年8月）から「治安が悪化した理由」をみたものである。理由の上位に位置するものの多くは社会や経済に関するものであって、ここに政府が含まれているとは考えにくい。その一方で、時系列の変化をみると違ったものも見えてくる。例えば、社会の連帯意識の希薄化や景気の悪化などは数値の変動が激しく、時々によって評価が大きく動いていることが読み取れるが、警察の取締りや交番に勤務する警察官の数に対する数値はほとんど動いていない。つまり、治安の良さが警察だけによってもたらされているとは誰も考えてはいない。むしろ、日本の社会属性が大きいと考えている人が大半なものの、警察が治安維持のために機能しているという認識もまた大半の国民が持っているということである。しかも、その数値が安定しているということは警察に対する評価や信頼度が高いということを意味する。

ここから考えると、国民は日本の誇りのどこかに警察を視野に入れている可能性があるということになる。ただ、警察を視野に入れていることが即座にエリート警察官僚の積極的な肯定につながるわけではないだろう。むしろ、国民が普段接触する交番のおまわりさんの勤勉さに対する評価かもしれない。その一方で、エリート警察官僚を前提としたピラミッド型の警察組織そのものの肯定であるという見方もできるだろう。エリートとノンエリートに分かれた階級組織だからこそ有効に機能しているのだという見方も排除しきれないからである。いずれにしても、治安の良さが日本の誇りであるいう場合、国民の多くは社会の連帯意識や国民の規範意識の高さなどの日本人・日本社会全体に誇りを感じる一方で、警察の存在にも一定の考慮をしていることは確かである。

これと同様に考えると、「長い歴史と伝統」の中にエリート官僚制を含めて考えることができるだろうかということになる。常識的に考えれば、長い歴史と伝統とは天照大神以来連綿と続く日本の歴史であり、そこで培われてきた数百年以上にわたるもの、その代表が天皇制だということであり、いくらエリート官僚制が明治時代以来のものだとしても、ここに含まれるとは考えにくい。もちろん、含まれるという見方も不可能ではないだろうが、いくつかの理由からどう考えてもエリート官僚制を日本の歴史や伝統の一部と考えている人はほとんどいないのではないかと考えられる。

例えば、エリート官僚制を守るために具体的に国民が何か行動を起こしたことなどあるだろうか。これまで見てきたように、バブル経済崩壊後、エリート官僚を含めて公務員制度は様々な改革の渦中に巻き込まれてきた。もし国民がエリート官僚制を長い歴史や伝統の一部だと考えていれば、いくら不祥事が多かったとはいえ、ここまでの改革を支持したということはあり得ない。

例えば、これは２０１３年９月に行われた堺市長選挙の事例と対比すればよくわかる。当時大阪市長であった橋下徹氏が大阪都構想を提示し、これに大阪市に隣接する堺市を入れようとしたのに対して、橋下氏や大阪維新の会が推す候補者に対抗する竹山市長が「堺をなくすな」と主張したことで、争点は堺をなくして大阪市に編入するかどうかということになった選挙である。

第四位	第五位
国民性・人情の良さ（10.1）	経済的に繁栄したこと（8.6）
国民の人情味（19.4）	優れた文化・芸術（18.8）
優れた文化・芸術（23.4）	高い教育水準（20.1）
優れた文化・芸術（22.5）	国民の人情味（18.5）
優れた文化・芸術（23.0）	国民の人情味（21.1）
優れた文化・芸術（20.5）	国民の人情味（18.0）
優れた文化・芸術（19.2）	高い教育水準（17.7）
優れた文化・芸術（20.3）	高い教育水準（18.4）
優れた文化・芸術（18.4）	国民の人情味（17.4）
治安の良さ（22.5）	優れた文化・芸術（19.5）
治安の良さ（23.7）	高い教育水準（19.6）
治安の良さ（27.7）	高い教育水準（22.1）
治安の良さ（27.5）	高い教育水準（22.6）
治安の良さ（27.0）	高い教育水準（22.8）
国民の勤勉さ・才能があること（29.6）	優れた文化・芸術（26.3）
国民の勤勉さ・才能があること（30.6）	優れた文化・芸術（25.1）
国民の勤勉さ・才能があること（31.6）	優れた文化・芸術（25.1）
国民の勤勉さ・才能があること（31.8）	社会の安定（27.1）
美しい自然（34.6）	高い教育水準（30.8）
国民の勤勉さ・才能があること（34.1）	高い教育水準（29.1）
国民の勤勉さ・才能があること（32.8）	高い教育水準（29.8）

図表7-3　日本人が誇りに思うもの（上位5位）

	第一位	第二位	第三位
昭和46年	国民の勤勉さ・才能があること（21.2）	長い歴史と伝統があること（17.8）	自然の美しさ（10.7）
47年	長い歴史と伝統があること（32.6）	国民の勤勉さ・才能があること（26.7）	美しい自然（25.0）
49年	長い歴史と伝統があること（36.4）	国民の勤勉さ・才能があること（31.9）	美しい自然（26.4）
50年	長い歴史と伝統があること（35.8）	美しい自然（29.2）	国民の勤勉さ・才能があること（27.5）
51年	長い歴史と伝統があること（35.6）	国民の勤勉さ・才能があること（29.0）	美しい自然（28.0）
52年	長い歴史と伝統があること（35.2）	国民の勤勉さ・才能があること（28.5）	美しい自然（28.5）
53年	長い歴史と伝統があること（35.0）	美しい自然（28.5）	国民の勤勉さ・才能があること（27.5）
54年	長い歴史と伝統があること（36.0）	国民の勤勉さ・才能があること（29.3）	美しい自然（27.9）
55年	国民の勤勉さ・才能があること（28.0）	長い歴史と伝統があること（27.9）	美しい自然（26.4）
56年	国民の勤勉さ・才能があること（30.5）	長い歴史と伝統があること（29.2）	美しい自然（27.0）
57年	国民の勤勉さ・才能があること（32.7）	長い歴史と伝統があること（30.4）	美しい自然（27.7）
58年	国民の勤勉さ・才能があること（33.9）	長い歴史と伝統があること（30.7）	美しい自然（30.0）
59年	国民の勤勉さ・才能があること（33.0）	長い歴史と伝統があること（29.9）	美しい自然（29.4）
60年	国民の勤勉さ・才能があること（34.8）	長い歴史と伝統があること（31.2）	美しい自然（27.2）
61年	長い歴史と伝統があること（35.8）	治安の良さ（34.9）	美しい自然（33.8）
62年	治安の良さ（39.0）	美しい自然（34.6）	長い歴史と伝統があること（34.3）
63年	治安の良さ（40.5）	長い歴史と伝統があること（36.0）	美しい自然（35.8）
平成元年	治安の良さ（46.2）	長い歴史と伝統があること（37.2）	美しい自然（36.8）
3年	治安の良さ（47.7）	長い歴史と伝統があること（36.7）	国民の勤勉さ・才能があること（36.5）
4年	治安の良さ（49.4）	美しい自然（36.5）	長い歴史と伝統があること（35.1）
5年	治安の良さ（52.1）	長い歴史と伝統があること（40.2）	美しい自然（39.8）

この選挙では竹山氏が「堺のことは堺で決める。中世から続く自治都市・堺を守ろう」と訴えたのに対して、橋下氏は「大阪都構想でなくなるのは、堺市長と堺市議だけ。大阪が一つになって世界と勝負する」と「ワン大阪」を主張したが、選挙結果は当時大阪で絶大な支持を得ていた橋下氏が推す候補が敗北して終わっている。大阪都構想が実現された場合、市役所自体が消滅したとしても堺という名前までではなくなることはないということを有権者がどこまで理解していたのか、あるいは、有権者は必ずしも大阪都構想だけを念頭に投票したわけではないとも考えられるが、「堺」という名前を長い歴史や伝統の一部と捉え、これをなくすのを拒否した側面があったことは否めない。大阪都構想を進めようとしたのが当時人気絶大な橋下氏であったことを考えると、いか

第四位	第五位
国民の勤勉さ・才能があること（32.3）	優れた文化・芸術（32.0）
治安の良さ（33.0）	優れた文化・芸術（32.4）
優れた文化・芸術（32.3）	国民の勤勉さ・才能があること（30.1）
優れた文化・芸術（33.4）	国民の勤勉さ・才能があること（30.8）
優れた文化・芸術（33.7）	国民の勤勉さ・才能があること（28.8）
治安の良さ（30.0）	国民の勤勉さ・才能があること（25.5）
治安の良さ（26.9）	国民の勤勉さ・才能があること（25.3）
国民の勤勉さ・才能があること（24.9）	自由で平和な社会（22.0）
国民の勤勉さ・才能があること（25.1）	自由で平和な社会（22.3）
国民の勤勉さ・才能があること（27.9）	自由で平和な社会（22.7）
国民の勤勉さ・才能があること（29.8）	治安の良さ（24.0）
治安の良さ（30.1）	国民の勤勉さ・才能があること（28.1）
治安の良さ（36.4）	国民の勤勉さ・才能があること（32.9）
治安の良さ（42.5）	国民の勤勉さ・才能があること（32.5）
治安の良さ（44.2）	国民の勤勉さ・才能があること（34.6）
治安の良さ（45.5）	国民の勤勉さ・才能があること（37.9）
長い歴史と伝統があること（46.3）	国民の勤勉さ・才能があること（41.5）
長い歴史と伝統があること（44.2）	国民の勤勉さ・才能があること（41.7）
長い歴史と伝統があること（46.0）	国民の勤勉さ・才能があること（42.4）
長い歴史と伝統があること（46.6）	国民の勤勉さ・才能があること（41.3）
長い歴史と伝統があること（47.2）	国民の勤勉さ・才能があること（40.3）

図表7-3　日本人が誇りに思うもの（上位5位）つづき

	第一位	第二位	第三位
6年	治安の良さ（42.6）	長い歴史と伝統があること（41.2）	美しい自然（40.8）
7年	美しい自然（40.2）	長い歴史と伝統があること（39.1）	国民の勤勉さ・才能があること（33.8）
8年	治安の良さ（39.9）	美しい自然（38.6）	長い歴史と伝統があること（38.0）
9年	治安の良さ（38.6）	長い歴史と伝統があること（37.2）	美しい自然（36.2）
10年	治安の良さ（38.7）	長い歴史と伝統があること（36.6）	美しい自然（34.8）
12年	長い歴史と伝統があること（37.4）	美しい自然（36.2）	優れた文化・芸術（34.1）
14年	美しい自然（37.3）	長い歴史と伝統があること（36.1）	優れた文化・芸術（32.6）
16年	長い歴史と伝統があること（39.7）	美しい自然（38.5）	優れた文化・芸術（34.9）
17年	長い歴史と伝統があること（39.9）	美しい自然（39.1）	優れた文化・芸術（38.4）
18年	長い歴史と伝統があること（42.4）	美しい自然（41.0）	優れた文化・芸術（40.4）
19年	長い歴史と伝統があること（43.6）	優れた文化・芸術（41.8）	美しい自然（36.5）
20年	長い歴史と伝統があること（48.1）	美しい自然（46.6）	優れた文化・芸術（44.9）
21年	美しい自然（50.9）	長い歴史と伝統があること（47.5）	優れた文化・芸術（47.2）
22年	美しい自然（49.4）	長い歴史と伝統があること（47.9）	優れた文化・芸術（46.3）
23年	美しい自然（53.9）	優れた文化・芸術（47.5）	長い歴史と伝統があること（47.1）
24年	美しい自然（53.2）	優れた文化・芸術（48.3）	長い歴史と伝統があること（47.6）
25年	治安の良さ（54.2）	美しい自然（52.6）	優れた文化・芸術（50.1）
26年	治安の良さ（56.7）	美しい自然（54.1）	優れた文化・芸術（50.5）
27年	治安の良さ（56.8）	美しい自然（54.0）	優れた文化・芸術（49.5）
28年	治安の良さ（56.6）	美しい自然（55.4）	優れた文化・芸術（49.9）
29年	治安の良さ（58.7）	美しい自然（56.1）	優れた文化・芸術（51.1）

注）（　）内は%　　資料出所：「社会意識に関する世論調査」（内閣府）各年版に基づき作成

図表7-4　治安が悪くなったと思う原因

（ここ10年間で日本の治安は「どちらかといえば悪くなったと思う」、「悪くなったと思う」とこたえた者、複数回答）

	今回調査	平成18年12月調査	平成16年7月調査
該当者数	1,587人	1,513人	1,816人
地域社会の連帯意識が希薄となったから	54.9%	49.0%	43.8%
景気が悪くなったから	47.4	29.7	38.6
様々な情報が氾濫し、それが容易に手に入るようになったから	44.7	43.8	40.6
青少年の教育が不十分だから	43.8	48.1	47.0
国民の規範意識が低下したから	42.8	37.2	31.9
犯罪に対する刑罰が軽いから	29.1	39.3	29.8
来日外国人による犯罪が増えたから（注）	28.2	55.1	54.4
交番での警戒やパトロールをする制服警官が少ないから	17.6	20.9	17.7
警察の取締りが不十分だから	17.3	18.1	18.8
暴力団や窃盗団などの犯罪組織が増えたから	13.5	19.3	20.4
その他	2.1	1.3	1.4
わからない	0.7	0.8	0.9
計（M.T.）	342.2	362.5	345.5

注）平成16年7月調査では、「外国人の不法滞在者が増えたから」となっている。

資料出所：内閣府「治安に関する特別世論調査」（平成24年）

に堺という地名へのこだわりが市民に強かったかがわかる。そこに市役所や職員をどこまで含めて考えるべきかは議論があるだろうが、市民の間に市役所や職員に対する嫌気がそれほど強かったわけではないということだけは言えるだろう。もし、市役所の不祥事や腐敗がひどいものであれば、橋下氏の主張もストレートに届いていた可能性がある。

堺の事例と比較した場合、エリート官僚制を日本の歴史や伝統に含めて考えるのは今更ながら相当に無理があることがわかる。実際、中央省庁再編でいくつかの組織に変更が加えられた時も国民の間には大きな反応はなかったし、福田康夫内閣で行われた公務員制度改革の中で国家公務員試験を従来のⅠ・Ⅱ・Ⅲ種といったエリート性をうかがわせるものから、総合職・一般職・専門職・経験職に変えた時にも大きな反応はなかった。その後、現在に至るまで公務員制度改革を行ったことを国民が後悔しているとも考えられない。おそらく、東大卒の優秀な学生の多くが官僚になること、官僚は出世が早いことという二つを知っている国民は多いとしても、細部は言うまでもなく、この二つ以外のことを知っている国民は少ないだろうし、そもそも日本の公務員制度はフランスやイギリスと違って制度的にエリートを輩出する仕組みになっていないことなど、ほとんど知られていないと考えられる。おそらく、エリート官僚制を日本の歴史や伝統に含めて考えるのは政治家や官僚自身など関係者のうちでもごく一部にすぎなかったと考えられる。[*9]

次に、エリート官僚制自体は日本人の誇りにはなっていないとして、日本人が誇りに思っているものと何らかの関連を持っているだろうか。もし関連があるのであれば、エリート官僚制を積極的に評価する声につながるはずである。「社会意識に関する世論調査」で誇りに思うものとして選択肢にあげられているものをすべてみてみると、（例えば、直近の平成29年1月の調査では上位から「治安のよさ」「美しい自然」「すぐれた文化や芸術」「長い歴史と伝統」「国民の勤勉さ・才能」「国民の人情味や義理がたさ」「自由で平和な社会」「高い科学技術の水準」「高い教育水準」「社会の安定」「経済的繁栄」「国民としてのまとまり」「ない・わからない」「その他」という順番になっている）いくつかの項目を政府やエリート官僚制と関連づけることは可能である。例えば、治安の良さと警察が関連しているように、自由で平和な社会＝自制心のある政府という評価につなげることも不可能ではないが、多くの項目は社会や国民にその要因を求めることができる。

ただ、これらの項目の中で「経済的繁栄」だけはエリート官僚制と結びつけて考える人の比率が相応に存在すると考えられる。戦後日本の経済成長は活発な企業間の自由競争であるという意見の一方で、経済産業省や財務省などの経済官庁を中心としたエリート官僚制度が大きな力を果たしたという意見が根強いからである。

このことを数字で確認してみよう。経済的繁栄を国の誇りとしてあげている人の比率の変化をみてみると、直近の調査ではその比率はわずか12・6％であり、「ない・わからない」「その他」の二つの項目を除くと「国民と

図表7-5　経済的繁栄を誇りと感じる人の割合の推移

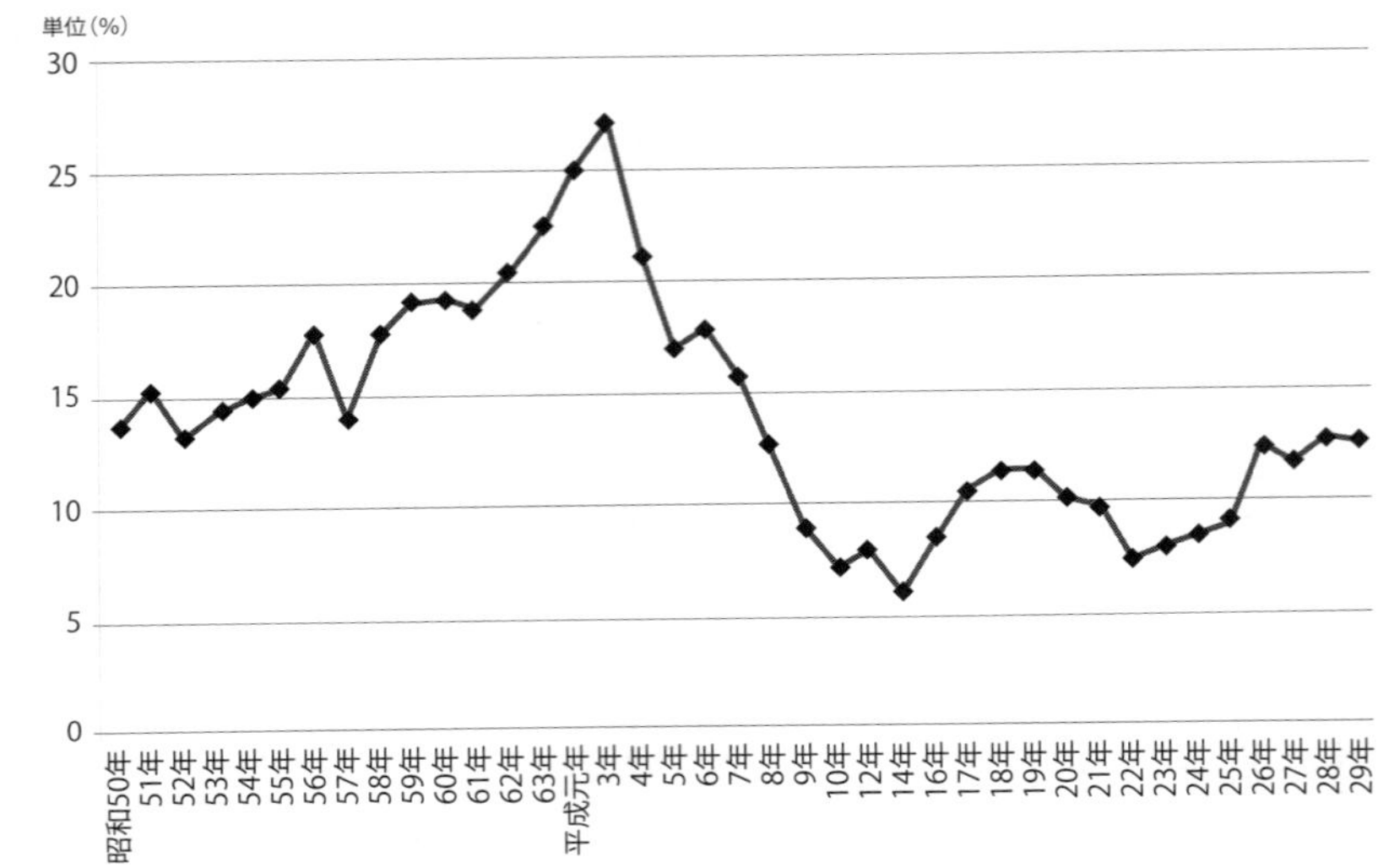

資料出所：「社会意識に関する世論調査」（内閣府）各年版に基づき作成

してのまとまり」（10・9％）についで低い。もはや誰も経済的繁栄を誇りとは考えなくなっているということだが、調査が開始された時点からたどってみてみると、次の図表7―5をみればわかるように相応の国民が経済的繁栄を誇りとして捉えていた時期があったこともわかる。つまり、エリート官僚自体を国の誇りとして意識する人はいないかもしれないが、かつては経済的繁栄と重ね合わせることで誇りに思っていた人が多かった可能性が高いということである。逆に言えば、誇りに思えなくなるほどに経済状況が落ち込んだ今、エリート官僚制もまた日本人が誇りに感じるものから遠ざかっているということになる。

その一方で、右傾化を失った誇りを取り戻すという観点からみると全く異なった見方ができる。既述したように右傾化の内部要因は長期不況だと考えられる。長期不況によって戦後日本の経済ナショナリズムが崩壊したことがきっかけで、日本はアジア諸国や国際社会に対してこれまで以上に強い民族主義を打ち出すようになった。経済的繁栄を誇りとしていたからこそ、その経済的繁栄が崩壊しそうになっている今、失った誇りを取り戻そうと民族主義に火がついていると考えることもできるし、失った経済的繁栄は誰かに奪われたものであるとしてナショナリズムに火がつきかけている可能性もある。

これは自民党が大勝した２０１２年の総選挙、２０１３年の参議院選挙での彼等の選挙スローガンである「日本を取り戻す」という言葉を念頭におくとよくわかる。国民個々人がこの言葉にどのような思いを抱いたかはわからないし、「日本を取り戻す」とは何を意味するのかについては様々な解釈があり得るだろうが、このフレーズに多くの国民が関心を示したということはナショナリズムがかつて日本にあったものの喪失と関連していることを如実に現していると考えられる。

ここから浮かび上がってくるのはやはり経済力である。戦後の日本は軍事化路線を否定されたし、それが大きな要因となって政治大国としての地位も築いてこなかった。日本が国際社会での地位を保つことができていたのは経済大国だったからである。経済大国であることを基盤にして国際社会に大きな影響を及ぼすことで安全保障での劣位をカバーしてきたとも考えられる。その経済大国としての地位を滑り落ちたことがナショナリズムに火をつけたとすると、経済力を取り戻すことが日本を取り戻すことにつながると考えられるが、経済力を取り戻すためにはエリート官僚が必要不可欠だと国民や世論は考えているだろうか。ちなみに、経済力の復権とは何かについても経済成長の実現といった単純なものではなく、日本経済のシンボルとも言うべき「もの作り」の復権や、日本企業の技術や伝統を外資から守るといったことまで幅広く含まれていたと考えられる。例えば、この中に優秀な官僚の頭脳は入っているだろうか。

この点について管見の及ぶ限りでは、証明できる客観的な調査など存在しないが、長期不況の間に行われた様々な政策、どんなことを実施しても上向かない経済、アベノミクスで上向きつつある今現在の経済状況の下でさえ達成できていないデフレの克服、押し寄せるグローバル経済の波などを考えると、エリート官僚の関わり次第で経済状況が大きく左右されると考えていた人が多数になるとは考えられない。これら以外にも様々な要因を挙げられるのだろうが、長期不況の期間はあまりにも長すぎる。90年代後半からすでに20年近くの月日が流れているのに経済は上向かない状況で、かつて経済成長を導いたと言われる官僚に対する期待を依然として抱いているなど考えられない。20年間以上の長きにわたって有効な政策を打ち出すことができないにもかかわらず、官僚の知性や専門知識に対する信頼感が揺るがないというのはあまりにも非現実的な想定だろう。また、世代によっては官僚がかつてそういう役割を果たしたことさえ知らない世代が存在するのである。

他方で、官僚は日本人が誇りに感じているものを傷つけたりすることで国民から批判されることはなかったかという点についてはどうだろうか。例えば、警察官のモラルが低ければ治安の悪さにつながるだろうし、かつてのように企業を過度に保護することで公害が起きて美しい自然が破壊されるという場合には、官僚は日本の誇りを傷つけていると見なすことができる（あるいは、官僚は日本の誇りを傷つけていると見なす人が一定割合で存在する）ということになるだろうが、バブル経済崩壊後の状況を考えると、官僚が日本の誇りを傷つけたという目立った事例はない。[*10]

第三節　国力とは何か

次に、国力の増強とエリート官僚制を関連づける視点から分析してみることとする。まず、国力とは何かから考えてみることにしよう。国力とは何かについては様々な定義があるが、国際政治学のように他国や国際社会への影響を中心に考えた場合、軍事力といったハードパワーから経済力や文化力などのソフトパワーまで幅広いものが思い浮かぶ。国力といえば、一般的にはこの観点から定義されるものが多い。例えば、少し古いが昭和40年に行われている内閣府の「社会風潮に関する世論調査」では、日本は独立国になっているか否かという質問の後で、どういう観点から独立国か否かを感じるかとして、最も多かった回答が「米国への従属的関係」(37％)で、それ以下は外交面での弱さ(12・9％)、米国を含めて大国に影響されている(8・4％)、米軍基地の存在(7・6％)、経済力の弱さ(6・9％)、領土問題(4・5％)、国内の政治・経済・文化面での弱さ(3・9％)、国防面での弱さ(2・7％)、具体的な答がない(25・9％)となっている。

その一方で、国民からみる国力は他国との比較という視点は入るとしても、それは必ずしも影響力という観点を要しない。軍事力にしても経済力にしても文化力にしても、自分自身にとって住みよい国にプラスの効果をもたらすのであればいい、マスメディアや海外旅行などを通じて知る他国に比べて優れていればいいという方がむしろ一般的である。実際、民族主義の高まりの中で目立つようになっている「日本は素晴らしい」という思いの中には「日本は住みやすい」という思いもあると考えられる。

例えば、NHK放送文化研究所の「日本人の意識に関する調査」でみると、「日本に生まれてよかった」と感じる人は、長期不況であろうとなかろうと90％以上であり、総合的に考えて日本に生まれてよかったと感じているが、その判断根拠は普段の生活環境に加えて、既述したように様々な機会を通じて知る他国の状況との比較だろう。卑近な事例でいえば、アメリカは自由の国だけど銃の乱射事件が時折あるとか、ヨーロッパの街並みは綺麗だがテロの危険があるとかといったことである。これは日本の良さとして治安の良さをあげる人が多いことからもわかる。

ここでは国力を他国への影響力という視点と、国民自身が住みやすい、誇りに思う、優れているというように積極的に捉えているものという二つの視点から分析を行う。

1　日本の国力は何か

国力は軍事力などのハードパワー、経済力や文化力のソフトパワーに分けられるが、憲法九条の改正が未だに国民的議論の渦中にあることを考えると、軍事力の増強こそが国力の増強につながるというのは日本の世論ではない。右傾化しているという見方がある一方で、軍事力については依然として否定的な見方が強いということである。その一方で、昨今はアニメや芸術、スポーツ分野での日本人の活躍に熱狂するといった文化ナショナリズムが取り上げられることが多いが、文化力を増強して他国に影響を及ぼしていこうという考え方も多数派を形成しているとは言いがたい状況である。文化庁の予算が少ないことは言うまでもなく、観光立国が掲げられて観光客が増えるにしたがって文化関連に政府が力を入れるようにはなったものの、日本人の多くは文化を輸出するといったハリウッドのような発想は持ち合わせていないからである。実際、内閣府の「文化に関する世論調査」(平成21年)によると、「文化芸術を振興していくために、国において特にどのようなことに力を入れてほしいと思うか」という質問に対して、「子どもたちの文化芸術体験の充実」を挙げた者の割合が48・6％と最も高く、以下、「文化芸術を支える人材の育成」(44・2％)、「文化財の維持管理に対する支援」(41・9％)などの順となっていて、日本文化の発信は27・1％にすぎない。

このように日本が求める国力を消去法から繙いていくとわかるのは、政府を含めて日本人が国力の増強ということで念頭に抱くのは間違いなく経済力ということである。経済大国となることで米国から自立し、他国や国際社会にも大きな影響を与えることができるのだというのが大まかなコンセンサスだと言っていいだろう。

国民にとって住みやすい国にするための国力という視点からみても同様のことがいえる。日本人が「日本に生まれてよかった」「日本を住みやすい」と考える最大の根拠は何だろうか。内閣府の「社会意識に関する世論調査」をみると、日本社会に満足している点として「良質な生活環境が整っている」ということを根拠にあげる者の比率が圧倒的に高い。良質な生活環境を整わせるためにはどういう国力が必要かと考えた時に真っ先に思い浮かぶのが経済力である。文化芸術がどれだけ重要だとしても、良質な生活環境を整える要素としては上位にはあがってこない。衣食足りて礼節を知るの格言ではないが、基本的には経済力があってはじめて良質な生活環境は整う。

それでは改めて経済力とは何だろうかと考えると、様々なことが思い浮かぶ。ＧＤＰや一人当たりのＧＤＰなど生産面で客観的に統計で示すことができるものも多いが、国際比較という視点を入れると、国際機関などの調査で使われる「競争力」という概念が幅広く経済力を捉えているという点で最も適切ではないかと思われる。複数の機関が競争力の国際比較を行っているが、ここでは日本経済研究センターの「世界50カ国・地域潜在力調査」に基づいて競争力の源泉をみてみることにする。この調査では、潜在的な競争力を計るために国際化（輸出入・直接投資）、企業（製造業の労働生産性など）・教育（高等教育就学率・ＴＯＥＦＬ成績など）・金融（銀行の流動性準備に対する資産の比率など）・政府（財政収支のＧＤＰ比など）・科学技術（人口当たりＲ＆Ｄ研究者数など）・インフラ（一人当たりの航空機離陸回数など）・ＩＴ（インターネット普及率など）の８項目を取り上げている。

日本経済研究センターの調査は経済成長の結果としての今現在の競争力ではなく、ある国が今後どれだけ成長するかを基準にした潜在力に焦点を置くものというところに特徴があるが、右傾化と国力の関連で言えば、潜在力に焦点を当てた調査をみることが適切だと考えられる。なぜなら、これから大国に向けて発展していこうという形態のナショナリズムも、失った誇りを取り戻そうとする形態のナショナリズムも、その基盤となるのは潜在力だからである。今現在は他国に劣っているとしても、今後は他国を陵駕するとか国際社会で重きが置かれる国になるのだという思いや考えを強くするのは「私達の国にはこれだけのポテンシャルがあるのだから、このポテンシャルを上手く使えばもっと強くなれる、良くなれる」という発想だからである。

その一方で、日本経済研究センターの調査も含めて、どの調査も竹村（2011）が指摘しているように「企業活動のしやすさ」を計測している点では共通していると思われる。教育やインフラなどは生活しやすさなど国民個々人の幸福と関連がある反面、潜在的な競争力という観点から計れば企業活動がいかにやりやすいかという方に主眼が置かれるからである。例えば、上記の日本経済研究センターの調査においてもインフラの項目としては「一人あたりの航空機離陸回数」「一人あたりのコンテナ取扱量」「送配電ロスの比率」「道路舗装率」の五つが使用されている。国民生活の向上という観点からのインフラ整備の指標であれば、自転車専用道の比率、転落防止柵のある駅の比率などもっと違った側面からのインフラ指標が使われるはずである。その意味では、どの調査も経済力を基盤においた競争力という場合には「企業」を念頭に置いている。つまり、潜在力を計るにしても、今現在の力を計るにしても企業あるいは企業を取り巻く環境の現在と未来を主眼にしているということである。例えば、今現在の日本企業の競争力は低いかもしれないが、ノーベル賞受賞者数の多さなど科学技術力の高さから考えると、その潜在力は非常に大きいといった具合である。

競争力の中心に企業や企業を取り巻く環境の現在と未来を置くという点については、日本人や日本政府の考え方も同様であり、これについてもコンセンサスがあるのではないかと思われる。

戦後日本が世界第2位の経済大国にまで駆け上がった要因は何か。学術書から一般の書籍まで様々な要因が指摘されてきたが、大きく分けると三つである。一つ目は企業の競争力である。競争力の中には様々なものが含まれる。二つ目は日本人と社会である。日本人は勤労意欲が高い、忍耐強いといったことや、社会が安定しているというものである。三つ目は政府の能力の高さである。ここにはエリート官僚制度が当然含まれる。既述したように、チャルマーズ・ジョンソンの『通産省と日本の奇跡』に代表されるように、戦後日本の経済成長を支えた日本独特のものとして経済官庁の主導的役割が海外の識者から指摘されている。

それではこの三つの中でどれが決定的な影響力を持っただろうか。政府やエリート官僚制でないことは言うまでもないだろう。エリート官僚制が戦後日本の経済成長に大きな貢献をしたことは多くの人が知っているが、世代によってはすでにそれは歴史の一部になっていることだし、今現在も官僚が日本経済の鍵を握ると考えている人は少ないだろう。日本人の勤労意欲が高いといったことは相変わらずだが、長期間でみると人や社会環境は大きく変化した。それに対して、戦後首尾一貫して日本経済の主役となってきたのは企業である。長期間を視野に入れて考えると、日本人の多くは経済力の基本は企業の動向だと考えていると想定するのが無難だろう。実際、景気が良いか悪いか、今後日本経済がどうなるかを話す時には企業の株価、売上などをマスコミは取り上げるし、日常会話でもこの種の話題が取り上げられるのが一般的である。

右傾化という視点から経済力を捉えるとどうだろうか。軍事力が否定された戦後日本においては経済成長こそがナショナリズムの基本だった。その経済成長がバブル経済崩壊後に隘路にぶち当たった。かつての栄華や繁栄を取り戻したい、再びかつてのような強い経済力を身につけて世界に君臨したいという思いが頭にもたげる時、先程と同様に三つのどれが決定的な影響力を持ったかと考えると、やはり企業だろう。日本企業がかつての輝きを取り戻すようになることが失われた誇りを満たしてくれる。そういう考えが最も支配的だったと考えられる。日本人個々人の力が生かされること（例えば、世界的に著名な起業家を輩出すること）が経済力の復権だとか、格差を是正して分厚い中間層のいる社会に作り直すべきだとか、経済に積極的に介入する政府を作り出すことが日本経済の復活につながると考えている人はいたとしても、企業を日本経済復活の鍵と考える人に比べると圧倒的に少ないだろう。

日本人の多くは失われた経済力の復権をなぜ企業に託すのだろうか。企業の競争力が向上したり、企業が利益をあげることが必ずしも日本や日本人の利益になるとは限らない。また、これだけグローバル化が進展した世の中では企業の国籍は無意味になりつつあるし、トップが外国人という日本企業も目立つようになっている。さらに言えば、かつてのように日本企業が正社員を採用して終身雇用で守り続けるという姿勢を保持しているわけでもない。今更言うまでもないが非正社員と正社員の比率は急速に縮まっている。それにもかかわらず、なぜ日本人の多くは企業を経済成長の原動力とみなし好意的な視線を向け続けているのだろうか。

以下では、まず、なぜ日本人は企業にここまで好意的な目を向けるのかを検証した上で、右傾化という観点も踏まえて世論は何を企業の力だと捉えていたのかを分析する。それらを踏まえた上で官僚は企業の力を中心とした経済力の向上にどのように貢献しているのかを分析する。

2　日本企業と終身雇用

日本人がなぜ企業を経済力の中心と見なしたのか。様々な理由が考えられる。純粋に日本企業のものづくりに誇りを感じるということもあるだろうが、自分自身の生活と密接に関連していたことが大きいのではないだろうか。端的に言えば、日本企業が雇用を維持したからである。企業が競争力を維持して利益を出すことが国民全体の幸福につながったからである。だからこそ、日本人は経済力をナショナリズムの基盤に据えたのである。特定の一部の特権階級だけが利益を得ているのであれば、誰も経済成長に強いナショナリズムの観念を抱かない。未だに企業の国籍が話題になったり、トップが外国人であることやその報酬の是非が大きな話題になることからもそれはわかる。[*11] ただ、日本企業が雇用を維持したというだけでは説明しきれないこともある。なぜなら、後述するようにバブル経済崩壊後、日本企業は目に見えない形でリストラを推進したと考えられるからである。そういう観点から考えると、日本社会や日本人が企業を経済力の中心とみなした背景は複雑であり、その他のいくつかの理由を合わせて分析する必要がある。

以下でその流れを詳しく説明していこうと思うが、まず押さえるべきなのは日本の労働市場の性格である。労働市場には二つある。内部労働市場と外部労働市場である。内部労働市場とは、企業内部で雇用を維持するような労働市場のことを言う。景気が悪くなり、企業業績が悪化したとしても、企業は残業削減・配置転換・関連会社への出向・採用抑制などで、なるべくリストラせずに従業員を抱え込む。この内部労働市場が日本の労働市場の特徴だと言われてきた。

それに対して、外部労働市場とはこの逆であり、景気が悪くなれば解雇されるような労働市場である。ただし、解雇されやすい分だけ、労働市場は流動的であり、また、職種別労働市場になっていることもあり、どういう資格・能力があれば職を得やすいかもはっきりしている。

次に、日本特有の内部労働市場を支える四つの要素を説明しよう。まず、終身雇用・年功序列賃金・企業別労働組合であるが、この三つを称して「三種の神器」と言う。これに「新規一括採用」を加えて、四つの要素が日本の内部労働市場を作ってきた。

終身雇用とは学校卒業後、就職してから定年で辞めるまで同じ企業でずっと働くことを一般にはいう。年功序列賃金とは、年齢や勤続年数に応じて賃金が上昇していく仕組みのことである。欧米では職種に応じて賃金が支払われるが、我が国では勤続年数が基準になる。生産性に見合って賃金が支払われていないという指摘がある一方で、勤続年数とともに給料が上がっていくのであれば、企業への定着率は上がる。

企業別労働組合とは、企業毎に労働組合が組織されていることである。欧米では労働組合は産業別・職種別に組織されているところが多いが、日本は企業毎に組織されている。企業別に労働組合が組織されていれば、労働組合も経営者なみに企業の経営状態が気になる。企業が潰れてしまえば、労使に関係なく路頭に迷うからだ。そのため、労使協調して雇用を守ろうという発想になる。

これら四つの要素を総合的に捉えればわかると思うが、内部労働市場は、就職という入り口から定年という出口までを通じて、安定した雇用を保障するのが大きな特徴である。以下では、この四つの要素のうち、新規一括採用と終身雇用を取り上げてみることにする。なお、内部労働市場については数多くの書籍・論文があり、参考文献として特段提示しないが、最近では清家（2013）がわかりやすくまとまっており、それを主に参照していることを付言しておく。

終身雇用制度が雇用を保障するのは、あくまで働き出してからの話だが、我が国の場合には学校を卒業して即座にそのまま就職するというのも雇用の安定につながっている。大学生でも高校生でも就職内定率が最終的には9割を超えるが、このような高い比率で新規学卒者を採用することを「新規一括採用」と言う。

欧米諸国の場合、職種別に能力・経験などが決められている職種別労働市場となっているため、新卒が一斉に就職するということはない。また、大学での学習に対する考え方が異なることもあるのか、在学中にみんなが一斉に就職活動をするということもないといわれる。

この新規一括採用についてはメリット・デメリット双方のことが言われている。まず、昨今よく聞かれる新規一括採用のデメリットから考えてみると、①就職活動にものすごいエネルギーが費やされるため、大学での勉強がおろそかになることである。大学は予備校化しているとさえ言われる。そのため、就職活動の時期を巡ってはこれまで議論が繰り広げられてきたところである、②就活の期間があまりにも長いことや、不況で採用者数が減っていることから内定がとれないため、「就活ウツ」になる学生が増えるなど、学生の心身にまで影響を与えていることである、③採用基準が曖昧なことである。日本は職種別の労働市場になっていないため、一部の超一流大学のような輝かしい学歴・経歴を除いては、何が決め手かわからない。コミュニケーション能力が重要と言われても、どういうものかは極めて曖昧であるため、就職活動をする学生にとってはとまどいが大きい、④一発勝負の就職活動なので、大学卒業時に失敗してしまうと既卒者扱いとなり、良い条件での就職が難しくなることである、⑤既卒者となると就職が厳しくなる結果、フリーターなどの非正規労働者になったり、ニートなどの状態に陥る可能性が高くなることである、⑥就活が長引き、上手くいかない場合、とにかく就職しなければと焦る結果、不本意な就職しかできなくなることである。

こういうデメリットが強調されることが多いこともあって、新規一括採用を見直す動きも見られる。①就活期間を設けず、通年で採用すること、②新卒の定義を見直して大学卒業後一定期間は新卒扱いにするという二つが改善策としてあげられることが多い。具体的に言えば、学生は大学を卒業した後でも就職活動を行い入社試験を受けることができ、会社は新卒者の採用期間を設けず、その人物が良いと思ったら随時採用する。こういう制度にすれば大学の学習と就職活動を両立することができるということである。

新規一括採用はこのようにデメリットが強調されることが多いが、「職を得る」という点からみると全く違う。新規一括採用だからこそ若者の失業率が低くなっているからだ。それは欧米諸国の若年者の失業率と比較すると露骨にわかる。実際、欧米の場合、学校卒業後に仕事探しをするため失業率は跳ね上がっている。

新規一括採用の場合、卒業する前に就職を決めるため、失業の状態を経ずに直ちに職を得ることができる。しかも、企業は経験者優先ではなく、仕事経験のない学生を採用して教育訓練をするという制度をとってきた。失業をしないでスムースに学校から職場に移れるだけでなく、仕事経験のない若者に仕事を教える形で能力が蓄積されていく。当たり前だと思っている人が多いが、この二つのメリットは計り知れないものがある。

それは正社員と非正社員を比較すればよくわかる。非正社員の場合、与えられる仕事の範囲は限定されている。それに対して正社員の場合、様々な職種を経験できるため、幅広い仕事能力を得ることができる。これが長年蓄積されていくと大きな能力の差となっていく。他方で、企業は社会貢献でこういうシステムを採用しているわけではないことは注意する必要がある。新規一括採用は企業にとってもメリットが大きいことは看過されてはならない。一見すると、新規一括採用は企業にとって何のメリットもないように見える。何の資格・経験・能力もない若者を採用するからである。しかも、相応の給料を支払っている。それに加えて、仕事を教えたり、研修を実施したりするなどコストもかかる。経験者を雇った方が企業にとっては得ではないかという疑問が芽生えるのは当然である。上司や先輩が仕事を教える間、彼らは仕事ができない。そういう意味でもコストがかかる。

そういうマイナス面があるにもかかわらず、企業がわざわざ新卒者を採用するのは、若者がやがて仕事能力を身につけて、高い生産性を発揮すれば会社が利益を得ることができるようになるからである。若者（人間）に対する投資というとらえ方をしているわけであるが、これについては、人的投資は合理的な行動であることを提唱したゲーリー・ベッカーの有名な理論がある。彼は人の能力を高める教育訓練は投資であって、収益を生む経済合理的な行動だということを理論化した。

次に終身雇用制度の説明に移ることにする。内部労働市場の中核は「終身雇用制度」である。終身雇用制度の下では、いったん就職すると定年まで解雇されない。まさに内部労働市場の中核を成してきた制度である。終身雇用は日本の特徴と思われているが、戦前は一部の企業でしか採用されていないし、戦後も直後から普及していったわけではない。一般的には高度経済成長期から本格的に根付くようになったと言われる。

ここからもわかるように、終身雇用制度を可能にした最大の要因は高度経済成長である。新規一括採用と同様に、企業が社会貢献や温情で雇用を抱えるようになったわけではない。経済成長という裏付けがあってはじめて可能になったことである。

他方で、終身雇用制度については「解雇規制の緩和」がここ最近ずっと話題になっていることからわかるように、経済成長以外の要素で維持してきた部分もある。具体的に言うと「解雇権濫用法理」である。裁判所（司法）が、客観的に合理的な理由を欠き、社会通念上相当な理由として是認できない場合は「解雇権の濫用になる」＝「解雇権濫用法理」という考え方を確立しているため、企業としては容易に解雇できない。これが解雇に対する大きな抑止力になってきたことは間違いない。

なお、解雇権濫用法理を構成する四つの要素は、①人員削減の必要性がどこまであるのか、②企業は解雇をする前に回避する努力をしているか（ボーナスカット、労働時間の短縮、採用抑制、希望退職者の募集など）、③解雇対象者の選定が客観的、合理的な基準により公正に行われているか、④会社が従業員に対して誠意を持って十分に説明したかである。

もちろん、新規一括採用と同様に、企業にとってはデメリットもあるが、メリットの方が大きいからこそ、この制度を維持してきたことは看過されてはならない。これは社会全体・個人にとっても同様である。以下で終身雇用のメリットとデメリットを比較してみると以下のようになる。

まずメリットであるが、①雇用が保障されるので生活が安定するし、様々な見通しを立てやすい、②長期間働けるので、幅広い様々な仕事能力を蓄積することができる、③企業にとっては、従業員の企業への帰属意識、忠誠心を確保することができるといったことがあげられる。それに対してデメリットとしては、①衰退産業から簡単に人が移らなくなる。産業構造は変わっていく。かつては繊維産業が強かったし、日本の家電メーカーは世界を支配していたが、今やそうではない。それにもかかわらず、簡単に人が移動しない、②終身雇用制の下では一度人を雇うと解雇できないため、企業は採用に慎重になる結果、新規採用を抑制しやすくなる。中高年のために若者が損失を被っているという議論がその典型である、③正社員はクビにできないので既得権益者となる一方で、非正社員が多くなり、彼らは排除されたままなどである。

内部労働市場とはどういうものか、それを支える制度をみてきたが、日本の場合、内部労働市場（システム）＝日本の構造と見なせるくらいに比重が大きいことは、外部労働市場との比較からだけではわかりにくい。以下ではいくつかの視点から内部労働市場が日本社会にいかに大きな影響を与え、政府の活動を規定していたかを論じることとしたい。

内部労働市場＝日本の構造と見なせる最大の理由は、内部労働市場が福祉の役割を果たしてきたからである。簡潔に言えば、内部労働市場で失業率が低く抑えられてきたため、日本の社会保障は高齢者中心に組み立てることができたということである。これについては福祉国家を国際比較すればわかりやすい。福祉国家は千差万別である。そのため、福祉国家の国際比較については多大な研究蓄積が内外にあるが、その中でも福祉国家の国際比較でエポックメイキングな著作となったのが、Esping-Andersen の The Three Worlds of Welfare Capitalism（1990）である。

この著作でEsping-Andersen は脱商品化指標と社会的階層化指標という二つを軸にして三つの福祉国家のタイプ（レジーム）を打ち出している（論者によっては「国家・市場・家族の相互の関係」を三つ目の軸として含めるものもある）。「脱商品化指標」を簡単に説明すると、万が一、病気などで働けなくなった時（＝つまり、自分の体を商品として提供できなくなった時）、どれくらい社会保障で面倒を見てくれるかという指標だと考えればいい。それに対して、社会的階層化指標とはどの福祉国家も社会の階層化を促すという考え方にたって社会を分類する指標である。

一つ目はリベラルタイプ＝自由主義である。その特徴は社会保障の給付水準が低く受給資格が厳格であること、社会保険制度のウエイトが低いことなどである。代表的な国としてはアメリカ・カナダ・オーストラリアがあげられる。二つ目はコーポラティストタイプ＝保守主義である。このタイプの特徴は職業別・地位別に社会保険制度が分立していること、家族機能が重視されていることである。代表的な国としてはオーストリア・フランス・ドイツ・イタリアがあげられる。三つ目はソーシャルデモクラティックタイプ＝社会民主主義で、すべての国民が共通して加入する普遍的な社会保険制度をもっているなどである。代表的な国としてはスウェーデン、デンマーク、ノルウェーなどの北欧諸国である。

埋橋（1997）は、日本はこの三つの類型のどこにも厳格に属するわけではないと指摘しているが、こういう福祉国家の分類に当てはめようとすると、日本をどこに入れるかを判断するのは難しい。ただし、これはあくまでEsping-Andersenのモデルに基づく分類であって、この分類を離れると、日本は失業率が低く、社会保障支出の割合が低いというのが特徴であり、ウェルフェアよりも「ワークフェア」であるという点が日本モデルを他から区別する大きな特徴であるという。

つまり、失業率が低く働く機会が多かったことこそが社会保障である、あるいは、社会保障の代替となっていたということだが、このような低失業率社会の立役者こそ、内部労働市場である。完全雇用を政府がどこまで厳格な計画として意図していたのかはともかくとして、１９８０年代までの高い経済成長率と低い失業率が社会の矛盾の多くを包み隠すとともに、昭和40年代以降は政府も企業を間接的にサポートするという形（例えば、雇用調整助成金など）で終身雇用を後押しした。そのため、セイフティーネットなどについて切羽詰まった議論が必要にならなかったのである。

内部労働市場（システム）＝日本の構造であることは、福祉国家の国際比較だけが根拠ではない。先程の説明に加えて以下では三つの観点から内部労働市場＝日本の構造であることを示したい。それは、①政府が意図的に作ったものではなく、自然に出来上がっていったものであり、それゆえに簡単に崩壊しない強さを持っていること、②内部労働市場がカバーした範囲は広かったこと（多くの人が恩恵を受けたこと）、③内部労働市場を維持するコストは低かったことの三点である。

まず、内部労働市場が自然に出来上がったという点からである。年功序列賃金・終身雇用・企業別労働組合などを特徴とする内部労働市場がいつ完成したかについては諸説あるものの、長い時間をかけながら自然に出来上がってきた。それを証明するのには、これらの制度の成り立ちを詳細に追いかけていくという方法もあるが、政府が介入して作ったものではないことを示すだけで十分だろう。

旧労働省は企業が内部で雇用を抱え込む内部労働市場ではなく、職種に応じた流動的な労働市場を志向していた時期もあるからである。バブル経済崩壊後、政府が補助金で企業に雇用を抱え込ませていると批判する者がいるが、そうではない。内部労働市場はマーケットの中で労使が作り出してきたという点で合理的なものなのである。

ここではそれを改めて確認しておこう。戦後、政府がどういう雇用政策を展開してきたかについては労働政策研究・研修機構（2005）がわかりやすく簡潔にまとめている。それによると、旧労働省は昭和30～40年代にかけては能力や職種に応じて転職する外部労働市場を形成しようとしていた形跡がある。まず、昭和30年代前半～半ばにかけては高度経済成長の前期に当たる時期ということもあって、全体としては戦後の混乱で人手が余っているのに、一部の技術者や技能労働者などの人材が不足するなど、雇用のミスマッチが見られた時期である。この時期、政府は職業訓練法を制定するなどによってミスマッチを解消しようとしている。続く昭和30年代後半～40年代半ばにかけては「積極的雇用政策」の時代である。この時代、失業率は1％台前半の低水準で安定していた。このような状況で、政府は戦後復興期のように「後ろ向きの失業対策」ではなく、働く人が自分に合った仕事をするように職業紹介し、その能力を高めることを目指した。その精神は雇用対策法やそれを受けた雇用対策基本計画に現れている。

つまり、旧労働省を中心とした政府は、戦後当初から終身雇用を中心とした内部労働市場を作ろうとはしていなかった。それどころか当初は、欧米のように個々人が能力や適性に応じて、労働市場を自由に動くような外部労働市場を想定していたということである。

繰り返すが、内部労働市場は決して政府が意図したものではない。労使や経営が自然に作り上げていったものであり、戦後日本の高度経済成長が可能にしたものである。特に、不況が短期間ですんだことは大きい。「失われた20年」のような長期不況の場合、企業が内部で雇用を抱え込むことは難しいからだ。

次に、内部労働市場がどれだけの人間をカバーしたか、内部労働市場を維持するためのコストの二つについてである。カバーする範囲が広ければ、それだけ安定した生活を送った人が多かったということになる。また、内部労働市場でフォローされている人が多ければ、政府が社会保障の財源を振り向ける部分が少なくてすむ。その分だけ、政府は他の仕事にエネルギーを振り向けられるなど、社会全体にも影響が大きい。内部労働市場を維持するためのコストをみる視点も同様である。

内部労働市場でどれだけの人間がフォローされていたか。正確な統計を出すのは難しい。ただ、①雇用の維持を重視する家族的経営は中小零細企業にまで及んでいること、②デフレ不況下でさえ中小零細は人手不足で安易な解雇ができないこと、③実際に90年代前半までは経済が順調で失業率も低かったこと（つまり、大企業だけでなく中小零細企業も雇用を維持できる余裕があったこと）などを考えると、内部労働市場でカバーされる人は多かったのではないかと思われる。

それを実際の数字で如実に示しているのがリーマンショック後の雇用調整助成金の申請状況である。「雇用調整助成金」とは、景気の変動で経営が苦しくなり、仕方なく従業員を休業させたりする会社に支払われる補助金のことである。目的は失業の防止である。どれだけ日本企業が雇用の維持に執念を見せるとはいっても、業績が悪化して苦しくなれば従業員を解雇せざるを得ない。それを抑止するために、従業員を休業させた場合に会社が支払う休業手当の一部を補助するというのが雇用調整助成金である。雇用調整助成金は企業に無理矢理雇用を抱え込ませる諸悪の根源のように批判されたことがある。また、雇用調整助成金のために労働異動がスムースに進まないという非難もある。さらに言えば、政府の補助金につきものだが、手続きの煩雑さなどから使い勝手が悪いというのは常にある。

助成金のこういう実情にもかかわらず、リーマンショック後の不況では相当数の中小企業が雇用調整助成金を申請したことを考えると、内部労働市場でカバーされていた人は製造業を中心に相当いたと考えられる。

次に、雇用調整助成金にみられるように、内部労働市場を維持するためのコストはそれほど高くなかったことにも注目すべきである。例えば、雇用調整助成金を批判する人は、「政府は企業に負担をかけている。余計な雇用をはき出させるべきだ。雇用調整助成金は不要だ」と主張するが、少なくとも雇用調整助成金は慢性的に使われてきたわけではない。次の図表を見てほしい。雇用調整助成金の実績の推移を示したグラフである。リーマンショック後の不況でふくれあがっただけで、それまでは細々と使われてきたにすぎないことがよくわかる。当たり前だが、失業率が低く維持されている限り、この助成金が慢性的に使われるということはあり得ない（図表7—6）。

雇用調整助成金をはじめとした失業予防に重点が置かれ出したのは、昭和40年代後半～50年代後半にかけて二度の石油危機があり、失業者が100万人を超えた時代である。政府はこの時期、失業者の再就職を促すという

図表7-6　雇用調整助成金の支給実績

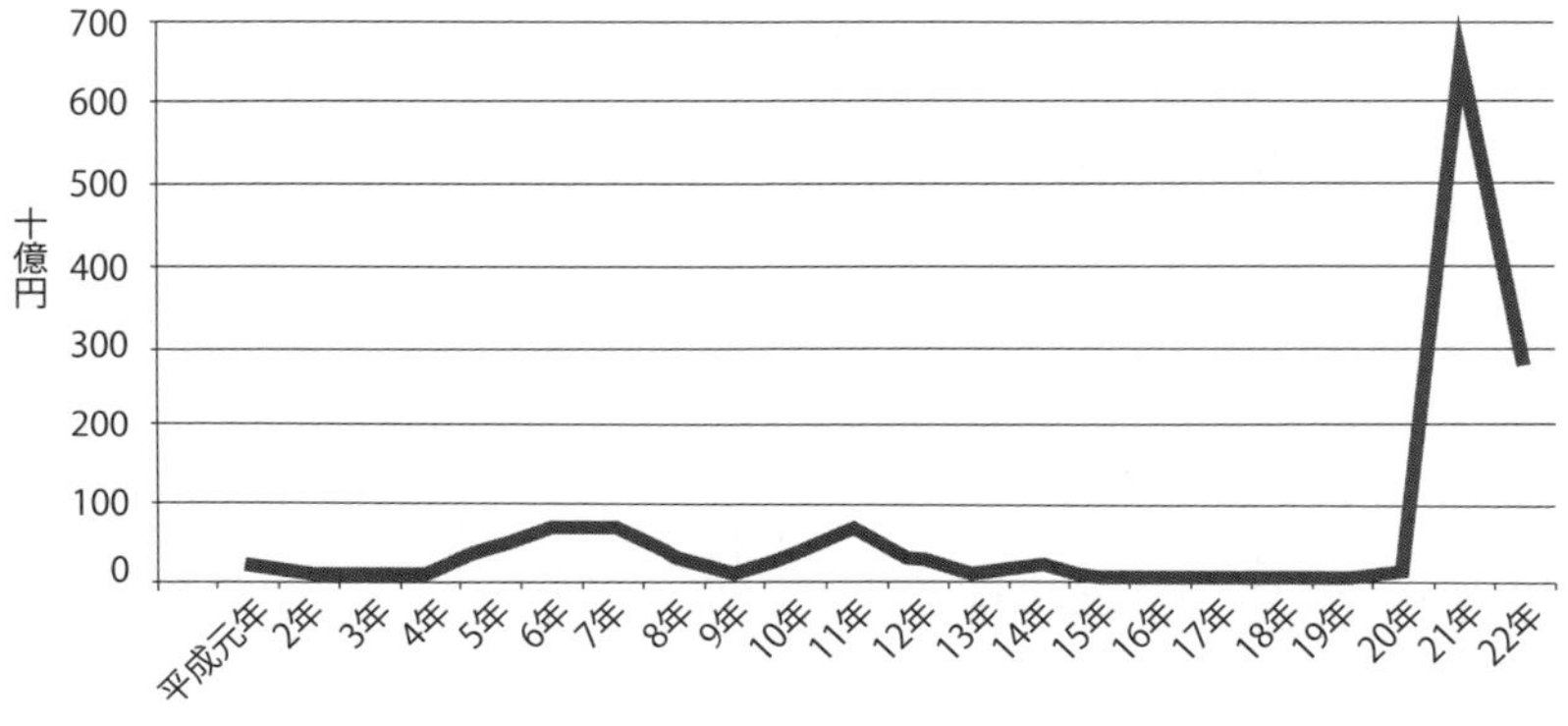

注）1）ここでの支給額は、教育訓練及び出向分を含む総額である。
　　2）平成22年度は12月実績（速報値）までのデータ。

資料出所：労働政策研究・研修機構「雇用調整助成金による雇用維持機能の量的効果に関する一考察」10頁より転載

従来の考え方から、事前に失業を防止して雇用の安定を図ることを重視するようになる。その象徴的な制度が「雇用安定資金制度」であり、「雇用調整給付金」である。これが制度の始まりである。その後、昭和50年代後半から平成初期にかけては、1985年のプラザ合意後の急激な円高による「円高不況」の影響で、造船、鉄鋼業等の製造業を中心に企業の雇用過剰感が高まり、配置転換、出向、一時帰休、さらに解雇が行われ、1987年4月に完全失業率は3％に達し、完全失業者も200万人弱に増加した。これらの不況業種に対して、政府は雇用調整助成金の助成内容を拡大することによって、失業の予防に力を入れた。

このように雇用調整助成金が活躍するのは不況期に限定されている。しかも、石油危機・円高不況ともに短期間ですんだ。その意味では内部労働市場を維持するコストはそれほど高くなかったということである。

3　日本社会と企業

これまでみてきたように内部労働市場によって雇用は維

持されてきた。これが日本人が企業と自らを一体化させる一つの根拠になっていると考えられる。その一方で、バブル経済崩壊後に関しては状況が大きく変化している。どれだけ状況が変化したかを詳述することは紙幅の関係で避けるが、日本企業がかつてのように終身雇用を運用しなくなったこと、正社員の採用を控える一方で非正社員を増やすようになったことなどから考えて、日本社会や日本人は企業と自らを一体化する必要性をなくしていったと考えられる。その意味では、バブル経済崩壊後に関して言えば、企業にそれほど気遣う必要はなくなったといえる。やや厳しい言い方をすれば、雇用責任を全うしないのであれば企業に対して厳しい社会的規制を課そうとしてもおかしくはないということである。

例えば、労働規制を強化するというのは一つの方向性である。ヨーロッパのように長時間残業を規制することも可能だし、一定の賃上げを強制することもできるし、最低賃金を思い切ってものすごく高くすることもできる。派遣労働そのものを規制する以前の法体制に戻すことも不可能ではないなど、労働規制については様々なアイデアが思い浮かぶ。

もちろん、労働規制強化によるマイナスはある。企業が雇用を控えるようになる可能性も高い。しかし、もし企業が雇用を控えるのであれば、雇用保険を充実させたり（例えば、支給期間を最大360日から3年に伸ばす）という政策を組み合わせればいいだけである。

内部労働市場システムが不安定化したとしても、それを補うために上手く政府を活用するという発想に立てば、政策の方向性はいくらでも変えることはできる。それにもかかわらず、企業に対する社会的規制を強化しようという動きは未だに目立たない。なぜなのだろうか。以下ではこの疑問について次の四つの角度（①企業に対する日本人の思い込み②内部労働市場の性格③自営業という選択肢の消滅④内部労働市場以外の選択肢がないこと）から分析を行うこととしたい。

まず、企業に厳しい負担を課すことをためらう背後には、企業自身が不況で苦しんでいるという思い込みがあることである。日本人の心情として「企業だって苦しいから仕方ない」ということだろう。それでは企業は本当に苦しんでいるんだろうか。もっと具体的に言えば、大きな損失を出しているんだろうか。実態は真逆である。企業は利益を出している。「失われた20年」と言われるくらいだから、企業は大きな損失を出している印象があるが、企業全体としてみればプラスの利益を上げ続けている。財務省の法人企業統計をみると、少なくともリーマンショック前の２００７年までは企業は利益を計上しているからだ。しかも、この貯蓄を生み出しているのは大企業である。規制緩和で荒波に投げ込まれた中小零細企業がある一方で、大企業は着実に利益をあげてきたわけである。深尾（2012）によると、資本金10億円以上の法人が全法人の貯蓄の41・5％を占めている。[*12]

さらに問題なのはどういう手段で企業は利益を積み上げたのかという点である。新製品によって付加価値を生み出してきた部分もあるが、コストカットも大きな要因だからである。人件費を徹底的に切り詰め、設備投資も控えてひたすら内部留保を積み上げてきたというのがわかりやすい説明になる。

新しい製品やサービスを生み出して利益を積み上げたのではなく、人件費などのコストカット競争を展開してきたわけである。これについてはデータから裏付けることも可能である。国際比較してみると日本企業は経済成長の果実を内部留保などに回しており、雇用や賃金には回していないことがわかるからである。『労働経済白書』（平成20年版）では、各国の経済成長率の大きさと雇用・所得の伸びの関係を推計し、経済成長率１％に対し雇用・所得の伸びがどの程度なのかを分析している（図表7―7）。これをみるとわかるが、日本を各国と比べると、所得・雇用とも伸びが低い。特に、雇用の伸びは著しく小さく、フランスと比べれば半分以下の大きさしかない。つまり、諸外国と比べると、日本企業は経済成長の果実を所得や雇用という形で労働者に配分していないということである。

図表7-7　経済成長の雇用・所得への波及効果

①1%の経済成長率がもたらす雇用・所得への波及効果

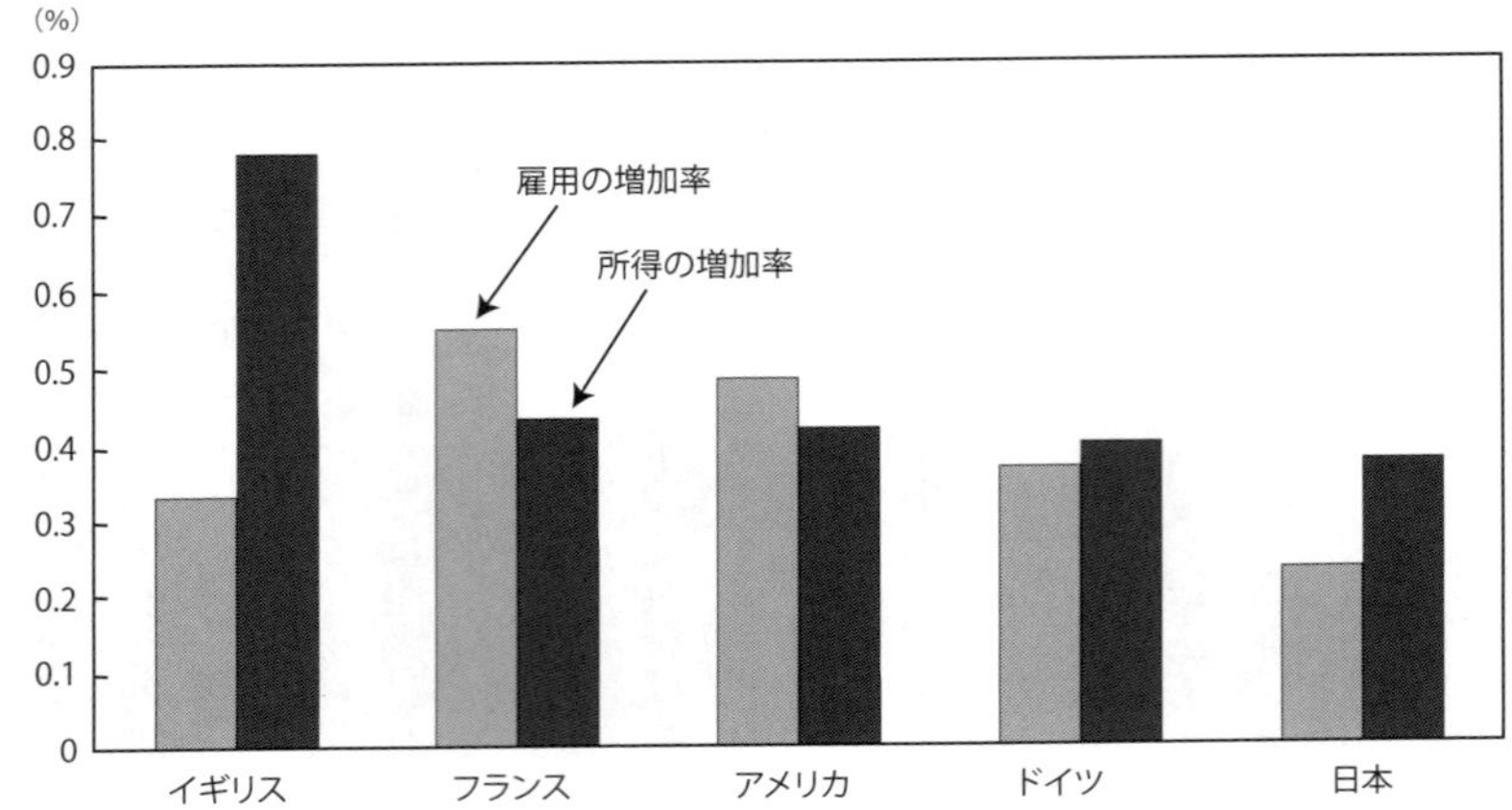

②1%の経済成長率がもたらす労働分配率の変動の大きさ

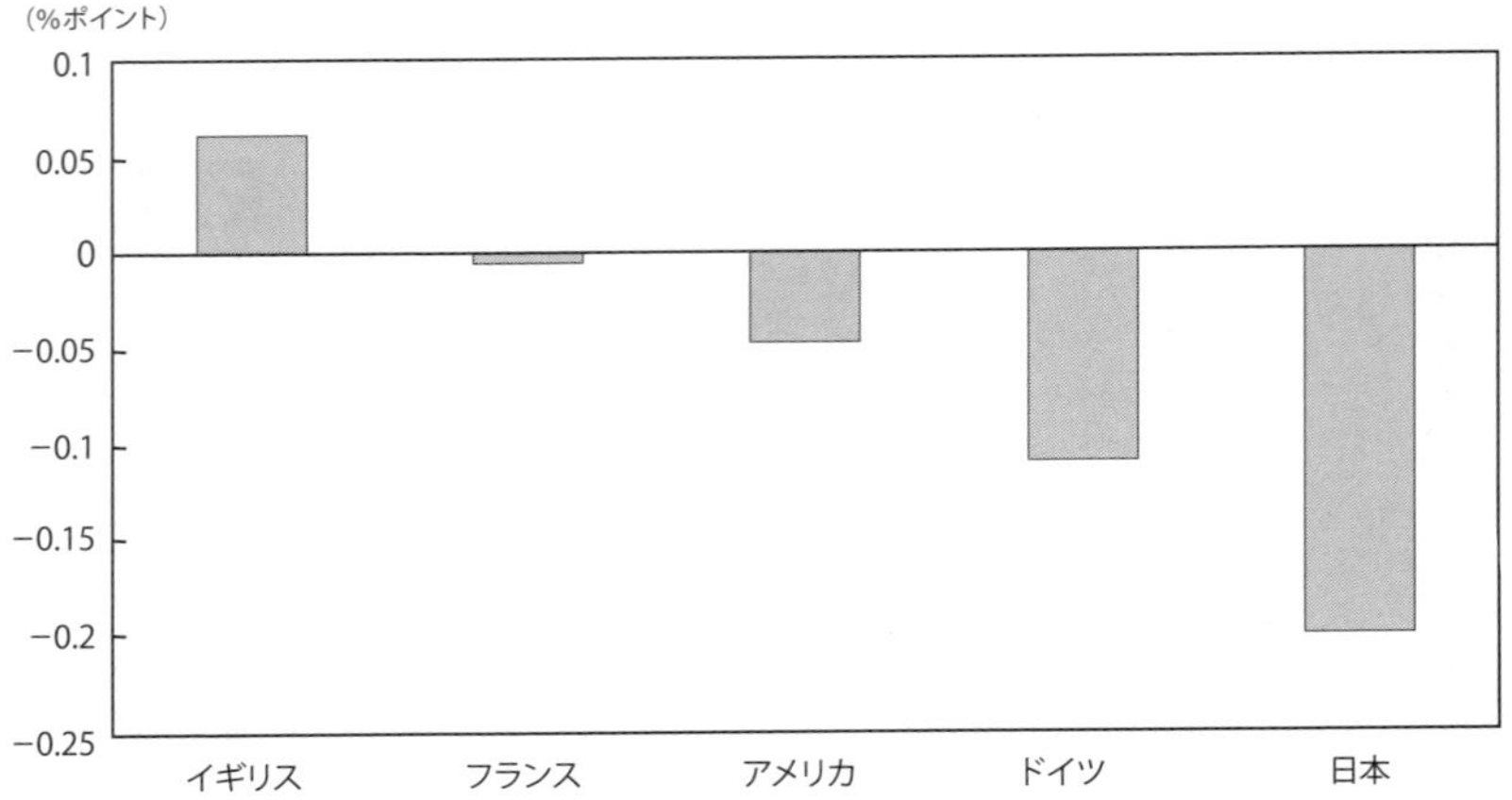

注）1%の経済成長率がもたらす雇用の増加率、所得の増加率、労働分配率の変動の大きさはそれぞれ最小二乗法によって推計した下式の係数a、b、cである（計測期間：2000〜2006年）

$\dot{E} = a\dot{X}$　$\dot{E}$：雇用者数の前年比（%）

$\dot{W} = b\dot{X}$　$\dot{W}$：一人当たり雇用者報酬（雇用者報酬／雇用者数）の前年比（GDPデフレーターで実質化、%）

$\dot{D} = c\dot{X}$　$\dot{D}$：労働分配率（雇用者報酬／国民総生産×100）の前年比（%ポイント）

$\dot{X}$：経済成長率（実質GDPの前年比、%）

資料出所：OECD "National Accounts" をもとに厚生労働省労働政策担当参事官室にて推計（『労働経済白書』（平成20年版））

それにもかかわらず、なぜ国民は企業に対して批判めいた声をあげないのだろうか。具体的にいうと、①リストラなどのコストカット路線を素直に受け入れるのか、②企業から「雇用か賃上げか」を迫られた挙句、腰折れ的に雇用の維持を最優先するのか、③強気な企業の態度に対して、日本人はなぜ従順なのか、ということである。少なくともバブル経済崩壊後の長期不況期において、日本人や日本社会は企業から厳しい要求を突きつけられてきたが、未だに日本では企業に対する抗議運動もなければ、反ウォールストリート運動のようなものも発生していない。主な理由としては社会・労使・企業の三つに関連したものが考えられる。

まず、社会全体の豊かさである。リストラされてもどこかに職がある、職がないにしても生活は何とかなるという程度の豊かさのベースが保たれていれば、企業や政府に対する抗議運動のようなものは起きない。また、皮肉にも長引くデフレが社会の豊かさに拍車をかけたと考えられる。日本のデフレは急激な物価下落ではなく、長期間をかけたなだらかな下落であるため、深刻な苦しみを感じない一方で、モノの値段が安くなることで生活は一層楽になったという側面が強い。

次は、日本のお家芸とも言えるが労使協調である。苦しい時こそ、労使で我慢して助け合おうということで、雇用の維持だけで満足してしまっている。

最後は、企業性善説が依然として根強いことである。企業は悪くない、取り巻く環境から考えて仕方がない。そういう世論が強いということであるが、企業性善説はいくつかのパーツから構成されていると思われる。

一つ目は、金持ち経営者が少ないことである。1億円以上の役員報酬をもらう人は公表されているが、米国と違って高額所得のＣＥＯはほとんどいない。リストラをする側も苦しんでいることがわかれば批判をしにくくなる。二つ目は、日本人自身にとって日本企業はナショナルブランドだからである。特定時期の日本史を誇りをもって振り返ることのできない日本人にとって、戦後日本の経済成長と日本企業は誇りであり、ナショナリズムを代替してくれるものである。その日本企業が苦しんでいる以上、国民も痛みを分かち合わなければいけない。そのため、リストラや賃金カットでさえ痛みを分かち合うという感覚で受け止めてきたとは考えられないだろうか。三つ目は、これと関連して、バブル経済崩壊後に明白になったのは、日本人は避けられない現実と国際社会に弱い傾向があることである。「企業は厳しいグローバル競争に巻き込まれているのが現実だ」と言われると反論できない。現実は変えられるという意識が弱いとも言える。実際、世界各国ではグローバルな動きに対する反乱が起きているが、日本ではグローバルは殺し文句になってしまっている。四つ目は、法人資本主義の影響が強いことである。日本企業は利益を上げている一方で、労働者には十分還元されていない。ただ、経営者にも還元されていない。大部分は内部留保に回っている。誰の物でもないお宝が眠っているわけだが、企業がナショナルブランドである以上、内部留保＝国庫＝国民の金という意識もどこかにあるのかもしれない。

企業に対して社会的規制を課そうとしない二つ目の理由は、内部労働市場の性格である。確かにバブル経済崩壊後、内部労働市場は不安定化したが、崩壊しているわけではないからである。もっと露骨な言い方をすれば、企業が雇用責任を放棄したわけでもなければ、労使の信頼関係が崩壊したということでもないということである。長期不況に陥って以来、内部労働市場でカバーされている割合が減っていること、リストラが増えているという印象が強いが、終身雇用と年功序列賃金に対する企業の対応は必ずしも激変したとも言い切れない。

バブル経済崩壊後の状況を言い表すと、欧米型の成果主義などを導入する一方で、日本企業は終身雇用・年功序列賃金を捨てようとしたが、やはり捨てきれず、逆に昨今は見直しを始めているという状況だということである。それが最もよく現れているのが長期雇用と賃金制度に対する企業のスタンスである。

「労働経済白書」はたびたび企業や従業員が長期雇用をどう考えているかについてのアンケートや統計を公表している。それらをみてみると、バブル経済崩壊後も、企業が長期雇用を重視していることは明らかだからであ

図表7-8　日本型雇用慣行と企業の人事方針

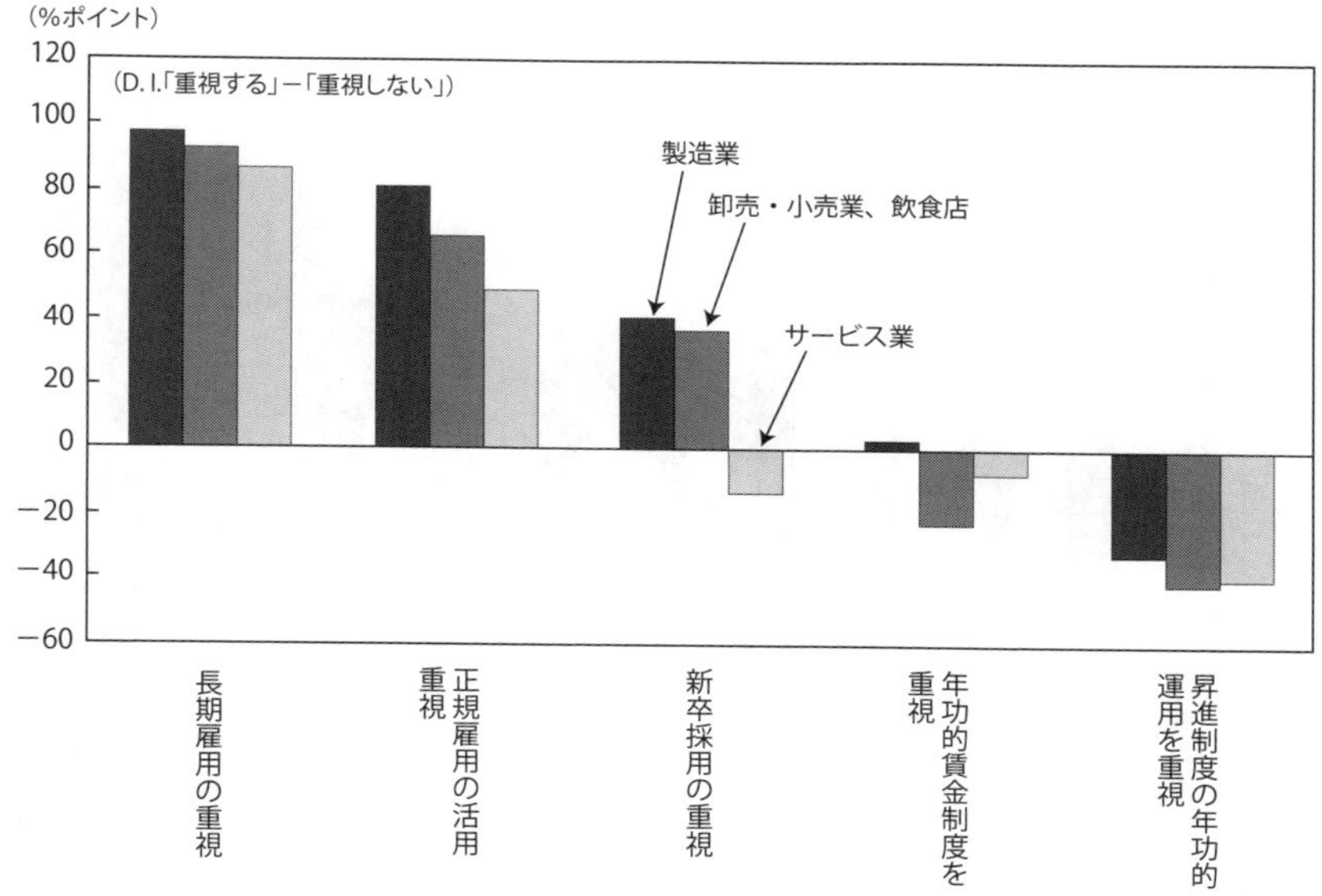

注）1）長期雇用の重視（D. I.）については「長期雇用が前提」の企業割合から「転職が活発であることが前提」の企業割合を引いたもの。
2）正規雇用の活用重視（D. I.）については「正規従業員の活用重視」の企業割合から「非正規従業員の活用重視」の企業割合をひいたもの。
3）新卒採用の重視（D. I.）については「新卒採用重視」の企業割合から「中途採用重視」の企業割合を引いたもの。
4）年功的賃金制度を重視（D. I.）及び昇進制度の年功的運用を重視（D. I.）については、賃金制度及び昇進制度において「年齢や勤務年数を重視」の企業割合から「成果重視」の企業割合を引いたもの。
5）なお、それぞれの項目の調査にあたっては「どちらかというと」とされており、いずれかを返答するように促されている。
6）卸売・小売業、飲食店は、卸売・小売業と飲食店、宿泊業を合算したもの。
サービス業は、医療、福祉、教育、学習支援業、その他のサービス業を合算したもの。

資料出所：(独)労働政策研究所・研修機構「人口減少社会における人事戦略と職業意識に関する調査（企業調査）」（2005年）（『労働経済白書』（平成20年版））

る。しかも長期雇用の重視は企業規模に関わらない（図表7—8）。

マスコミ報道や新自由主義を掲げる学者や経営者の一部が解雇規制の緩和を主張したりしたが、実際は全く違う。確かに、無能な正社員を解雇したいという衝動はどんな経営者にもあるのかもしれないが、長期雇用がメリットの大きい合理的なシステムであることは企業のコンセンサスに近いということである。もちろん、企業は依然として非正社員を積極的に活用していることを考えると、これをそのまま温情的な経営を

図表7-9　過去3年間に実施された賃金制度の見直し

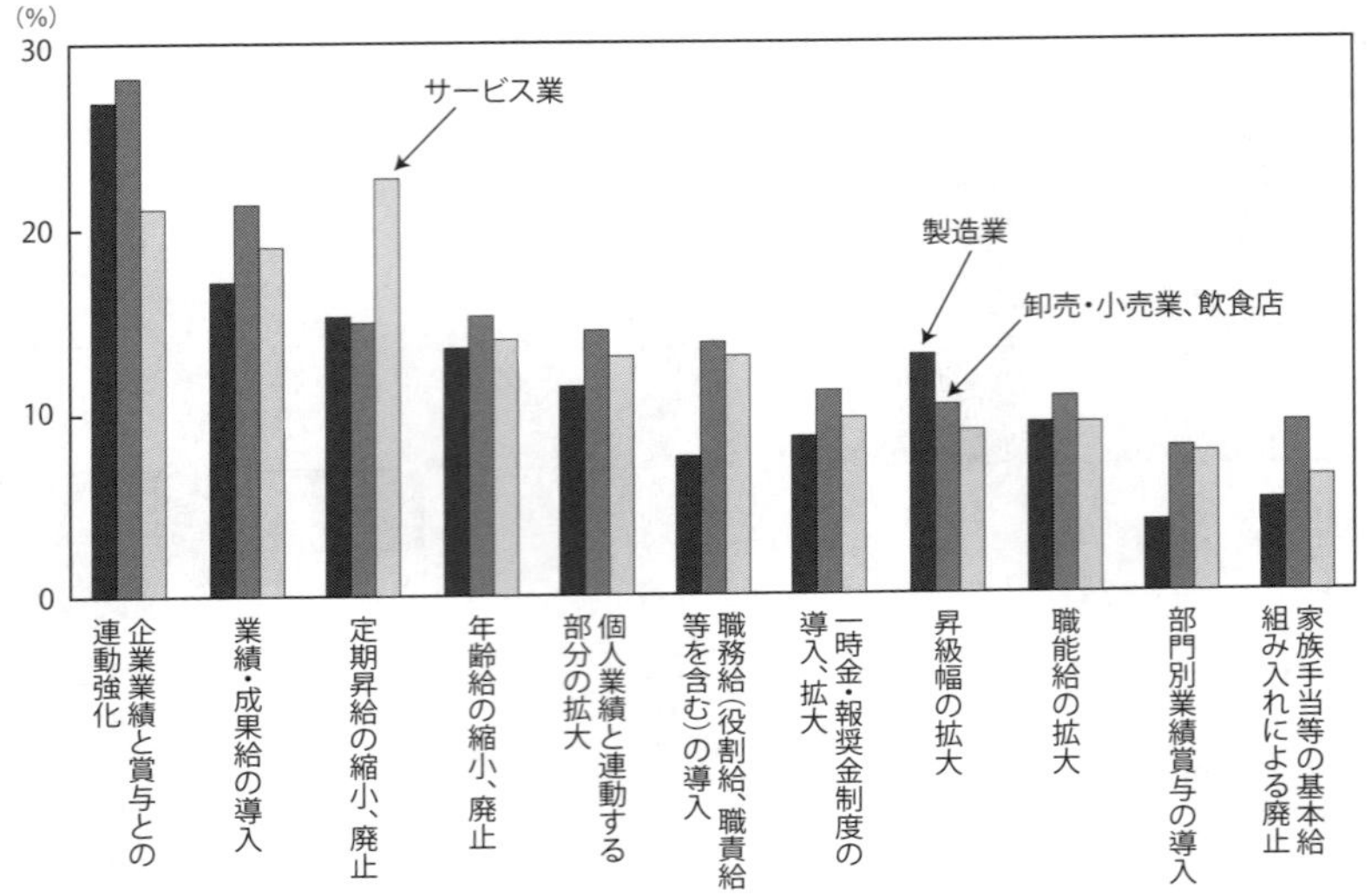

注）卸売・小売業、飲食店は、卸売・小売業と飲食店、宿泊業を合算したもの。
サービス業は、医療、福祉、教育、学習支援業、その他のサービス業を合算したもの。

資料出所：（独）労働政策研究・研修機構「従業員の意識と人材マネジメントの課題に関する調査（企業調査）」（『労働経済白書』（平成20年版））

維持していると見るのは正しくない。非正社員を活用する姿勢は変わらないし、不況が長引けば人件費をカットしようとする姿勢も変わらない。要するに、長期雇用については維持するというスタンスは同じでも、長期雇用でカバーする範囲、長期雇用を維持するために払おうとするコストが変化しているということである。そのため、中途半端に内部労働市場システムが変化しているように見える。

年功序列賃金についてもその迷走ぶりは同様である。確かに、バブル経済崩壊後、それまでの年功序列型から成果主義型の賃金へと大きく変わった。例えば、「過去3年間に実施された賃金制度の見直し」をみてみると、業績や成果給与の導入の一方で、年齢給の縮小・廃止といったものが目立つ（図表7―9）。

その一方で、昨今は成果主義の見直しも目立つようになっている。『労働経済白書』（平成25年）によれば、１９９０年代後半から２０００

年代前半にかけ、業績・成果給部分を拡大した企業割合に上昇がみられ、その後、低下に転じている。特に、300人以上の大企業についてみると、1996年から2004年にかけて、業績・成果給部分を拡大した企業割合が大きく高まったのに対し、2007年には低下に転じ、2010年の低下はさらに大きかった。こうした傾向は、管理職でも同様にみられる（図表7―10）。成果主義は日本人に馴染むかという議論はあったが、まさにそれを体現しているような動きである。これは評論家や学者などの表面的な成果主義礼賛論と全く異なるものであるということは注目に値する。マーケットの荒波にもまれている企業自身が競争に勝ち抜く選択として成果主義を見直しつつあるという点は重要である。繰り返すが、温情で内部労働市場を維持しようとしているのではなく、あくまで経済合理的な行動の中でこのような結果が出ているということである。

三つ目は、起業家がもてはやされるなどの動きはあったものの、結論から言えば、自営業という選択肢が相変わらず日本社会では魅力的ではないことである。日本企業が終身雇用を中心とした内部労働市場システムを見直す一方で、日本でも企業に依存せずに働くという流れが定着していたのであれば、企業に対する対応にも変化が生じていた可能性があるが、政府の起業家支援などがあっても（もちろん、これが不十分だということはある）依然として、自営業は魅力的な選択肢とはなっていない。

自営業がいかに魅力のない選択肢になったかについては、既得権益者と呼ばれる中高年正社員のために採用抑制という形で損失を押しつけられたにもかかわらず、若者が終身雇用を根強く支持している姿勢からもわかる。90年代に入ってバブルが崩壊し、一流企業でも倒産・リストラが起こる一方で、起業家などの新しい働き方が出現したにもかかわらず、依然として大企業で終身雇用というのが若者の希望になっている。

若者を惹き付けるのは、新卒一括採用→終身雇用システムに乗っかれば安定感を得られるからである。バブル経済崩壊後の一時期、起業家などリスクを取る生き方・働き方がもてはやされたことがあったが、やはり安定が

図表7-10　成果主義を見直す企業の割合

(ⅰ)管理職以外

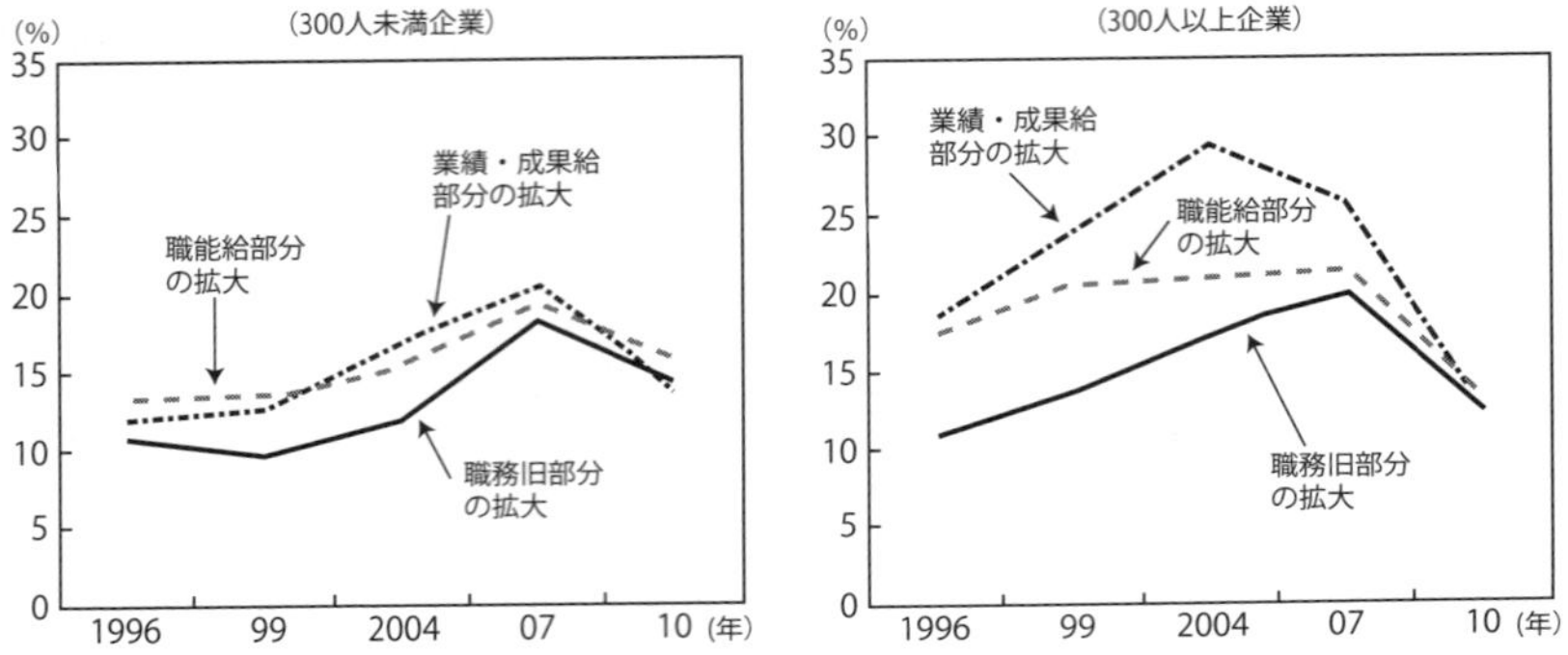

(ⅱ)管理職

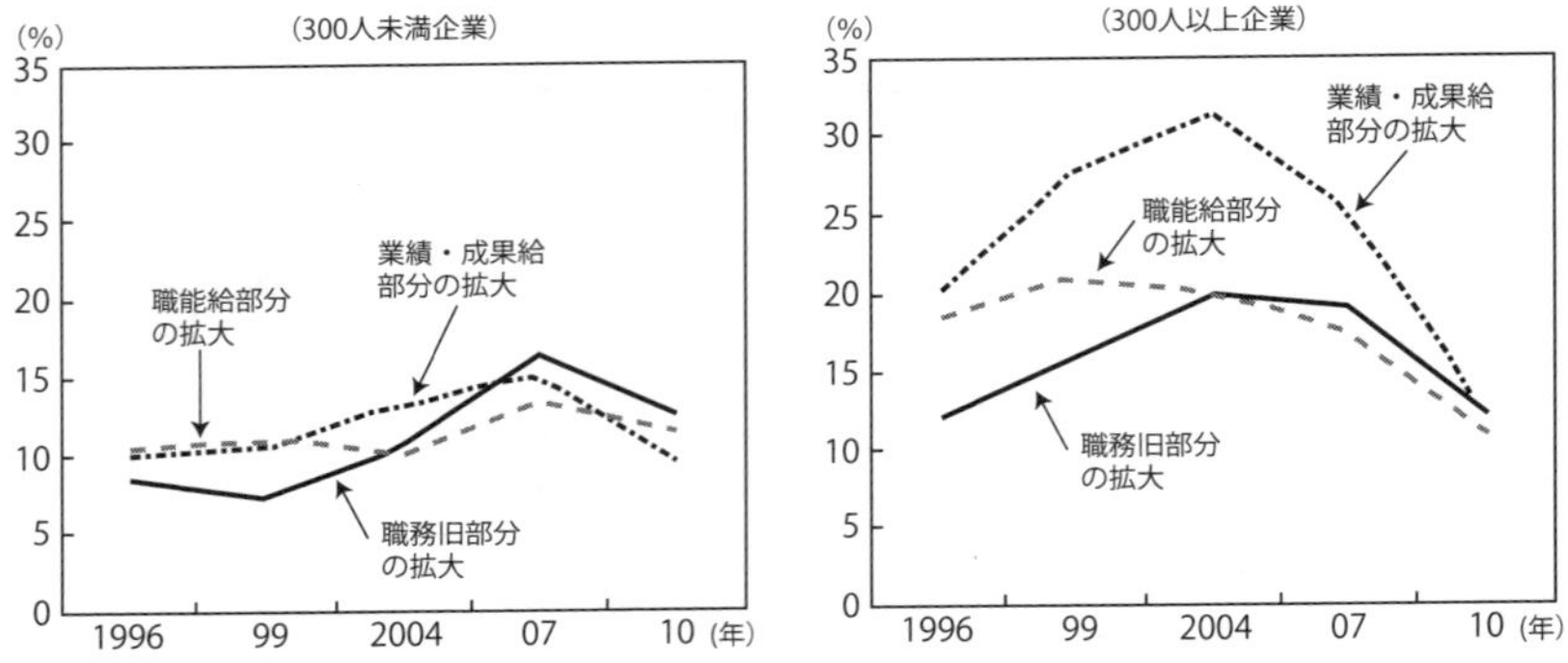

注）企業規模別構成比をもとに300人以上と300人未満に配分した。

資料出所：厚生労働省「就労条件総合調査（旧賃金労働時間制度等総合調査）をもとに厚生労働省政策担当参事官室にて推計（『労働経済白書』（平成25年版））

図表7-11　独立自営とサラリーマンを望む人の比率

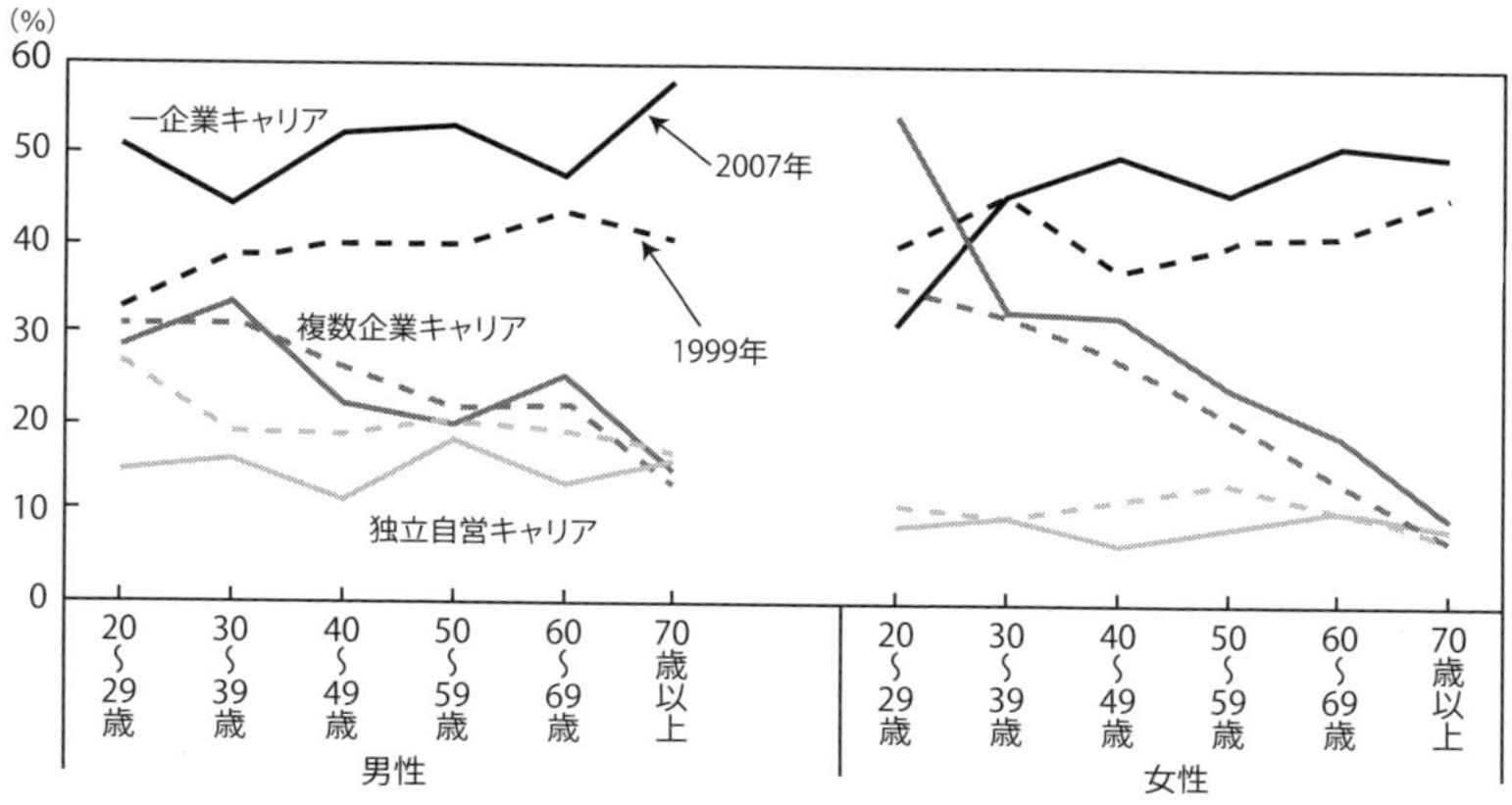

注）1）グラフは実戦が2007年、点線が1999年を示し、項目は色分けしてある。
　　2）各項目の内容は以下の通り、「一企業キャリア」：一つの企業に長く勤め、だんだん管理職またはある仕事の専門家になるコース、「複数企業キャリア」：いくつかの企業を経験して、だんだん管理職またはある仕事の専門家になるコース、「独立自営キャリア」：最初は雇われて働き、後に独立して仕事をするまたは最初から独立して仕事をするコース。

資料出所：（独）労働政策研究・研修機構「勤労生活に関する調査」（『労働経済白書』（平成20年版））

一番という価値観に回帰している。

図表7―11は望ましいキャリアをみたもので、一企業で長期間働くキャリアを望む人が多数派であること、同じバブル経済崩壊後でも、１９９９年よりも２００７年の方が一企業キャリアを望む人が増えていることがわかる。その一方で、独立自営キャリアを望む者を見てみると、１９９９年では20～29歳の若年層では一企業キャリアや複数企業キャリアとほとんど変わらない高い比率だが、２００７年には大幅に低下している。

おそらく、これはＩＴバブルの崩壊や起業家が様々な社会問題を引き起こしたことを契機にしたものだと思われるが、バブル経済崩壊後の一時期に起業家が人気になったことは疑いないとしても、結局は終身雇用の安心感へと若者は回帰しているということになる。

同様の傾向は日本生産性本部が１９９０年から継続的に行っている新入社員の意識調査でも出ている。図表7―12をみればわかるように、「今の会社に一生勤めようと思う」若者は１９９０年代後半から２０００

図表7-12　新入社員の意識調査（今の会社に一生勤めようと思っている者の割合）

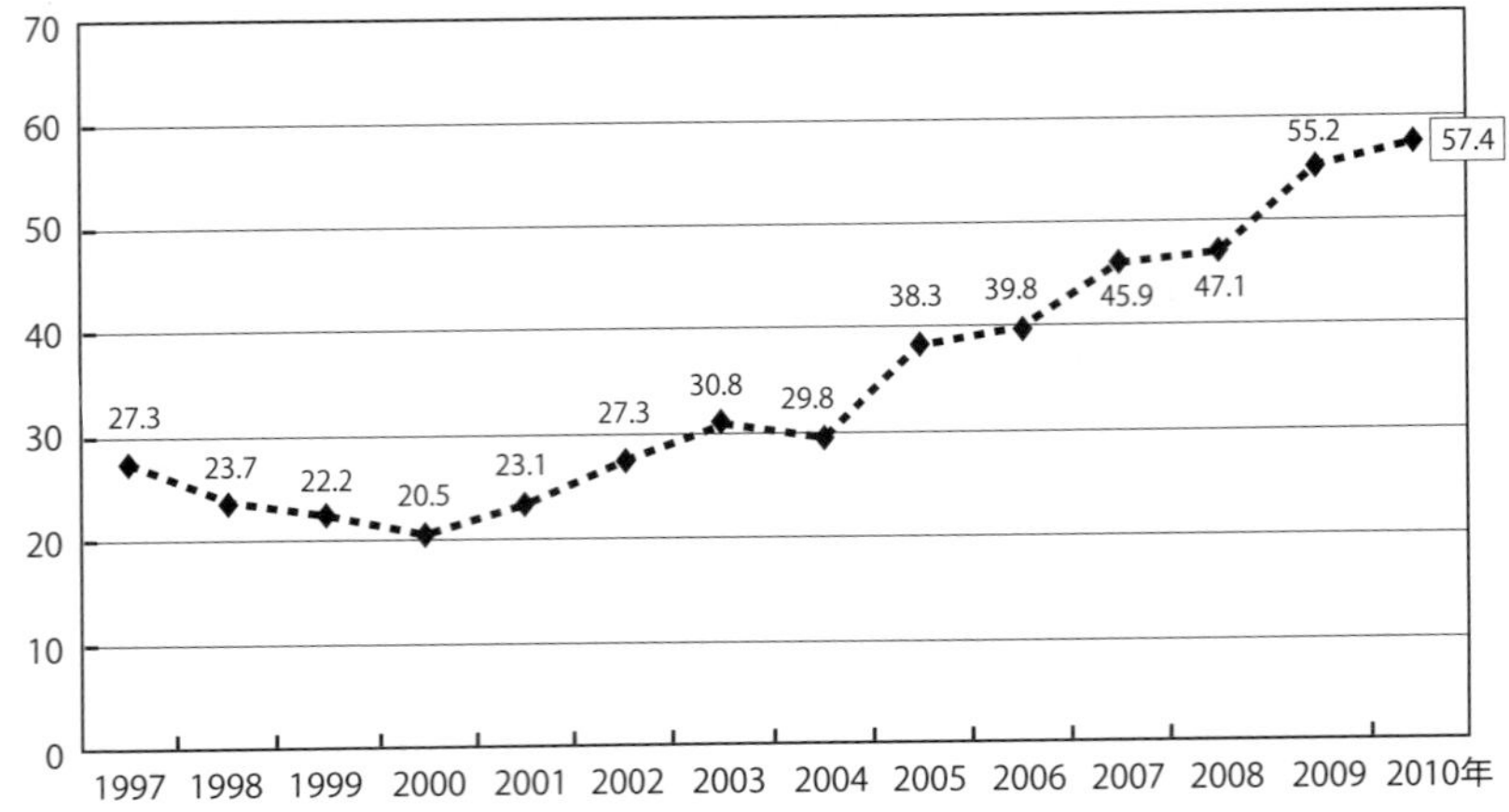

資料出所：日本生産性本部「第21回2010年度新入社員意識調査」（2010年）

年にかけて低下しているが、２０００年からは上昇に転じている。それに対して「自分で起業して独立したい」という若者は２００３年に31・５％いたにもかかわらず、２０１０年には12・８％にまで落ち込んでいる。

最後の四つ目の要因は、終身雇用で会社にしがみつくという以外に有力な選択肢がないことである。内部労働市場に変わりうる選択肢がないことは次の四つ（①職種別労働市場が形成されている分野が少ないこと、②転職市場が整備されていないこと、③企業以外に頼れるものがないこと（労組が頼りにならない）、④能力開発が役立たないこと）からわかる。以下ではこの四つを取り上げることにする。

まず、職種別労働市場からだが、これが当てはまる分野が少ないことは今更言うまでもないだろう。日本の労働市場は「○という資格があれば職を得ることができる」というような性質にはなっていない。医師・パイロット・大学教員など職種別労働市場が形成されている分野、法曹資格などの業務独占資格の分野は非常に限定されているため、有力な選択肢にはならない。

次に、転職市場が依然として成熟したものにはなっていないということも大きい。かつてに比べると、日本でも転職する人は増えた印象がある。実際、様々な事象からそれを裏付けることができる。まず、企業側からみると、中途採用制度をとる企業は増えているし、「第二新卒」という形の採用も定着している。未だに新卒一括採用が主流ではあるが、終身雇用のレールを踏み外しても次の職を見つけることはできるようになっている。

また、厚労省が採用してきた政策の流れをみても、転職や個々人の特性に基づく就職に方向転換していることは明らかである。先述した労働政策研究・研修機構の報告書に基づき、労働政策の流れをみてみると、１９９０年代以降、明らかに個々人の特性に重きを置いた政策に転換している。91年～97年頃までの政策と、97年から２０００年頃の政策では微妙に異なったところがあるが、基本的には企業が雇用を抱えることを支援するという政策からの転換を目指している。

まず、91～97年の雇用政策の基調としては「雇用の創出」「失業なき労働移動」「労働者が主体的に可能性を追求できる環境の整備」等があげられる。「雇用の創出」とは、開業希望者を支援することで企業数を増やし、「働く場所をたくさん作ろう」という発想である。この背景には企業の改廃率の逆転などがある。次に、「失業なき労働移動」については、企業がかたむいてリストラせざるを得なくなった場合でも、なるべく失業することなく次の企業に再就職できるようにするという考え方である。具体的には、「特定不況業種関係労働者の雇用の安定に関する特別措置法」を改正することによって、労働者が失業することなく次の再就職先に移動できるようにしている。最後は、個人ベースでの能力開発への支援（高付加価値分野・新分野など、事業主の訓練ニーズに沿ったコースを公共職業能力開発施設で設けるなど）があげられる。

これらの政策をみればわかるが、90年代には「企業が雇用を抱える」「企業が雇用の責任を持つ」という政策を徐々に転換して、企業がこれ以上雇用を抱えることはできないことを認めた上で「次の再就職先を確保する」

という方向に舵を切ったということである。

97年〜2000年頃は、バブル経済崩壊後の長期不況の中でも最も厳しかった時期である。株価の下落、大手企業の倒産などが新聞紙面を賑わせ、企業が抱える三つの過剰（過剰債務・過剰設備・過剰雇用）が問題となった。この時期の雇用政策の基調は、従来の「雇用の安定」「失業なき労働移動」から「雇用の創出」「円滑な労働移動」「企業を通じた支援から労働者個人への直接支援」というように変化した。

この時期、終身雇用をサポートするという政策からの転換はより鮮明になり、個々人を支援することで失業を抑えるという方向に変化している。例えば、労働者個人への支援としては1998年に創設した「教育訓練給付制度」は有名である。それまでは職業訓練は企業によるOJTと、公的な職業訓練学校が中心であったが、個々人が自らの選択で職業訓練を行い、それを金銭的にサポートするという全く違う形をとったのである。

企業がもはや終身雇用を維持できなくなっているという状況に対応するために、労働力需給機能を強化したという点も注目されていいだろう。経済団体と連携して求人情報をネットワーク化したり、ハローワークに求職者の自己検索端末を導入したり、職業安定法を改正して有料職業紹介事業の規制緩和（取扱い業務を拡大）をしようとしている。

2001年以降も、失業して再就職しようとする人や転職しようとする人がスムースに職を得られるように、需給調整機能の強化を図っている。具体的には①求人情報のインターネットによる提供、②ハローワークを通じて新しく人を雇った際に支給される「雇い入れ助成金」を、民間職業紹介機関を通じて再就職した人にも適用するなどの官民連携、③有料職業紹介については手数料を徴収できるようにした（それまで有料職業紹介は求職する個々人から料金は徴収できないとされていた）、④ハローワークへキャリア・カウンセラーを配置するなど、きめ細かな就職支援を実施、⑤労働者派遣法については、派遣対象業務の拡大や受け入れ期間の延長などの規制緩和を

図表7-13　入職・離職の状況の推移

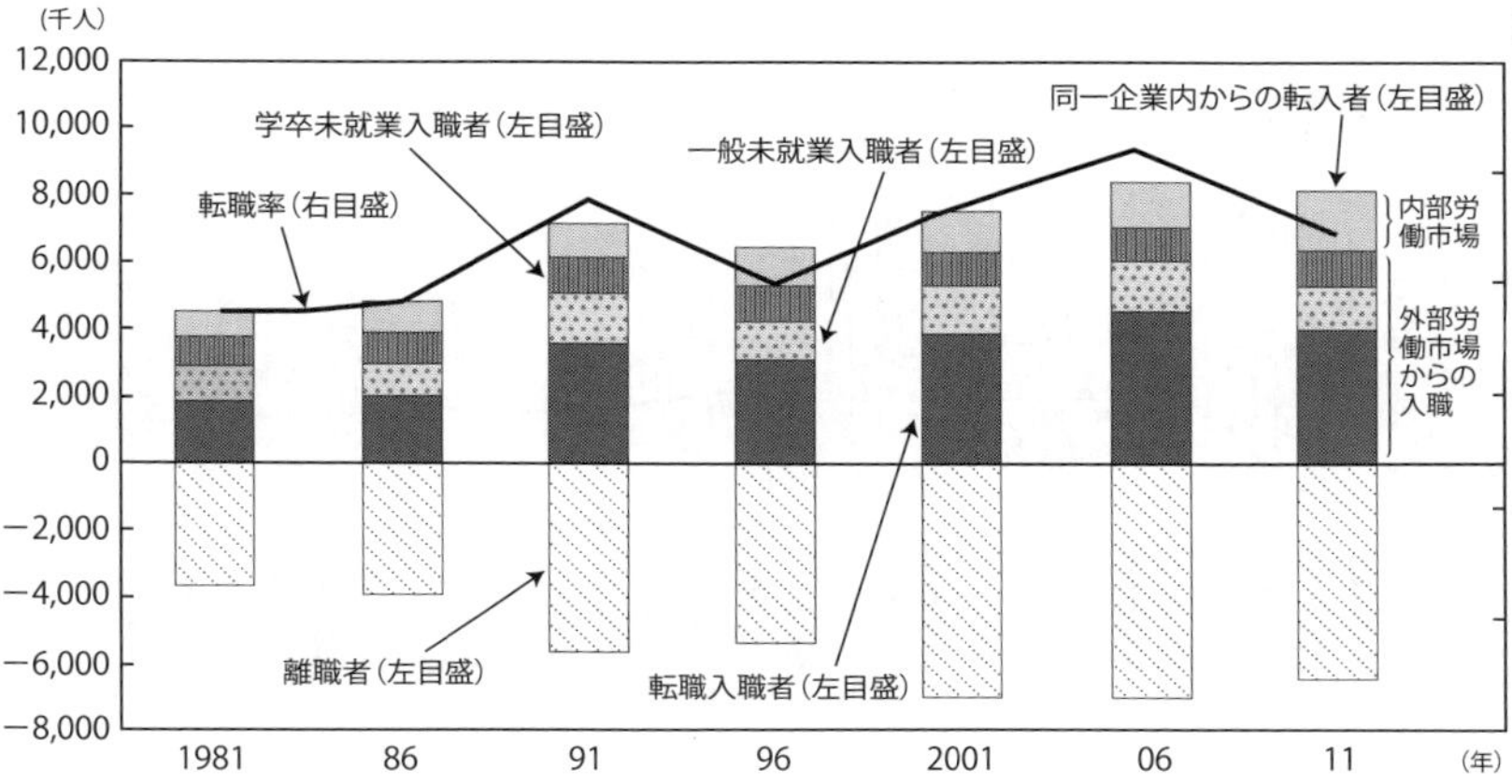

注）1）1981年、86年は一般産業（建設業以外）の値、91年以降は産業計の値。企業規模計、就業形態計の値。
　　2）転職率＝転職入職者数／常用労働者数（調査年の1月1日現在）×100

資料出所：厚生労働省「雇用動向調査」をもとに厚生労働省労働政策担当参事官室にて作成（『労働経済白書』（平成25年版））

推進などである。

日本と言えば終身雇用というイメージが強いが、実際には90年代以降はこのように様々な側面から転職を促す措置をとってきたのが実態である。政府自身、もはや終身雇用を企業に押しつけることは不可能だという認識がどこかにあったと考えられる。

それでは、これらの政策によってどれくらい労働移動が促されたのだろうか。これだけ転職機運を高めたにもかかわらず、転職率はそれほど大きく上昇していない。図表7―13は転職率の推移をみたものである。同一企業内からの移動とは配置転換などであり、これを除くとして、外部労働市場からの転職者数やその率は90年代以降増加してはいるが、転職が活発に行われているという傾向を辿っているわけではない。政策の流れをみる限りでは、厚労省には転職を規制しようという意思などないし、かつてのように終身雇用重視のバイアスをかけているわけでもない。それにもかかわらず、転職率が高まらない最大の理由は、日本の労働市場の性質だとしか言いようがない。細かな理由はいくつも積み上げられるが、

図表7-14　労働組合の組織率の推移

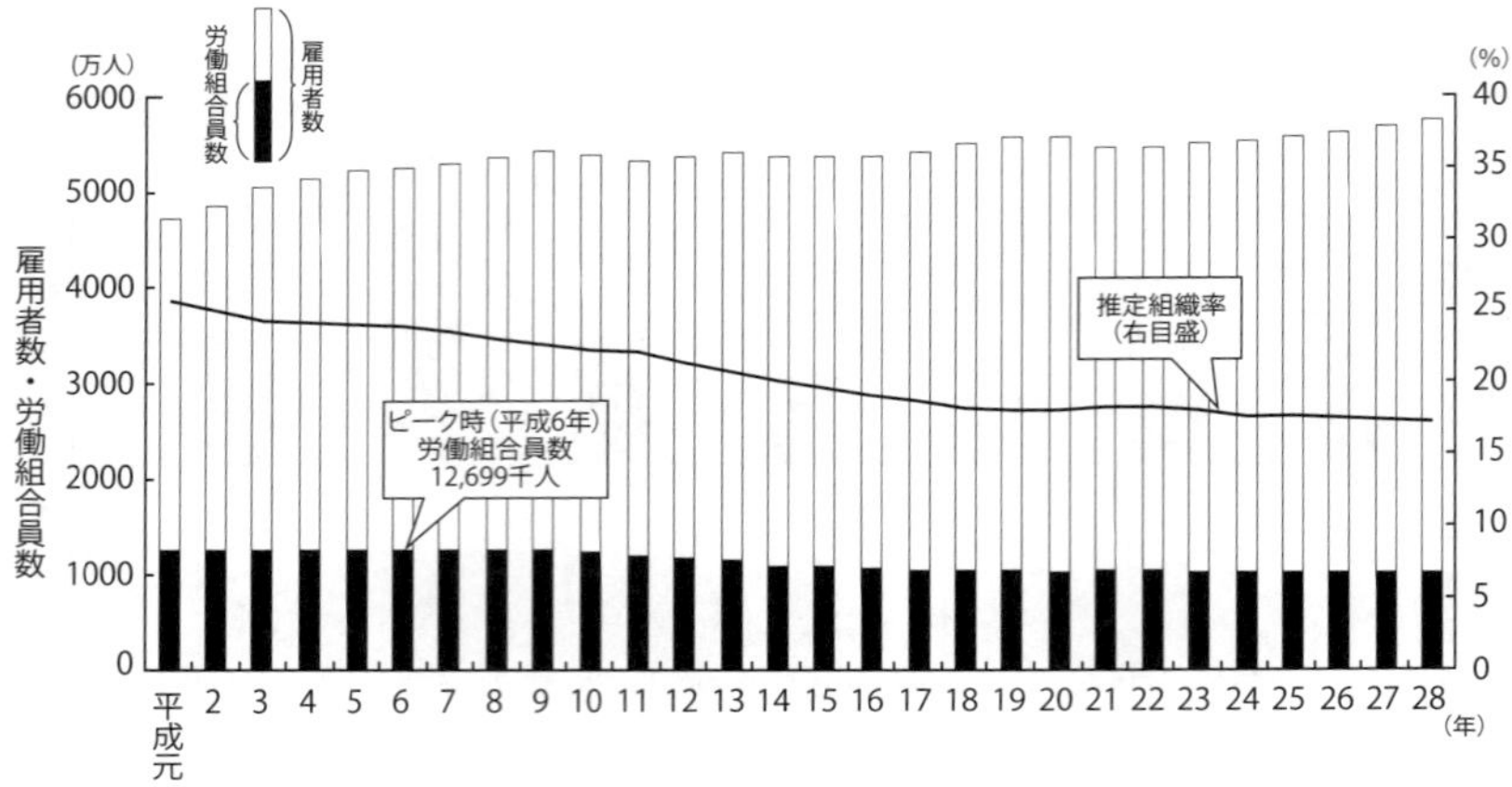

注）1）「雇用者数」は、労働力調査（総務省統計局）の各年6月分の原数値である。
　　2）推定組織率は、「用語の定義 5 推定組織率」を参照のこと。

資料出所：厚生労働省「平成28年労働組合基礎調査の概要」

労働市場にスムースなマッチング機能が備わっていないということが最大の要因だろう。

三つ目は企業以外に頼れるものがないからである。政府は生活を保障してくれるわけではないことは言うまでもないが、ここでは労働組合を取り上げてみる。単刀直入に言えば、労働組合は頼れる存在だとは考えられていないということである。派遣切りやブラック企業など個別の労働問題が噴出して以来、様々な労働組合がマスコミに出てくるようになった。その意味では、労組が復権しているような様相もあるが、現実はシビアで労組組織率は戦後一貫して低下している（図表7―14）。

労組の組織率が低下している背景には様々な要因が考えられるが、サービス産業化が進んだことと非正社員が増えたことは大きな要因だろう。しかも、サービス業は非正社員が多いだけにこの二つは密接にリンクしていると言える。

労組の組織率が低下している以上、労組が頼りになると考える人が少なくなるのは当然であるが、組織率の低下だけが大きな理由ではない。日本の労組は企業別労働組合だということが最も大きな影響を与えていると考えられる。日本ではナショナルセンターや産別労組が大きな力を持っていない。ナショナルセンターである「連合」は組合員数の多さを自慢するが、力強い味方だと思っている労働者はどれだけいるだろうか。

企業別労働組合を中心とする労組は、組織率が低下する中で特権階級・労働貴族と見なされていった傾向さえある。数少ない大企業の労組員は過度な労使協調路線で自分達の雇用機会だけは死守している。しかも、労組が支持母体の民主党政権が誕生した時でさえ、彼等は労働者に有利な政策を実現できなかった。実際、民主党政権下でも賃上げは進まなかった。企業別労働組合は会社の御用組合、正社員の既得権を守る組合としか思われていない。

それに対して欧州諸国は産業別労働組合が主流である。そのため、労働条件は使用者と産別労組が締結する「労働協約」で決められるのが一般的である。労働協約の場合、その拘束力は当該産業全体に及ぶため、企業規模にかかわらず職種で統一賃金が決められている。こうなってくると、どこの会社で働いても労働条件は変わらない。それに対して企業別労働組合が主体である日本では労働協約が力を持たない。主流なのは使用者が決める「就業規則」である。その結果、労働条件は企業ごとに違いがでるし、従業員も産業全体・労働者全体のことを考えるというよりも、会社や個々人のことを真っ先に考えるということになりやすい。企業別労働組合は企業のことを第一に考えるという点で、労使の結束をもたらすという良い側面がある反面、労組自身が労働者の要求を押さえ込んでしまい、誰も企業に逆らわないことになってしまう。

長期不況に入ってから日本の労働組合は企業から言われるがままに動いてきたという印象を持っている人は多いはずである。最もわかりやすい事例で言えば、雇用を維持するかわりに賃上げを我慢するという路線をひたすら受入れてきたのである。実際、図表7―15をみればわかるように、日本ではストライキなどによる労働損失日

図表7-15　労働損失日数の国際比較

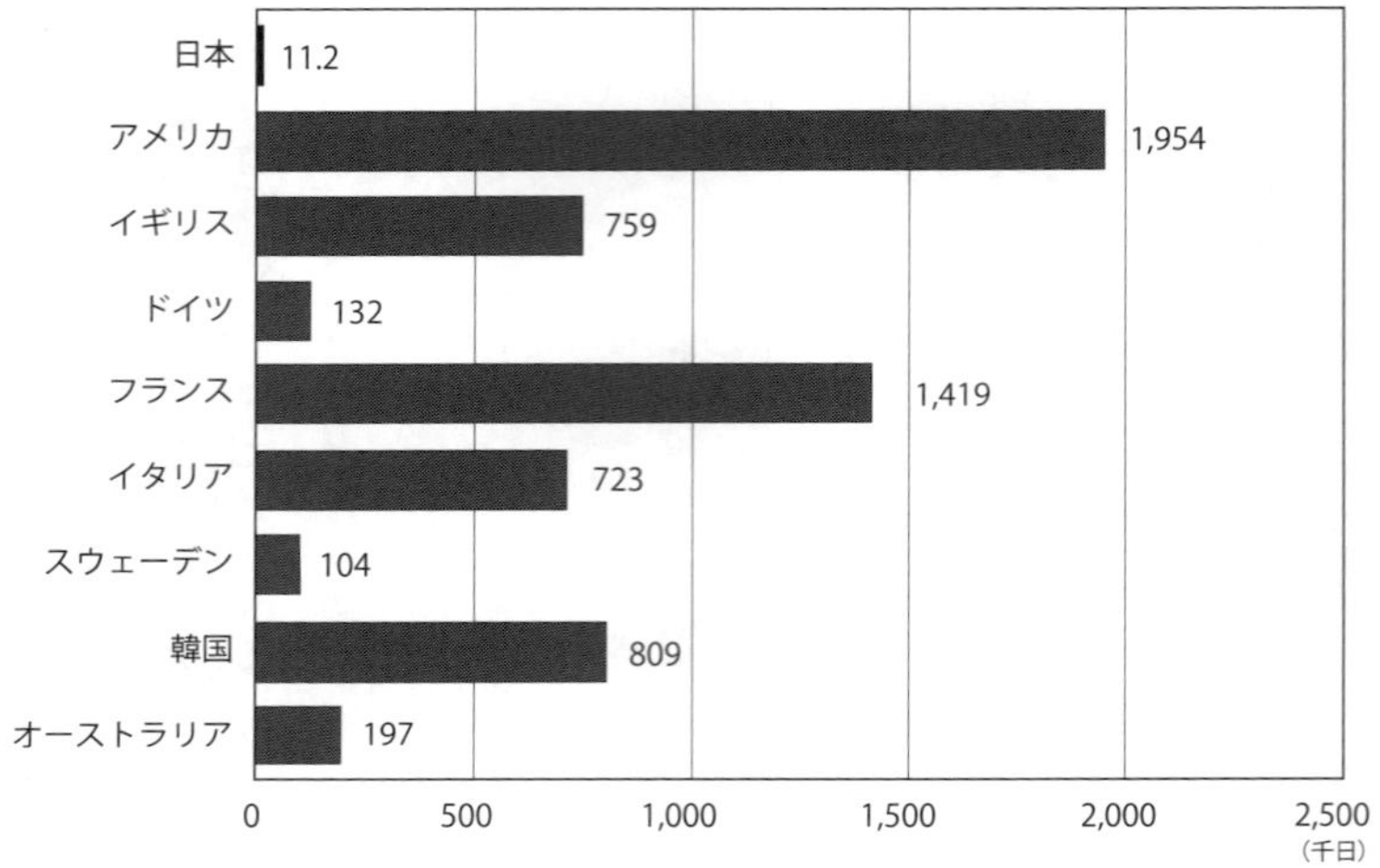

資料出所：『データブック 国際労働比較2012』206頁

数がものすごく少ない。秩序正しい、労使協調といえば聞こえはいいが、ストライキをやることで労働者の権利を守るといった行動を労組は全くとっていないということでもある。

四つ目は職業訓練や大学院での再教育が役立たないことである。解雇規制の緩和や人材流動化論者は必ずと言っていいほど「職業訓練で能力を作り直せばいい」という主張をセットで唱えるが、内部労働市場システムの下では、職業訓練はそれほど有効ではない。理由は単純である。職業能力に基づいて就職が決まらないからである。企業が採用の基準としてたびたび「コミュニケーション能力」といった曖昧な能力をあげることが最たる例である。

職業訓練などに基づく人材流動化との関連で、「40歳定年制」という言葉がマスコミで流布されたことがある。この言葉を提唱した柳川（2013）は40歳定年制の制度側面として、現在は60歳までの長期の無期契約と有期の短期契約に制限されていて、働き方に柔軟性がなくなるということを指摘している。また、40歳定年制にすれ

図表7-16　GDPに占める労働市場政策への支出（2009年）

国	合計	積極的措置							消極的措置		
			公共職業サービス	職業訓練	雇用インセンティブ	就業支援訓練	直接的雇用創出	創業インセンティブ		失業・無業所得補助・支援	早期退職
日本[1)]	0.88	0.47	0.09	0.05	0.23	0.00	0.10	0.00	0.42	0.42	0.00
アメリカ[1)]	1.17	0.16	0.05	0.05	0.01	0.03	0.01	0.00	1.00	1.00	0.00
カナダ[1)]	1.33	0.35	0.14	0.14	0.01	0.02	0.02	0.01	0.98	0.97	0.00
イギリス[1) 2)]	0.66	0.33	0.29	0.02	0.01	0.01	0.00	0.00	0.33	0.33	0.00
ドイツ	2.52	1.00	0.37	0.35	0.11	0.04	0.06	0.07	1.52	1.47	0.06
フランス	2.40	0.98	0.26	0.36	0.10	0.07	0.15	0.04	1.42	1.40	0.02
イタリア	1.83	0.44	0.11	0.16	0.15	0.00	0.01	0.02	1.39	1.28	0.10
オランダ	2.91	1.21	0.43	0.13	0.00	0.50	0.16	0.00	1.70	1.70	0.00
ベルギー	3.79	1.41	0.22	0.16	0.52	0.14	0.37	0.00	2.38	1.62	0.76
ルクセンブルク	1.36	0.49	0.05	0.03	0.28	0.01	0.12	0.00	0.87	0.70	0.17
デンマーク	3.35	1.62	0.45	0.30	0.19	0.68	0.00	0.00	1.73	1.29	0.44
スウェーデン	1.85	1.13	0.46	0.06	0.37	0.22	0.00	0.01	0.72	0.72	0.00
フィンランド	2.82	0.92	0.17	0.43	0.13	0.09	0.08	0.02	1.89	1.49	0.41
ノルウェー	—	—	—	0.22	0.03	0.17	0.04	0.00	0.50	0.50	0.00
韓国	0.82	0.40	0.02	0.07	0.06	0.02	0.22	0.01	0.42	0.42	0.00
オーストラリア[1)]	0.88	0.32	0.17	0.03	0.01	0.07	0.03	0.01	0.55	0.55	0.00
ニュージーランド[1)]	—	—	—	0.16	0.02	0.05	0.02	0.01	0.47	0.47	0.00

注）1）2009-10年にかけての年度の値。
　　2）イギリスの北アイルランドのデータは不完全である。

資料出所：OECD（2011.9）*Employment Outlook 2011*（『データブック国際労働比較2012』254頁）

ば、40歳を契機にして能力を再開発することで新しい働き方が生まれ、それによって経済や社会を活性化させることも狙いであるという。確かに、40歳を起点にして新しい能力を作り直すことは魅力的ではあることは否定しない。しかし、内部労働市場が主流の日本でこういうことが果たしてどこまで可能なのだろうか。例えば、製造業で働くブルーカラーに40歳定年制が馴染むだろうか。人間には可能性があり、誰でもやり直しができるというのは素晴らしいというが、それはあくまで建前であり、現実には高齢化すればするほど再就職するのは難しいのが日本の労働市場である。経験を能力として評価するようなシステムが内部労働市場には組み込まれていないからである。

　こういう現実的な背景があるから

こそ、日本の職業訓練政策は未だに花が開かない。内部労働市場システムを主体にする限り、職業能力開発自体が有効にならないのである。そういう厳しい現実は多くの人が実感として持っているということである。そのため、企業にしがみつくという働き方がどうしても主流にならざるを得ないのである。

職業訓練との関連で言えば、日本の場合には積極的労働力政策（職業訓練など）の費用が低いことがしばしば指摘されてきた。実際、図表7―16をみればわかるように、日本の積極的労働力政策の費用はそれほど高くないが、そもそも内部労働市場システムが主流の世界においては、積極的労働力政策の費用を増やしたとしても、それほど効果的ではない。この国際比較はしばしば批判的に掲げられることが多いが、日本の労働市場の実情を考えると、あまりにも当然すぎる結論ともいえる。

4　企業の力とは何か

企業の力とは具体的にどういうものだろうか。これまでの議論を踏まえてさらに絞り込んで考えると、それは製造業の競争力である。ものづくりや技術力こそ日本のお家芸であり世界に誇るものであるという考えは今現在を含めて首尾一貫していると考えられる。実際、長期不況で日本の製造業が苦境に陥っている時でさえ、製造業やものづくりに対する国民の支持は高かった。例えば、日刊工業新聞社がNTTレゾナントと共同で「gooリサーチ」を利用して実施した「日本のモノづくりに関するアンケート」（2005年6月）によると、有効回答者1092人のうち74・7％の人が「日本のものづくりは世界一」だと答えており、その理由として94・8％の人が「品質が高い」と答えている。made in Japanに対する誇りは国民の大半が共有していると言っても過言ではないだろう。なお、この認識は企業経営者も同様である。日本経団連が2015年度に行った「日本の国際競争力調査」によると、「グローバル市場における日本企業の強味はどこか」という質問に対して、77・0％の企業が製品・サービスの性能・品質と答えている（ちなみに、日本企業の弱味としてはマーケティング・販売をあげるものが多い）。

ものづくりを担う製造業こそが経済力や国力の源であるという考えが定着した理由はいくつも考えられるが、長年にわたる厳しい競争や努力によって高品質の made in Japan が作られたという思いが国民の間に深く浸透していることは間違いない。その事例としてここでは二つあげてみる。

まず、日本は大手製造業の下請をする中小企業が多いだけでなく、大阪の東大阪や東京の大田区のように中小企業に技術力があることである。長い時間をかけて中小企業が自力でものづくりの地力を形成してきたという印象が国民の間に深くすり込まれているということである。*13

もう一つは、製造業は政府に保護されることもなく、公正中立に国外で厳しい競争に耐えて奮闘しているという印象が強いことである。それは為替レートが自動車産業や電機産業などに有利か不利かという観点から報道される傾向が強いことからもよくわかる。製造業は日々の激しい国際競争の中で、為替レートが一円円高か円安かに振れるだけで利益と損失を行き来する不安定な中で闘っているというのは、おそらく日本人の間で共有されている印象に近い。

日本は貿易立国であり輸出によって国が成り立っているという考えの根強さも同様である。実際には日本の輸出比率（輸出／GDP比）は高まっているものの、国際比較でみるとその割合はかなり低く、2011年にOECD諸国で平均が29・0％だったのに対して輸出比率が20％を下回っているのは日本（15・2％）と米国（14・0％）だけである（『労働経済白書』平成25年版）ということを考えると、いかに国民の間に輸出企業こそが日本を支えているという印象が強くすり込まれているかがわかる。*14

このように経済力とは企業の競争力であり、企業の競争力とは製造業のものづくり力であるという考え方が経営者を含めた国民の間に根強い一方で、バブル経済崩壊後はグローバル経済の進展などで日本企業を取り巻く環境が激変し、製造業の在り方を含めて日本企業をどうやって再生するかが議論されることになった。確かに、ものづくりは日本の誇りであるとしても、かつて日本を牽引した家電メーカーは束になっても韓国のサムスンにかなわないとか、コスト面から中国製品にかなわないとか、デザインなどの点で欧州製品に見劣りがするなど製造業にも疑問符がつけられたことは間違いない。その過程で議論されたり実行に移されてきたことを整理すれば大きく三つに分けられる。

まず、日本企業が競争する市場の枠組みを自由競争を基調にしたものへと積極的に変えていくべきだというものである。過剰債務を抱えたことが起因となっているとしても、冷戦崩壊後に国際経済状況は激変したのであり、そういう状況で生き残るためには日本企業のこれまでのやり方を変えなければいけないということである。この考え方に最も大きな影響を受けたのは規制で守られていた国内サービス業である。実際、内閣府が規制緩和のメリットを計量する際に掲げているのは、電気通信・運輸（国内航空・鉄道・タクシー・トラックなど）・エネルギー（電力・都市ガスなど）・金融（損害保険など）・飲食料品（米・酒類販売）などの国内サービス業である（内閣府政策統括官「規制改革の経済効果」（平成19年））。ただし、製造業も会社経営を欧米などのグローバルスタンダードに変えていく改革の対象にはなっており、株主への対応などで大きな変化に直面した。例えば、かつての日本企業は株式の持ち合いなどで長期的視点から経営をすることが強味だと言われてきたが、今や最も株式を保有しているのは外国法人等である。

自由競争を基本にした考え方の中で最も先鋭的なのは、産業構造を製造業から先端産業中心のものへと大きく変えてしまおうというものである。例えば、野口（2017）は中国の台頭とＩＴ化によって環境は変化しており、先進国が目指すべき道はアップルが実践しているように研究開発などの付加価値の高い分野に特化して中国と棲み分けるとともに、技術革新が相次ぐ先端サービスとＩＴなど先進国の企業が優位を発揮できる分野に特化していくべきことであると指摘している。この場合、規制が少なく激しい競争に揉まれているとはいえ、日本は製造業から撤退するのが得策だということになるし、既存の製造業の在り方を見直すということもここには含まれる。例えば、ものづくりを誇りに思う人がいる一方で、過度にものづくりにこだわるために日本国内でしか通用しないハイスペックの製品ばかりを作るようなガラパゴス化というものも指摘されてきた。産業構造を抜本的に変えるところまで首尾一貫追求していたかどうかには議論があるとしても、小泉内閣で行われた構造改革路線も政府の形だけでなく、企業の形を様々な側面から変えようとしていたという意味で、この路線に入ると考えられる。

二つ目は、従来の製造業を基盤にしたものづくりを大切にした考え方である。金融やＩＴなどの先端産業を中心にした産業構造に変えていくとしても、先端産業はどれだけの雇用を生み出せるものだろうか。産業構造を大胆に変えたアメリカは成功しているといえるのだろうか。日本の製造業は土台がしっかりしている。その技術を簡単に捨て去るべきではないし、外資などに売り渡すべきではないという路線である。

三つ目は企業を過剰に保護することである。例えば、市場規模から考えて数が多すぎる銀行や建設業でも守るべきだし、そのための景気対策を積極的に行うべきだというものであり、バブル経済崩壊後に何度も行われた大型の景気対策などがその典型と言えるだろう。

これら三つ以外にも細かな分類は可能だろうが、マーケットメカニズムに任せるか、政府がある程度保護しながら誘導するのか、政府がマーケットに逆らって過剰に保護するかという軸で分類すればこの三つのどこかに入るだろう。それではこの三つのどれが主流だったのか。バブル経済崩壊後から今現在の第二次（以降）安倍内閣によるアベノミクスまでを視野に入れつつ、産業構造の転換を含めて企業の競争力をどう再生させるかに関して様々な試行錯誤を経てきた中で言えることは、少なくとも三つ目の選択肢は消えているということである。たとえ雇用を守ることが目的だとしても、競争力を全く持たない産業や企業を過剰に保護するということは支持を得られなくなったと言ってもいい。実際、規制緩和や予算のカットなどで大きな影響を受けた建設業などを保護すべきだという議論などないし、廃れていく商店街についても消費者の利便性を犠牲にしてでも保護すべきだという議論など未だに大きな力を持っていない。もちろん、リーマンショック時のような緊急事態で雇用に過大な影響を与える場合は別であるが、それ以外はマーケットメカニズムに委ねるということが国民的コンセンサスに近いだろう。

それでは米国のように市場の変化に合わせて大胆に産業構造を高度化させるか、あるいは、従来と同様に製造業を基盤にした産業構造を維持していくのかのどちらの路線が国力の増強として支持されたのだろうか。右傾化と経済力の復活、製造業の復活という観点でみれば、製造業により有利な状況を作り出すことが支持されているということになるが、製造業にとって有利な状況とは何かに関していえば、為替レートを円安方向に誘導すればいいということ以外にはコンセンサスはなかったと考えられる。

また、右傾化の文脈で言えば、日本経済や日本企業の復活を妨げているのは特定の国・企業あるいは国際経済のルールであるといった論調が強くなってしかるべきだが、この論調が日本社会全体を覆い尽くすということはなかった。[15] 確かに、為替レートが円高に振れれば輸出企業に不利な状況になるとマスコミは騒ぎ立てるし、外国人に日本の素晴らしさを誇る時に技術の素晴らしさを過剰に宣伝することはあった。[16] そんな風潮を反映していたのか、バブル経済崩壊後、過剰債務を抱えて苦境に陥った日本企業が生き残るために外資に身売りせざるを得なくなった時、外資をハゲタカと呼んだり、日米構造協議によって日本の富は奪われているという論調もあったが、それらが国民全体の声となることもなければ、それが大きな運動に結びついたということもなかった。

実際、日本では欧米であったような反グローバルの大規模抗議デモなど起こらなかった。念のために申し添えれば、反グローバルという要素を少しは含んでいるとか、大規模ではないだけだといったものは皆無ではないのかもしれないが、そういう運動が世間に大きな影響を与えたことはなかった。それどころか、外資をハゲタカと呼ぶ意見があった一方で、グローバルスタンダードという言葉もまた世間を席巻した。[*17]

これは構造改革や規制緩和についても同様である。確かに、中央官庁や官僚の権限を取り除くことが日本経済の復活につながるという観点から規制緩和などの新自由主義的な政策が行われたことや、これについて国民からの大きな支持があったことは疑いないが、それが日本企業を厳しい競争環境に叩き込むためだとか、厳しい競争環境の中で再生させるためであるとかという観点からの支持ではなかったことは疑いないと思われる。

この曖昧さが政府に対する要望にも表れている。次の図表7―17は国民生活に関する世論調査から政府に対する要望をみたものである。ここでは「景気対策」に注目してほしい。景気対策が常に上位にあがっているが、その背景には日本は内部労働市場が主体で企業が雇用を抱え込むところに大きな特徴があることから、企業業績が上向くような経済環境を作ることが不可欠であることに加えて、企業業績を上向かせるための政策の基調については国民自身に主体的な意思がないことから、最終的には、政府に漠然と期待するということになったと考えられる。

これについては労働力の動きでもわかる。次の図表7―18は、2000年～2010年にかけてどういう職業に労働者が移動しているかをみたものだが、建設業や製造業が減少して医療や介護に移っている。高度な産業に構造転換するという路線を頑なに追求するわけでもなければ、ものづくりこそ日本の魂だという理由で製造業を守り抜くでもなく、結局は、価格面などの国際競争力の観点から製造業は縮小することで競争力を維持する一方

第三位	第四位	第五位
物価対策（28.3%）	教育・青少年対策（16.8%）	消費者保護政策（13.5%）
物価対策（21.4%）	教育・青少年対策（16.8%）	住宅・宅地政策（15.8%）
物価対策（23.0%）	教育・青少年対策（14.0%）	住宅・宅地政策（13.7%）
物価対策（42.4%）	税の問題（41.1%）	自然環境の保護（29.9%）
税の問題（44.7%）	物価対策（40.1%）	**景気対策（37.6%）**
高齢者・障害者介護など福祉の充実（47.1%）、物価対策（47.1%）	税の問題（46.9%）	自然環境の保護（26.2%）
高齢者・障害者介護など福祉の充実（44.3%）	税の問題（43.9%）	物価対策（43.7%）
税の問題（49.8%）	**景気対策（44.0%）**	物価対策（43.3%）
税の問題（51.9%）	**景気対策（45.4%）**	物価対策（43.6%）
高齢者・障害者介護など福祉の充実（54.4%）	税の問題（40.9%）	物価対策（34.4%）
雇用・労働問題（47.3%）	高齢社会対策（46.1%）	物価対策（38.7%）
高齢社会対策（42.8%）	雇用・労働問題（39.9%）	物価対策（36.4%）
高齢社会対策（44.6%）	雇用・労働問題（40.0%）	物価対策（34.3%）
高齢社会対策（51.4%）	雇用・労働問題（42.9%）	物価対策（41.4%）
高齢社会対策（49.8%）	雇用・労働問題（41.3%）	犯罪対策（37.0%）
高齢社会対策（45.5%）	雇用・労働問題（37.0%）	犯罪対策（33.8%）
景気対策（50.0%）	雇用・労働問題（39.5%）	犯罪対策（37.7%）
景気対策（49.6%）	雇用・労働問題（42.3%）	自然環境の保護（40.0%）
物価対策（56.7%）	**景気対策（56.1%）**	雇用・労働問題（44.7%）
高齢社会対策（58.1%）	雇用・労働問題への対応（51.1%）	物価対策（38.6%）
高齢社会対策（56.5%）	雇用・労働問題への対応（49.4%）	自然環境の保護・地球環境保全・公害対策（34.1%）
高齢社会対策（52.4%）	東日本大震災からの復興（51.0%）	雇用・労働問題への対応（47.4%）
高齢社会対策（51.2%）	雇用・労働問題への対応（47.3%）	東日本大震災からの復興（43.8%）
高齢社会対策（49.9%）	雇用・労働問題への対応（42.3%）	東日本大震災からの復興（39.0%）
高齢社会対策（54.9%）	雇用・労働問題への対応（42.5%）	物価対策（38.8%）
高齢社会対策（52.0%）	雇用・労働問題への対応（40.8%）	物価対策（38.5%）
高齢社会対策（51.9%）	雇用・労働問題への対応（37.0%）	少子化対策（34.9%）
高齢社会対策（51.1%）	雇用・労働問題への対応（37.3%）	防衛・安全保障（36.2%）

図表7−17　政府に対して望むこと　景気対策をあげる人の場合（国民生活に関する世論調査）

	第一位	第二位
平成元年５月	社会保障・社会福祉の充実（38.0%）	税の問題（34.7%）
平成２年５月	社会保障・社会福祉の充実（39.4%）	税の問題（27.9%）
平成３年５月	社会保障・社会福祉の充実（39.5%）	税の問題（29.9%）
平成４年５月	医療・福祉・年金の充実（61.0%）	高齢者・障害者介護など福祉の充実（45.9%）
平成５年５月	医療・福祉・年金の充実（61.1%）	高齢者・障害者介護など福祉の充実（47.2%）
平成６年５月	医療・福祉・年金の充実（59.9%）	**景気対策（55.0%）**
平成７年５月	医療・福祉・年金の充実（54.8%）	**景気対策（46.2%）**
平成８年７月	医療・福祉・年金の充実（61.2%）	高齢者・障害者介護など福祉の充実（52.0%）
平成９年５月	医療・福祉・年金の充実（69.3%）	高齢者・障害者介護など福祉の充実（54.1%）
平成11年12月	医療・福祉・年金の充実（65.1%）	**景気対策（60.7%）**
平成12年12月	**景気対策（63.1%）**	医療・年金等の社会保障構造改革（50.4%）
平成13年９月	**景気対策（63.2%）**	医療・年金等の社会保障構造改革（55.3%）
平成14年６月	**景気対策（65.2%）**	医療・年金等の社会保障構造改革（57.7%）
平成15年６月	**景気対策（67.4%）**	医療・年金等の社会保障構造改革（61.9%）
平成16年６月	医療・年金等の社会保障構造改革（67.7%）	**景気対策（58.6%）**
平成17年６月	医療・年金等の社会保障構造改革（61.3%）	**景気対策（53.5%）**
平成18年10月	医療・年金等の社会保障構造改革（72.7%）	高齢社会対策（54.5%）
平成19年７月	医療・年金等の社会保障構造改革（72.4%）	高齢社会対策（55.8%）
平成20年６月	医療・年金等の社会保障構造改革（72.8%）	高齢社会対策（57.2%）
平成21年６月	医療・年金等の社会保障構造改革（70.8%）	**景気対策（62.5%）**
平成22年６月	医療・年金等の社会保障の整備（69.6%）	**景気対策（69.3%）**
平成23年10月	医療・年金等の社会保障の整備（67.1%）	**景気対策（66.3%）**
平成24年６月	**景気対策（66.5%）**	医療・年金等の社会保障の整備（66.1%）
平成25年６月	医療・年金等の社会保障の整備（65.9%）	**景気対策（59.6%）**
平成26年６月	医療・年金等の社会保障の整備（68.6%）	**景気対策（58.7%）**
平成27年６月	医療・年金等の社会保障の整備（67.2%）	**景気対策（56.9%）**
平成28年７月	医療・年金等の社会保障の整備（64.4%）	**景気対策（56.2%）**
平成29年６月	医療・年金等の社会保障の整備（65.1%）	**景気対策（51.1%）**

資料出所：内閣府「国民生活に関する世論調査」（各年版）に基づき、筆者が図表を作成（平成12年のみ「社会意識に関する世論調査」）

図表7-18　産別所得水準と雇用吸収力の関係

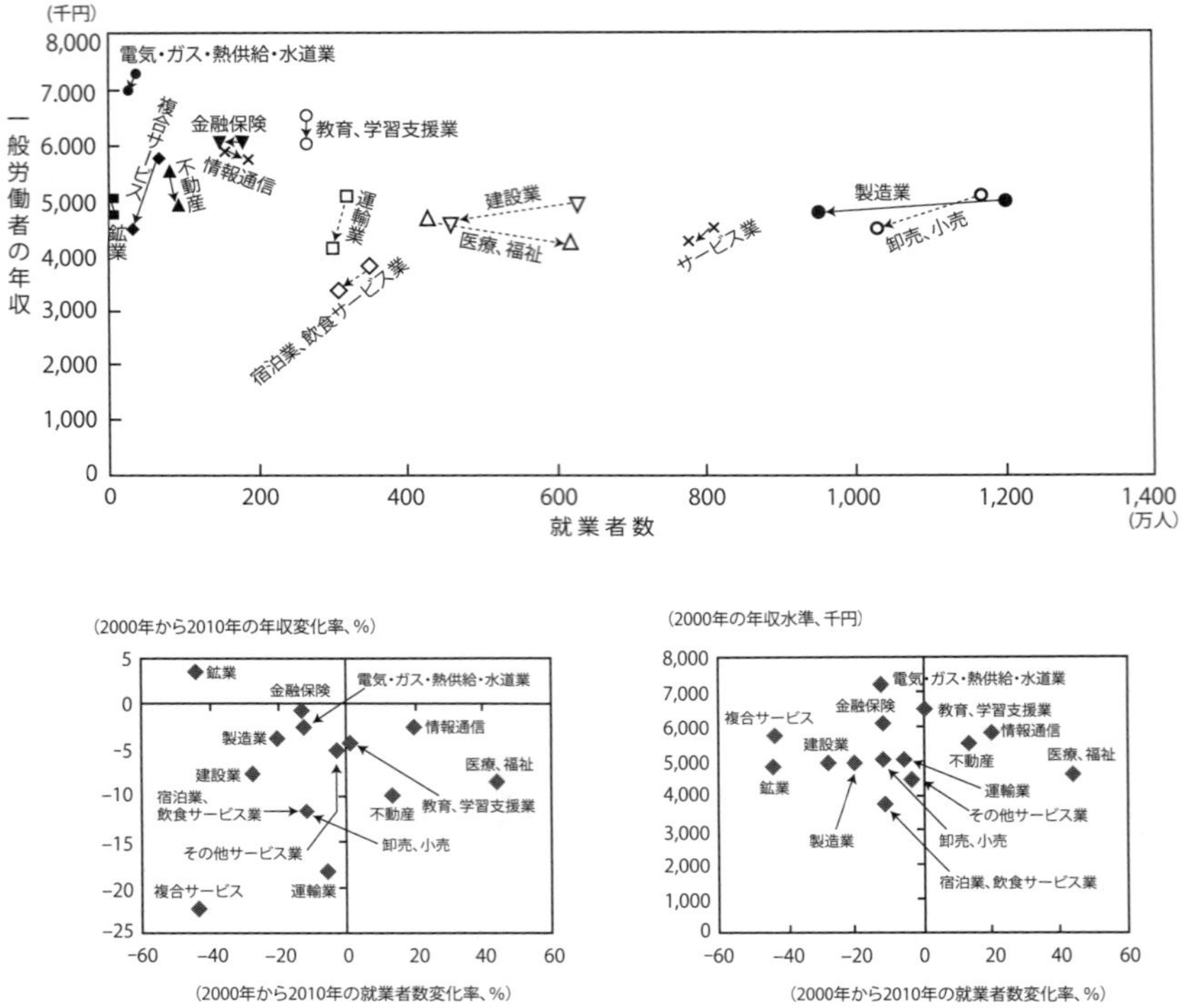

注　1）2000年国勢調査においては第11回産業分類改定の分類に対応した就業者数が公表されている。また2010年国勢調査においては抽出速報値により第12回産業分類改定の産業小分類による値を表章していることから、これを労働政策担当参事官室において第11回産業分類改定ベースに組み替え、2000年と2010年の数値を第11回ベースで比較している。

2）また、年収とは、一般労働者について表章したものであり、「きまって支給する給与×12＋特別賞与額」で計算。「賃金構造基本統計調査」においては、2000年、2010年の賃金水準はそれぞれ第10回、第12回産業分類改訂に対応して表章されていることから、1）と同様に組み替え、国勢調査における就業者数で加重平均したものを用いている。なお、常用労働者数の少ない産業中分類の賃金水準は表章されていないため、厳密な比較を行うことはできない。

資料出所：厚生労働省「賃金構造基本統計調査」、総務省統計局「国勢調査」より厚生労働省労働政策担当参事官室にて作成（『労働経済白書』（平成25年版））

で、国内サービス業が雇用を吸収したということである。

国民にとっては新自由主義でも保護主義でもどちらでもいいから、日本経済が上向き、企業業績が良くなって雇用が維持されるとともに給料が上がるような環境を整備しろという声が強いのである。構造改革を中心に試行錯誤を重ねた末に今現在行われているアベノミクスは財政政策と大胆な金融緩和によって円安基調の為替相場を作り出した。それによって輸出企業の業績が上向き、日本経済全体が以前に比べて良くなっているということが評価されていることを考えても、企業をどうやって再生するかの方向性は依然として不透明である。

第四節　官僚は右傾化の文脈でどう行動したのか

経済成長の鈍化などもあって、少なくとも１９８０年代までと比較すると右傾化の傾向が日本社会全体に強まる中で、国力を増強することがかつてなく意識されるようになった。ただ、その国力とは経済力のことであり、もっと具体的に突き詰めると企業の力であり、さらに問い詰めると製造業のモノ作りの力であるということを確認してきたが、このような動向に対して官僚はどう対応したのだろうか。

これが本節の課題であるが、以下では、このような状況下での官僚の対応を考察するために三つの観点から分析を行うこととする。

まず、官僚は経済力や企業の競争力を高めることにどこまで貢献したのかということである。以下で詳述するが、バブル経済崩壊後の官僚の立ち位置は非常に中途半端だったことが、良くも悪くも、右傾化と企業の競争力という観点からの批判を避けることができたことにつながった反面、社会が官僚を改めて評価するという契機にもならなかった。

二つ目は、官僚は国民生活の改善という観点から経済力の増強にどこまで貢献したかである。本章冒頭でも指摘したように国力は他国への影響力という視点からだけで計れるものではない。国民生活が改善されるという観点からの国力もあるが、官僚は果たして強い経済力を国民生活の改善に役立てることができたのか。

三つ目は、右傾化という流れを官僚は上手く利用できたのかどうかである。例えば、戦前は軍部の台頭とともに、官僚の一部も革新官僚としてその流れに乗ったということがあったが、右傾化を上手く利用しようと思えば、官僚は自らも右傾化することで復権を図ることができたはずだが、果たして官僚自身は右傾化するなり、右傾化の流れに乗って社会変革を企てたりしたのだろうか。

1　官僚は企業の競争力を高めることにどこまで貢献したか

官僚は企業の競争力を向上させることにどこまで貢献できたのだろうか。以下では順を追ってこれを検証していくこととするが、まず、長期不況がこれだけ続いていることから考えて経済力の向上に貢献していないことは明らかだと考えていいだろう。仮に経済力の向上に貢献できているのであれば官僚バッシングなど起きないだろう。

二つ目に、バブル経済崩壊後は、必ずしも経済政策を決定する中心にいなかったため、そもそも経済力や企業の競争力の向上に深く関わっていないことである。もちろん、これは個々の政策を詳細に振り返れば言い切れないということは承知の上で、包括的にみれば、官僚が経済力や企業の競争力を左右するポジションにいるという印象は少なくとも国民の間では非常に薄かった。バブル経済崩壊後は官僚主導が批判され、政治家が大きな力を持ち出したことや、政治家を取り囲むブレーンなども多様化しただけでなく、彼等が活躍する機会が増えたことなどから官僚が果たす役割自体が小さくなっていたことから、官僚がどういう対応をしたかがそれほど大きな影響を与えたわけではなかったということである。

三つ目に、影響力が落ちていたこと（落ちていると見せることに成功しているを含めて）から、官僚が実施しようとする政策にも大きな特徴はなかった。極端に新自由主義に偏った政策を打ち出すわけでもなければ、極端に保護主義に傾く政策を打ち出すわけでもなかった。元来、調整型官僚と言われるように様々な利害を調整しながら政策を実施してきたという官僚の特徴を考えると当然の帰結といえば、そうである。それを何よりもよく示しているのは不良債権の処理を巡ってハードランディングかソフトランディングかで長期間右往左往したことである。

四つ目に、経済力に関連していえば、官僚が打ち出す政策の中身より前に、これまで考察してきたように、経済力と関連して中央官庁や官僚自体が変えるべき政策対象になっていたことである。

このように官僚が主体的に振る舞う機会をなくした結果、彼等にとって代わって政策形成過程に大きな影響を持つようになったのは新自由主義を掲げる政治家や経営者や学者などのブレーンであり、彼等は企業の競争力や右傾化の観点から批判されることが多くなった。よく言われた卑近な言葉で言えば、「ハゲタカの手先」といった悪口を言われることになった。[*18] 総じていえば、官僚が主体的に日本企業の在り方に影響を与えているといった印象は少なくとも一般国民レベルでは薄く、政策決定に大きな力を持ち出した有力政治家と彼等を支える経済政策のブレーンなどの方が個人名が大きくクローズアップされることもあって注目度が高かったと考えられる。[*19] 現実問題として「売国官僚」「ハゲタカ官僚」「外資の手先官僚」といった言葉が聞かれたことはなかった。また、小泉内閣を支えた一部の官僚をさして「改革派官僚」といったことは聞かれたが、少なくとも彼等は主役を支えた脇役程度にすぎず、世間に強い印象を与えたわけではなかった。一部の雑誌などに小さく扱われることがあったとしても、マスコミで派手にかき立てられることはなかったということである。

その意味では、官僚は経済力を強化するのでもなければ弱体化させる存在でもなく、国民からみれば印象深さなどは発生しなかった。官僚は幸か不幸か、国力を左右するポジションにはいなかったため、世論からの大きな批判にさらされなかったと言える。[*20]

特に、経済力→企業の力→製造業のもの作りの力と絞り込んでいくと、官僚が果たした役割というのは益々印象が薄くなる。言うまでもない。ものづくりを担う製造業は国外との競争を含めて厳しい競争の世界で闘っていたからである。官僚が張り巡らせる規制とは無縁の存在である以上、官僚が関与する余地は薄かった。その一方で、過剰債務と不利な為替レートで窮地に陥った製造業を救うような立ち回りをしたかというと、これもまた結論から言えば、どういう立ち回りをしたのか印象らしい印象が残っていない。経産省の一部の官僚などは「日本のものづくりを守るべきだ」という行動を取ったのかもしれないが、その一方で、一部の経産省の官僚は日本企業・外資を問わない新自由主義的なスタンスを貫いていることから、官僚全体としてどうなのかという印象がないのである。

さらに言えば、製造業を中心に技術力をもち、雇用を守る日本企業を保護すべきかどうかという観点から、バブル経済崩壊後、何かにつけて問われてきた「会社は一体誰のものか」ということについても明確なスタンスを示したことがなかった。例えば、「朝日新聞」(2002.6.15)にオリンパス光学工業・最高顧問(78歳)の下記のような文章(「会社はモノ」なのか　下山敏郎(私の注目記事))米投資会社のリップルウッド・ホールディングスに、自動車用金型大手のオギハラ(群馬県太田市)が身売り交渉中という。2日の朝日新聞朝刊には「リップルは破綻《はたん》企業だけでなく、成長企業にもかかわる」とある。オギハラの技術力を評価し、収益力を高めて株式を売却、短期的に利益を狙う方針のようだ。しかし、金型メーカーはデザインの秘密保持が絶対条件。米国式の「会社はモノ」という論理に逆らってまでも、取引先との信頼を守れるのか。また、不良債権処理に追われる日本の金融機関が、技術力のある企業に積極的に融資できないのは情けない。9日の日本経済新聞は「金融弱り『ハゲタカ』頼み」と評したが、零細企業でつくる工業会の会長として他人ごとではない。」）が、仮に官僚がここまではっきりしたスタンスを示していたとすれば、日本社会の官僚に対する反応はもっと違ったものになっただろう。

詳細に振り返れば一冊の書籍が必要とされるかもしれないが、さっとバブル経済崩壊以降の日本社会の動きを振り返ってみれば、不良債権の処理がきっかけで隘路にはまり込み、その処理を思い切ったハードランディングでやるのかソフトランディングでやるのかを巡った論争が続いているうちに、これまで経験したことのない長期不況にはまり込んで従来通りの公共事業を中心としたカンフル剤的な景気対策を繰り返したのだが、これが有効に機能せず、小泉総理が登場するに及んで規制緩和を中心とした小さな政府路線で活力を見いだそうとするに至った。この流れ自体は民主党政権下でも継続するが、小さな政府路線で企業のいくつかは活力を取り戻すものの、国民自体は疲弊したままで活力がなくなっており、結局、賃金を増やさなければ経済が上向くことはないということを保守政党でさえ認めざるを得ない状況に追い込まれている。それが今の安倍内閣が打ち出す働き方改革や官製春闘の形に結実しているのだと思われる。

この過程で世論がどう変化してきたのか。外資、ハゲタカ、米国の手先、会社は誰のものかなどをキーワードに分析してみれば、90年代後半は不況から抜け出すのに必至だった。誰も方向性がわからず不良債権の処理についても景気対策についても右往左往した。その後、従来とは異なる新自由主義という処方箋が出されたことで「仕方なく」を含めて、これを支持せざるを得なくなった。しかし、これが圧倒的多数の支持を得たというわけでもなく、外資やハゲタカに日本が買い叩かれている、米国に操られているという感覚はやはり残ったし、日本が長期不況に慣れるか、落着きを取り戻すにつれて、徐々に疑問もわき出るようになり、新自由主義を掲げる人々への熱望も冷めていった。[*21] いずれにしても、この間、世間にわかるような形で官僚が大きく躍動するようなことはなかった。これが大まかなところだろうと考えられる。官僚は日本の製造業やもの作りを保護するとも、企業国籍を問わずに自由競争を尊重するとも明確にしなかったし、製造業を復活させたり、製造業に代わりうるような産業を創出することにも大きな力を発揮しなかったと捉えられているということである。[*22]

2　一般国民からみた国力とは何か

次に、経済力をより良質な生活環境につなげるという観点から官僚はどのように評価されるだろうか。この問題を分析するに当たっては様々な切り口が考えられるが、良質な生活環境を細かく捉えれば政府や官僚と国力の関係がより詳細に見えてくる。

国力を国民目線からみると、他国と比較するということも含めて良質な生活環境を整えるということであり、それを支える最大の要素は経済力ということになるが、経済力だけでは良質な生活環境を整えることは難しい。極端な例えかもしれないが、いくら経済力が上がっても一部の人間に富が集中して不平等がまかり通っているような社会は良質な生活環境が整っている社会とは言えないだろう。例えば、日本では「保育園落ちた日本死ね」というネット上で囁かれた不満が国会で取り上げられて大きな話題になったこと、韓国では雇用失業情勢や受験の過酷さなどから「ヘル朝鮮」という造語が若者の間で流行っていることなどを考えると、経済力を使って社会をどれだけ住みよいものにするかという視点が重要になってくる。つまり、良質な社会環境を実現するために経済力をどう使ったかということであり、ここには政府や官僚が深く関わる余地が大いにある。市場の力だけに任せれば富が不平等に配分されることになり、誰にとっても良質な生活環境が整わないことは歴史が示してきたところであるし、社会だけに任せても上手くいかないことはつながりが薄れていくと言われる今の日本社会の現状からよくわかる。市場や社会の力を活用しつつ政府が相応の役割を果たさない限り、良質な生活環境が整わないということに関しては異論が少ないと考えられる。

それでは、政府や官僚が良質な生活環境の整備のためにどれだけ力を尽くしているかを判断する指標があるのかといえば、内閣府の「社会生活に関する意識調査」が参考になると考えられる。

この調査では、国民が「良い方向に向かっていると考える分野」と「悪い方向に向かっていると考える分野」が項目別に取り上げられている。例えば、２０１７年1月に行われた調査では「良い方向に向かっている分野」として「医療・福祉」が一位で以下、科学技術→治安→防災→教育の順番になっている。その一方で、「悪い方向に向かっていると考える分野」として「国の財政」が一位で以下、地域格差→防衛→景気→外交の順番になっている。

この調査であげられている項目は多岐にわたるし、上位にランクされる項目も年々変化していることに加えて、政策分野に対応した項目になっているため、政府との関わりやエリート官僚制との関係もわかりやすい。

例えば、国の財政について言えば、財務省や財務官僚がエリート中のエリートとして今なお一定の支持を得ている根拠と見なすことはできないだろうか。なぜなら、安倍内閣をはじめとして政治家は消費増税を避けている。国民の多くはこの決定を歓迎しながらも累積する財政赤字のことがやはり気に掛かっているため、政治に対抗して均衡財政を掲げるエリート財務官僚を毛嫌いしながらも、歯止めとしてどこかで期待しているといった具合である。どの項目がどういう位置づけで取り上げられているかをみることで、国民の不満が具体的にどういうところにあるのかがよく見えてくるということである。

こういう観点から分析してみると、国民が評価している分野で官僚や中央官庁の影響が少ないと思われる一方で、国民が不安に感じている分野で官僚が本来果たすべき役割を果たし切れていないという国民の思いがかいま見えるように思われる。図表7―19は「良い方向に向かっている分野」と「悪い方向に向かっている分野」の長期にわたる結果をみたものである。すべてを上記の考え方で説明できないものの、やはり官僚が深く関与している、あるいは、十分な力を発揮している結果として「ある分野は良い方向に行っている」というものは少ないと思われる。

ここではその一つの事例として科学技術をあげてみることにしよう。バブル経済崩壊後、特に21世紀に入ってからノーベル賞受賞者が増えていることもあって、科学技術に明るい未来を見いだそうとする日本人は多いが、果たして官僚がこの分野に関わったことで科学技術は発展しのだろうか。この点について、科学技術を所管している旧科学技術庁や研究費の観点からいえば旧文部省、旧厚生省、産業を所管する経済産業省が果たした役割などほとんど言及されたことがない。

以下の二つの新聞記事は科学技術を取り巻く環境を述べたものだが、これを読んでもわかるように官僚や中央官庁は科学技術の発展に貢献しているよりもむしろ、その足を引っ張っているという印象さえ強いのが現実だと思われる。

「朝日新聞」（2015.2.5）は若手研究者を取り巻く環境が厳しいことをレポートしている。それによると、博士号取得後、不安定な任期付きのポストで研究にあたるポストドクター（ポスドク）研究者の40歳以上の割合は、09年の12％が13年は16％に増えたが、その背景には、国立大や国の研究機関への補助金（運営費交付金）が毎年1％ずつ減らされていることがある。補助金は減るが、常勤研究者の人件費が年功序列型で上がるため、若手が就ける常勤ポストが減る。任期つきで雇われたポスドク研究者は、より多くの外部資金を得るための事務作業に

図表7－19　良い方向に向かっていると思われる分野（上位５つ）

	第一位	第二位	第三位	第四位	第五位
平成元年	経済力（53.0）	治安（33.8）	科学技術（27.4）	景気物価（24.7）	外交（24.7）
２年	経済力（52.2）	治安（26.5）	福祉（24.2）	科学技術（22.3）	外交（22.2）
３年	経済力（49.4）	治安（38.8）	教育（36.5）	医療・福祉（34.4）	科学技術（30.6）
４年	教育（36.6）	治安（36.3）	経済力（34.7）	医療・福祉（33.9）	科学技術（28.3）
５年	教育（39.1）	治安（37.8）	医療・福祉（34.7）	外交（31.2）	科学技術（27.6）
６年	医療・福祉（34.7）	治安（30.0）	経済力（28.5）	教育（28.3）	科学技術（25.0）
７年	医療・福祉（41.8）	教育（32.0）	治安（24.0）	食糧（23.8）	科学技術（23.0）
８年	医療・福祉（32.8）	教育（32.5）	治安（27.5）	外交（24.7）	科学技術（23.4）
９年	教育（35.5）	医療・福祉（34.9）	治安（29.0）	外交（27.5）	科学技術（27.1）
10年	医療・福祉（24.9）	通信・運輸（21.0）	科学技術（20.4）	教育（15.9）	治安（15.1）
12年	通信・運輸（25.3）	医療・福祉（23.5）	科学技術（19.0）	国際化（15.6）	食糧（12.2）
14年	医療・福祉（22.8）	科学技術（18.2）	国際化（16.0）	通信・運輸（15.8）	外交（9.9）
16年	医療・福祉（23.5）	通信・運輸（16.4）	国際化（15.1）	科学技術（14.8）	防災（9.5）
17年	医療・福祉（27.2）	科学技術（17.2）	通信・運輸（16.5）	国際化（14.7）	防災（13.8）
18年	医療・福祉（23.1）	科学技術（17.9）	通信・運輸（16.9）	景気（16.9）	国際化（12.8）
19年	科学技術（19.7）	通信・運輸（18.9）	医療・福祉（16.5）	国際化（13.9）	景気（12.1）
20年	科学技術（21.2）	通信・運輸（17.9）	国際化（16.6）	医療・福祉（15.1）	防災（15.1）
21年	科学技術（28.1）	防災（17.6）	通信・運輸（16.0）	国際化（15.4）	医療・福祉（13.2）
22年	科学技術（20.7）	医療・福祉（18.7）	防災（14.9）	通信・運輸（14.3）	資源・エネルギー（11.9）
23年	科学技術（27.0）	医療・福祉（22.4）	通信・運輸（16.7）	防災（14.8）	治安（13.3）
24年	科学技術（23.1）	医療・福祉（22.5）	防災（15.2）	通信・運輸（14.2）	治安（13.6）
25年	医療・福祉（27.5）	科学技術（25.7）	防災（19.6）	治安（15.6）	通信・運輸（14.1）
26年	医療・福祉（27.6）	科学技術（25.1）	景気（22.0）	治安（19.4）	防災（18.3）
27年	科学技術（30.1）	医療・福祉（26.7）	防災（21.3）	治安（18.9）	教育（16.8）
28年	医療・福祉（29.2）	科学技術（29.1）	治安（19.8）	防災（19.1）	国際化（17.5）
29年	医療・福祉（31.4）	科学技術（25.8）	治安（22.0）	防災（21.2）	教育（17.0）

資料出所：「社会意識に関する世論調査」（内閣府）各年版に基づき作成

も時間をとられる。

その結果、研究時間が減少することになるが、それは成果にも影響する。文科省の科学技術・学術政策研究所が13年に発表した調査では、自然科学系の論文で、筆頭著者のうち若手研究者の割合は、米国の51％に対し日本は35％である。

日本の科学技術政策は、大学や研究機関への補助金は年々減らす代わりに、優れた研究や将来性が期待される研究に資金を投入する方向を進めてきたというが、研究費の総額は増えず、激しい競争と資金獲得にさらされた研究現場は消耗し、若手のチャンスも増えないという弊害が出ているという。この記事を読めば、いかに文部科学省などの政策が研究現場を痛めつけているかがわかる。

次の記事は、研究環境の整備という政策目標が非常に難しいものであることを示している。「朝日新聞」(2015.10.16)で、千葉大学教授の神里達博氏はiPS細胞の開発で医学生理学賞を受賞した山中伸弥教授のケースは例外としながら、研究には非常に長い時間がかかることを指摘している。その上で、最近の日本の「ノーベル賞ラッシュ」は、おおむね20年から40年前のありようが反映していると考えるべきだとして、その頃はどんな時代だったのかを当時の資料で振り返っている。それによると、必ずしも研究環境が良かったわけではないという。大学施設の老朽化や、基礎研究を支える基盤が不足していることが叫ばれていたし、「理科離れが深刻」なども報じられたり、学生は創造性が足りない、それは共通一次に象徴される、画一的な戦後教育の結果なのだ、などともよく言われた。

一方で研究者が「説明責任」を求められる機会は少なかったという。研究費が潤沢だったわけではないが、申請に必要な書類も多くはなかったし、年単位で小刻みに結果を求められることもまずなかった。ある意味で、大学や研究の世界は牧歌的であったのだろう。もし「選択と集中」を主張する人たちがタイムマシンに乗って、その頃の研究者たちに会いに行ったならば、あまりの「ぬるま湯ぶり」に卒倒するかもしれないという。「しかし紛れもなく、そのような時代に生まれた研究成果が、現在のノーベル賞につながっている。繰り返しになるが、ノーベル賞も一つのモノサシに過ぎない。研究や学問、教育の世界を測る基準は多様だ。加えて、当時と今では社会経済的な条件が全く異なる。グローバル化、高齢化、財政の悪化。私たちは、昭和の右肩上がりの時代と同じことを続けるわけにはいかない。だからといって、当然ながら、何でも「改革」すれば良くなるわけではない。とりわけ研究や教育には時間がかかる。今、仕組みを変えても、その結果が出るのは何十年も先だ。時間のスケールが、「選挙」や「株主総会」とはまるで違うのだ。もし「改悪」したとしても、何年もの間それに気づかないだろうし、気づいた時にはもう手遅れだろう。世が「改革」に染まって何年が経つだろうか。平成に入ってからというもの、この「社会運動」がずっと継続しているようにも思う。しかしそれによって我々の社会は良くなったといえるのだろうか。人間は、不安になると無駄な動きをするようになる。貧乏揺すりをしたり、あちこち歩き回ったり。山で遭難した時などは、それは命取りになる。問題の根本原因が分からないまま、「とりあえず改革」を繰り返すことも、かなりのリスクをはらむのだ。」と述べているが、ここからわかるように日本の科学技術が大きく飛躍したことと官僚や政策はどう考えても深く関連しているとは考えられない。

これらの事例からみてもわかるように、国民生活を向上させるという観点からの国力の向上に関しては官僚が多大な働きをしているという印象は薄いと思われる。もちろん、現実には国民生活に資するような様々な政策制度の創設・運用などに官僚が大きな貢献をしてきたことは疑いないことなのだが、一般国民の間にはそのような印象が薄いということである。

3　官僚の右傾化への対応

国力の向上に官僚が大きく貢献したという印象がないことをみてきたが、この節では最後に、官僚自身が右傾化しているのではないかということを検証することにしたい。官僚の中には政治家へ転身する者や自ら改革を唱える者がいることからもわかるように、元来、政治的に動く傾向がある者がいる。もしそうであるとするならば、官僚自身が右傾化の傾向に上手く乗って民族主義者のように振る舞うということはなかったのだろうか。あるいは、右傾化の一つの現象とも言える排外主義の流れに乗って何かをするということはなかったのだろうか。

結論は非常にシンプルだが、そういうことはなかったと言っていいだろう。ここ最近、自民党の若手議員などが戦前の政治体制や韓国や中国に対する批判めいた発言をすることがあるが、官僚が第二次（以降）の安倍内閣に寄り添うような形を含めて、民族主義的に振る舞うという傾向は全くない。バブル経済崩壊後、政策形成過程での活躍が目立たなかったのと同様に、右傾化の流れに関しても官僚が目立つということは全くない。

もちろん、個々の官僚にそういう傾向がみられることは否定しないが[*23]、それが官僚全体を巻き込むなり、各省庁にまたがる運動になるといったことはなかった。この点は、構造改革や霞ヶ関改革を求めた動きとは対照的だった。また、これは戦前とも全く違う。戦前は軍部の台頭に合わせて革新官僚のような官僚が出現したからである。良くも悪くも、政治や社会の流れから離れたところにいたと言ってもいいだろう。

仮に、右傾化の流れに合わせて官僚が集団として右傾化するなどの兆候を見せていたとすれば、右傾化の流れがエリート官僚制度を強く後押ししたかもしれない。例えば、安倍総理以上に外務官僚や防衛官僚が韓国や中国に強気な態度を取るなり、強気な言論を公にしたりするなど、官僚が右傾化の流れに乗って自らも右傾化して、政治家を煽るような形で民族主義的な政策を打ち出すなどの行動に出たり、それが大きな効果を発揮したりといったことがあればエリート官僚制度を評価する方向に働くこともありえるだろう。もちろん、これはあくまで仮定の話であって、官僚が集団で右傾化することでマスコミや社会から強いバッシングを浴びる可能性も高いし、公正中立ではないとして余計に評価を下げる可能性もある。

いずれにしても、官僚自身が右傾化する傾向を見せていれば、それだけその存在は目立つこととなり、その存在に対する賛否がよりはっきりしたと考えられるが、今現在に至るまでもそのような動きは見られない。

その一方で、右傾化をやや違った角度から眺めた場合、官僚が右傾化が言われるこの時期に全く動きを見せないというのは、中立性を維持しているというよりも、国民に対する関心がなく消極的だったと捉えられる可能性があることに注意する必要がある。右傾化は高まる民族主義であるが、それは決して外国に対する敵意だけではない。右翼のイデオロギーは社会変革と本来は結びつくからである。決して外国を批判することが右翼の中心的なイデオロギーではない。実際、ファシズムの指導者であるヒトラーやムッソリーニが社会変革を目指したことは紛れもない事実である。それに対して、バブル経済崩壊後から時を経て形成されてきた右傾化はラディカルな社会変革と結びついていない。例えば、変革すべき対象としても、変革する主体としても官僚を右傾化の観点から実践的に見直すようなことはなかった。社会変革という観点から官僚を諸悪の根源のように見なすのであれば、官僚に対する右傾化の影響はもっと複雑なものになったはずだし、官僚自身が右傾化して社会変革を唱えていれば、事態はさらに複雑になったとしてもエリートとして復権する可能性もあった。

例えば、格差社会に対して異議を申し立てるなどの行動に出ていれば、官僚は弱者側に立つ改革者として復権した可能性はなかっただろうか。民族を何よりも大切だと思うのであれば、貧富の格差が確実に開いていく格差社会と言われるバブル経済崩壊後に沈黙するのは右傾化・右翼という観点から言えば、本来は正当化できる行動ではないからである。本当に国を憂い社会を憂うのであれば、東アジア情勢に神経をとがらせ、憲法改正をうなる政治家達を尻目に、中間層が復活してみんなが平等に国を愛する日本にしなければいけないという官僚が出てきてもおかしくはなかったが、今もって全くそんな兆候は見えない。そもそも、官僚の多くが東大出身者であり、様々なデータで検証されているように東大生の親の年収が高いことを考えると、彼等が格差の是正に強い関心を示さなかったのは当然のことだが、右傾化という文脈から、このような正義感のある行動が出てくれば、官僚に対する見方が大きく変った可能性がある。

なお、この節では、右翼が社会変革といかに親和性が高いかについて戦前の日本を振り返ることで検証してみることとする。ここでは日本ファシズム研究で著名な橋川（1994）から、筆者なりに咀嚼して、戦前の右翼が社会変革のイデオロギーとなったことを説明していく。

日本に民間右翼団体がたくさん生まれるのは大正7年の米騒動が一つの契機になっているが、橋川によると、この時に生まれた右翼団体は従来の伝統的な右翼団体とは違った性格を持っていたと言う。その理由は、国内的には大正デモクラシー・社会主義運動・一般の大衆運動というように社会が大きく動いたこと、国際的な条件としてはソビエト革命や中国のナショナリズムの勃興などがあったからである。これらの衝撃が背景となって従来とは異なる右翼が出現したのである。

それでは、従来の右翼とどう違ったのか。明治以来の右翼は対外強硬、もしくは、大陸進出を強調する大アジア主義を唱えるものが多いのに対して、新しい右翼は米騒動などの国内の混乱を目にして、日本国家の在り方に根本的疑問を抱き、その改革を目指すという方向になっていった。ここから北一輝の思想などが生まれてくる。2・26事件の首謀者という印象が強く、日本ファシズムのイデオローグと思われがちだが、北一輝の国家観や天皇観は当時の国家権力にとっては許すべからざる異端邪説であったという。

北一輝の国家観が異端邪説だった理由は何よりも、その天皇観に表れている。彼は天皇と国民の関係を「天皇の国民」から「国民の天皇」へという価値転換を行ったと言われる。それをテロリスト朝日平吾の思いから説き起こしている橋川にならいつつ説明してみると以下のようになる。

米騒動などに現れているように、当時の日本は持つ者と持たざる者の格差がどんどん拡大していった一方で、大正デモクラシーの進展で個々人の権利意識は強くなっていった。そういう状況で個々人間の平等を求める声が強くなり、「天皇の赤子」として万人の平等を求めるに至る。天皇の前では日本人全員が平等であるべきという発想である。しかも、北一輝の天皇観は先述したように、天皇と国民という発想ではなく、天皇と国民は一体で、天皇の本来の意志は国民の意思とイコールだという発想である。そこからさらに飛躍して、北一輝は「天皇大権の発動」による「改造」という発想に至るのである。

天皇＝国民であり、天皇の赤子である国民は平等であるべきなのだから、天皇の力で平等な社会を作るための改革をしようというわけである。ここから考えてもわかるように、その発想は極めて社会主義的である。

天皇制は否定しないが、天皇は国民の上に立つものではなく、天皇と国民は同一の存在であり、それゆえに天皇と国民の間に差があってはならず、金持ち財閥や権力をむさぼる元老のような存在は許されず、ひいては社会に存在する矛盾や格差を取り除こうという。これが「昭和維新」の発想である。なお、松本（2010）は、北一輝のライバル・友人である大川周明が米騒動で軍が国民に銃を向けたことから、外敵に向けるはずの銃を国民に向けるような軍隊は国民軍とは言えず、まずは日本の国家改造は軍の改革から始めるべきであると語り、これがやがて5・15事件、2・26事件になっていくと指摘している。

北一輝の思想や昭和維新に向けた動きと比較した時、今の日本の右傾化にはそれほどの切実さがないことがよくわかる。また、右傾化は国内改革のエンジンになっていない。さらに言えば、右傾化は政治運動にも政治体制にもなっていない。ファシズムは国内の矛盾を解決するための社会運動という側面を持っているが、日本の右傾化化には社会変革や社会運動という側面がないし、そこに官僚が関与しているということもない。

注

＊1　菅直人政権が発足した直後、中国のある研究者は自民党時代との違いについて「民主党の政治主導は、官僚政治からの脱却を目標にし、事業仕分けといった形で国民の喝采を浴びたが、その結果、日本の政治は世論の動向により大きく左右されるようになった。われわれから見ると、日本の官僚は総じて水準が高く、内政、外交両面で大きな役割を果たしてきたが、今後、優秀な人材は官界に集まらなくなり、外交にも影響が出るのではないか」と述べている（『選択』2010.7）。

＊2　次世代の党党首（当時）の平沼赳夫氏は「……そもそも保守主義者を名乗る人たちを含め、日本人の多くは誤解しています。尖閣諸島で日中が衝突すれば、日米安全保障条約を結ぶ米国が助けにくると信じていますが、それは錯覚です。日本のために、遠く離れた離島で米国の若者が血を流すなんて、あり得ないですよ。

私は若い頃、学者や元外交官の錚々（そうそう）たる方から勉強会に誘われ、連合国軍総司令部（GHQ）占領下に現行憲法が制定された経緯を学んだ。米国は口では「自由」や「民主主義」と言いますが、占領期に彼らがやったのは憲法の押しつけであり、報道管制であり、占領政策に反対する中央や地方要人の公職追放だった。米国と仲良くする必要はあるけど、よほど警戒しないといけないと思うんですね。

今の憲法の民主主義の思想は悪くない。悪くはありませんが、成立過程は問題だ。日本人の手になる民主的な憲法を改めてつくるべきだというのが私の考えです。その土台の上に、平和と安全を日本人自らの力で担保する安保政策を展開するべきです。……」と述べている。露骨な反米ではないにしても親米ではない。保守や右翼と呼ばれる人の中にも米国に追随することをよしとしない人間は多い（「朝日新聞」2015.4.11）。

＊3　『アエラ』（2015.5.11）は様々な側面から右傾化する日本の歯止めとしての天皇に関連した記事を掲載している。

まず、天皇、皇后両陛下がパラオ訪問を望み続けられた背景として、元侍従長の渡邉允氏の「戦争を知らない世代が増え、だんだんと戦争が忘れ去られていく。陛下には焦りにも近い切実な気持ちがおありになるのではないでしょうか」という発言を紹介しながら、「天皇、皇后両陛下が積極的に平和を築き、次世代に受け継ごうとする姿に近年、注目が集まっている。国内外で節目の年に続けてきた「慰霊の旅」だけでなく、各地で住民と膝を詰めて言葉を交わす全国行脚を繰り返している。集団的自衛権の行使容認が閣議決定され、戦争放棄をうたう憲法9条の改正も視野に入るなど、日本社会の右傾化が懸念されるなか、天皇、皇后両陛下の言葉こそが、平和の最後の砦のようになっている」としながら、「その言葉が際立っていることを図らずも証明したのが、昨年5月、両陛下を支持する立場の保守派の論客から、違和感が示されたことだった。雑誌『正論』の5月号で、麗澤大学教授で憲法学者の八木秀次さんが「憲法巡る両陛下ご発言　公表への違和感」と題したコラムを発表した。両陛下の踏み込んだ言動について、宮内庁のマネジメントが機能していないのではないかと指摘したのだ。八木さんは、その理由をこう話す。「国民統合の象徴というお立場なのに、政治的に意見が分かれる問題に踏み込むと批判を受ける可能性が出てくる。実際に、憲法に関する両陛下のお言葉は、部分的に切り取られてメディアに政治利用された。両陛下と交流のある方たちはリベラルな考え方であることも多く、宮内庁は時には抑制的であられるように進言するべきではないでしょうか」」という八木氏のコメントを紹介した上で、「たしかに、両陛下は近年、憲法について、これまで以上に踏み込んだ発言をしている。第2次安倍内閣のもとで憲法改正について議論が始まった13年。皇后陛下が10月20日の誕生日にあたり宮内記者会の質問に答えた文書で、憲法改正の議論について言及した。皇后陛下は「今年は憲法をめぐり、例年に増して盛んな論議が取り交わされた」とし、明治時代の大日本帝国憲法公布前に民間レベルでつくられた私擬憲法の一つ、五日市憲法草案を「19世紀末の日本で、市井の人々の間に既に育っていた民権意識を記録するものとして、世界でも珍しい文化遺産」と表されたことについて、皇室問題に詳しい明治学院大学教授の原武史氏の「あえて「市井の人々」と表現したところに意味がある」と指摘したとしつつ、「日本国憲法の改正を求める人たちがよく理由に挙げるのは『米国からのおしつけ憲法である』という点。しかし、そのかなり前から、現在の憲法に通じる詳細な人権規定を持つ憲法を一般の人たちがつくっていたと強調することで、そこにはっきりとノーを突きつけている。右旋回する政治に歯止めが十分ではないという危機感が背景にあるのではないか」と発言を紹介して、「同じ年の12月18日、天皇陛下は80歳の誕生日に際し記者会見でこう明言している。「戦後、連合国軍の占領下にあった日本は、平和と民主主義を、守るべき大切なものとして、日本国憲法を作り、様々な改革を行って、今日の日本を築きました」その後も、「日本が世界の中で安定した平和で健全な国として、近隣諸国はもとより、できるだけ多くの世界の国々と共に支え合って歩んでいけるよう、切に願っています」「満州事変に始まるこの戦争の歴史を十分に学び、今後の日本のあり方を考えていくことが、今、極めて大切なこと」など、平和の大切さを強調する言葉を折につけ繰り返している」として陛下の発言をいくつか紹介している。

そして最後に、「戦後70年を迎え、戦争を体験した世代が少なくなった。歯止めを失ったように、日本社会の憲法や平和に対する考え方は急速に変容している。本来、政治とは一線を画すはずの両陛下の言動が際立って見えてくるのは、その社会の裏返しにほかならないのだ」と結んでいる。陛下の心の内には様々なものがあると思われるが、この記事が陛下を中心とした皇室を右傾化の歯止めとして捉えていることだけは間違いなかろう。

＊4　『アエラ』(2017.5.8)は、婚活パーティーを主催する女性が婚活イベントのはじまりで軍歌「海ゆかば」を演奏したり、「自分を犠牲にしてでも国家が大事だと思うよう意識改革したいんです。結婚しない、子どもを産まない、そんなふうに個人の権利を主張しすぎて日本はダメになった。だから家族を大切にする古き良き時代に戻したい。女性は専業主婦として家庭で輝くべきです。保育園なんて少子化に拍車をかけるだけだから増やしちゃダメ」と発言したりするなど右傾化が社会の草の根レベルで進んでいることを報じている。

＊5　「朝日新聞」(2015.11.17)は、新聞に掲載される保守・右派論壇誌の広告の変遷をたどり分析した『憎悪の広告』(合同出版)について、その著者へのインタビューなどを行っているが、その中で、全国紙に掲載された『SAPIO』(小学館)、『諸君!』(文藝春秋、２００９年に休刊)、『正論』(産経新聞社)の広告を網羅的に調べた結果、「中韓、愛国など扱うメインテーマに大きな変化はないが、表現が少しずつ激しくなっていることに気づいた」という著者の証言を掲載している。

同紙によると「この間の広告をたどっていくと変化は顕著だ。一例が歴史認識をめぐる表現。当初は「『南京大虐殺』をどう読むか」(『諸君!』97年12月号)などと読者の議論を喚起するスタイルも多かった。だが、05年の中国での反日デモ激化などを経て、「小泉首相以下全国民必読!　もし中国にああ言われたら―こう言い返せ」(『諸君!』06年2月号)などと表現がエスカレート。12年の尖閣諸島国有化以降は、「日本の『歴史認識』を問う前に自らの虚構を改めよ　中国と韓国『恥ずかしい歴史教科書』」(『SAPIO』13年8月号)といった一方的な論調が強まっていく。特に韓国への姿勢は大きく変化したように見える。93年に衆院議員に初当選した安倍晋三首相を含む日韓両国の政治家による座談会の記事には「反日嫌韓は克服できるか」(『SAPIO』94年2月24日号)と見出しをつけ、両国間の敵対感情は克服すべき課題としていた。99年の

『SAPIO』(10月27日号)の特集は、「危険な隣人中国の覇権主義に対処せよ　台湾韓国日本　新・3国軍事同盟」として、韓国との友好関係の重要さを強調。だが、盧武鉉(ノムヒョン)政権が歴史認識をめぐる批判を強めた頃から「中韓『反日』決戦の秋(とき)」(『SAPIO』05年9月28日号)などと、中国への論調と並ぶようになっていった」という。

＊6　「朝日新聞」(2007.4.13)は、首脳会談を終えたばかりの温家宝(ウェンチアパオ)首相が経済団体などと精力的に懇談した様子について、日本側の歓迎ぶりや期待感を報じるとともに、温首相は「実事求是」の演説で、中国経済について「人口が多く、基盤が弱く、発展が不均衡。依然として途上国」と率直に述べ、弱点と認める「資源、エネルギー、環境」を日中協力の核に据えると報じている。これをみると日中がお互いに自分をさらけ出して何かを探ろうとする戦略的互恵関係が垣間見られる。小泉内閣が対中外交で靖国参拝などの強気な姿勢をとったことなどから政治的関係が悪化したことは事実だが、新聞データベースなどで調査する限りにおいては、この時期の記事はどれも日本社会全体が中国に強く反発することを伝えるものがあまり見当たらない。

＊7　塚田(2017)は、様々な論者が社会・政治・教育・家族と女性・言論と報道・宗教という多様な視点から日本の右傾化を検証したものだが、そこでの結論もまた多様で日本全体が右傾化しているとは位置づけていない。例えば、すべての論者の意見を包括した「おわりに」においては「……長きにわたりわが国の政権与党の座にある自民党は、綱領・改憲案・政策位置などを見ると確かに右傾化していると言える。ただそれは、政党間競合・差異化や、政党組織の変化にともなう「根が浅い」右傾化ではないか。有権者、市民は右傾化していない。また、自民党を支持し投票する人びとも、その右傾化政策・方針それ自体を支持しているのではない。そこにははっきりとした齟齬が認められるのである。……言論空間の右傾化も顕著だ。テレビ番組や出版物での「日本スゴイ」の氾濫……」としていて、全体として日本社会は右傾化しているのかについて結論を出しているとは思えない

＊8　北朝鮮はここではあえてはずしておく。北朝鮮の場合にはナショナリズムや好き嫌いなどのレベルを超えて、現実の脅威になっており、韓国や中国への対抗心とは明らかに異質なものと考えられるからである。

＊9　元経産省キャリア官僚で橋本総理秘書官として中央省庁の再編に携わった衆議院議員の江田憲司氏は「私が、中央省庁の再編で、「大蔵省」から「財務省」への名称変更にこだわったのは、それが「誤ったエリート意識」を助長する象徴だったからだ。また、この21世紀、民主主義国家・日本の、新しい省庁体制をつくろうとしている時に、「大蔵省」という名称は

まったくふさわしくないと考えたからだ。ちなみに、２００１年１月を期してスタートした新しい霞ヶ関のために、各大臣が新しい役所の名前を看板に揮毫する中、宮澤喜一財務相（当時）は一人だけ、それを拒否したそうだ。旧大蔵省出身者である宮澤氏なりの精一杯の「不快感」の表明だったのだろう。結果、今の財務省の正面玄関に掲げられている看板の文字は、コンピュータグラフィックになった。ことほど左様に、大蔵官僚、そのＯＢにとって、「大蔵省」という名称には言い尽くせない思い入れがあることは事実なのだろう。しかし「たかが名称、されど名称」だ。そこには、時の為政者や、もっと言えば、人間一人一人の時代認識、ものの捉え方、感性などに深く係わる本質的な問題が横たわっているからである。まず、当時、大蔵省は、「大蔵」という言葉の由来が、ふるく律令制の時代からの由緒あるものだから残すべきだと主張した。一部識者もそれに同調した。たしかに、当時から「大蔵卿」「文部卿」というポストはあった。ただ、考えてもみてほしい。律令制の時代といえば、もちろん「国民」という概念はなく、民を民とも思わない、一種の奴隷制（部民制）と解することもできた時代だった。当時、民は、氏姓貴族や国造という支配階級から搾取を受けていたのであり、その搾取物（米穀や反物）が夥しく積まれていたのが大蔵の「蔵」だったのである。それが、どうして現代の、しかも中央省庁再編の、そして二十一世紀に向けて、新しい皮袋（新しい省庁体制）に新しい酒をいれようとしている時に、その皮袋の名称としてふさわしいと言うのだろうか。……」と述べている（http://www.eda-k.net/column/week/2011/10/20111024a.html）が、これをみてもわかるように一部の人間は大蔵・文部などの名称を律令制の時代との関連で捉えており、日本の長い歴史や伝統の一部として誇りを持っていることがわかる。

*10 例えば、優れた芸術や文化を日本の誇りと感じる人が多い一方で、昨今は後継者不足で地方では管理者のいない寺があり、その寺から国宝級の仏像が盗難されるというニュースがあるが、これについて日本では文化関連予算が少ないことも一因であると考えられる一方で、文化関連予算が少ないのは財務官僚が悪いとか、これを積極的に保護しようとする文化庁や文科省の官僚の意識が低いからだといった指摘はあまり聞かれない。「日本経済新聞」（2014.7.5）によると、国の重要文化財指定を受けた美術工芸品全１万５２４件の所在を文化庁が調査したところ、国宝の刀剣１件を含む１０９件が所在不明になっていることが分かったという。盗難が最も多いが、所有者の死去や転居の際に不明になった作品も多いという。この点に関して記事では「個人や企業が所有する文化財では、国を含めた管理体制のずさんさも目立つ。文化財保護法は、重要文化財の所有者や所在地が変わる場合は国に届け出るよう義務付けているが、所有者の転居が原因で31件、所有者死去・法人解散

で25件の文化財が所在不明になっていた……」としているが、文化庁がこの件で強く世論からバッシングされているということはない。

＊11　「朝日新聞」(2010.7.1) は、「高額目立つ外国人・創業者　報酬1億円以上280人　「業績に見合うか」評価必要」として、国内上場企業で1億円以上の役員報酬を受け取った経営者が累計で約280人にのぼることが同紙調べで分かったと報じている。「上位には外国人や創業者のほか、ベテラン経営者が目立つ。世間の関心は報酬の多寡に集まりがちだが、経営者は反発を強めている」として以下で、「2010年3月期決算から、報酬が1億円以上の役員の名前と報酬額の個別開示ルールが導入された。これを受けて、有価証券報告書で開示されたものを集計した。「1億円プレーヤー」約280人の平均報酬は約1億6600万円。日本の上場企業の役員報酬の平均は約2500万円（金融庁調べ）なので、今回の平均はこの6倍超だ。最高額は、日産自動車のカルロス・ゴーン社長の8億9100万円。上位20人の中にはソニーと武田薬品工業の2人の外国人も入った。外国人が高額なのは、人材の流動性が高い欧米では役員の報酬水準が高いためだ。日本人の最高額は約30年前から社長をつとめる大日本印刷の北島義俊社長の7億8700万円。7位の双葉電子工業、8位の日本調剤、9位のセガサミーホールディングスはいずれも創業者だ」という。

＊12　「朝日新聞」(2017.9.1) によると、財務省が公表した2016年度の法人企業統計では、企業が得た利益から株主への配当などを差し引いた利益剰余金（金融業、保険業を除く）は前年度よりも約28兆円多い406兆2348億円と、過去最高を更新している。相変わらず内部留保は積み上がっているということである。

＊13　日本のものづくりがいかに土台のしっかりした優れたものであるかについては、外資の技術を利用して発展してきた他のアジア諸国と比較するとよくわかる。この点について関 (1997) は、技術集積の三角形モデルという考え方を提示している。このモデルによると、技術の集積は基盤技術・中間技術・特殊技術の三層から構成されるといい、基盤技術は技術の土台ともいうべきもので相当の期間と忍耐と努力が必要であるという。日本の場合はこの底辺部分の基盤技術を中小企業が担ってきたという。なお、中間技術は基盤技術や特殊技術に入らないもので、ものを作るための技術である生産技術、操作技術、メンテナンス技術をいい、特殊技術はセンサー技術、バイオテクノロジー技術等である。

＊14　輸出企業が日本を牽引しているという印象が不況に入るとさらに先鋭化するのは、輸出企業が苦労して国際競争を勝ち抜いて作り出した富を生産性の低い国内サービス業などが奪ってしまうという考え方が、相応に世間に浸透していたからだと考

えられる。この点について、青木（1995）は日本のシステムを「仕切られた多元主義」とよび、それが可能であったのは輸出の80％を占める機械製造業の高度化によって国際市場から獲得された疑似レントがあったからであり、この疑似レントを内外価格差・税・補助金・参入規制などのメカニズムを通じて後進部門にも広く配分されることで仕切りの維持が可能になったとしている。

＊15　一般国民の間で外資を敵と見なす風潮がどこまで強かったかは疑問だが、政治家に関して言えば与野党を問わなかったと考えられる。例えば、「日本を取り戻す」というのは自民党の専売特許のように思われるがそうでもない。元長野県知事の田中康夫も同じような言葉を使っている。新党日本代表の時、奈良2区に同党公認で立候補する前職の応援のため駆けつけ、「生まれ育って良かったと言える日本を取り戻したい」と支持を訴えたというが、これに関連して田中氏は郵政法案について「（前職は）民営化後に３４０兆円もの資金がどこに行くのかわからないと批判してきた。海外に流れないよう予防策を講じるのが国会議員の責務ではありませんか」と主張している（「朝日新聞」2005.8.29）。また、ハゲタカと言われる外資については具体的な行動レベルに対する批判から米国型の資本主義まで幅広い批判があったのも特徴である。例えば、作家の高杉良氏は「［論点］新生銀株、再上場　外資〝濡れ手で粟〟の収益」と題した寄稿で（「讀賣新聞」2004.2.18）「あす十九日に迫った新生銀行（旧長銀）の株式再上場の売り出し価格は五百二十五円という高値です。この結果、同行の株式時価総額は約七千億円となり、旧長銀を買収した米投資会社のリップルウッド・ホールディングスなど外資系投資ファンドは、35％の株式売却で二千二百億円もの売却益が得られることになります。……リップルウッドなどは、濡（ぬ）れ手で粟（あわ）の投資リターンを得ます。さらに利益を拡大するため、保有株式の早期売却を考えているはずです。このことは、新生銀行の新しい株主にとって、強烈な株価下げ押し圧力になります。〝ハゲタカファンド〟の売り逃げによって、個人投資家がババをつかまされるのではないか、と私は懸念しています。……」と述べている。それに対して、利益だけを求める外資の行動を含めて米国型の資本主義に対する批判もある。「週刊朝日」（2012.8.17）において、京都大学教授・藤井聡氏は「日本がここまでダメになったのは、アメリカ的な資本主義、新自由主義といったものへの「コンプライアンス」にあります。コンプライアンスは、法令遵守と訳されますが、そもそもは、服従する、こびへつらうといった意味です。幕末の黒船襲来、太平洋戦争の敗戦と流れはありましたが、国内の慣習や文化が免疫となって、かろうじて守られてきた日本的な社会が崩壊してしまったのです。引き金になったのが、89年からの日米構造協議です。その後、90年代後半、橋本首相の行財政改革で

より過激にアメリカ的な考えが入ってくるようになり、決定打が２０００年代の小泉首相・竹中経財相の構造改革。新自由主義の名のもとに、商慣習や業界協定などの規制がどんどん撤廃されて、市場競争が激化しました。市場は金がものをいう世界。金持ちが正義になる空間ですから、市場を規制するというのは、いわば金持ちを規制するということです。規制とは多くの弱者を守るために設置されてきたものなのです。それらが撤廃された結果、多くの人が不幸になった。先般の高速ツアーバス事故は典型です。新自由主義を進めていっても景気は絶対によくなりません。いま景気が悪い理由は、企業の生産性が低いからではない。失業している人、生活が苦しい人が多いからです。需要が縮小し、ものが売れない。この状況下で、競争して成功するには、さらに人件費を下げ、雇用も削らなければいけない。だから、大企業が構造改革をして生産性を高めていくと、失業者が増えて、給料が減るのです。需要が拡大しているときには新たに市場も拡大していきますから、競争してもいい。競争で敗れてもまた別の仕事ができますから。経済成長しているときには、社会全体がセーフティーネットになるわけですね」と述べている。

＊16　もの作りや技術にいかに日本人の多くが誇りや関心を持っているかは、マスコミがたびたび技術流出や技術を持った人材の流出を記事にしていることでよくわかる。また、技術が流出することに日本人が焦燥感や怒りのようなものを感じだしていることも記事の中身から推測される。例えば、デジタル分野で日本企業を追い抜きはじめた韓国企業の動向に関して「朝日新聞」(2004.4.16) は、韓国メーカーの成長に対して日本メーカーは技術を出し過ぎたと反省しているとしながら、「フラッシュメモリーは、東芝が記憶容量がとくに大きいＮＡＮＤ型の基本特許を持っている。サムスンは92年に東芝と技術契約を結び、ＮＡＮＤ型を造り始めた。サムスンはこの契約を足がかりに、03年には回路の線幅が70ナノメートル（ナノは10億分の１）の超微細加工技術を使った4ギガビットの大容量フラッシュメモリーを世界で初めて開発した。世界シェアで首位に立つ。東芝は特許料収入を得ているものの、メーカーとしては3位に甘んじている。液晶パネルで国内トップのシャープも「これまで日本勢は技術の流出に気前が良すぎた」（広報担当者）と反省する。00年ごろ、日本製の液晶パネル製造装置が韓国メーカーに購入され、製造ノウハウが流出したため、今は製造装置の調整を、納入メーカーに依頼せず自社で実施するようにしている、という。液晶パネルと同様、薄型大画面テレビに使われるプラズマ・ディスプレー・パネル（ＰＤＰ）。富士通は今月、ＰＤＰ関連の特許を無断で使用されたとして、サムスンＳＤＩを日米で提訴した」と報じている。

＊17　グローバルスタンダードに合わせて日本経済や企業を変えていくべきなのか、それとも、外資を排除すべきなのかで揺れ動

いていたのは国民だけではない。政治家もまたどちらの側につくべきなのかが不明確だった。それは堀江貴文氏が率いるライブドアが外資から資金調達をしてニッポン放送株を取得した時の自民党の反応からもわかる。「朝日新聞」（2005.3.1）によると、この時、自民党内で外資批判が噴出している。郵政民営化反対派の中には「郵政3事業も民営化したら外資に買収されるだけだ」と、小泉首相や竹中郵政民営化担当相に矛先を向ける向きもある中、「メディアの買収には問題があるが、外資や企業買収そのものが悪いわけではない」（幹部）との声はかき消されがちだと同紙は報じている。

引き続き同紙を引用すると「ライブドアによる株取得が明らかになった直後から、自民党内では「報道は社会の公器。市場原理でゆがめられるなら好ましくない」（武部勤幹事長）、「金さえあれば何でもできるという風潮はよくない」（久間章生総務会長）といった批判が相次いでいた」という。「竹中（郵政民営化担当相）は郵政3事業を細切れにして、アメリカのヘッジファンドに売り渡す腹だ」と亀井派幹部は周辺に語り、旧橋本派の閣僚経験者も「このまま民営化したら、外資にやられるだけだ」と発言したという。

*18

自民党の外資批判は98年に破綻した日本長期信用銀行が米国企業を中心とする外資連合に買収された時にも盛り上がったという。急先鋒の一人だった亀井静香元政調会長は03年の総裁選に立候補した時の討論会でも、小泉首相に対して「日本人の資産が外国資本のハゲタカの手に落ちているだけだ」と発言してやり合ったという。その一方で、外資については冷静な声もある。例えば、武部幹事長は記者会見で、外資の間接支配への規制は必要との考えを示しながらも、「開かれた市場経済は小泉改革の一つの路線。国際社会の常識でもある」と発言しているし、与謝野馨政調会長も、電気通信分野などでの外資規制は認めつつ「資本が自由化され、日本も諸外国の市場で株や不動産を買っている。相身互いの関係だ」と語り、冷静な議論を促したという。

*19

ハゲタカ外資の手先としてマスコミなどを通じて最も激しく攻撃されてきたのは竹中平蔵氏だろう。例えば、ライブドアがニッポン放送を買収しようとしたことを論じる記事の中で、郵政民営化反対の急先鋒、荒井広幸参院議員（自民党）は「郵貯・簡保だけでなく、地銀や農協まで外資に食われる危険性をはらんでいる。外資の危うさが浮き彫りになったという点では、よい時期に重なったと思う。竹中さんも堀江さんも外資の操り人形です」と語っている（『アエラ』2005.3.7）。

もともと官僚の個人名があがることは稀だが、この時期は政策形成過程を詳細に語る記事などでも特定の官僚名が経済政策との関連であがることは少なかった一方で、特定の主義主張を行うエコノミストが注目されることが多かった。「朝日新聞」（2002.2.5）によると、不良債権問題などで活発に発言する金融コンサルタントの木村剛氏が『論座』３月号（５日発売）に、人気エコノミストで報道番組のコメンテーターでもおなじみの森永卓郎氏（44）への批判を寄せたという。「ハゲタカ・ファンド」の共謀者であるかのように木村氏を名指ししてきた森永氏に正面から反論した形だ。二人がどのような論戦を繰り広げてきたかについては「現在のデフレ不況を打開するためにはインフレターゲティング政策が有効と、森永氏は主張してきた。これは、インフレ目標を定めて日銀が資金を潤沢に回せば、インフレになるという期待が生まれ、消費や企業の設備投資が回復するという考え方。しかし、この政策は昨年８月、いったん小泉首相に否定されたという。森永氏はその原因を、この政策を否定している木村氏が小泉政権への影響を強めてきたためと、著書『日本経済「暗黙」の共謀者』で断じた」とするだけでなく、「「流通、建設、不動産という特定業種で膨大な過剰債務を抱える大手30社」の不良債権処理断行が必要というのが「木村プラン」だとし、それは、不良債権を安く買いたたいてもうける、米国のいわゆる「ハゲタカ・ファンド」の意向をくんでいると批判する」のに対して、「木村氏は「論座」への寄稿で、まず森永氏のインフレターゲティング論は、インフレをコントロールするという点で実現の可能性を欠いており、「経済政策」ではなく「経済評論」だとしている。また、不良債権を銀行がきちんと財務処理することは、「必要条件かつ義務であって、日本経済が復活する十分条件ではない」とし、木村氏の主張を「ハゲタカ・ファンド」と結びつけて危機感をあおるような森永氏の批判は、事実誤認に基づく「妄想の産物」と逆に批判している」という。

＊20　ここでは、官僚のスタンスが曖昧だった一例として産業再生や企業再生の事例をみてみることにする。「朝日新聞」（2006.8.17）は「産業再生機構による栃木県の鬼怒川、日光の温泉街の再生事業が、旅館同士の競争をゆがめている。機構がここ３年、支援してきたのは９旅館。それと別の５旅館がこれまでに倒産した」という記事を掲載している。なお、再生機構構想は02年秋、不良債権の抜本処理で倒産が多発したときの「安全網」として浮上したもので、竹中金融相（当時）による強硬路線が一歩間違えば経済危機を招きかねないと懸念した財務省が提唱して出来た組織である。「ハゲタカファンド」と呼ばれる米欧投資会社が次々と破綻《はたん》企業を買収したことに批判的だった政界も対抗勢力にと期待したという。
　ただ、同紙によると、再生機構は「詳細な設計図はなかった。準備段階では「どうせやるならゼネコンや商社、電機メーカーの再編の行司役をやらせたらどうか」という大胆な案もあった。発足する段階になっても機構にどんな役割を担わせるのか、政府内の共通認識はなかった」という。そうやって出発した再生機構はカネボウ再生などを手がけるが、「経済産

業省は機構の責任官庁の一つだが、「過剰な民間介入」と機構批判を強めた。経産省と機構が最も激しく対立したのがダイエー問題だ。ダイエーは独自に複数の民間企業と提携交渉を進めており、機構支援を拒んでいた。そのダイエーも04年12月、大手銀行が応援についた機構に対して支援を仰がざるを得なくなった」という。経産省内にも外資や企業再生に対して様々な考え方があることに加えて、財務省と経産省の対立が根深いことをよく示している記事だと考えられる。このことからも官僚の外資や企業の在り方に対するスタンスがいかに曖昧で複雑だったかがわかる。

＊21

外資が日本企業を安く買い叩くといった声や、外資の背後に米国の行動があるといったことを世論などが冷静に考え出すのは相応の時間が経過してからである。実際問題として、様々な要素があるとはいえ小さな政府路線を進めた小泉内閣は強く支持されたし、日本の構造改革の背後に米国の影があるのではないかということを公表された資料から導き出した関岡英之氏の著作（『拒否できない日本』（２００４年）『奪われる日本』（２００６年）が読まれるようになったのも時間がそれなりに経過している。例えば、「朝日新聞」も下記のような記事を掲載しているが、やはり掲載されているのは２００６年７月７日であり、それなりに時間は経過している。

同紙は「6月29日、ワシントンでのブッシュ大統領と小泉首相の会談は「歴史上、最も成熟した2国間関係」と共同文書でうたい、5年間の蜜月ぶりを示した。会談ではもう一つの文書が公表された。「日米規制改革及び競争政策イニシアチブ・第5回報告書」。日米が互いに規制緩和を求めた協議の成果をまとめたものだ。郵政民営化、特殊法人改革、司法制度改革、新会社法……。「日本側措置」と書かれたページには米国の対日要求で実現した事項が並んでいる」と書き出した上で、60～80年代にかけては繊維、鉄鋼、自動車、半導体などの対米輸出が貿易摩擦の火種となり、日本はその都度、輸出自主規制で対応したが、それでも貿易不均衡は変わらず、米財務省は89年、日本の大蔵省（現財務省）に「日本の市場開放のため、輸入を妨げている構造問題を協議しよう」と持ちかける形で始まったのが日米構造協議であると解説する。

同紙によると、「日米双方がお互いに規制緩和を求める「年次改革要望書」は相互主義だが、米国からの要望項目の方が多いし、中身も具体的で細かい。ここに載った郵政民営化、不良債権処理の加速、公正取引委員会の強化などのメニューは、市場主義を掲げる小泉構造改革の内容と重なる。ただ、90年代と様変わりなのは、かつて製品ごとの輸入目標やシェア目標の設定まで求めてきた米国の高圧的な姿が今は見えないことだ」という。この点について、同紙は「竹中総務相や規制改革・民間開放推進会議議長の宮内義彦氏など、米国流の市場経済を志向する人が政策チームに入り、米国が強硬に要求するまでもなくなった」という識者の分析を紹介するとともに、「小泉政権で「経済政策の司令塔」と言ってもいいほどの役割を果たしてきた竹中総務相には、幅広い米国人脈がある。米ハーバード大留学時代に培ったものだ。02年秋、竹中氏が金融相となり、大胆な不良債権処理策を進めようとして自民党内から激しい批判を浴びた時、「米国は竹中氏を支持する」と助け舟を出したのは竹中氏が旧知のハバード米大統領経済諮問委員会委員長（当時）だった。郵政民営化の制度設計を進めていたころ、郵政民営化準備室の幹部らは、米国の財務省、通商代表部、駐日公使ら政府関係者や米民間人らと頻繁に会った。野党議員から「米国のいいなりの郵政民営化ではないか」と批判された竹中氏は「おとぎ話のような批判だ」と反論した」という。

＊22

　他方で、同紙は「構造協議以来、日本政府は米国の要求の多くをのんだ。ただそれが圧力に屈したとばかりは言えない。要求内容には日本の消費者の要望を巧みに取り込んだものが少なくなかったからだ。大店法の見直しもその一つ。米国が「市場参入障壁の象徴」と撤廃を求めてきた背景には、米大手玩具チェーンのトイザラスの対日進出があった。ただ、安くて豊富な品ぞろえの大型店が地元にできることを歓迎する消費者の声があったのも事実だ。大店法は92年から段階的に緩和され、00年に廃止された」として、米国からの一方的な要求に基づくだけでは説明がつかないことも報じている。

バブル経済崩壊後の不況の中で、経産省を中心とした日本政府が企業を保護するような政策をとってきたのか、それとも自由競争の中で自然淘汰されるに任せるような政策をとってきたのかは一概に言うことは難しい。小泉内閣を中心に新自由主義の政策を中心にしてきたという見方ができる一方で、相変わらず公共事業を中心とした景気対策を継続していることや、日本人の雇用の確保という切実な問題が背景にあったとはいえ、リーマンショック後のエコ補助金や雇用調整助成金の取扱いに代表されるように企業を保護しようとしてきたことも事実である。

　ただ、過剰債務に陥る企業を外資から保護したり、日米構造協議で米国の要求に反発したりという姿は目立たなかったし、自由競争を国是のようにしてきた米国でさえトランプ政権の誕生で保護主義に転換したのに対して、日本はＴＰＰに積極的な姿勢を示し、今現在も自由貿易の旗を掲げている。以下では、外資に対する代表的な対応を二つあげてみることにする。

　まずは、巨大スーパーのダイエーを巡る動きについてである。『アエラ』（2004.10.25）は「ダイエー恥部と経産省大罪　産業再生機構恐れた本当の理由」と題して、ダイエー再生を巡って経産省がどのように立ち回ったのかを詳述している。以下では、同誌の記事をそのまま引用することにする。

「A4判の紙一枚に「図」が書かれている。政府関係者がおもむろに取り出したのは、経済産業省が実現にむけて奔走したダイエーの「幻」の支援策だった。中心に、米投資ファンドのリップルウッドが「引き受け手」として一回り大きな文字で登場する。そして、総合スーパー部門を世界最大の小売りチェーン、ウォルマートが買収する。横には小さくアドバイザーにゴールドマン・サックス証券の名が書かれている。食品スーパーは、丸紅とマルエツが買う。売却可能な不動産はモルガン・スタンレーに売る。買収資金の出し手として、ドイツ証券やJPモルガン、サーベラスが書かれている。

「経産省は、あれだけ再生機構を『ハゲタカ』視していたのに。これはまるでハゲタカがダイエーを食い漁るような解体案ですな」政府関係者はそう揶揄する。

ダイエー再建劇は二つの流れが絡み合い、主導権争いが繰り返された。ひとつが「産業再生機構の活用」。竹中平蔵金融相（当時）の周辺で早くから検討されていた。ダイエーは日本の不良債権問題の象徴だ。金融庁は不良債権処理が遅れていたUFJを検査で追い込み、大口融資先であるダイエーを抜本処理しても耐えられるよう、UFJに引当金を積み増しさせてきた。先送りを続けてきた三井住友、みずほコーポレート両行も、金融庁の本気ぶりを知って再生機構活用になびいた。再生機構の支援の下、債権放棄すれば残りの融資は「正常債権」として見なされる。すでに「備え」ができた銀行側にとっては、メリットの大きい枠組みだ。

一方、ダイエーは「民間の力を借りた再生」を主張した。銀行に約4000億円を債権放棄させ、丸紅など取引関係の深い業者に支援を要請し、再生を図ろうとした。作戦本部は経産省。経済産業政策局や大臣官房の官僚たちが立案、最終的に先の「支援策」に辿り着く。ダイエーはこの案を「自主再建」と呼んだ。

経産省がひそかに用意していたシナリオは、ダイエー処理を12月まで引き延ばし、年の瀬が迫った時期に「この構想をのまなければ法的整理しかない」とダイエー高木邦夫社長に記者会見で言わせ、外資などに売り渡すというものだった。

なぜ経産省は、国民に抵抗感のある外資売り渡しを画策し、ダイエーがそれに同調したのか。

「再生機構に持ち込まれると、経産省の及ばないところで処理が始まる。官民一体で伏せてきたダイエーの暗部にメスが入ることを恐れたのではないか」関係者はそう指摘する。

「カネボウの二の舞い」という言葉が、経産省とダイエーの間で頻繁に交わされた。かつての名門企業カネボウは再生機構に持ち込まれた後、化粧品、繊維、染料など事業ごとに細分化され、リストラや切り売りに晒された。個々の事業は再生し、職場を確保できた従業員もいるが、カネボウへの郷愁を感じる人たちには我慢がならない「処理」に思える。

さらに、社内に「経営浄化調査委員会」が設けられた。再生機構が厳格な査定で洗い直したところ不法行為や粉飾決算が疑われる事例が見つかった。委員会に検察ＯＢが加わり、責任追及が始まろうとしている。……」。

もう一つはシャープ再生を巡る記事である。ダイエーから相当時間が経過していることもあるのか、官僚の対応も相当変化しているように考えられる。「朝日新聞」(2016.5.3) は、「シャープ再建劇を、欧米メディアは「外資による買収」への開放度という視点から見ていた。買収の受け止め方は、業種や買収企業の国籍によって異なるかもしれない。

米国で安全保障上の理由から中国企業による半導体関連企業の買収が認められないケースがあった。日本では電子・電機をはじめほとんどの産業が原則として外資に開放されている。シャープについて「台湾企業の傘下入りを余儀なくされ」と悔しさをにじませる報道もあったが、競争力の現実と資本の論理を前に淡々と受け入れられ、開放性が確認されたようだ。

「経営の独立性」「一体性の維持」「技術流出の防止」「雇用維持」「ブランド価値の維持向上」。シャープはこの5点について鴻海（ホンハイ）の理解と約束を得ていると発表した。「独立性」「一体性」の主張は、関係者の立場からみれば分からなくもないが、経営権の入手を目指すはずの買収や出資と「独立性」が両立するのか。また、欧米に比べて日本企業は事業の選択と集中・入れ替えが遅れがちだ。「一体性」に課題がある場合も多い。シャープの場合も経営や事業構成が妥当であったかは疑問だ。

「技術流出」もあいまいだ。国外への流出が問題なのか。しかし、日本では原則として技術の流出入は自由だ。シャープからの流出が問題なのであれば、そもそも事業の売却や購入は進まない。鴻海が五つの点に理解を示したのは、シャープ経営陣や日本の世論を意識した妥協であったかもしれない。企業再建をめぐり情緒的に用いられる「外資による買収」「経営の独立性」「一体性」「技術流出」などの言葉。シャープ再建劇はその明確化を迫るものでもあった」と報じている。

また、日本の経済官庁やエリート官僚制が変わりゆく製造業や新たに芽生えつつある新産業の発展に全く無力だったかといえば、そのようなことはないのだが、これもマスコミなどではほとんど取り上げられなかった。例えば、村上 (2016) は、行政資源の制約と行政需要・責任追及の高まりというジレンマの中で規制の在り方も大きく変化しており、役割や裁量は形を変えながら適応していることを三つの事例から描いているが、この種の学術研究がマスコミで取り上げられることはほとんどなく、原発問題で規制の罠という言葉がしばしば連呼されるように行政の規制は機能していないと思われているのが一般的である。

＊23 『アエラ』（2013.7.10）は、左翼や市民団体を軽蔑したり、国際社会を敵視する官僚の事例を三つ取り上げている。この三つを取り上げた趣旨は民主党政権から自公政権に変わって変化した官僚の態度ということだが、取り上げている事例から考えるとそれよりもむしろ、右傾化しつつある官僚像の方がわかりやすい。

終章　分裂する官僚

第五章から第七章までの議論を今一度整理しておくと、バブル経済崩壊後から今現在に到るまでの長期間を見ると、内政への関心が強くなるのと符合して官僚バッシングが続いたが、外交問題に注目が集まるようになり、第二次安倍内閣の誕生で景気も緩やかながら回復に向かうことで官僚バッシングは沈静化していった。ただし、外交問題に注目が集まる中で右傾化が進んだといわれ、かつて以上に国力のようなものが強調されたにもかかわらず、官僚がかつてのようなエリートの地位を取り戻したような観はない。

最終章では、社会や国民が官僚をどう捉えているのかについて、これまでの各章の分析を踏まえて以下の枠組みで分析を行うこととしたい。

まず、官僚に限らず日本社会はエリートの存在を認めようとしているかどうかである。それぞれの国の歴史や文化によってエリートの存在を忌避する国もあれば、官民を問わずエリートの存在を積極的に認める国もある。その上で、日本は相変わらず、官僚をエリートとして国の中心に位置づけようとしているかどうかを考えてみる。かつては官僚出身の総理大臣も多かったし、退職後に経済界に天下ってから活躍する者も多かったが、昨今はそういう事例をそれほどみない。これは相変わらずENA出身のエリート官僚が社会の中心に位置するフランスとは対照的である。言うまでもないが、2017年の大統領選挙で史上最年少の若さで当選したマクロン大統領はENA出身のエリート官僚である。

二番目に、日本社会はフランスと同じレベルで官僚を社会の中心的なエリートに位置づける気がないとして、政治との関係で官僚をどう捉えているかを分析する。官僚は政財官を渡り歩くことのできる万能エリートだが、普段の仕事から考えても政治エリートとしての比重が圧倒的に高い。

三番目はエリートを抱えておくことのコストをどう捉えているかである。キャリア官僚制度の場合、雇用や人事を中心的に特権的な扱いがなされているが、それは人件費などの形で（微々たるものであるとはいえ）国民の負担にもなる。その一方で、キャリア官僚制度を維持するがゆえに官僚にはエリートしての誇りが芽生え、それが献身的な労働につながるのだとすれば国民にとって利益もある。日本社会は果たしてエリート官僚をコストという観点からどう捉えているのだろうか。

この三点からの分析を総合した上で、日本社会は官僚を依然としてエリートとして捉えているのかを検証してみる。あらかじめ結論を述べておけば、日本社会はエリートについてはっきりした考えを持っていない。エリートをサポートするという考えなどない一方で、これを徹底的に否定するわけでもない。かつてに比べればエリート観の混沌さが一層強まっている。

そういう状況であるにもかかわらず、東京大学法学部を卒業した学生が官僚という職業を依然として選び続けているということが状況をさらに複雑化させている。これまで考察してきたようにもはや官僚を集団として優遇することは難しくなっていて、官僚であることの実益は少なくなっている。先述したように、同じ官庁に入省したキャリア官僚の同期入省者十数人でさえ利害の共有を許されなくなっているし、人事権を手にした政治に分断される可能性が強くなっていて、難関な試験を突破したという名誉だけを共有する集団に近づいているのが実態である。

そんなこともあるのか、官僚の職場の在り方や社会に対する反応にも変化が見られつつある。かつてのようにエリートとしての地位に揺るぎはないという余裕はもはや感じられないし、エリートであるがゆえに無定限無定量で働くという態度にも変化が生じている。やや強引な解釈かもしれないが、外資や弁護士などのプロフェッショナルも有望な職業と言えなくなっている中で仕方なく先輩と同じ道を歩んでいるが、もはやかつてのような栄華は期待しない一方で、社会や経済の多くのことに責任を負うような立場に立ちたくはないという思いも強まっている。

もはや誇り高きエリートとして自己犠牲を払う意識が低くなっているということだが、その一方で、社会は漠然とした思いしかないにもかかわらず、何か不祥事などが起きると「エリートは傲慢だ」とバッシングまがいの厳しい批判を向けたり、エリートがどういう解決策を示したりするのかに期待する。

官僚と国民、両者の思惑がかつてない以上にずれはじめている。この状態が進めば進むほど、社会とエリートの軋轢が増していく可能性が高く、その行き着く先は不透明感に満ちている。以下ではこの分析枠組みにそって考察を進めてみることにしよう。

第一節　日本社会はエリートを必要としているのだろうか

まず、日本社会はエリートの存在を許容しているのだろうか。これについては管見の及ぶ限り、公的な世論調査などは存在しないためデータで証明することはできないが、以下の三点の理由から、エリートの存在については許容度が高いと考えられる。

まず、欧米諸国に追いつき追い越せの後発国家として発展する過程で、東京大学出身者を中心とした官僚機構をエンジンの中核にしてきた歴史が厳然とあることである。マーケットメカニズムに多くが委ねられるようになった現在でさえ、不況などに陥ると政府に依存する傾向があるところをみると、官僚機構が経済や社会を引っ張るという意識が完全に消え去ったとは考えられない。これは米国のように反知性主義の文化が根強いところと比較すると対照的である。

二つ目は、ペーパーテストに基づく序列意識の強さである。ペーパーテスト中心の受験制度の弊害はこれまで度々指摘されてきたが、基本的な制度は何にも変わっていない。また、ペーパーテストに基づく大学の序列にも全く変化がない。大学改革などでランキングが急上昇するような大学（ここ最近では立命館大学、国際教養大学、会津大学、近畿大学など）の事例はあるものの、東京大学を中心とした旧帝国大学を頂点にしたピラミッド型の構造には何ら変化はなく、偏差値で序列づけする基本構造は変わっていないし、この基本構造が就職先などを含めて人生を大きく左右する構造も同じである。

もちろん、過去のいくつかの研究が示しているように日本では学歴と所得が強く結びつかない側面があるし、巨大企業でさえ倒産の可能性があるなど先行き不透明ではある。他方で、東大を頂点とした一流大学に入り、中央官庁や巨大企業に入ることを尊ぶ傾向が強いことは大きく変化していない。例えば、それは毎年行われる企業ランキングに露骨に現れているし、「長期間、同じ会社に勤めたい」という意識が若者に強いことにも現れている。安定して務めたいのであれば公務員か大企業が望ましいし、そこに入るためにはランキングの上位に位置する大学に入ることが有利だからである。

三つ目は、バブル経済崩壊後に格差が拡大したにもかかわらず、所得再配分で積極的に格差を埋めるべきだという方向に日本社会は進むことはなかったどころか、自力で富裕層になる人間に対する賞賛が強くなったり、官僚だけでなく外資系企業で高額報酬を得るビジネスマンなどをエリートとしてもてはやす傾向が強くなったことである。次の図表は「エリート」という言葉が使われている書籍や雑誌の件数を調査したものである。これをみればわかるように、バブル経済崩壊以降の方が不思議なことにエリートという言葉がもてはやされている。もちろん、エリートの中身を詳細にみると「外資系勤務のエリートビジネスマン」を扱ったものが多く、バッシングの渦中にいた官僚がエリートの中心に位置づけられていたわけではないが、日本社会がエリートという言葉に対して嫌悪感どころか好意さえ抱いていると推定するには十分だと思われる。

図表　「エリート」という言葉が使われている書籍件数の推移

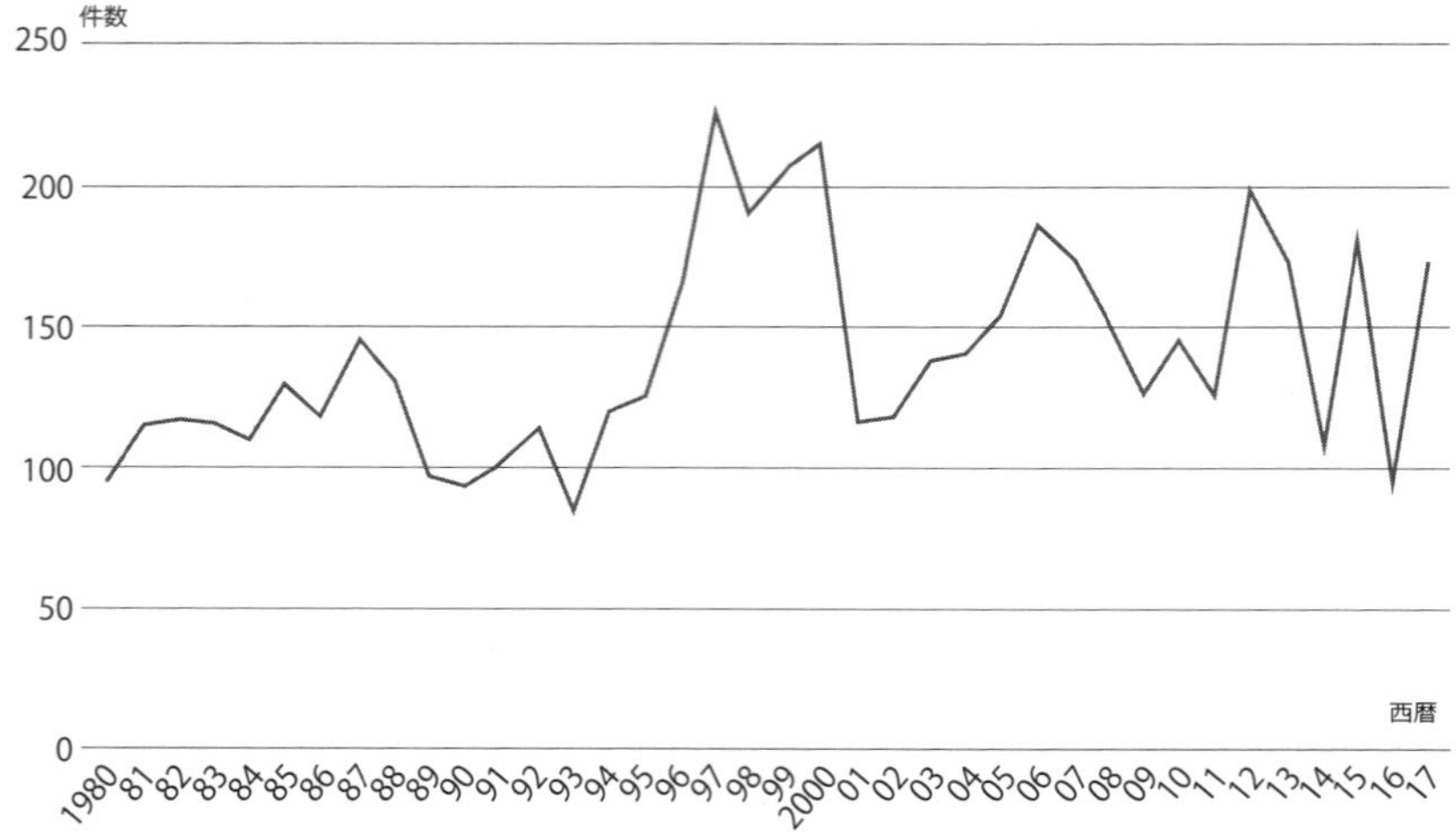

注）国立国会図書館の検索システムで「エリート」という用語で検索した時にヒットした書籍・雑誌記事等の総件数は7,159である。なお、この数値は期間を設定していないものであり、検索日は2018年1月30日である。

これらのことをすべて考慮するとどういう結論を下すことができるだろうか。1980年代までのように官僚を日本の中心と位置づけるエリートと見なしているだろうか。官僚がエリートの中心に位置する証の一つは政治や経済への転出を含めて政財官の中心に位置してきたということであるが、そういう考えは今も日本にあるだろうか。

「政治は三流だが官僚は一流である」といって政治よりも官僚をむしろ信頼して、政治の機能を官僚に委ねたり、官僚出身者ということで何かと優遇されて総理大臣へのアクセスが容易になるといったようなことを国民は望んでいるかと言えば、これまで行われた数々の政治行財政改革の動きからみてあり得ないことは言うまでもない。

これは経済界の中心に官僚を置くということについても同様である。グローバル化やIT化が進む中で日本経済は翻弄されてきたことや、長期不況への処方箋として規制緩和を進めてきたこと、経済界への天下りが減ったこと、官僚にビジネスなどわかるわけがないという論調が強まったことなど様々なことから考えて、経済界の中心に官僚を置くという発想などもはや微塵もないと考えられる。

その意味では、相も変わらず、ＥＮＡ出身の官僚が大統領になったり、経済界の重鎮を占めたりするフランスとは全く状況が異なっており、官僚を社会の中心に位置づけて扱うという発想はもはやないと言える。

政治との関係に限って話を進めれば、もはや官僚主導体制というものは誰も望んではいない。官邸主導と言われる第二次（以降）安倍内閣がこれだけ長期間続いていることからも世論の考えは明らかである。それでは、官僚に何の役割も期待しなくなったのかと言えば、そうとも言い切れない。民主党政権時に政官関係がギクシャクして社会に混乱が生じたなどの経験から、社会は官僚が重要な役割を果たしていることについて実感を得たとも考えられ、今現在はかつてのように徒らにバッシングするだけでは何のプラスにもならないという考えが多少芽生えていると思われる。

それでは、社会は官僚にどういう役割を期待しているのだろうか。政官のきちんとした役割分担を国民は望んでいるという前提で考えれば以下の五つが考えられる。

まず、政治が最終的には決定するものだとして、政治が決定するための政策に関連した情報や政策案をきちんと提示することである。官僚主導体制が批判された時には、官僚が政治家に選択肢を示すことなく、すべてを一方的に決める、もしくは、官庁が望んだ方向に決定せざるを得ないように追い込むことが問題となったが、官僚の本来の役割は複数の政策案の提示である。官僚の優れた頭脳をそこに使ってほしいと考えている。

二つ目は、公務員の人件費の高さやコスト意識の低さ、無駄遣いなどに対する批判からわかるように、「効率的に」仕事を執行することである。元来、行政の最も基本的な役割は政治が決めたことを効率的に執行することにあるが、それについての期待は相変わらず高いし、日本の官僚は優秀であるという思いもどこかに残存していると考えられる。[1] 効率的に仕事をやるという概念は幅広く、行政に対する様々な要求が含まれる。最小時間で最大効果を得ることができるような仕事、質の高い行政サービスの提供もあるが、官僚批判の中で最も関連が強いのは中央官庁のセクショナリズムだと考えられる。幼稚園と保育園に絡んだ文科省と厚労省の対立が待機児童を生み出しているという批判が典型である。

三つ目は、公正中立さである。どこの国でも行政に公正中立さを求めることは同じだが、官僚主導体制と言われた我が国ではこの概念はやや複雑に解釈されてきた。行政の公正中立さの基本は政治、財界（業界）、様々な圧力団体からの働きかけに屈することなく、決められたルールに乗っ取り厳格に仕事を行うことだが、かつては個々の官庁が決めた政策目標にそって仕事をすることが公正中立であり、政治家や国民の要望を無視するということが大きな問題となったし、公正中立の影に官庁や官僚の天下りなどの利権が存在したことも問題となった。政権交代可能な二大政党制が模索された背景には、中央官庁が掲げる公正中立性が問題視されたことがある。

それでは、政治主導体制や政権交代可能な二大政党制の時代における行政の公正中立性とはどういうものなのだろうか。これまでの官僚主導体制のように政治を無視した官僚の独断専行ではない一方で、政治が決めたことは不正なことでもとにかく黙って実行に移すということでもなく、行政の役割に忠実に中立公正に振る舞うというのが最もわかりやすい役割だと考えられる。何が公正中立なのか。公正中立の概念は難しいが、ここでは三つのことをあげておく。

まず、特定政党・政治家などに有利になるようなことは行わないことである。二つ目は政権交代が起きれば政権政党の意向に沿った行政を行うことである。一見すると矛盾するようにも聞こえるが、政権政党の政策の方針が出ればそれに黙って従うのが民主主義である一方で、特定の政党や政治家の口利きなどには断固とした対応を取るというのが最もわかりやすい。例えば、公共事業を削減する方針の政党から公共事業を積極的に行う政党に政権交代した場合、これに従うのが官僚の中立性だとしても、当該政党が特定の公共事業などに介入しようとする場合にはこれを拒否するということである。

自民党一党優位時代が長く続いた時は、官僚主導と言われながらも必ずしも公正中立という観点で強い官僚制が存在したわけではなく、自民党と一体となりながら行政運営がなされていたため、その弊害の方が大きかったと考えられる。族議員の力が強い政策分野などは特にそうだった。[*2] 公正中立の三つ目は国民的にコンセンサスのある政策目標の追求である。政策目標を中央官庁が頑なに追い求めることは民主主義に反するという見方は一般的である。政権交代が起これば政策目標が変化するのは当然だからである。また、公正中立や行政の継続性を語って政策目標を追求していながら、実際にはそこに天下り先の拡大などの省益が絡んでいることから官僚や中央官庁が頑なに政策目標を追求することは否定的に捉えられてきたが、政治の力が官僚を上回りつつあることを考えると、この状況は必ずしも今現在にも当てはまるわけではない。むしろ、変化する世論に合わせて迎合しやすい政治に対するアンチテーゼの意味を含めて、官僚が自分達が信じる政策目標を無私に追求できるかどうかである。

ここでは一つの事例として財務省の「財政再建」「均衡財政」という政策目標を考えてみたい。財務省についてはすでに様々なことが言われており、その力の源泉についても諸説あるが、未だに力を失わない大きな要因の一つは、財務省が時には妥協を重ねながらも「均衡財政」を追求するからである。財政赤字の累積は良くないという考え方に共鳴する勢力がこれに荷担して財務省の力を支えている部分は非常に大きいと考えられる。例えば、税率をあげることに慎重だった民主党政権がなぜ消費増税に傾いたか、第二次安倍内閣になってからも消費税率の引上げを巡って官邸と財務省の水面下の激しい争いが伝えられる中で、財務省が激しい根回しで官邸を追い詰めることなどが報道されることがある（参考までに『選択』2010.7, 2011.2, 2014.10, 2014.12）が、それは財務省のネットワーク力のすごさという側面もさることながら、「財政赤字は良くない」という政策目標が政官財やマスコミ・大学の一部で共有されているからであり、それは国民レベルでも同様だからである。財務省の陰謀といったことがこれだけ喧伝されたり、不祥事などで揺れ動くことがあったとしても、「借金は良くない」という素朴な思いが国民にもあるため、財務省は全面的にではないにしても正義を追求している組織の側面を残しているという印象を保つことができているのだ。[*3] これについては検察や警察も同様である。「巨悪に立ち向かう」という素朴な正義を体現するのが検察や東京地検特捜部であるという思いがどこかにあるからこそ、国民や世論はこれを支持してきたのである。逆に言えば、バブル経済崩壊後は財務省や検察のような正義を体現していると思われてきた官庁でさえ不祥事に見舞われ、国民や世論から批判を浴びるようになっただけでなく、組織内からも大きな批判が上がったことには注意を要する。[*4] その一方で、霞ヶ関が容易に復権を果たすことができないのは、財務省や検察といったごく少数の中央官庁以外は正義を体現していないと思われているからである。

ここでは代表的なものとして社会保障や雇用を担当する厚生労働省を取り上げてみよう。厚生労働省は国民生活に直結する仕事をしているだけに年金不祥事に見られるように批判にさらされやすい反面、社会保障の充実は国民生活を向上させるだけに一定の支持もありそうだが、そういう観点から厚生労働省が国民から支持されていると考えられないのは、厚生労働省が「社会保障の規模を拡大することが正義なのだ」といったわかりやすい政策目標を追求していないからである。財政状況や効率性を考えることは重要だが、本来は頑なに厚労省が社会保障の規模拡大を主張し、それを財務省なりの組織が押さえつけて均衡を保つという構図が国民の前にわかりやすく提示されていれば、国民からの支持もあるはずだが、現実にはそのようになっていない。[*5]

なお、同様の構図は文部科学省にも言える。教育の充実ということを頑なに追求しているのであれば、国民は文部科学省を正義を追求する組織と考える余地は少しかもしれないが生じる可能性がある。しかし、現実の文部科学省はとてもそうなってはおらず、若年者を取り巻く情勢がこれだけ厳しくなっているにもかかわらず、未だに奨学金の充実などが実現されていない。[*6]

これら三つのことを考慮した上で、官僚が公正中立に振る舞っているかどうかを考えた場合、国民の多くは官僚にそこまでの正義感があるとは考えていないし、信念や正義感から個々の官僚が公然と反旗を翻すという事例を目にすることもほとんどない。例えば、在任記録が歴代最長となっている菅官房長官は内閣人事局の発足などで官僚の人事に大きな影響力を与えることができるようになったことから「政治が官僚の人事に介入することにより、官僚が萎縮し、意見を言いにくい傾向を生んでいるのではないか」という質問に対して「……役所の人が萎縮しているというような話がありましたけど、それは自分に自信がないからじゃないでしょうか。私は、課長も含め、幅広く意見は客観的に聞きます。その上で判断します」と答えているが（「朝日新聞」2016.10.21）、ここまで官房長官が堂々と余裕で公的に発言しているところをみても、信念に基づいて自分の意見を正面から述べている官僚など皆無に近いことがわかる。[*7]常に政治が正しい判断をするとは限らないことを考えると、この官僚の姿勢には疑問が残る。実際、第二次安倍内閣の誕生後は、政治に押される官僚に果たして誇りはあるのかという疑問が一般国民からも出ている。[*8]

官僚が果たすべき役割の四つ目は公開性の追求である。情報公開を中心にどれだけ官庁が開かれた体制になっているかも大きな期待を集めている。地方自治体よりも政府の方が情報公開の取組みが遅れていること、「よらしむべししらしむべからず」という言葉に代表されるように、中央官庁や官僚の閉鎖性はこれまでも大きな問題となってきた。確かに、国際比較や制度面での整備などから日本政府の情報公開は遅れているとは言い切れないにしても、一般国民の感情というレベルで言えば、何かにつけて隠し事をしているという意識が強く、それが政府への信頼感の欠如の大きな要因になっていることは否めない。情報公開についてはこれまで官僚主導体制であったこと、かつて薬害エイズ問題で旧厚生省がその存在を否定していた資料などが菅直人厚生大臣（当時）のリーダーシップによって白日の下になったことなどから、官僚が情報を隠すというのが一般的だったが、政治主導の時代が今後も続くとすると政権与党や官邸との関係で、官僚が公正中立に情報公開できるかどうかもより大きな争点となってくるし、この観点から国民の情報公開に対する見方も大きく変ってくると考えられる。官僚がより国民に身近な存在になるためにも積極的に情報を公開していくという姿勢は欠かせないものになっている。そういう観点から言えば、２０１７年に起こった森友学園問題において、なぜ森友学園が取得した土地から8億円が引かれたのかに関する経緯について、財務省が情報の開示を拒み続けたことのマイナスは計り知れないものがある。

五つ目に、第二次安倍内閣になってから顕著だが、大きな権限を得て憲法改正まで視野に入れた自民党を中心とした与党政治家を牽制するような対抗エリートとしての役割である。第二次安倍内閣が安定した支持率を背景にして長期政権を視野にいれるようになって以来、一部のマスコミの特徴として、強すぎる官邸への牽制力として官僚や元官僚、あるいは、司法部門を持ち上げようとする傾向があるが、国民や世論はどう考えているのだろうか。*9

これに関連した統計は存在しないが、少なくとも2０１7年に森友学園や加計学園の問題が大きくクローズアップされる前までは、第二次安倍内閣が長期政権になることに否定的な意見がそれほど強くなかったことから考えると、官僚に牽制力としての役割を期待していないことは明らかだと考えられる。自民党は２０１７年3月5日の党大会で、総裁任期の「連続2期6年まで」から「連続3期9年まで」への延長を決めたが、これによって安倍首相は２０１８年9月に2期目の任期満了を迎えた後も総裁を続けることが可能になる。このことについて、毎日新聞が２０１７年3月11・12両日に実施した全国世論調査によると、安倍晋三首相が自民党総裁を3期目も「続けた方がよい」との回答は45％、「代わった方がよい」は41％と拮抗《きっこう》したという。少し詳細にみると、自民支持層では「続けた方がよい」が73％に上っているのに対して、「代わった方がよい」は、「支持政党はない」と答えた無党派層や民進、共産支持層などに多い。

また、安倍内閣が保守政権で安全保障関連などの動きで右派政権であることをはっきりさせていることについて、官僚を含めてリベラル派を結集させてこれに対抗するという動きも世論の支持を得ているわけではない。

例えば、『アエラ』（2013.12.16）は、官僚も怯える「暗黒時代」と題して、特定秘密保護法の成立を憂える論述を展開する中で、小泉政権時代に防衛庁官房長などを務めた柳澤協二氏の「秘密保護法や集団的自衛権をなぜ今やるべきなのかについて具体的な説明がなく、イデオロギーに基づく政治を進めるのは非常に危うい」などの発言とともに、情報をリークする側の官僚も危ないと感じているとして「情報漏洩を防ぐなら、それに特化した法律にすべきでした。マスコミを牽制する効果もあるでしょうが、官僚の萎縮効果の方が大きい。政策を作ったり広めたりすることを考えても、いい効果があるとは到底思えません。暗黒時代の始まりです」という内政官庁の若手官僚の声を紹介している。

特定秘密保護法などに対する懸念は世論にもあるが、果たして、官僚がそれに反対することにどれだけ世間が納得・期待しているだろうか。官僚も特定秘密保護法の犠牲者になり得るとするマスコミ報道の一方で、政治の影に隠れて官僚がこの法律を隠れ蓑にして情報統制を謀るのではないかという報道も根強いこともあって、官僚を右派政権への牽制とみる世論はそれほどないと考えられる。

さらに言えば、これだけ政治主導体制を築いても依然として「官僚が裏で操作している」という論を張りたがるマスコミが存在することも指摘しておかねばならない。実際、これだけ官邸主導が強まっているにもかかわらず、第二次安倍内閣で規制改革が骨抜きにされているとする論調の背後には必ずといっていいほど官僚の抵抗ということを主張する論者がいる。例えば、『選択』（2014.8）では、第二次安倍内閣でも官僚の省益優先の本能は温存されたままであり「官邸主導や政治主導という美名を隠れ蓑に、官僚が実質的な主導権を握っているところに、この政権の限界と脆さがある」と記しているが、この種の記事を読むにつけ、一体どういう状況になれば政治主導が実現したと言えるのかという疑問を感じるが、いずれにしても、この種の論調が状況に応じて頭をもたげてくることは事実である。

これまでの考察をまとめればどうなるだろうか。国民は政官の役割分担を踏まえた上で官僚に一定の役割を期待していることは確かだが、エリートとして扱うべきかどうかにははっきりしないところがある。表現を変えれば、エリート公務員制度を維持することのコストとベネフィットの関係が見えにくくなっているのである。キャリア官僚制度を維持することのコストは表面的にはそれほど大きくない。ノンキャリアの国家公務員よりやや高めの報酬が支払われるにすぎず、公務員全体の人件費の中ではそれほどのものにはならない。また、昇進速度が早いことも一般国民の実害に結びつくとは考えられない。

もちろん、キャリア官僚制度を維持するコストはこんな表面的なことにとどまらない。これまで考察してきたようにキャリア官僚制度が天下りなどの特権と結びついてきたことは言うまでもないし、利権を温存しようとする行動が日本経済全体の不調の一因になったかのようにも言われてきた。

ただ、それらを考慮したとしてもエリート公務員制度を維持することのコストはそれほど高いものだとは考えられない。それにもかかわらず、これまで幾度も公務員制度改革が行われてきたし、今現在も昇進や天下りなどの改革が継続している。これらの動きから判断すると、もはやエリート集団として遇することはできなくなっているというのが実態だと思われるが、このことについて国民から大きな反応はない。識者の中には「エリートとして処遇するべきだ」という意見を述べる者もいるが、世間の反応を気にしているのか、圧倒的少数派であることは間違いないだろう。その意味では、世論はエリート公務員制度を維持するための微々たるコストも支払う気がないというのが実態だと考えられる。

国民がエリート公務員制度を積極的に捉えていないのはコスト面の問題だけではない。コストの高さを上回るようなベネフィットを感じていないことも大きな理由である。ここでは二つあげておく。

まず、官僚が専門知識や知恵で解決できるほど社会問題は単純ではないと考える人が多数派なことである。官僚の多くが東京大学出身であることや難関な国家公務員試験を突破していることなどから知性に対する信頼・敬意はあると思うものの、その知性が有効な政策を生み出す源と同じだと考えている者はおそらく多数派ではないと考えられる。

次に、官僚がどれだけ優秀で国民生活を向上させることに成功したとしても、国民がそれを実感することは難しいことである。霞ヶ関で働く官僚を身近に感じることもなければ、その仕事ぶりを実感できる機会もまずない。この点は世間から同じようにエリートとしての扱いを受ける医師と異なるところである。

なお、官僚が正義を体現しているかどうかを少し違った角度からみると全く違ったものも見えてくる。例えば、これを広く公務員全般に広げて考えると、自らの肉体を酷使して奉仕する警察官や消防官は多少の不祥事があったとしても、これに対する信頼感は大きく揺らいでいない。例えば、えん罪や自白強要がこれだけ報道されても警察ドラマや警察小説の人気が衰えることない。彼らは「官僚（公務員）の正義」を体現していると考えられている。

あるいは、同様の観点から最も大きな変化があったのは自衛官だろう。戦後日本では憲法九条との関連で自衛隊をネガティブな観点から捉えるということが多かったが、自衛隊に対する印象は非常に良くなっている。その背景にはアジアでの安全保障環境の大きな変化や続発する災害での自衛隊の大きな活躍があると考えられるが、第二次安倍内閣になってから防衛省内の制服組の力が増し、背広組中心の文民統制が緩んでいるという問題が生じていること、これまで日陰に隠れてきた制服組の自衛官が存在意義を増していることなどから彼ら自身の意識も大きく変化していると考えられる。制服組と背広組との軋轢や文民統制について元防衛省事務次官の守屋武昌氏は「……旧日本軍経験者が去り、防衛大出身者が増えると、事態は変わりました。特に海自は訪問国の港で海軍として最高級の歓迎を受ける。国内で自衛隊が憲法違反の忌むべき存在だった時期、海自だけはすでに解き放たれていました。なのに帰国すると自分たちの扱いが違う。納得できないし、省内には「内局優位」を口にする文官もいる。それが「法制度に問題あり」となって、政治家と結んで省内における文民統制の仕組みをひっくり返そうと動き始める人が、陸海空の中から現れました」と語っている（「朝日新聞」2016.9.1）。

第二節　はっきりしない国民の官僚像

官僚主導体制などこれまでの政治体制では思い切った決断などができないことから、首相主導体制・官邸主導体制を構築しようとしてきたこと、あるいは、短期間で首相が入れ替わるような事例が続発してきたことなどから考えて、国民や世論も官邸に権力を集中させることを肯定的に捉えていると考えられる。その一方で、政治主導体制が確立されてそれほど時間が経過していないことや、官僚には正義・信念のようなものが存在しないこともあって、官僚を強大化する政治権力の牽制力と捉えるようにはなっていない。

官僚が徹夜仕事を厭わずに働くことはよく知られたところであるが、彼等が国民に見える形で正義を追求しているかと言われると非常にわかりにくいし、数少ない賞賛記事があったとしても、[*10]少し不祥事が起きればすべて吹き飛んでしまうため、官僚が正義を追求しているというのはほとんどの国民にはわからない。その一方で、政権の重要なインフラとして官僚にまだ一定の期待感を持っていることも確かであるが、官僚というエリート集団を維持するためにフランスのように過剰にコストを支払う気があるかといえば、国民にはそのような考えはない。

ただ、「官僚がエリートである」という意識だけは国民に未だに浸透していて、その概念が根本から覆っていることはない。それはことあるごとにマスコミが官僚を選ばれたエリートとして扱うことからもわかるし、日常生活の中で学歴は役立たないなどと言いながらも、東大出身者を過剰に敬う姿勢にもよく現れている。身近なところでいえば、高学歴者が出演するクイズ番組が未だに多いこともそうである。

学歴社会への信奉を考えると、どれだけ不祥事を起こしたとしても官僚への信頼は容易に崩れないということである。また、バブル経済崩壊後、官僚バッシングが起こって官僚の在り方も多様化する中で、様々な世界で活躍する官僚が出現したことは、皮肉にも、官僚はやはり優秀であるという思いを再認識させた可能性がある。これまで官僚の優秀さが疑われてきた一つの要因は、官庁の利権や人脈などのコネクションを使って社会的地位や立場を作っているということだったが、天下りをしなくても、自力で政治や経済、学者の世界に転身して成功を収める官僚が続出すれば、やはり官僚は優秀なのだという思いはより一層強まっていくと考えられる。

これらのことをすべてまとめると、社会の官僚に対する考え方や思いといったものはどう総括できるだろうか。

社会は、官僚を実態のないブランドとして捉えるようになっている。エリートとして敬ってはいるし、根強い学歴信仰を基盤にしているだけに官僚への敬意には盤石なものがある。ただし、これはあくまで学歴エリートとしての側面を基盤にしたものであって、政治エリートとして、官僚に過剰な権限や権力をもたせて重要な役割を担わせようとしたり、特権を与えようという気はない。その意味ではもはや官僚は特権を与えられたエリートではなく、実態のないブランドに近づきつつあると考えられる。[*11] それは何より集団として遇することがもはやないという一事でよくわかる。官僚が日本社会で類い希なエリートであることの証は、これだけ長期間にわたって集団として特別な扱いを受けてきたことにある。政治や経済界のエリートは世間からの敬意を受けることはあったとしてもあくまで個々人ベースであり、エリート集団として扱われることはない。誰も衆議院議員をエリート集団とは言わない。選良という言い方はするが、彼らのバックグラウンドは多様であり同一集団として扱うことは適切ではないからである。集団としてこれだけ長期間にわたって特別扱いを受けてきたのは官僚だけである。

今後はエリートというブランドは依然として残るものの、特権や権限の裏付けのある集団として扱われなくなる傾向が強くなる。その結果、官僚の多様性がさらに強まり、もはや同じ理念・目的意識・利害を共有する集団ではなくなる可能性がより一層高まる。また、多様性が高まることで官僚が持つ社会への認識も大きく変化することから、官僚と社会の間の亀裂が深まることが予想される。

以下では、この三つについて分析することとしたい。まず、実態のないエリートとしてブランドだけがなぜ残存するのかという問題についてである。

官僚の特権を剥奪してもはやエリート集団として扱うことをやめようとしているにもかかわらず、なぜ社会は官僚にブランド的な価値を見いだすのだろうか。それは東大信仰が依然として強いということもあるが、「職業」としての官僚の価値の高さが以前よりもしっかりと官僚自身に根付くようになっているからではないだろうか。

官僚はエリートであり、政治を凌ぐほどの大きな権力を持っていることは漠然とながら多くの国民が知っていたとしても、天下りや財務官僚が若くして税務署長になるなどの特権的で独特な人事・雇用慣行が存在することが世間に明らかになったのは、バブル経済崩壊後である。

ただ、官僚の実態が明らかになったといっても、それは「権力者としての官僚の実態」である。政策形成過程の中で政治家や業界団体を操ったり、マスコミを巧みに操作して情報を操ろうとする。そんな印象が一層深まっただけである。また、官僚になるためには東京大学を中心とした超一流大学を卒業した上で国家公務員試験をパスしなければいけないという条件もあって、多くの国民にとってはワイドショー的に見る対象でしかなかったはずである。

その一方で、バブル経済崩壊後は「職業としての官僚」にスポットが当たる傾向があり、それによってたとえ特権がなかったとしても（身分保障があるというだけでも）「良い職業である」という認識が強くなったと考えられる。特にリーマンショック以降はその傾向が強くなったのではないかと考えられる。また、官僚になる新卒の学生にしても特権の有無にかかわらず、官僚という職業を選ぶ傾向が強くなっており、実態のないブランドとしての官僚という立場を受け入れているとも考えられる。つまり、官僚自身が職業としての有利さに目をつけだしているということである。それはもはや自分自身をエリートと捉えられなくなっている前兆だとも言えるが、皮肉にも、それが官僚をエリートとしての地位にとどまらせているのである。

それでは改めてなぜ「職業としての官僚」にスポットが当たるようになったのか。その理由は格差社会の到来である。以下では、格差社会の到来がなぜ「職業としての官僚」にスポットを当てるようになったのかについて分析してみることにするが、その前に、政治主導や官僚バッシングで辞める者が続出したり、東大生が官僚という職業を忌避するようになったと言われる一方で、リーマンショック後は脚光を浴びた弁護士や金融業界や外資などにも陰りが見られるようになり、結局は東大生が官僚に回帰しているということを再確認しておく。

この点について「朝日新聞」（2016.3.6）が興味深い特集記事を書いている。それによると、東大進学で有名な灘高校から東京大学へ進学する者は相変わらず多いが、進学する学部には大きな変動が生じており、１９８３年と２０１５年を比較すると文系と理科系の比率が逆転していることに加えて文科一類に進学する者の数が三分の一以下に減ったという。これについて同校の教頭は「灘高生が変わったというより、社会の変化が大きい。文系の花形職業がなくなり、安定した将来像を描けなくなった」とこたえている。既存の法学部の人気が低下しているというのも同じ現象である。『アエラ』(2013.2.25)は東京大学法学部を含めて旧帝大の法学部の多くの志望倍率が低下していることなどを指摘しているが、これについて作家の水木楊氏が同記事の中で「官僚の影響力が年々落ちてきた結果、官僚養成機関の性質を持つ東大法の存在意義も失われてきていることに学生が気づいた」と分析している。

文科系の職業全般に大きな夢がなくなった。官僚も法曹界も金融も外資も盤石ではない中で全体的に文科系の職業に人気がなくなっているために、官僚に回帰する学生が増えているということである。

これは統計でも裏付けることができる。前述したように官僚を志望する東大法学部の学生は減少してきたと言われるが、リーマンショック以降をみてみると必ずしも減少しているとは言えないからである。東大新聞や東大新聞のデータを引用している東大塾というサイト(最新の東大入試・受験対策情報を発信する合格応援サイト)でみてみると、官公庁に就職した東大法学部の学生は65人(2011年度)→78人(2012年度)→75人(2013年度)→79人(2014年度)となっており、官僚になる東大生は増加安定傾向にある。

リーマンショック後の不況以降、少なくとも文科系に関してはどの職業にも目立ったアドバンテージがなくなる中で官僚という職業の有利さが再認識されたのである。東京大学出身者が官僚にならなくなったといわれるが、リーマンショック後までを視野に入れると、志望者が必ずしも減少しているわけではない。一時期いわれた外資系企業や金融も大きな変動に見舞われ、弁護士などは司法試験の影響により法曹関係者が増加する中で必ずしも魅力的な職業ではなくなったということもあるのか、官僚という職業を選択する者が必ずしも減っていないからである。

このように東大生が「相対的にましだ」という理由で「職業としての官僚」を選べば、官僚=東大卒の優秀な人間がなる職業というイメージは維持されることになるため、実態のないブランドという立場は維持されるということである。仮にバブル経済崩壊後の一時期のように官僚になる東大生が激減し、そのすべてが民間企業などに進むということになれば、ブランドとしての官僚も崩壊した可能性があるが、東大では相変わらず官僚になる学生が多数派だということであれば、ブランドは維持されうる。

次に、官僚の多様性がさらに強まり、もはや同じ理念・目的意識・利害を共有する集団ではなくなる可能性がより一層高まることに関してである。これまで分析してきたように、官僚の力の源泉の一つは同期入省者を中核にした集団としての結束の強さにあり、それが政治の介入を防いできた部分があった。この点についてはデータで示すことは難しいものの、各省ともに政治家を利用して自らの人事を有利にしようとする者をどこかで遠ざけるような文化や仕組みも存在した。

しかし、天下りなどの利権や同期が横一列で最低でも本省の課長レベルまで昇進できるという慣行などがなくなる一方で、政治が人事権を握る中で昇進競争が激しさを増すようになると、官僚の集団性や一体性の破壊はより促進されるようになる。その結果、今後さらに強まる可能性があるのは官僚の猟官運動である。人事権を政治家が握っていることが明白になれば、官僚は上司の顔色を見るよりも政治家の顔色を見るようになる。日本のように政治家と官僚が接触する頻度が高い場合にはより一層、政治家の影響力が強くなる可能性はきわめて高い。

おそらく、内閣人事局制度が確立されるにしたがって官僚が自律的に人事を行うということは益々難しくなってくる。総理・官房長官・各省大臣の誰がより強い影響力を発揮するのかは、その時々の政権や政治家個々人のパワーバランスに左右されるが、かつてのように事務次官や官僚ＯＢが人事に大きな影響を及ぼすことは難しくなるだろう。それどころか、これまでのような各省ベースの人事が行われなくなる可能性さえある。例えば、時の政権の意向に逆らった場合、事務次官から局長クラスまですべて他省の官僚と差し替えるということも十分あり得るだろう。

こうなってくると、政治家と官僚の関係を「政と官」という対立構造で捉えることが難しくなる。先述したように日本の労働市場は流動性が低く、事務次官や局長クラスは職業公務員が就くことに今後も大きな変化がないとすると、時の政権に反感を覚える官僚がいる一方で、時の政権と友好な関係を築いて昇進を果たす者も出てくるようになるだろう。政治家が望むような仕事をするかどうか、その懐に上手く入っていけるかどうかで局長クラス以上の幹部になれるかどうかが決まるということになってくると、これまでのように学歴ベースの昇進競争の度合いは薄くなるだろう。

有力な政治家と距離が近い者、能力は高くないが政治家にすり寄ることで大抜擢される者が増加する可能性が高い。その一方で、官僚同士の間では評価が高いにもかかわらず政治家に疎んじられて閑職に追いやられるという事例が続出するようになるだろう。

このような状態が進めば、もはや政治に対抗するという意味での官僚という集団は壊滅し、時の政権を支える一部の官僚とその他の一般の官僚という色彩がより一層強くなると考えられる。*12 実際、第二次安倍内閣を支える官邸スタッフなどをみていると、必ずしも政と官で単純に区分けできないことは明白である。総理秘書官や官房副長官、首相補佐官を含めて首相官邸は政官融合体のようになっている。

こうなってくると、国民が思い描く官僚像にも混乱が生じるようになる。例えば、加計学園の獣医学部新設問題で政策プロセスに強引に介入したと報道された和泉洋人首相補佐官は元国土交通省の住宅局長を務めた官僚だし、官邸主導の強引な手法に行政を歪められたと告発した前川元文部科学省事務次官も官僚である。かつてのように政治の強引な手法に対して官僚が一致団結して反乱するという構図にはなっていない。

中立公正さを犠牲にしてでも時の政権に奉仕する官僚と、疑問を感じながらも時の政権に逆らう勇気が持てずに唯々諾々と従ってしまう官僚、中立公正さにこだわり告発まがいの行動に出てしまう官僚など、官僚の姿が多様化していけば、政治と官僚の役割分担についても明確な線引きが難しくなる。

最後に、多様性が強まることで官僚が持つ社会への認識も大きく変化することから、官僚と社会の間の亀裂が深まることが予想されることである。官僚はエリートであるというイメージが世間に浸透していたとしても、集団として処遇されたり、これまでのような特権を感受することができなくなるだけでなく、局長クラスにまで昇進できるかどうかは時々の政権を中心とした政治との関係次第ということになってくると、個々の官僚の仕事ぶりなども多様化するようになると考えられる。何が何でも昇進したいと考える官僚は強引にでも官邸や有力政治家と接触できるようなポストに就こうとするかもしれないし、依然としてエリートという付加価値があることを見越して入省し、少しの経験を積んだ後に違う世界への転身を図ろうとする事例も増えるだろう。ただ、これまで政治家に転身した事例の少なさから考えても、この種の官僚は少数にとどまると考えられる。多くの官僚は、厳しい労働条件を課されているにもかかわらず、昇進を含めた見返りが非常に少ないということになってくれば、家庭生活やプライベートまで切売りしながら徹夜仕事を続けるといった自己犠牲を払いたくないと考える可能性が高い。

その途上では世代間の価値観の違いなどから官庁内での軋轢が強まる可能性が高いが、それ以上に世間や世論との軋轢が強まると考えられる。例えば、それは教師の長時間労働の是正と同じ構造である。日本の教師が授業、授業の準備、教員会議、放課後のクラブ活動、その他の雑務などで過労死ラインに迫るような長時間労働を余儀なくされていることはよく知られており、積極的に教師の労働条件を改善すべきだという意見がある一方で、教師の労働条件を改善することで子供にマイナスの影響が及ぶ、保護者の負担が増えるなどの苦情もある。

今後、エリートとしての扱いを受けていないにもかかわらず、長時間労働を強いられる官僚の多くが職場環境の改善を求める可能性は高い。これまでのようにエリート官僚だから国家のために死ぬまで働くなどという発想をする者は確実に少なくなる。また、第二次安倍内閣になってから取り組まれている長時間労働の是正を含めた働き方改革も大きな追い風になるし、労働力不足は公務の現場も同じである。これまでのような長時間残業を前提にした働き方が相変わらず蔓延するということになると、東大生が地方公務員を志望するという事例が増えていく可能性もないとは言えないだろう。実際、各省ともこれまでのようにかけ声だけのワークライフバランスではなく、具体的な取組みを始めている。[*13]

さらに言えば、女性の参加が一層高まり、女性官僚が今以上に増加するようになると、ワークライフバランスに考慮した労働の在り方に対して世間も異を唱えにくくなる可能性が高くなる。実際、国家公務員採用者に占める女性の比率は年々上昇しており、内閣人事局の公表によると、総合職の事務職区分の女性は34・5％（平成29年度）にも達していて、ワークライフバランスに考慮した職場環境の実現は切実な課題になっている。

いかに切実な問題になっているかに関しては、人事院の女性職員管理職養成研修の第一期生である女性官僚達が提言を発表していることからもわかる（「持続可能な霞ヶ関に向けて」霞ヶ関で働く女性有志（平成26年6月））。

彼等が２０１４年４月にⅠ種採用のおおむね入省10年目～20年目の女性１２３名に行ったアンケート調査によると、子供のいる女性職員の場合、回答者すべてが仕事と家庭の両立に困難や不安を感じていると回答しており、うち約６割は困難や不安を「強く感じたことがある」と回答しているほか、子供のいない女性職員であっても約８割が仕事と家庭の両立について困難や不安を感じたことがあるとしている。女性官僚が増えれば増えるほど、今現在の霞ヶ関の労働環境に対する不満が増大するのは目に見えていて、最悪の場合には女性官僚が続々と辞めていくという結果にもつながりかねないのが現状である。

彼等はこのような現状を打開すべく10の提言を行っているが、その中でも着目すべきは「霞ヶ関的働き方」の根っこにある価値観の変革という提言である。霞ヶ関の価値観として「役人たるもの、すべての時間を仕事に捧げる覚悟でなければいけない」「完成度を高めるorリスクをゼロに近付けるためには、どこまでも努力しなければならない」「完成度の高い状態にしてから案件をあげてくるべきだ」「仕事は優秀な人間・いつでも即応してくれる人間に頼むのが一番だ」の四つをあげていて、この価値観からの転換を求めている。この価値観は霞ヶ関に身を置いた者ならほぼ例外なく同意できる価値観である。ただ、それだけにこの価値観からの転換は仕事のやり方の大きな変革を求めるだけでなく、やや大袈裟に言えば、行政システムの多少なりとも変換を伴うところがある。例えば、霞ヶ関的働き方によって多大な業務をきめ細かく行うことで政治の信頼を勝ち得るというか、政治が官僚に多くの仕事を丸投げする環境を作り出して、官僚主導体制を作り出してきた側面も否定できないからである。

ただし、職場環境の改善を巡る官僚と世間の軋轢はそれほど大きなものとはならないだろう。現実に合理化できる部分がまだまだあるからだ。例えば、前記の女性有志の会も指摘しているが、国会質疑関係業務はまだまだ改善できる余地が大きいし、女性有志の会にしても「国会質疑関係業務は、関係する職員が非常に広範囲であり、業務量としても大きく、頻度も高いものです。子育て中の女性職員のみならず、すべての職員のワーク・ライフ・バランスに多大な影響を与えています。一方、将来、責任ある職責を担う上で経験すべき重要な業務でもあります」としていて、業務の必要性自体を否定していないからだ。

ただし、不要な仕事がある一方で、業務の簡素化が求められる中で、国民生活に何らかの影響を与えるものも出てくる可能性がある。例えば、過大な事務手続きを求める許認可の簡素化を図った結果、何らかの形でトラブルや事故のようなものが起れば、官庁の仕事が手抜きされているからだという議論になり、その背後で霞ヶ関の労働時間短縮があったからだといった議論が出てくる可能性もなしとは言えないだろう。

官僚と世間の軋轢が増す可能性があるのはこれだけではない。エリートとして処遇する気がないにもかかわらず、世間が過剰な責任を官僚に押しつける場合には今以上に激しい軋轢が生じると考えられる。具体的に言えば、かつてのような官僚バッシング、公務員バッシングが再び起こった時である。

例えば、かつてのように世間は官僚を批判しながらも、どこかで期待感を持っていたり、官僚に対する風当りは強いけれども実際には特権が付与されたままであれば、官僚は細々したことに反応しない。むしろ自分達への期待感の裏返しだと解釈する余裕さえあったが、現実は徐々に変化している。

北村（2010）は、官僚制バッシングは自己弁明も許されないでひたすら弾劾され続けている、独裁国家の人民裁判に近いとする一方で、先輩に当たる旧運輸省の役人に「なぜ、官僚は弁明しないのか」と聞いているのだが、その際、その役人は①弁明は官僚のプライドが許さないこと、②評論家やジャーナリズムの瑣末な議論に一々反応するのが煩わしいのだ、と述べている。拙著（2013）では、公務員バッシングに対する公務員自身の反応を調べたが、バブル経済崩壊前の公務員や官僚に対する批判にはこのように冷めた余裕の態度が多かった。

しかし、バブル経済崩壊後の公務員バッシングはもはやレベルが違うこともあるのか、このような冷静な態度は見られない。それは官僚バッシングが激しさを増すとともに、実際にバッシングが様々な特権の剝奪という形に結実しているだけでなく、時には理不尽だと思えるような批判などにつながっているからである。おそらく、今後はこのような対応が益々増えていくと予想される。国民の一方的な思い込みなどによるバッシングに対しては公然と反論するなり、かつてのように昼夜を問わず献身的に働くことを放棄しサボタージュする手段を使う官僚も多くなると考えられる。

第三節　官僚はまだエリートか

官僚は依然としてエリートとしての地位を保つことに成功しているのだろうか。それが本書の最大の命題である。端的に言えば、もはやかつてのエリートとしての地位は失っていると結論づけたとしても、それほど的外れであるとは思えない。確かに、政治主導体制がどこまで確立されたものか、今後も官邸主導体制が力を発揮し、内閣人事局を司る政治家が官僚をコントロールし続けることができるかどうか、それは選挙情勢や政権与党内の動向に大きく依存することではあるが、80年代後半から始まった政治制度改革が今現在の政治体制の契機であったとすると、30年近くの時間をかけた結果でもあり、それほど簡単に今の体制が覆るということも考えにくい。

また、エリートとしての地位を失ったのは官僚自身の責任というよりは、官僚を取り巻く社会や経済の環境が大きく変わったからということも考慮しなければならない。バブル経済崩壊後の社会や経済状況の変化はそれほど激しいものであった。具体的にあげれば長期不況である。経済社会状況がかつてのように官僚をエリートとして扱っていた時期とは全く異なるし、かつてのような時代が再び訪れることもないことを考えると、やはりエリートとして官僚が復権を果たすのは非常に難しいのではないかと考えられる。確かに、バブル経済崩壊後の社会状況を長期不況だけで切り取るのは強引である。東アジア情勢を中心に外交・安全保障環境の大きな変化もあったが、戦後日本が経済大国で自尊心を満たしてきたこと、官僚も経済大国の実現に関わったからこそエリートとしての威信を保つことができたということを考えると、環境の激変は大きい。あくまでも仮にの話であるが、官僚の腐敗がそれほど目立ったものではなかったとしても、グローバル経済と長期不況が続く限りは、官僚が容易に復権するようなことはないということである。

さらに言えば、本書でも何度も繰り返し述べてきたように、それほど多くもない官僚をエリート集団として遇せないということは、これまでの官僚制度を取り巻く環境変化と全く違う。繰り返し述べてきたように、官僚をその他のエリート（政治家や財界など）と分かつ最大の基準は集団性の強さである。各省ベースを基準として特権や独特の人事雇用慣行などで集団としての一体化が育まれてきたのが官僚の強味だったが、もはやそれは維持できないレベルに達している。このことの持つ意味は非常に大きいと考えられる。政治に人事権を握られ、官僚が集団としての一体性を保持できないとなると、考えられるのは分裂だけしかないということになる。２０１７年に起こった森友学園や加計学園の問題は分裂する官僚という現象が本格化する前の予兆とも見なせるということである。

以下では、官僚がエリートの地位から転落しつつあることをいくつかの側面から再確認してみることとする。

確かに、この20年間、政治主導がこれだけ声高に叫ばれたにもかかわらず、官僚が事務次官以下のポストを独占するなど、統治機構内部において重要な役割を占めるということはそれほど変化しているわけではない。政治家に転身する者も依然として多く、総理大臣にまで上り詰めるケースが少なくなっているという側面があるにしても、官僚に代わりうるようなエリートが登場しているわけではない。また、政治状況が大きく動けば、結局は官僚に頼らざるを得なくなることも間違いないだろう。政治家との力関係で大きな変動が生じているものの、官僚は政治家に次ぐセカンドエリートであることは間違いない。

その一方で、かつてのように政財官の中心に位置するようなことはなくなっており、セカンドエリートだとしても、政治や経営者と政界や財界で争うレベルにはないことはもはや明らかである。また、天下りの抑制や人事慣行の変化に見られるように、エリートとしてこれまで享受してきた数々の特権は確実に剝奪されつつあるし、今後もかつてのような特権が改めて付与され直すということは想定しにくい。官僚をエリート集団と扱うことが難しくなっているのは、繰り返し見てきた通りである。

官僚が持つ専門知識や行動力などの技能や能力についても同様のことがいえる。民主党政権を経験することで、官僚が政権のインフラとしていかに重要な機能を果たしているかが少しは明らかになったものの、グローバル経済がこれだけ進展する中にあっては、その能力が再評価されてエリートの地位に返り咲くということもはや考えられない。

さらに言えば、官僚が技能を依然として保有していてセカンドエリートとしての位置を確保しているとは言っても、集団性が薄れつつある中で、かつてのように自分達の持てる力を所属する省の利益（省益）のために使えなくなりつつあることには注目しなければならない。省益のためにすべてのパワーを傾注することが官僚の一つの特性だったが、官邸主導体制がシステムとして確立されつつある今、官僚が省益のために行動する比重も下がりつつある。こうなると各省ベースで培われてきた官僚のプライドのようなものの溶解がより一層早まると考えられる。

実際、バブル経済崩壊後の官僚の凋落の発端が自らの不祥事だったこともあって、官僚自身、プライドをなくしているだけでなく、一体、自分は何者なのかというアイデンティティクライシスに陥っている。

このようなことを考えると、本書で繰り返し指摘したように、官僚は官邸に近いところで仕事をするスーパーエリートになる人材と、一般のその他公務員に分化する傾向が益々強くなっていくと考えられる。その場合、官邸とは全く縁遠いところで仕事をしている官僚と、官邸に近いところにいる官僚ではもはや共通の意識を持つことさえ難しくなると考えられる。

それでは、官僚という職業は凋落していくのかと言えば、物事はそれほど単純ではない。確かに、政財官の中での凋落ぶりは激しいし、もはやセカンドエリートとしての地位から抜け出すことは難しくなっているものの、学歴社会が維持されていることや、文科系には官僚以外に有望な職種がないこともあって東京大学法学部卒業者が官僚になるという選択をし続けているからである。こうなってくると、そもそも、東京大学法学部卒業者自体をエリートと見なすのかどうか（セカンドエリートの地位しか得られないとわかっていながら、職業としての安定性などからあえて官僚を選ぶという行動を含めて）という疑問が沸いてくるが、日本社会が依然として強固な学歴社会を維持しているため、東大法学部卒→官僚という路線はブランド価値を依然として保持し続けるだろう。

注

＊1 その一方で90年代以降行われてきた行財政改革によって行政機関がどれだけ効率的になったかについては疑わしい部分もある。この点について、日英の官僚制改革を比較検証している笠（2017）は、英国では効率性が官僚制改革の主目的とされてきたのに対して、日本では民主制が主目的とされていたとして、日本の官僚制が十分に効率的かどうかは判然としないと指摘している。

＊2 自民党と官僚がいかに一体化して仕事をしていたかについては、公共事業や農林水産業といった族議員の力が強かった分野だけでなく、以下のような警察や治安といった分野にまで影響が及んでいたことからもよくわかる。例えば、内閣情報調査室についてあまりにも自民党に肩入れしてきたために、民主党への政権交代後にある内調職員は「内調は硬直化した官僚機構そのもの。政権交代したからといって、これから自民党など野党の攻撃材料を集めろと号令されてもどだい無理な話。開店休業状態だ」と嘆くと証言している（『選択』2009.11）。

＊3 財政再建やそれに不可欠な消費増税については、与野党を問わず、政治家の信念や権力闘争がぶつかり合うし、そこに積極的に参加したり巻き込まれる官僚にも強い圧力がかかる。消費増税を巡るプロセスを観察すると、財務省の権力というよりも、均衡財政や財政の安定化が大きな御旗となって様々な人間を引き寄せることがよくわかるが、そのドキュメントを詳細

に描いたものとしては清水（2013）がある。

＊4　検察の捜査が強引すぎることはこれまでも指摘されてきたが、大阪地検が障害者郵便悪用に絡んだ事件で厚生労働官僚の村木厚子氏を強引に犯人に仕立て上げ、冤罪事件を招いたことは記憶に新しいが、民主党政権を巡っても強引な捜査でその正義を疑われるようになっただけでなく、検察内部やOBからの異論も相当噴出している。民主党優位と言われた総選挙前に小沢一郎民主党代表の秘書を逮捕した問題では「特捜政局」を生み出したと言われて、「民主党いじめだ」という抗議電話がかかってきたり、検察OBの郷原信郎氏と堀田力氏との間で捜査手法を巡って論争が起こったりしている（『選択』2009.5）。また、この事件については強引な捜査が目立つだけで、最終的には事件を立件できなかったことから捜査に批判が起こった。これについてある司法ジャーナリストは「国民はもう特捜部に信を置かない。特捜部は一度解体し、その存在理由を再考して出直すべきだ。同時に検察業務の監視機関を設置すべき時期ではないか。特捜周辺には存在感を増している捜査・調査機関がある。警察、国税、公取委、証券取引等監視委員会、金融庁などだ。……」と述べている（『選択』2010.3）。

＊5　厚労省が医療費を拡大しようとせず、財務省と同じようなスタンスで抑制しようとするのはなぜか。様々な理由が考えられるが、自らの身を挺して正義を追求する姿勢に欠けるという観点から考えると、『選択』（2009.4）が提示している視点も興味深い。ここでは厚労省の医系技官（医師・歯科医師の資格を有している厚労省採用の国家公務員）の実態をレポートしているが、彼等が医療費抑制に走る理由として、医系技官は現場のニーズに見合うだけの医療費を財務省と渡り合って獲得することができない（つまり、予算要求して予算を認められないと自らの無能が露呈するので最初から要求しない）からだとして、実に情けないと断じている。

＊6　同様の構図は文部科学省でも指摘されている。バブル経済崩壊後、経済状況の悪化で進学費用をまかなえず奨学金を利用する大学生が増え、奨学金の滞納が社会問題になったため、貸与型ではなく給付型を増やすべきだという世論が強まる中で、これを検討する文部科学省の会議に出席する委員は「（事務方）は給付型を増やすと（所得把握が難しい）自営業者の子弟ばかり対象になってしまうと難点ばかりを口にする」と証言している。この背景について『選択』（2013.11）は「給付型は返済されないので寄附以外は国の予算をあてにするしかない。単純に考えれば給付型奨学金の充実は文科省としての予算拡大に繋がる話だが、三流官庁である文科省の役人に財務省から予算を引っ張るだけの力も意欲もない」という記者の証言を掲載している。

＊7　内閣人事局の発足に際して人事で官邸主導が強まることについて、幹部職員からは「首相に近い人間で霞ヶ関を固められれば、公務の中立性が崩れかねない」と懸念する声もあがっている（「朝日新聞」2014.4.12）というが、このような懸念を正々堂々と政治家の前で言うなり、世間にわかるような形で提示しない限り、官僚の懸念は表に出てこないどころか、正当性のある懸念とは見なされない。

＊8　集団的自衛権行使に関する閣議決定前に、内閣官房国家安全保障局が省庁間の意見集約に関して「修正意見は受け入れ困難」との留意事項をつけた上で各省の意見を求めていたことや、憲法解釈の変更を巡って内閣法制局が内部の協議記録の文書を作らなかったということがあったが、この2件について「行政の職務を中立の立場で全うすべき官僚が、政権の顔色を見て、するべき仕事をしないという実情を示している。国民の不信感を増幅させる問題だ。官僚の誇りはどこへ行ったのか」という一般国民からの声が「朝日新聞」（2016.1.16）で紹介されているが、似たような感想を持った国民は多いと考えられる。

＊9　マスコミはしばしば官僚や中央官庁の頑なさや柔軟さのなさを批判し、それによって改革が滞り国益が害されるといったトーンで批判を展開することが多い。例えば、日銀法の抜本的な改正を議論する金融審議会の場で、オブザーバー参加していた内閣法制局の阪田雅裕第三部長（旧大蔵省出身）が行政権が内閣に属すると規定している憲法65条を盾にして、政府が日銀の予算と人事をコントロールすることが必要との考えを示したことについて、憲法を持ち出して認可権を守ろうとするかたくなさと事大主義と論述している（「朝日新聞」1997.3.19）が、この時から20年近くを経て第二次安倍内閣が集団的自衛権の行使を可能にする憲法解釈の変更をしようとした時には、同じ阪田氏を紙面に何度も登場させて集団的自衛権の行使は違憲であるとの論を暗に張ろうとしている（例えば「朝日新聞」（2014.3.7, 2014.11.8）。この点について池上彰氏は各紙での阪田氏の取扱を通じて、「阪田氏の発言は新聞によってニュアンスが異なり、朝日、毎日、日経、読売の順に、発言は厳しいものから緩やかなものへと変化します。同一人物の発言のトーンが、これほど違っているのです。この並びは、安全保障関連法案に対する社の態度の順番とほぼ一致しています。社としての意見はあるにせよ、記事が、それに引きずられてはいけません。どのような発言があったのか、読者に正確に伝えることで、読者が自ら判断する材料を提供する。これが新聞の役割ではありませんか」と論じている（「朝日新聞」2015.6.26）。

　また、「朝日新聞」の社説（2017.6.25）では、個々の発言だけでなく、加計学園の問題では内閣人事局が出来上って以来、首相・官房長官の人事権が強まっていることで官僚が忖度するようになっていることを問題視して、内閣人事局の在り方について提言を行っている。社説では政治主導体制が出来上った経緯についてきちんと触れているものの、内閣人事局には副作用もあること、イギリスでは政治が一方的に官僚の人事に手をつけない仕組みができていることを指摘しながら、「日本の官僚機構に中立性を育むためには何が必要か。まず政権が人事権を乱用し、官僚に過度の圧力をかけるようなことはあってはならない。そして、官僚は「全体の奉仕者」としての仕事ぶりを主権者である国民に十分に開示し、チェックを受ける必要がある。そのためにも、政策形成にかかわる公文書をより厳格に管理し、積極的に情報公開することから始めなければならない。そのうえで人事制度の見直しを含め、政と官のあるべき関係を構想し直す時ではないか」としている。主義主張自体の是非をここでは論じないが、内閣人事局が発足してからそれほど経過していないこと、内閣人事局が出来上るまでには新聞・テレビを中心としたマスコミの過剰な官僚バッシングがあり、政治家が官僚をコントロールできるようにするべきだと大合唱していたことを考えると、これほど強くマスコミのマッチポンプ性を浮き上がらせたものはないと考えられる。

*10　新聞データベースなどで検索してみるとわかるが、個別の官僚の賞賛に値するような活動を取り上げるマスコミ報道は非常に少ないし、取り上げられたとしても官僚の死という重い代償を払っているケースもある。例えば、『アエラ』(1990.11.27)は、海部内閣で官房長官秘書官を務めた旧大蔵官僚の黒田康夫氏が43歳の若さでなくなったことを報じているが、この記事の中では黒田氏の働きを賞賛した上で「「党高・政低」といわれ、自民党に対する霞ヶ関の力関係が弱まる中で、役人人生に見切りをつけて民間や政治家に転身するケースが若手官僚の間で相次いでいる。その一方で、与えられた環境の中で、「弱体」といわれる海部官邸を必死で支え、ついに道半ばで倒れた黒田氏。なお「吏道」(官僚道)の伝統が若手官僚たちにも継承されていることを象徴するような死だった」と結んでいるが、この種の事例は霞ヶ関に数多いが、吏道の象徴のような事例をマスコミが報道することは非常に少ない。

*11　この点について、元経産省若手官僚が辞職後にどう生活していくかを模索する中で得た結論というものが非常に興味深い。元経産省若手官僚だった宇佐見(2014:85-86)は、辞めてフリーエージェントになった後、専門スキルやブランド、プロジェクトマネジメントの三つが不可欠だと考えるようになる中で、経済産業省の看板がいかに大きな意味を持っているかを述懐している。おそらく、辞職した官僚の中には同様の感想を抱く者が多いと思われる。その意味では官僚＝エリート＝優秀という印象は世間に浸透しきっており、そのイメージにそれほど変化は生じていないということである。その看板がある

だけで何らかのアドバンテージは得られるようになったものの、天下りのような露骨な特権はもはや剝奪されているし、能力に関わりなく処遇されるようなこともないということである。

＊12 加計学園の問題では前川文科省事務次官に対して同情的な声をあげる官僚や元官僚がいる一方で、これに対して辛辣な批判を浴びせる官僚もいる。元経産官僚の岸博幸氏は「安倍内閣が人事権を握っているから逆らえないともいわれるが、本当に日本のために必要だと思うなら、クビを恐れずにやればいい。自慢する気はないが、竹中氏の秘書官として不良債権処理をやっていたときは、竹中氏が失敗したら私も辞めるつもりでいた。人事権を握られたぐらいで何もできないなんて、その程度の志しかない人間が偉そうにモノを言うなと思う。前川氏の座右の銘は「面従腹背」だそうだが、論外だ。そんなことを正々堂々という官僚なんて官僚のクズだと思う。一時期とはいえトップを務めた人間がそんなことを言えば、文科省がそういう組織に見える。文科省の後輩たちに迷惑をかけると思わないのか」と述べている（産経ニュース 2017.6.12）。

＊13 内閣人事局が平成27年2月に発表した「各府省等の「女性活躍とワークライフバランス推進のための取組計画」における特徴的な取組」の中には興味深いものがたくさんみられる。その中にはユニークさを競うものもある（例えば、文部科学省は「家族ふれあい休暇」（子供の入学式・卒業式への参加や家族の記念日を祝うこと等の目的のために取得する年次休暇）の周知及び取得促進（最低取得目標5日／年）など）が、その一方で、「特に窓口業務は多くの職員の仕事の進め方に影響を与えることから、窓口担当者は提出期限に配慮する、紹介先を厳選する、参考資料は可能な限り既存資料での対応や様式自由とするなどの点に留意する」（国土交通省）、国会業務が多大な長時間残業を生み出していることから「答弁を外部端末から閲覧等できるシステムの導入等により職場に待機せずに答弁を確認できる体制を整備する（外務省、経済産業省）、「翌日の委員会における政務の答弁数が多いなど、官房総務課における答弁の審査に時間を要する場合は、必要に応じて審査担当補佐を2レーン化することにより官房総務課における答弁の審査を迅速化する」（環境省）など、現実に日々の労働時間を減らすための具体的な仕事のやり方の変更を伴うものまで提示されている。

参考文献

青木昌彦（1997）『経済システムの進化と多元性――比較制度分析序説』東洋経済新報社
浅羽通明（2016）『右翼と左翼』幻冬舎新書
浅羽祐樹・木村幹・佐藤大介（2012）『徹底検証　韓国論の通説・俗説』中公新書ラクレ
朝日新聞政権取材センター編（2010）『民主党政権１００日の真相』朝日新聞出版
麻生誠（2009）『日本の学歴エリート』講談社学術文庫
新しい日本をつくる国民会議編（2002）『政治の構造改革――政治主導確立大綱』東信堂
阿比留瑠比（2011）『政権交代の悪夢』新潮新書
阿部誠行（2004）「大阪府『解同』の同和利権を許さず、不正・腐敗の一掃へ」『人権と部落問題』56(13)
飯尾潤（2007a）「小泉内閣における官僚制の動揺」『年報行政研究42　行政改革と政官関係』日本行政学会編
飯尾潤（2007b）『日本の統治構造』中公新書
飯島勲（2006）『小泉官邸秘録』日本経済新聞社
五十嵐吉郎（2013）「内閣官房、内閣府の現在――中央省庁等改革から13年目を迎えて」『立法と調査』(347)
生田忠秀（1991）「生田さん見聞録（最終回）連載を終えて」『人事院月報』
池田信夫（2006）『電波利権』新潮新書
出雲明子（2014）『公務員制度改革と政治主導――戦後日本の政治任用制』東海大学出版部
稲継裕昭（1999）『日本の官僚人事システム』東洋経済新報社
井上寿一（2015）『終戦後史 1945-1955』講談社選書メチエ
猪口孝（2004）『「国民」意識とグローバリズム』ＮＴＴ出版

伊藤和良（2008）「スウェーデンに学ぶ〝地域サポーター〟のあり方」『月刊自治研究』(50)
伊藤隆敏（2005）『デフレから復活へ』東洋経済新報社
居安正（2002）『エリート理論の形成と展開』世界思想社
上杉隆（2007）『官邸崩壊』新潮社
上杉隆（2009）「総力特集　書かれざる『民主スキャンダル』『政治主導』に忍び寄る危機」『週刊文春』51(37)
植村隆生（2007）「政治主導と幹部公務員の人事」『人事院月報』60(11)
魚住昭（2007）『官僚とメディア』角川oneテーマ21
宇佐見典也（2014）『肩書き捨てたら地獄だった』中公新書ラクレ
埋橋孝文（1997）『現代福祉国家の国際比較』日本評論社
内山融（2007）『小泉政権』中公新書
江田憲司（1999）『誰のせいで改革を失うのか』新潮社
江田憲司・高橋洋一（2008）『霞が関の逆襲』講談社
海老原嗣生（2009）『雇用の常識「本当に見えるウソ」』プレジデント社
岡本義朗（2010）「公務員制度改革への期待と不安」『季刊政策・経営研究』(2)
小熊英二（2002）『〈民主〉と〈愛国〉』新曜社
小熊英二・上野陽子（2003）『〈癒し〉のナショナリズム』慶應義塾大学出版会
大木隆生（2010）「医療崩壊を防ぐには医師の「やりがい」と使命感を復活させるしかない」（『日本の論点２０１０』文藝春秋　所収）
大田弘子（2010）『改革逆走』日本経済新聞出版社
大嶽秀夫（1997）『「行革」の発想』ＴＢＳブリタニカ
大嶽秀夫（2003）『日本型ポピュリズム』中公新書
大嶽秀夫（2017）『日本とフランス「官僚国家」の戦後史』ＮＨＫブックス
大山耕輔（2010）「行政信頼の政府側と市民側の要因」（日本政治学会編、年報政治学２０１０—Ⅰ「『政治行政への信頼と不信』木鐸社　所収）

大竹文雄（2005）『日本の不平等』日本経済新聞社
大山礼子（2009）「「政治主導」実現への処方箋」『都市問題』100（11）
柿﨑明二（2015）『検証　安倍イズム』岩波新書
笠原英彦（1998）『日本行政史序説』芦書房
片岡寛光（1993）「国民としての公務員」『早稲田政治経済学雑誌』（314）
片山杜秀（2007）『近代日本の右翼思想』講談社選書メチエ
加藤紘一（2005）『新しき日本のかたち』ダイヤモンド社
金井辰樹（2010）「マニフェスト選挙後の報道とは」『新聞研究』（703）
香山リカ（2002）『ぷちナショナリズム症候群――若者たちのニッポン主義』中公新書ラクレ
香山リカ（2006）『テレビの罠』ちくま新書
川部昇（2003）「京都市の部落解放同盟支部への同和補助金不正支出事件を考える」『月刊人権問題』（318）
川村祐三（2001）「戦後公務員制度改革論の系譜――資料と解説」『行財政研究』（48）
菅直人（1998）『大臣』岩波新書
神田眞人（2010）「平成22年度公務員人件費について」『ファイナンス』45（12）
菊池正史（2011）『テレビは総理を殺したか』文春新書
菊地端夫（2007）「行政の信頼性に関する研究の論点と意義――既存研究・調査を中心に」『季刊行政管理研究』（118）
岸宣仁（2015）『キャリア官僚　採用・人事のからくり』中公新書ラクレ
北村拓哉（2007）「暮らしの焦点　奈良市『解同』との癒着が起こした病休職員問題」『前衛』（814）
北村良和（2010）「官僚制バッシングへの疑惑――国体と官僚制」『新日本文学』（15）
国末憲人（2016）『ポピュリズム化する世界』プレジデント社
国平修身（2007）「政界ディープスロート「安倍降ろし」に走る霞ヶ関&青木幹雄」『現代』41（9）
久保田勇夫（2002）『役人道入門』中央公論新社
倉重篤郎（2017）「再び「官僚たち」に告ぐ！　安倍強権支配に抵抗せよ」『サンデー毎日』96（30）

黒澤良（1999）「政党内閣期における内務省――『内政の総合性』をめぐる〈政党化〉の文脈」『東京都立大学法学会雑誌』39（2）
玄田有史（2004）『ジョブ・クリエイション』日本経済新聞社
小池百合子（2009）『議員と官僚は使いよう』小学館101新書
古賀茂明（2011）『官僚を国民のために働かせる法』光文社
後藤田正晴・御厨貴監修（2006）『情と理』講談社＋α文庫
小林一博（2002）「崩れ落ちた虚像――ワイドショー政治の危うさ暴露」『月刊官界』28（10）
小林悠太（2016）「内閣府における事務局機能の変遷――官僚集団の特性に着目して」『季刊行政管理研究』（153）
小松秀樹（2006）『医療崩壊』朝日新聞社
駒村康平（2009）『大貧困社会』角川SSC新書
榊原英資（1977）『日本を演出する新官僚像』山手書房
榊原英資（2007）『日本は没落する』朝日新聞社
榊原英資（2012）『財務省』新潮新書
佐高信・雨宮処凛（2010）『貧困と愛国　増補版』角川文庫
佐竹五六（1998）『体験的官僚論――55年体制を内側からみつめて』有斐閣
佐藤成基（2009）「ナショナリズムの理論史」（大澤真幸・姜尚中編『ナショナリズム論・入門』（有斐閣アルマ）所収）
佐藤優（2009）『日本国家の神髄』産経新聞社
佐藤優（2005）『国家の罠』新潮社
佐藤卓己（2008a）『日本の〈現代〉14　テレビ的教養』NTT出版
佐藤卓己（2008b）『輿論と世論』新潮社選書
産経新聞大阪本社社会部取材班（2009）『橋下徹研究』産経新聞出版
清水晋作（2002）「ダニエル・ベルと合州国の民主主義」『社会学研究』（70）
清水真人（2005）『官邸主導』日本経済新聞社
清水真人（2013）『消費税　政と官との「十年戦争」』新潮社

清水真人（2015）『財務省と政治』中公新書
清水唯一朗（2007）『政党と官僚の近代』藤原書店
白川一郎（2005）『日本のニート・世界のフリーター』中公新書ラクレ
新藤宗幸（2002）『技術官僚』岩波新書
ジョン・W・ダワー、ガバン・マコーマック（2014）『転換期の日本へ』NHK出版新書
鈴木宗男（2006）『闇権力の執行人』講談社
砂原庸介（2017）『分裂と統合の日本政治』千倉書房
清家篤（2013）『雇用再生』NHKブックス
関満博（1997）『空洞化を超えて』日本経済新聞社
先崎彰容（2016）『違和感の正体』新潮新書
総務省大臣官房企画課（2005）『行政におけるインセンティブ管理に関する調査研究報告書』
曽我謙悟（2013）『行政学』有斐閣アルマ
曽我謙吾（2016）『現代日本の官僚制』東京大学出版会
高瀬淳一（2006）『「不利益分配」社会』ちくま新書
高橋伸夫（2004）『虚妄の成果主義』日経BP社
高橋洋（2010）「内閣官房の研究――副長官補室による政策の総合調整の実態」（『年報行政研究』（45）
高橋洋一（2008a）『さらば財務省！ 官僚すべてを敵にした男の告白』講談社
高橋洋一（2008b）『霞が関をぶっ壊せ！』東洋経済新報社
高橋洋一・須田慎一郎（2010）『偽りの政権交代』講談社
高原基彰（2006）『不安型ナショナリズムの時代』新書y
竹内洋（2011）『革新幻想の戦後史』中央公論新社
竹田恒泰（2013）『日本人はいつ日本が好きになったのか』PHP研究所
竹中治堅（2006）『首相支配』中公新書

竹中治堅編（2017）『二つの政権交代』勁草書房
竹中平蔵（2006）『構造改革の真実　竹中平蔵大臣日誌』日本経済新聞社
竹村敏彦（2013）「日本の国際競争力強化に向けた戦略と課題」『情報通信政策レビュー』（4）
田崎史郎（2014）『安倍官邸の正体』講談社現代新書
橘木俊詔（2015）『日本のエリート』朝日新書
田中一昭編著（2006）『行政改革』ぎょうせい
田中直毅（2005）『二〇〇五年体制の誕生』日本経済新聞社
田原総一朗・姜尚中・中島岳志（2010）『国家論』中公新書ラクレ
C・W・ミルズ（1969）『パワーエリート』（鵜飼信成・綿貫譲治訳）UP選書
Chalmers Johnson（1982）*MITI and the Japanese Miracle*, Stanford University Press（『通産省と日本の奇跡』矢野俊比古監訳、TBSブリタニカ、1982）
ダニエル・ベル編（1958）『保守と反動』（斎藤真・泉昌一訳）現代史双書
脱藩官僚の会（2008）『脱藩官僚、霞ヶ関に宣戦布告！』朝日新聞出版
塚田穂高編著（2017）『徹底検証　日本の右傾化』筑摩選書
寺園敦史（2001）「一人でもできる同和行政不正監視」『月刊部落問題』（294）
寺田茂（1986）「現地報告　京都市の公金不正支出事件とゆがんだ同和行政」『部落』38（10）
寺脇研（2008）『官僚批判』講談社
寺脇研（2010）『官僚がよくわかる本』アスコム
時任兼作（2003）「「役人天国」追求スクープ第6弾　官僚627人「闇の事件簿」をスッパ抜く！」『週刊ポスト』35（47）
T・B・ボットモア（1965）『エリートと社会』（綿貫譲治訳）岩波書店
中川秀直（2008）『官僚国家の崩壊』講談社
中川八洋（1997）「大蔵官僚よ胸を張れ」『発言者』（35）
中北浩爾（2017）『自民党――「一強」の実像』（中公新書）

中島幸子（1984）「国家公務員の昇進管理について」『季刊人事行政』（28）
中西俊二（2008）「教員採用試験不正合格者の採用取消と基本的人権」『岡山理科大学紀要』（44）
中野晃一（2015）『右傾化する日本政治』岩波新書
中野雅至（2009）『天下りの研究』明石書店
中野雅至（2009）『「天下り」とは何か』講談社現代新書
中野雅至（2010）『政治主導はなぜ失敗するのか？』光文社新書
中野雅至（2012）『財務省支配の裏側』朝日新書
中野雅至（2013）『公務員バッシングの研究』明石書店
中野雅至（2014）『右傾社会ニッポン』ディスカヴァー携書
中森貴和（2008）『行政不況』宝島社新書
長妻昭（2011）『招かれざる大臣』朝日新書
梨元勝（2001）「政治とワイドショー「小泉・眞紀子」ブームを生み出したワイドショーのド迫力」『政界』23（10）
西部邁（1997）「官僚へのメッセージ」『発言者』（34）
日本経済新聞社編（2010）『政権』日本経済新聞出版社
日本公務員制度史研究会編著（1990）『官吏・公務員制度の変遷』第一法規出版
日本再建イニシアティブ（2013）『民主党政権　失敗の検証』中公新書
日本の改革を考える会（2000）「「政治主導」の幻想　政策決定プロセスの吟味なしでは統治システムは弱体化するのみ」『論争東洋経済』（29）
野口陽（2008）「組織　公務員改革、内閣官僚が改ざんした「議事録」」『アエラ』21（47）
野口陽（2009）「地方公務員「本当」の給料明細」『アエラ』22（15）
野口悠紀雄（2005）『日本経済改造論』東洋経済新報社
野口悠紀雄（2017）『日本経済入門』講談社現代新書
野中尚人・青木遥（2016）『政策会議と討論なき国会』朝日選書

橋川文三（1994）『昭和ナショナリズムの諸相』名古屋大学出版会
長谷川幸洋（2008）『官僚との死闘七〇〇日』講談社
長谷川幸洋（2009）『日本国の正体』現代プレミアブック
濱口桂一郎（2009）『新しい労働社会』岩波新書
林芳正・津村啓介（2011）『国会議員の仕事』中公新書
林隆一郎・碓井広義（2001）「制作者インタビュー『ザ・ワイド』林隆一郎――ワイドショーか、ニュースか、国会中継なのか」『新・調査情報 passingtime』（442）
原英史（2010）『官僚のレトリック　霞が関改革はなぜ迷走するのか』新潮社
晴山一穂・宮垣忠・堤和馬（2010）「民主党政権の国家機構改革を問う」『経済』（177）
東国原英夫（2008）『知事の世界』幻冬舎新書
樋口直人（2014）『日本型排外主義』名古屋大学出版会
樋口美雄（2004）「長期雇用システムは崩壊したのか」『日本労働研究雑誌』46（4）
広井良典（2000）『日本の社会保障』岩波新書
ヴィルフレード・パレート（1975）『エリートの周流――社会学の理論と応用』（川崎嘉元訳）垣内出版
深尾京司（2012）『「失われた20年」と日本経済』日本経済新聞出版社
藤田由紀子（2008）『公務員制度と専門性』専修大学出版局
藤竹暁（2002）「特別企画「密室」政治より「ワイドショー」政治のほうがまし　インタビュー藤竹暁」『ぎゃらく』（397）
古川貞二郎（2007）「政治主導と行政」『学士会会報』（862）
古川貞二郎（2008）「公務員をめぐる環境と公務員のあり方」『人事院月報』61（12）
保坂正康（2009）『官僚亡国』朝日新聞出版
前田健太郎（2014）『市民を雇わない国家』東京大学出版会
孫崎亨（2012）『戦後史の正体』創元社
待鳥聡史（2015）「官邸権力の変容」『選挙研究』31（2）

松井孝治・平田オリザ（2011）『総理の原稿』岩波書店
松崎勝（2008）「人事管理上の新たな諸問題4シリーズ（5）マスコミの報道と懲戒処分」『公務員関係判例研究』（141）
松田勝美（1965）「国家公務員宿舎制度の沿革と現状」『共済新報』6（6）
松本健一（2010）『日本のナショナリズム』ちくま新書
真渕勝（1997）『大蔵省はなぜ追いつめられたのか』中公新書
真渕勝（2010）『官僚』東京大学出版会
マルガリータ・エステベス（1999）「政治学から見た官僚制」（日本計画行政学会編著『中央省庁の政策形成過程』中央大学出版部　所収）
水島治郎（2016）『ポピュリズムとは何か』中公新書
宮川公男（1998）『政策科学の基礎』東洋経済新報社
村井豊明（1997）「公金不正支出事件からみた京都市の同和行政」『部落』49（4）
村上裕一（2016）『技術基準と官僚制』岩波書店
村田英之（2010）「公務員の飲酒運転に対する懲戒免職処分の可否」『労働法律旬報』（1716）
村松岐夫（1994）『日本の行政』中公新書
森本あんり（2015）『反知性主義』新潮選書
盛山和夫（2011）『経済成長は不可能なのか』中公新書
諸富徹（2013）『私たちはなぜ税金を納めるのか』新潮選書
柳川範之（2013）『日本成長戦略40歳定年制』さくら舎
藪中三十二（2010）『国家の命運』新潮新書
山口二郎（2010）『ポピュリズムへの反撃』角川oneテーマ21
山口真由（2015）『いいエリート、わるいエリート』新潮新書
山田昌弘（2004）『希望格差社会』筑摩書房
山田昌弘（2009）『なぜ若者は保守化するのか』東洋経済新報社
山室信一（2005）『法制官僚の時代』木鐸社

山本四郎（1991）「原敬と知事」『史窓』（48）京都女子大学史学会／『史窓』編集委員会編
山本直治（2008）『実は悲惨な公務員』光文社新書
屋山太郎（2008）『天下りシステム崩壊――「官僚内閣制」の終焉』海竜社
横田由美子（2010）「官僚匿名座談会 「政治主導」という名のアマチュア政治」『WiLL』（63）
横田由美子（2016）「政官界パトロール45 萩生田官房副長官も暴走する 今井尚哉総理秘書官「内閣人事局」専横へ怨嗟」『THEMIS』25(10)
与謝野馨（2008）『堂々たる政治』新潮新書
吉田茂（1998）『回想十年４』中公文庫
吉田徹（2011）『ポピュリズムを考える』ＮＨＫブックス
吉田徹（2014）『感情の政治学』講談社選書メチエ
吉野泰博（2002）「ワイドショー――政治とテレビの「新しい」関係『政治家』に迫り関心を促す」『月刊民放』32(12)
笠京子（2017）『官僚制改革の条件』勁草書房
労働政策研究・研修機構（2005）「戦後雇用政策の概観と１９９０年代以降の政策の転換」
和田秀樹（2010）『テレビの大罪』新潮新書
渡辺喜美・江田憲司（2009）『「脱・官僚政権」樹立宣言』講談社
渡辺喜美（2010）『民主党政治の正体』角川ＳＳＣ新書

著者紹介

中野雅至（なかの・まさし）

神戸学院大学現代社会学部教授。1964年、奈良県大和郡山市生まれ。同志社大学文学部英文科卒業、The School of Public Policy, The University of Michigan修了（公共政策修士）、新潟大学大学院現代社会文化研究科（博士後期課程）修了（経済学博士）。大和郡山市役所勤務ののち、旧労働省入省（国家公務員Ｉ種試験行政職）。厚生省生活衛生局指導課課長補佐（法令担当）、新潟県総合政策部情報政策課長、厚生省大臣官房国際課課長補佐（ILO条約担当）を経て、2004年公募により兵庫県立大学大学院応用情報科学研究科助教授、その後教授。2014年より現職。2007年官房長官主催の「官民人材交流センターの制度設計に関する懇談会」委員、2008年からは国家公務員制度改革推進本部顧問会議ワーキンググループ委員を務める。主な著書に、『天下りの研究』『公務員バッシングの研究』（明石書店）、『政治主導はなぜ失敗するのか？』（光文社新書）、『間違いだらけの公務員制度改革』（日本経済新聞社）、『財務省支配の裏側』（朝日選書）など多数。

没落するキャリア官僚――エリート性の研究

2018年5月12日　初版第1刷発行

著者　中野雅至
発行者　大江道雅
発行所　株式会社 明石書店
〒101-0021 東京都千代田区外神田6-9-5
電話　03（5818）1171
FAX　03（5818）1174
振替　00100-7-24505
http://www.akashi.co.jp

装丁　清水肇（prigraphics）
組版　有限会社秋耕社
印刷・製本　モリモト印刷株式会社

（定価はカバーに表示してあります）
ISBN 978-4-7503-4670-0